SOZIALISTISCHE BIBLIOTHEK

Sozialistische Bibliothek

DIE ZUKUNFT DER EUROPÄISCHEN SOZIALDEMOKRATIE

Heinz Fischer (Hg.)

Löcker Verlag

SOZIALISTISCHE BIBLIOTHEK

Abteilung 3:
Die sozialdemokratische Bewegung
Band 3

*

Herausgeber:
Adolf Czettel (†), Johanna Dohnal,
Dr. Heinz Fischer, Mag. Leopold Gratz,
Dr. Fred Sinowatz, Fritz Verzetnitsch,
Dr. Franz Vranitzky

*

Redaktion der Sozialistischen Bibliothek:
Albrecht K. Konecny (verantwortlich),
Bruno Aigner, Heinz Kommenda

*

Redaktion diese Bandes:
Mag. Susanne Gaugl

Graphische Gestaltung: Dietmar Tadler
Umschlag: Franz Geissler-Moder
Satz: Forte, Dr. Renate Hilmar-Voit, 1120 Wien
Druck: Novographic, 1230 Wien
ISBN 3-85409-151-6

Dieses Buch ist Franz Vranitzky
zu seinem 60. Geburtstag gewidmet

INHALT

VORWORT

Bruno Kreisky hat die Sozialdemokratie oft als „Bewegung im historischen Sinn" bezeichnet.

Er meinte damit, daß die Sozialdemokratie nicht nur eine Partei im rechtlichen und organisatorischen Sinne sei, also eine Gruppe von Menschen, die sich hinter einer gemeinsamen Fahne oder einem gemeinsamen Programm vereinen, um ihre Interesse im Auf und Ab des politischen Geschehens wahrzunehmen, sondern daß für die Sozialdemokratie über die Grenzen eines Staates hinaus – bei allen nationalen, regionalen und sonstigen Verschiedenheiten – eine gemeinsame Sicht der politischen Entwicklung und ein gemeinsames Bekenntnis zu gesellschaftlicher Verantwortung charakteristisch sei, das auf gemeinsamen Grundwerten beruhe, die aus einem gemeinsamen Menschenbild abgeleitet werden:

Der Mensch ist Zentralwert der Politik. Jeder Mensch ist einmalig und unersetzbar und alle Menschen sind gleichwertig.

Damit grenzt sich die Sozialdemokratie von politischen Doktrinen ab, die einem dem Menschen übergeordneten -ismus nachlaufen und in deren Sprachschatz sich Worte wie „Menschenmaterial" finden oder die den Menschen zum bloßen Kostenfaktor übergeordneter ökonomischer Interessen degradieren.

Mit diesem sozialdemokratischen Menschenbild sind Grundwerte wie Freiheit, Gleichheit, Gerechtigkeit, Demokratie und Solidarität untrennbar verbunden.

Und aus diesen Grundwerten wiederum ergeben sich Übereinstimmungen in der politischen Praxis, die über nationale Grenzen hinaus wahrgenommen werden: der Gedanke des „Internationalismus“ und der internationalen Zusammenarbeit.

*

Das vorstehend skizzierte Bild war im 20. Jahrhundert starken Spannungen und Belastungen ausgesetzt, und es hat auch Beschädigungen erlitten. Nicht nur, daß der Erste und der Zweite Weltkrieg nicht verhindert werden konnten und alle Appelle an internationale Solidarität wirkungslos blieben, hat es auch viele andere Beispiele gegeben, wo nationale Egoismen sich über das Bekenntnis zu grenzüberschreitender Zusammenarbeit hinweggesetzt haben.
Aber dennoch gibt es Fortschritte, Veränderungen und eine Vielzahl neuer Gegebenheiten, die es zulassen zu sagen, daß Europa heute sicherer ist als noch vor einigen Jahrzehnten, daß etwa ein Krieg zwischen Deutschland und Frankreich undenkbar geworden ist, daß militärische Optionen zur Lösung politischer Probleme an Bedeutung verlieren und daß in vielen internationalen Gemeinschaften und Institutionen wirkungsvoller denn je zusammengearbeitet wird.
Und wenn die „Europäisierung“ Europas und die den gesamten Erdball betreffende Globalisierung nicht nur positive Resultate hervorbringen, sondern auch mit Problemen und Schwierigkeiten verbunden sind, dann kann dies kein Grund für den Versuch sein, das Rad der Zeit zurückzudrehen oder aus dieser Entwicklung auszusteigen, sondern es ist dann erst recht notwendig, sich mit Problemen auseinanderzusetzen, Erfahrungen zu teilen, Meinungen auszutauschen und an gemeinsamen Lösungen zu arbeiten.

*

Das vorliegende Buch mit Beiträgen von 32 Persönlichkeiten aus 20 Staaten will als Beitrag zu diesem Austausch von Meinungen und Erfahrungen verstanden werden.
Europa hat sich in den letzten fünfzig Jahren fundamental verändert, und auch die Sozialdemokratie hat nicht weniger tiefreichende Veränderungen aufzuweisen:

Von Clement Attlee zu Tony Blair, von Kurt Schuhmacher zu Oskar Lafontaine, von Léon Blum zu Lionel Jospin, von Tage Erlander zu Göran Persson, von Adolf Schärf zu Viktor Klima usw. reicht die Entwicklung, und wie lange ist erst der Weg, der in Spanien oder Griechenland, in Ungarn oder Rußland in den letzten Jahrzehnten zurückgelegt wurde!
Die deutsch-französische Aussöhnung, die Gründung der Europäischen Union, das Ende der Teilung Europas durch die friedliche Revolution von 1989/90 und erst recht die wirtschaftlichen, sozialen und technologischen Veränderungen haben einen Rahmen geschaffen, in dem die europäische Sozialdemokratie unter völlig neuen Bedingungen arbeiten kann und arbeiten muß und dabei auch ihre globale Verantwortung nicht aus den Augen verlieren darf.
Die Gründung der Sozialdemokratischen Partei Europas (SPE) im Jahre 1992 bzw. die Weiterentwicklung der Union sozialdemokratischer Parteien in der Europäischen Gemeinschaft zur SPE folgte der Logik dieser Veränderungen, und es entspricht der gleichen Logik, daß heute nicht nur sozialdemokratische und sozialistische Parteien aus den 15 EU-Staaten, sondern weitere 16 Parteien aus 13 Ländern als Mitglieder, assoziierte Mitglieder oder Beobachter einen Status innerhalb der SPE haben.
Dies gilt nicht nur für die norwegische Arbeiterpartei, für die Schweizer Sozialdemokraten oder für die Sozialisten aus Island, Zypern, Israel, Malta und der Türkei, sondern auch für die Ungarische Sozialistische Partei unter dem Vorsitz von Ministerpräsident Gyula Horn, für die tschechischen Sozialdemokraten unter dem Vorsitz von Parlamentspräsident Milos Zeman, für die Vereinigte Liste Sloweniens, für die Sozialdemokratie der Republik Polen und die Union der Arbeit Polens sowie für die Sozialdemokratische Partei der Slowakei und die Slowakische Partei der Demokratischen Linken.
Damit ist nicht nur die Gestaltung der wirtschaftlichen und sozialen Ordnung in einzelnen Staaten, sondern auch die Zukunft Europas insgesamt zu einer Aufgabe geworden, an deren Lösung die Sozialdemokratie als führende politische Kraft Europas mit besonderer Verantwortung zu arbeiten verpflichtet ist.
In 9 der 15 Staaten der Europäischen Union stellen die Sozialdemokraten derzeit den Ministerpräsidenten. In 12 dieser 15 Staaten sind sie an der Regierung beteiligt, und im Europäischen Parlament ist die Fraktion der SPE mit 217 Mitgliedern die mit Abstand größte Fraktion.
Die Frage, welchen Weg die Europäische Union geht, wie erfolgreich der Kampf gegen die Arbeitslosigkeit geführt wird, wie wir die Hürden bei

der Schaffung einer gemeinsamen europäischen Währung überwinden, wie wir bei den Fragen der EU-Erweiterung mit dem entsprechenden Augenmaß, Timing und Verantwortungsbewußtsein handeln, mit welchem Geschick wir an einer gesamteuropäischen Sicherheitsarchitektur arbeiten, ohne neue Gräben und Trennlinien in Europa zuzulassen, wie wir den Bürgern Europas in einem umfassenden und nicht nur militärischen Sinn Sicherheit geben – all das sind Fragen, für deren sinnvolle Beantwortung Sozialdemokraten in Europa nicht nur heute, sondern – entgegen den Prognosen von Ralph Dahrendorf – weit über die Jahrhundertwende hinaus eine besondere Verantwortung tragen.
Dazu kommt, daß die Probleme Rußlands in Wahrheit auch Probleme Europas sind, daß es uns nicht gleichgültig lassen darf, wenn der Friedensprozeß im Nahen Osten in gefährlicher und kurzsichtiger Weise zum Stillstand gebracht wird, daß der Mittelmeerraum in seiner Gesamtheit zur Nachbar- und Grenzregion für Europa wurde, daß Nationalismus und Rassismus in manchen Teilen Europas eine gefährliche Renaissance erleben und daß in verschiedenen Teilen des Balkan der Eindruck entsteht, als würde die Geschichte sich nicht vorwärts sondern rückwärts bewegen und Ähnlichkeit mit einem verkehrt ablaufenden Film haben.

*

Auf dem letzten Kongreß der SPE in Malmö im Juni 1997 sind viele dieser Fragen angeschnitten und diskutiert worden. Eine weitere breite und intensive Diskussion ist notwendig.
Europäische Politik als Geheimwissenschaft zwischen den Auguren einer von den Wünschen und Sorgen der Bevölkerung abgehobenen Europa-Bürokratie wäre zum Scheitern verurteilt. Das Gegenteil davon ist erforderlich, nämlich ein Maximum an Transparenz, Information, Plausibilität und Diskussion.
Auch dieses Buch will als Beitrag zu dieser Diskussion verstanden werden, und daher freut es mich besonders, daß der Präsident der Sozialistischen Internationale, Pierre Mauroy, der Vorsitzende der Sozialdemokratischen Partei Europas, Rudolf Scharping, zahlreiche Parteivorsitzende von SPE-Parteien, darunter sechs europäische Ministerpräsidenten, aber auch der Präsident der Republik Slowenien, Milan Kucan, der Präsident des Europäischen Gewerkschaftsbundes, Fritz Verzetnitsch, die Vorsitzende der Fraktion der SPE im Europäischen Parlament, Pauline Green, der

Generalsekretär der NATO, Javier Solana, und sein Vorgänger Willy Claes, sowie weitere hervorragende Persönlichkeiten mit ihren Beiträgen in diesem Band vertreten sind.
Da der Friedensprozeß im Nahen Osten ein Thema ist, dem die europäische Sozialdemokratie und gerade auch die SPÖ traditionell große Aufmerksamkeit entgegenbringt, haben wir Yasser Arafat und Shimon Peres ersucht, ihre Einschätzung der aktuellen und künftigen Entwicklungen abzugeben. Ihre Beiträge bilden, da es sich um ein spezifisches Thema handelt und da sich Yasser Arafat die Form eines Interviews gewählt hat, ein eigenes Kapitel, das diesen Band abschließt.
Millionen Europäer innerhalb und außerhalb der EU verbinden ihre Hoffnungen in die Zukunft Europas mit ihrem Vertrauen in die Zukunft der Sozialdemokratie. Allein schon aus diesem Grund – und aus vielen anderen Gründen – sind wir verpflichtet alles zu tun, um dieses Vertrauen zu rechtfertigen, uns als verläßliche Europäer zu erweisen und uns als Bewegung im historischen Sinn zu bewähren.

*

Ich möchte mich an dieser Stelle bei allen Autoren für die Mitarbeit an diesem Buch und für ihre Beiträge sehr herzlich bedanken.
Ein ganz besonderer Dank gebührt Susanne Gaugl vom Internationalen Sekretariat der SPÖ, die einen guten Teil der Arbeit für das Zustandekommen dieses Buches mit Klugheit, Präzision und Verläßlichkeit geleistet hat und die sich obendrein noch an den Übersetzungsarbeiten beteiligt hat.
Schließlich möchte ich auch dem Löcker-Verlag für die problemlose Zusammenarbeit und für die Lektorierung dieses Buches danken, das im Rahmen jener Buchreihe erscheint, die aus Anlaß des 100. Geburtstags der österreichischen Sozialdemokratie herausgegeben wurde, und das wir Franz Vranitzky in Würdigung seiner hervorragenden Verdienste für die europäische Sozialdemokratie gewidmet haben.
Ich darf diesem Band eine gute Aufnahme in Österreich und darüberhinaus in ganz Europa wünschen.

Heinz Fischer
Wien, im August 1997

Tony BLAIR

WORKING TOWARDS A PEOPLE'S EUROPE

We are in the wake of an extraordinary turn of the political tide. Five years ago the right was in power in Britain, in France, in Italy, and also on the other side of the Atlantic, in America and in Canada. Today a succession of electoral victories has given us an historic chance to set out a new way forward for our countries.

Our success has been a vote for change. Ours should be the genuine "Parties of the People". Our aim is to put Government and governed back again in the same room speaking the same language and to govern for the future. The parties of the right failed when they became not just out of touch but out of date.

Our countries need this new type of government at home. And they need it in Europe – a people's Europe. The solutions we seek must be radical and modern. They do not lie just in fine aspirations, but in tough, hard decisions about how to get to the future we share.

Our task today is not to fight old battles but to show that there is a third way; a way of marrying together an open, competitive and successful economy with a just, decent and humane society. If we can do that, our ideas can become the mainstream common sense of our times.

The following should be the principles of today's centre and centre left. First, we are internationalist not isolationist. It is the parties of the extreme right that are today locked in narrow nationalism and protectionism. That approach will not work. We need open trade, co-operation on defence and foreign policy. We should support the UN. It is only if we cooperate together for peace – for example in Bosnia – if we remove trade barriers and if we work together to fight international crime that we will prosper and be secure within our own borders.

Second, we must be the champion of the law-abiding citizen against crime. It is usually the poorest who suffer most from crime and anti-social behaviour. It is our duty to protect them by being firm in dealing with it. However, we also understand, that unless we address the causes of crime – unemployment, social deprivation, and poverty – we will never succeed. As we say, 'tough on crime, tough on the cause so of crime'.

Third, we should strengthen the family. For too long, the right was allowed to parade as the guardian of the family. They never deserved to be seen in that way. The pressure on the family has become immense in our society. We have to find ways to help families balance home and work and to further the cause of family life. This should be the territory of the left, not the right.

Fourth, we are warriors against discrimination in all its forms, particularly racial discrimination. We must not tolerate the racial violence that mars too many of our countries. Our societies are enhanced by diversity. Discrimination on grounds of race, sex or sexuality is not acceptable.

Fifth, we are the guardians of the environment. When we re-wrote the constitution of the Labour Party, we put care for the environment at the heart of our principles. It is far more important to our generation than the out-dated notion of class war. It requires international as well as local action.

THE NEW ECONOMICS

Most of all, we need a new economics of the centre and centre left. Here is where the boldest new thinking is required.

Our goals have not changed. We still believe in compassion and social justice, high and secure levels of employment, an end to social exclusion, and that each generation should be able to look forward to a greater prosperity than the last.

The critical challenge is to connect those goals to a world that has undergone a veritable revolution of change. Technology, trade and travel are transforming our lives. Our young people will work in different industries which are often those of communications and design rather than the old mass production. Many will work in, or own, small businesses. Jobs for life are gone. Working from 9 to 5 is no longer universal. Women now work, which brings new opportunities but also new strains for family life. Many parts of South East Asia can compete with us on equal terms. Money is traded across international boundaries in vast amounts, 24 hours a day. New, new, new. Everything is new.

There is an urgent task to renew the social democratic model to meet this change. The hard part of our task is not the restatement of traditional goals. It is to manage change so as to meet them in the new world.

People criticise some of the right-wing governments of Europe for being too tough. I would criticise them for being old-fashioned and for not having the vision to understand change.

For us and for Europe, jobs must be the priority. To create jobs we must be competitive, and to be competitive in the modern world, knowledge, skills, technology and enterprise are the keys, not rigid regulation or old-style interventionism. But above all, the context is the new global economy. Europe is not just competing with itself or with the USA but with South America, Asia and the whole of the world.

We reject the right-wing way of competing on low wages, except for the privileged few. But we know that neither can we compete today by stifling enterprise. Instead we must be the enablers of enterprise, equipping our people and business to make the most of their talent and ability.

We need industrial policy, but not if it is a code for refusing change and warping the forces of competition.

We need minimum standards of fairness at work as an essential part of a civilised society, but they do not guarantee job protection. It is not legislation alone which counts but employability – knowledge, technology and skills.

Sometimes over the last decade we looked like defenders of a fading industrial past. The truth is that, as parties of the centre and centre left, we are better placed than others to build the economy of the future because we are in tune with an economy based on knowledge, skills and creativity. The old left thought the argument was just more spending or regulation. The right say 'sink or swim in the market place'. We say that there is a role for Government. Market forces are not a new god. However, the role of Government has changed. Today its role is to give people the education, skills, and technical know-how they need to let their own enterprise and talent flourish in the new market-place. This is the third way – neither old left or new right. It is a new centre and centre-left agenda.

We also understand that economic stability is the prerequisite for radicalism in social policy rather than an alternative to it. We must be the parties of fiscal and economic prudence.

Combined with this must be reform of the welfare state. The public simply won't pay more taxes and spend more to fund an unreconstructed welfare system. In many of our countries we *are* spending and we *are* taxing. However, we have more poverty and inequality. Therefore, we must address the problem more fundamentally. Otherwise our people will turn to nationalist parties of the right who will not reform welfare but dismantle it.

We must be the agents of change but on the basis of one-nation politics, bringing our societies together – open, inclusive, tolerant – and building support across classes to bring about change.

EUROPE

Just as we seek to bring new leadership to our countries, so we must do so in Europe. Are we satisfied with Europe? Frankly no. Today you have a British Government that shares the goal of a constructive partnership of nations in Europe. I believe the British people also share that goal. But, in a sense, what worried them about our own national government under the Conservatives, worries them also about the institutions of Europe – out of touch, out of date, not responsive to the people's needs.

And the British are not alone. That sense of alienation from the European ideal is persistent throughout much of Europe. We will only remove it by showing that Europe's agenda is their agenda. That comes back to jobs.

The truth is, neither the single market nor EMU can ever work unless we answer these questions and unless we restructure our economies to make job creation an attainable objective.

EMU cannot work if it is set up on the basis of a fudge. Whether it looks like weak currency or a strong one or if it masks unreformed economies, the strains in the system risk being too great. There is no comfort in size alone. A united, unreformed European economy will be no better than a disparate, unreformed European economy.

Eighteen million people are out of work across Europe, nine million of them for over a year. In too many of our countries, welfare has become passive; a way of leaving people doing nothing, rather than a way of helping them become active. We will be using our Presidency of the European Union next year, and our Presidency of the G8, to put jobs at the top of the agenda.

Our aim must be to tackle the obstacles to job creation and labour market flexibility by cutting unnecessary bureaucracy for the small firms that are likely to be the main job creators; by completing the single market; by promoting welfare to work initiatives which bring real jobs within reach of those now excluded from the labour market; and by making sure the Social Chapter and Employment Chapter help job creation, not hinder it.

We can have as many IGCs as we like but unless there are tangible results in fighting crime, bringing justice to our citizens, and enhancing the prospects of peace and security in the world, no amount of talk about institutions will hide our failure from the people.

There is a choice of destiny which confronts us in Europe. We can stay as we are and fail. Or we can change, embrace the future and succeed. Do not let us be another type of Conservative Party, defending the status quo, standing out against the world, and hoping it will go away. It won't. We should hold our values dear, and then revolutionise our method of implementing them. As I said to the British Labour Party a few years ago – 'we modernise or die'.

If we change, then the more our people see us identifying common problems in Europe, with solutions relevant across Europe, the more they will both listen to the national governments and support the notion of European co-operation.

In Britain now there is a new mood. And there can be a new mood towards Europe too. But only if the hard thinking is done. Modern electorates are not patient or forgiving. If we fail to change, we will be thrown out and rightly. We have no more of a divine right to govern than the parties we oppose.

I am determined that my government will be a force for change which endures. In the past the besetting sin of parties of the left and centre left has been to come to power on a wave of enthusiasm and then to dash the high expectations and leave behind disillusion.

This time round we must be different. We must set realistic goals and deliver results – above all on education, jobs, crime, health and the economy which are the issues that matter to the people.

We are the people's parties. We must address the people's priorities and we must deliver.

Philippe BUSQUIN

DIE SOZIALE FRAGE UND DIE EUROPÄISCHE EINIGUNG: ZWEI HERAUSFORDERUNGEN FÜR DEN SOZIALISMUS UND DIE SOZIALDEMOKRATIE

In meinem Beitrag zu diesem Sammelband möchte ich zwei große Herausforderungen hervorheben, mit denen die europäischen Sozialisten und Sozialdemokraten konfrontiert sind: die Neudefinition der sozialen Frage einerseits und die Abstimmung der von den Sozialisten und Sozialdemokraten eingenommenen Positionen zur europäischen Einigung andererseits.

Beide Fragen habe ich eingehend in „Aujourd'hui le futur" („Zukunft heute"), ein Werk, das heuer veröffentlicht wurde, behandelt (Editions Quorum, Brüssel). Auf den dort dargelegten Überlegungen basiert dieser Artikel.

DIE SOZIALE FRAGE

Allgemeinhin wird gesagt, daß wir die Auswirkungen einer wirtschaftlichen und sozialen Krise durchmachen, die das Funktionieren unserer Gesellschaft insgesamt erschüttert. Tatsächlich haben wir heute mit einer Umwälzung zu tun, die in ihrer Größenordnung jener gleicht, in deren Verlauf im letzten Jahrhundert der Übergang von einer Agrargesellschaft zu einer Industriegesellschaft vollzogen wurde. Hundert Jahre danach verschwindet nun auch diese Industriegesellschaft wieder. Ich möchte nicht näher auf die vielfältigen Formen dieser Veränderung eingehen, die sich vor etwa zwanzig Jahren abzuzeichnen begann und deren Reichweite wir erst jetzt langsam zu ermessen beginnen. Ich möchte aber hervorheben, wie sehr wir dadurch gezwungen werden, die Eckpfeiler der sozialen Frage, wie sie sich ein ganzes Jahrhundert lang stellte – mit der Arbeitnehmerschaft und dem Begriff des Wohlfahrtsstaates als zentralen Elementen –, zu verändern.

Diese enorme Aufgabe erfordert schon im Ansatz ein umfassendes Denken und Handeln im Bereich Anstellung und Arbeit. Denn eine menschlich und sozial unerträgliche Arbeitslosigkeit erobert in Riesenschritten alle Bereiche des gemeinschaftlichen Lebens. Sie zieht das soziale Gefüge schwer in Mitleidenschaft und trifft Menschen, die eine unsichere berufliche Zukunft oder keine Arbeit haben, hart. Die Arbeitslosigkeit macht jegliche Möglichkeit einer persönlichen Entfaltung sowie das Immunsystem der Gesellschaft insgesamt nach und nach zunichte.

Dennoch bin ich der Meinung, daß es keine Lösung gibt, die ein Allheilmittel ist. Die Sicherung des wirtschaftlichen Wachstums (ohne die Schaffung von Reichtümern würde sich eine Rückentwicklung ergeben), gezielte Maßnahmen zur Schaffung von Arbeitsplätzen für Jugendliche und minder qualifizierte Arbeiter, die Senkung der Belastungen für Unternehmen, Initiativen für die Gründung und Weiterführung von Klein- und Mittelbetrieben, Berufsweiterbildung, ... All dies sind Beispiele für verschiedene Rezepte, die einander in allen europäischen Ländern mehr oder weniger gleichen und die alle eine gewisse, aber dennoch nur sehr bedingte Berechtigung haben. Leider wird der Kampf gegen die Arbeitslosigkeit nicht nur an einer Front geführt. Ein ganzes Bündel Zusatzmaßnahmen sind notwendig und müssen gleichzeitig durchgeführt werden. Ich werde hier nicht in die Diskussion über die Sinnhaftigkeit der einzelnen Maßnahmen einsteigen, auch nicht über die notwendige Veränderung der Größenordnung sprechen (gestern war es die nationale, heute ist es die europäische – siehe den zweiten Teil des Artikels), die eine absolute Notwendigkeit ist, wenn wir die Erfolgschancen ernsthaft verbessern wollen, sondern vielmehr über die Inkonsequenz, die darin besteht, den Kampf gegen die Arbeitslosigkeit nicht vor dem Hintergrund wirtschaftlicher, sozialer und gesellschaftlicher Umwälzungen großen Ausmaßes sehen zu wollen. Und darin, eine Perspektive nicht zu schaffen, die jener polymorphen Veränderung einen Sinn gibt, nämlich eine Politik der Arbeitszeitverkürzung zu verfolgen.

Wir wissen, daß diese Idee das ganze Jahrhundert hindurch auf Initiative der Arbeiterbewegung und besonders der sozialistischen Bewegung immer wieder umgesetzt wurde. Die Bemühungen um Arbeitszeitverkürzung haben Tradition. Aber mehr noch, als dadurch die Früchte des Wachstums zu ernten – wie es in den goldenen 30er Jahren der Fall war – oder den Anstieg der Produktivitätsgewinne infolge des technologischen Fortschritts sozial zu verwerten, geht es diesmal darum, den Übergang von einer sozialen Organisation zu einer anderen durch Anpassung der ersteren an eine Welt zu vollziehen, die sich mit großer Geschwindigkeit verändert und die der Industriegesellschaft, wie sie sich im neunzehnten Jahrhundert zu entwickeln begann, ein Ende bereitet.

Um es klar und deutlich zu sagen: Als politischer Verantwortungsträger weigere ich mich heute, das „Ende der Arbeit" infolge der Erschütterung der Arbeitsbedingungen auszurufen, wie dies einige Beobachter, Denker, Soziologen, Philosophen oder sogar Politiker tun. Wir müssen meiner Meinung nach in Richtung einer Arbeitszeitverkürzung überlegen und handeln, einer Verkürzung, die einerseits der Realität genauestens entspricht und die andererseits die Ansätze einer radikalen Transformation des sozialen Lebens in sich trägt, sodaß wir den Veränderungen, mit denen wir konfrontiert sind, Rechnung tragen können.

Natürlich muß die Verkürzung der Arbeitszeit je nach Wirtschaftsbereich und Berufssparte auf unterschiedliche Art und Weise erfolgen, es dürfen nicht alle Bereiche über einen Kamm geschoren werden. Arbeitszeitverkürzung wie eine Medizin zu verabreichen ist weder klug noch wünschenswert.

Dennoch stellt die Arbeitszeitverkürzung ein politisches Ziel mit eigenem Wert dar, weil es darum geht, eine Gesamtbewegung einzuleiten und zu begleiten sowie Regulativmechanismen einzuführen, die eine allgemeingültige Bedeutung haben. Anders gesagt, wenn sie nicht ihren Sinn verlieren und in einer Vielzahl von Einzelfällen als Notpflaster zugunsten kurzfristiger Interessen dieses oder jenes Unternehmens, irgend einer Gesellschaft oder eines Wirtschaftsbereiches dienen soll, müssen wir der Arbeitszeitverkürzung ihre volle soziale Legitimität geben.

Sie darf nämlich kein Deckmäntelchen für eine Art „Entregulierung" (ebensowenig wie für eine „Überregulierung" durch den Staat) sein, in deren Zuge Bezugsrahmen – und mit ihnen auch die Kollektivarbeitsstunden – verschwinden. Im Gegenteil, eine gewisse Übereinstimmung von Öffnungs-, Arbeits- und Amtszeiten sowie der Zeit für die Familie ist sowohl für das soziale Gefüge als auch für das persönliche Gleichgewicht unabdingbar. Damit möchte ich sagen, daß eine wirkliche Arbeitszeitpolitik „koordiniert" werden muß – und daß eine solche Politik zuvor einer breit angelegten, allgemeinen Diskussion bedarf, bei der alle betroffenen Partner dazu aufgerufen sind, ihre Positionen einander gegenüberzustellen und sie auf ein gemeinsames Ziel hin anzupassen.

Für meinen Teil kann ich ganz klar sagen, daß dieses Ziel in einer Viertagewoche besteht, denn nur sie allein kann das Bewußtsein der Bürger wachrütteln und sie ebenso wie die Sozialpartner mobilisieren.

Es sollte klar sein, daß eine solche Politik der Arbeitszeitverkürzung vor dem viel größeren Hintergrund von Initiativen zu sehen ist, die eine Gesamtdynamik in Schwung bringen sollen. Keinen Augenblick kann ich mir vorstellen, daß unsere Gesellschaft eine Art Diskussion über Abstriche führt, in der ein Teilen des Arbeitsplatzes wie ein Teilen der Not verstanden wird. In einem solchen Fall hinterließen wir den kommenden Generationen nur eine beträchtliche Verarmung, eine unmöglich zu führende und nicht zu finanzierende soziale Organisation, die alle sozialen Absicherungssysteme zunichte machte, von neuem das Defizit der öffentlichen Haushalte vergrößerte und die Umkehrwirkung der Verschuldung (der wahren Geißel jeder fortschrittlichen Politik) ankurbelte und in der unsere Inkonsequenz die Jugend teuer zu stehen käme, nämlich in Form einer Verschlechterung der Lebensbedingungen. Im Gegenteil, eine Arbeitszeitverkürzung muß im Rahmen eines großen, dynamischen Projektes geplant werden, bei dem das wiedergefundene soziale Gleichgewicht mit einem Zuwachs an Kraft, Kreativität und Investition einherginge, die die gesamte Gesellschaft gemeinsam, aber nur gemeinsam, bereicherten: ihre Wirtschaft ebenso wie ihr soziales Leben.

Werden wir in diesem Sinne in der Lage sein, folgende Begriffe miteinander zu verbinden: Schutz, Kontinuität, und Solidarität einerseits, sowie Flexibilität und Anpassung an den anderen andererseits? Werden wir es schaffen, ein Spannungsverhältnis positiv zu lösen, das wir uns auf der dialektischen Ebene aufzuwerfen schuldig sind? Dies ist, meiner Meinung nach, eine der wichtigsten Herausforderungen für die demokratische Linke in unseren Ländern.

Während jegliche Politik der Arbeitszeitverkürzung der Notwendigkeit, der überwiegenden Anzahl jener, die keinen Arbeitsplatz haben, einen zu verschaffen, Rechnung tragen muß, wäre es eventuell denkbar, dem Recht auf berufliche Wiedereingliederung den Vorrang vor der Arbeitslosenentschädigung einzuräumen. Ich meinesteils wünschte mir, daß man gründlich darüber nachdenkt, und zwar ohne Voreingenommenheit in irgend eine

Richtung. Der Wohlfahrtsstaat ist nicht unerschöpflich und auch nicht unsterblich. Er wirft bestimmte Kosten auf, und seine Effizienz steht in direktem Zusammenhang mit der Realitätsbezogenheit, welche ihm von der Gesellschaft, die ihn praktiziert, zuerkannt wird. Sobald sich diese Gesellschaft unter dem Einfluß äußerer Wandlungen grundlegend verändert, muß auch der Wohlfahrtsstaat sich verändern. Uns obliegt es, die Zügel dieser Wandlung in die Hand zu nehmen und den „passiven Wohlfahrtsstaat“ in einen „aktiven Wohlfahrtsstaat“, wie Pierre Rosanvallon ihn nennt, umzuwandeln. Dann wäre er in der Lage, seine essentiellen Aufgaben, nämlich Sicherheit und Solidarität, zu erfüllen, wenn auch auf andere Weise als zuvor. Auch in diesem Zusammenhang zeigt sich wieder, daß die Aufteilung zwischen Arbeitszeit und Freizeit Teil jenes größeren dynamischen Projektes ist. Daher sollten wir eine umfassende Politik der Zeitenregelung in Angriff nehmen, bei der eine Neuaufteilung der sozialen Zeiten eine neue Vitalität für das gesamte soziale Gebilde bewirken, ebenso wie sie dem Individuum die Verwirklichung einer größeren persönlichen Autonomie und eine bessere Beherrschung seiner Existenz ermöglichen könnte. Der Zugang zu Dienstleistungs- und Freizeiteinrichtungen, zu Transportmitteln, Kindergärten, die Ausübung von Gesellschafts- und Vereinsaktivitäten, eine aktive Teilnahme an Demokratie und Kultur, ... Nach und nach sollte all dies andere Formen annehmen, wenn wir unsere Gesellschaft Schritt für Schritt in ein erneuertes soziales Gebilde mit einer gleichmäßigeren Verteilung der Einkommen umwandeln wollen.

Diese umfassende Politik der Zeitenregelung stellt einen grundlegenden Aspekt jeglicher Art von Projekt, das auf eine Arbeitszeitverkürzung abzielt, dar. Sie steht in vieler Hinsicht im Mittelpunkt der sozialen Frage. Denken wir zum Beispiel an die Lebenszyklen. Bis jetzt waren diese in drei Bereiche unterteilt: die Jugend, in der eine Ausbildung absolviert wird, das Erwachsenenalter, das der Arbeit gewidmet ist und das Pensionsalter, wo man sich aus dem Arbeitsleben zurückzieht. Nichts zwingt uns, diesen linearen und mechanischen Ablauf unserer Existenz bis in alle Ewigkeit beizubehalten. Auch hier erfordern die Umwälzungen, die wir schon kennen (unter anderem die Erhöhung der Lebenserwartung) eine Veränderung unserer Art, miteinander zu leben, (Warum sollten wir denn zum Beispiel nicht die Wochenenden während des ganzen Lebens verlängern und dafür eine Teilzeitarbeit bis zum Alter von siebzig Jahren weiterführen?), wenn wir Zusammenhalt, Solidarität und Entfaltung jedes einzelnen in den Mittelpunkt stellen.

Sind wir dazu bereit? Sind wir bereit, jene Anstrengung zu unternehmen, die notwendig ist, um zu verstehen, was auf dem Spiel steht und welches das Wesen der sozialen Transformation ist? Sind wir entschlossen, die Hebel zu betätigen, die es uns ermöglichen, den Weg zu einer Gesellschaft einzuschlagen, in der die sich selbst überlassene Wirtschaft liberaler Prägung nicht zur Gänze die sozialen Verhaltensweisen bestimmt? Im Moment gehen wirtschaftliche und technologische Veränderungen vor sich, ohne daß unsere Gesellschaften – unsere sozialen Organisationen – sich ihrerseits genügend organisch, überlegt, bewußt und in klarer Entscheidung umbilden. Genau dahin könnten die Frauen und Männer, die sich mit einem progressiven Ideal identifizieren, ihre politische und gesellschaftliche Energie lenken: auf die Neudefinition dieser sozialen Frage, die mit Sicherheit eine der wichtigsten Herausforderungen darstellt, denen der Sozialismus und die Sozialdemokratie in Europa zu begegnen hat.

DIE EINIGKEIT DER EUROPÄISCHEN SOZIALISTEN UND SOZIALDEMOKRATEN

Vor dem Hintergrund eine multipolaren, kapitalistischen Wirtschaft, in der neue Regionen auf der Weltkarte erscheinen – im Sinne der Produktion von Reichtümern nämlich – und in der die Vereinigten Staaten eine klare Rolle der Vorherrschaft spielen, wurden die Nationalstaaten in hohem Maße ihrer Machtbefugnisse beraubt. Die Größenordnung veränderte sich, und diese Veränderung betrifft die Wirtschaft ebenso wie den Handel, die finanziellen Transaktionen ebenso wie die Ausübung der Staatsgewalt. Diese Veränderung der Größenordnung erfordert eine Sammlung der Kräfte, wenn man nicht eine Marginalisierung auf globaler Ebene riskieren will. Denn eine solche Marginalisierung kann auch eine Verarmung, einen sozialen Rückschritt, eine Unterwerfung unter andere politische Gebilde und einen Verlust des freien Handlungsspielraumes bedeuten. Dieses düstere Szenario spiegelt nichts anderes wider als die Situation, auf die wir bereits jetzt zugesteuert wären, wenn es der Europäischen Gemeinschaft und im weiteren der Europäischen Union im Laufe der vergangenen dreißig oder vierzig Jahre nicht gelungen wäre, einige wichtige Schritte auf dem Weg zur Einigung zu vollziehen, und es zeichnet den Zustand vor, in dem wir uns wiederfinden werden, wenn unsere Staaten unfähig sein sollten, mittelfristig die notwendigen Maßnahmen für zusätzliche Formen der Integration auf monetärem, politischem, wirtschaftlichem, sozialem und fiskalem Gebiet zu setzen.

Man kann natürlich unendlich lange über die Opportunität der im Laufe der letzten Jahre auf europäischer Ebene von den Sozialisten und den linksgerichteten Kräften im allgemeinen eingenommenen Positionen schimpfen und ihre Weigerung anprangern, von vornherein eine Verwirklichung des gemeinsamen Marktes von entsprechenden Fortschritten auf sozialem, politischem oder steuerlichem Gebiet abhängig zu machen.

Darauf würde ich zuerst einmal antworten, daß es weltfremd ist zu denken, daß die Sozialisten und ganz allgemein die Linke (die Gewerkschaftsbewegung mit eingeschlossen) historisch im Rahmen der europäischen Einigung eine gemeinsame Position eingenommen haben. Unsere Erfahrungen in den verschiedenen Ländern waren sehr unterschiedlich – und dementsprechend unsere Prioritäten. Sicherlich hatten wir die gleichen Grundwerte, auch die gleichen Überzeugungen, aber angesichts eines unterschiedlichen wirtschaftlichen, sozialen und kulturellen Umfelds führten diese Gemeinsamkeiten dennoch zu stark unterschiedlichen politischen Positionen.

Die Philosophie des napoleonischen Rechts ist nicht jene des angelsächsischen Rechts; die Auffassung vom Staat oder den öffentlichen Diensten der romanischen Länder ist nicht jene der skandinavischen Länder; die Sozialgeschichte Spaniens ist nicht jene Großbritanniens ... Und jede Einheit entwickelte sich im Spannungsfeld unterschiedlicher Kräfteverhältnisse, die ihrerseits zu verschiedenen Haltungen führten.

Heute haben wir allerdings bereits ein (kleines) Stück Wegs zurückgelegt. Mehr als früher bemühen wir uns um die fortschreitende Übereinstimmung unserer ideologischen Positionen, unserer politischen Taktik und unserer strategischen Visionen. Ein Wettlauf mit der Zeit hat begonnen. Wie immer, liegt die Wirtschaft um eine (oder sogar zwei) Längen voraus. Es ist nicht zu spät (wenn auch höchste Zeit), uns auf politischer Ebene professionell und leistungsorientiert zu organisieren.

Die Sozialdemokratische Partei Europas stellt hier ein Schlüsselelement dar. Nach ihrer Gründung 1992 sollte sich diese gemeinsame, theoretische Basis schnellstens in eine gemeinsame Operationsplattform umwandeln. Die Dinge gehen in die richtige Richtung. Die Treffen sozialistischer Spitzenpolitiker werden häufiger, wir lernen uns kennen und beginnen, unsere unterschiedliche Rhetorik abzustimmen. Initiativen und Kampagnen für Meinungsbildung nehmen Gestalt an, ebenso wie gemeinsame

Erklärungen. Ein Manifest wurde herausgegeben. Im Europäischen Parlament stimmen die Sozialisten ihre Positionen mehr aufeinander ab. Das ist alles sehr schön, aber man muß weiter gehen. Gemeinsam mit allen meinen Kollegen von der SPE bin ich davon überzeugt, daß die Aktivierung dieser gemeinsamen Basis unverzichtbar ist, wenn auch wir die Änderung der Größenordnung in unsere politischen Überlegungen und Aktivitäten einfließen lassen wollen, was heißt, daß wir im Sinne einer bestimmten Vorstellung von Europa, die sich auf unsere gemeinsamen Werte Solidarität, soziale Gerechtigkeit und Gleichheit stützt, unsere Botschaft und unsere Forderungen auf europäischer Ebene klar artikulieren müssen.

Europa wird keine Zukunft haben, wenn es sich darauf beschränkt, einen Markt zu bilden und eine Währung in Umlauf zu bringen. Ein solches Europa würde sich schlicht und einfach totlaufen. Ohne politischen, sozialen und fiskalen Zusammenhalt sind seine Tage gezählt. Es bleiben höchstens noch ein paar Jahre, bevor es in ein noch größeres, offenes Gebilde mündet, das (klarerweise) die Länder Mittel- und Osteuropas einbezieht.

Das Europa, das ich gerne das „Europa meiner Träume" nenne, steht nicht im absoluten oder krassen Gegensatz zu jenem, das wir kennen. Die Schritte, die in den letzten fünfzehn oder zwanzig Jahren gemacht wurden, sollen nicht geleugnet werden. Auf jeden Fall nahmen die Sozialisten und Sozialdemokraten ihre Verantwortung wahr. Wollte man nicht, daß das Projekt Europa schlicht und einfach in Vergessenheit geriet, so mußte man eben „Verantwortung wahrnehmen", wie es so schön heißt. Hier denke ich natürlich an den Vertrag von Maastricht. Ich denke ebenfalls an den noch nicht lang zurückliegenden Gipfel von Amsterdam, an seine wenn auch ungenügenden Ergebnisse, wo aber dennoch neue Anliegen (im Bereich der Arbeitsplätze) in das Programm der Union für die nächsten Monate und Jahre aufgenommen wurden.

Ganz allgemein kann man anmerken, daß es unabhängig vom Vertrag von Maastricht notwendig ist, eine Sanierungspolitik der öffentlichen Haushalte und eine Verringerung der Staatsschulden zu verfolgen, wenn wir uns wieder einen einigermaßen freien Spielraum schaffen wollen, den wir in Jahren unbedachter Mißwirtschaft, für die wir alle die Verantwortung tragen, zunichte machten. Einzig und allein eine ausgeglichene Führung der öffentlichen Haushalte, unterstützt durch eine ständige Bedachtnahme auf soziale Probleme und die Aufrechterhaltung der kollektiven Solidarität wird es uns ermöglichen, progressive Zielsetzungen mit dem Hauptaugenmerk auf soziale Gerechtigkeit in den Mittelpunkt des öffentlichen Interesses zu stellen.

Aber jenes Europa, das wir Sozialisten und Sozialdemokraten das Europa unserer Träume nennen, ist weit mehr als das. Es ist ein Europa der großen Veränderungen im sozialen, fiskalen und politischen Bereich. Nicht nur, daß ich mir dieses Europa sehnlichst herbeiwünsche, ich glaube auch, daß, wenn es nicht schnell und zügig verwirklicht wird, zahlreiche Probleme, die wir in den verschiedenen Ländern und Regionen haben, nicht auf Dauer zu lösen sein werden.

Heute haben wir ein Europa mit einem gemeinsamen Markt. Wir bewegen uns auf ein Europa mit einer gemeinsamen Währung zu. Das ist gut, aber absolut nicht ausreichend. Unter diesen Umständen wird unser soziales Modell (das einzigartig in der Welt ist), sich nicht aufrechterhalten lassen und mit ihm werden alle Projekte für eine solidarische, nachhaltige und dauerhafte Entwicklung, alle diese verschiedenartigen, aber nichtsdestoweniger konstruktiven Herausforderungen unserer Schicksalsgemeinschaft, fallen.

Um das große Werk Europa zu verwirklichen (seine politische Einigung, die Reform seiner demokratischen Institutionen, eine flächendeckende Sozialpolitik, die Bildung einer wirtschaftlichen Regierung, aber auch die Abstimmung der Fiskalpolitik in den verschiedenen Ländern, um Steuerdumping zu vermeiden und die Budgeteinnahmen der Staaten zu sichern), ist es die Pflicht der Sozialisten und Sozialdemokraten, viel enger als je zuvor zusammen zu arbeiten. Diese Pflicht ist umso ausgeprägter, als daß die einen und die anderen in der Mehrheit unserer Staaten allein oder in Koalitionen an die Macht gekommen sind. Unsere gemeinsame, pragmatische Vorgangsweise muß sich in den kommenden Jahren in Ergebnissen niederschlagen, sie muß sich an einer Vision von einem Europa orientieren, in dem die Verwirklichung von Werten wie Gerechtigkeit, Solidarität und Gleichheit im Mittelpunkt steht.

Übersetzung aus dem Französischen von Isolde Schmitt

Ingvar CARLSSON

GLOBAL ECONOMIC GOVERNANCE AND THE FUTURE ROLE OF EUROPE

Since the United Nations was founded, world population has doubled, world production has increased fivefold. World trade with goods is 3 times higher than 20 years ago. World trade with capital is 70 times higher than 20 years ago.

This alone, regardless of other pressing challenges on the world agenda, calls for an active re-thinking of the international institutions. One contribution to this process of renewal was made by the *Commission on global governance*, that I had the privilege to chair, together with Shridath Ramphal.

Today a common international identity of Europe is emerging. The European Union is set to expand to include a large number of the former Central and East European people's republics. Already the European Union controls its member states outside trade tariffs. The aim is a common currency. The first steps towards a position of a Union foreign secretary have been taken.

The European Union is almost inevitably heading towards an increased common activity on the global scene. It is high time to devote more energies and discussions on the future policies of a common action, than on the procedures.

DOES EUROPE NEED THE WORLD?

The choice that emerging integrated Europe has to make, is whether a global governance in the world as a whole is a political priority even for Europe, or if Europe is satisfied to try to be one of the three centres of economic powers in a more anarchic world.

Morally the answer is of course quite simple. The needs are there. The resources are there. According the 1994 UNDP Human Development Report, an annual of 30-40 billion USD is needed to eliminate the worst forms of poverty. A modest 0,5 % tax on international exchange transactions would potentially yield 1,3 trillion USD. The proportions are that this form of Tobin tax could eliminate the worst forms of poverty thirty times over. But unfortunately morality has seldom been a sufficient driving force for change. Had morality ruled – or even an enlightened self-interest – the globalisation of information had long ago led to a new world order.

Let me scrutinise the pros and cons of the self-interest, and please bear with me the inevitable cynicisms that follow from studying that kind of interest.

Why Europe Doesn't Need the World

In one important aspect, Europe is quite self-sufficient. My main line of reasoning in the Swedish referendum campaign on membership was that Europe is a tight enough area. More than ninety percent the value of everything that is consumed within the European Union is also produced there. This is the great case for concerted expansion of investment to combat unemployment. Though "Keynesianism in one country" may be next-to impossible, and in most cases even harmful, co-ordinated economic policies of the member countries in general and public investment programmes in particular, could, according to one economic model, mean that unemployment was reduced to half its present levels.

The economic stagnation in Europe is not due to lagging behind in the global competition. In fact, the idea of nations or regions competing with each other has little to do with the present realities of transnational economic activities. There is, according to Robert Reich and others, hardly such a thing as a national economy. There is a national workforce and a national infrastructure, but not a national economy. But there is a European one.

Also, integrating the former communist states of Central and Eastern Europe, it could be argued, is in itself such a formidable task that it demands the full concentration of the European Union within the foreseeable future. The enlargement of the European Union does not only necessitate reforms of decision-making, but a politically very difficult deregulation of the common agricultural policies. In the next few years, only the two projects of enlargement and the EMU will present a great challenge to the political leadership. Voters in the old EU-countries need to be persuaded to simultaneously accept public expenditure cuts to meet Maastricht-criteria, decreased EU subsidies for farming, and the dilution of their nation's share in the EU voting process.

The emergence and popular support of right wing, populist parties is in itself an indication that solidarity and internationalism have a weak position. Persisting high unemployment does of course not help.

One could also argue that many countries in Europe need peace and quiet. Some are barely recovering from losing their empires. The former European global actors could be said to need a quiet old age, pensioned from the world scene. And the countries that barely a few decades ago ruled the world, colonised it, and contributed to keep it in terror through nuclear weapons, are not the most apt – or most credible in the eyes of the developing countries – to take on leadership towards a new and just world order.

Europe could instead, in line with this reasoning, become the tourist centre, a kind of reservation where the Old World and culture can be studied. This is a vision of Europe as a Brideshead revisited and Paradise lost. The economic dynamism of other regions can perhaps trickle down.

Can Europe do without the world, except in the areas where the rest of the world can be dominated or bought?

Why Europe Cannot Do Without the World

The arguments in favour of a European internationalism can be summarised in one word: *sustainability.* Europe could do quite well alone in the very short run. It may theoretically be able ignore some of the global demands for justice all the time. But in the long run, a European future without also changing the world is not sustainable. Europe can not, but temporarily, solve its own internal problems, without making use of the benefits of internationalism.

Economically, the European self-sufficiency is temporary. The globalisation of information and finance, the gradual breaking down of trade barriers, will sooner or later lead to a greater global economic interdependence. And in order to reduce unemployment and boost economic growth, an economic demand of other continents is of great benefit to the old economies of Western Europe. Most probably, the one single development that could ensure a long-term stable economic development in the so-called developed economies is the dynamics of development of the so-called developing countries.

There is a parallel to the integration of Central and Eastern Europe. It was regarded by some as a cost and a threat to Western Europe. The fear was that lower wages for high-skilled workers would price Western European jobs out of the market. The fear was that Western European economies would have to pay a great deal. There is an increased awareness that enlargement of the European Union rather boosts than burdens the economy.

Financially, even with a common currency, Europe is not enough to stabilise the global currency market. Even the unlikely scenario that the Euro should end up being the "new dollar," the monetary system is in great need for a world reform.

Ecologically, European countries cannot expect developing countries to refrain from using scarce resources for subsistence when developed countries use them for affluence. Ecologism on one continent is not likely to be successful. The ecological system is maybe the most graphic example of global interdependence.

Strategically, a Europe on a separate track is not sustainable, a heavily fortified rich man's neighbourhoods in the global village. In the end, in some way, the world outside will make sure it is respected. "Rule and divide" may have worked for a few centuries, with the exception of oil prices, but there is nothing to indicate that this will go on.

Politically, will it be possible to govern Europe, without having global governance? Will not in the end tensions between continents, or the famous clash of civilisations in the end threaten Europe? Also the world is already in Europe. Not only obviously the immigrants through the centuries. But also the cultures, the religions, the companies, the knowledge.

Does the World Need Europe?

It is in fact a greater challenge to answer the question whether the rest of the world needs Europe. Who on the outside would really miss the countries in the European Union if we suddenly disappeared one day? Is there anything existential about the existence of Europe, to anyone outside the continent itself?
This question is put to illustrate that Europe needs a new ethos, a positive mission.
Europe can certainly claim a certain experience, some of it even positive. Some early experiments with democratic leadership took place here. Some political ideologies and social theories were developed in Europe. The welfare state, with its idea that the individual should not be materially dependent on neither the family nor a private company, has been tried with some success in Europe. But these are all past achievements.
Europe could play the positive role of the converted perpetrator. By having its history of darkness – its Lidice, Srebrenica, Armritsar, Teblinka and Auschwitz – it can contribute to building the defences against barbarism and cruelty.
The first step would then be to give up the idea of being "developed" and setting the example for other societies which are "developing." It is indeed quite a conviction to be considered no longer developing, considering the great human needs still not met in the Western European countries, and the high levels of unemployment and social tension.
The rest of the world could have great use of a Europe that committed itself to global governance, to building the supranational democratic mechanisms for realizing the ideals of international conventions and enforcing an international rule of law.

ELEMENTS OF A EUROPEAN STRATEGY FOR GLOBAL GOVERNABILITY

The goals are clear and well defined, as there is no lack of international verbal commitment to peace, human rights, development and justice. All the good ambitions are already written into the European treatises. In the very beginning of the Treaty of Rome, for example, the founders inscribed

their commitment to the solidarity that unites the European and non-European peoples in accordance with the charter of the United Nations.
The ideals are there. Put in print over and over again. These regular restatements need not just be a matter of political rhetoric, but could also mean an honest commitment. But the question then arises, what is missing? My answer is, the mechanisms for increasingly democratic global governance. Governance is:
"The sum of the many ways individuals and institutions, public and private, manage their common affairs. It is a continuing process through which conflicting or diverse interests may be accommodated and co-operative action may be taken. It includes formal institutions and regimes empowered to enforce compliance, as well as informal arrangements that people and institutions either have agreed to or perceive to be in their interest." (The Commission on Global Governance, *Our Global Neighbourhood,* OUP 1995, p. 2)
A common European strategy for global economic governance that the countries in the European Union could initiate through their common mechanisms could include the following elements:

A New Partnership Between Democratic and Economic Leaders

The European Union should take the initiative to a new constructive partnership between world economic and democratic leaders. The *Social dialogue* of the European Union could be one model to use. In the words of Gro Harlem Brundtland:
"However good market mechanisms are at allocating resources effectively, the market alone will never achieve the overall political objectives of our time - full employment, environmental excellence, and social justice. There is no invisible hand that will guide our global community to stability, peace and development."
Political democracy and markets have both been very successful in the last decade. Both are taking large risks at present. In Europe the greatest chance of gaining power in an election is to have been in opposition, and national politicians are not able to deliver what is expected of them. Financial markets have become so volatile, that even speculators themselves, such as Quantum Fund George Soros, warn against imminent disaster comparable to a nuclear meltdown.

There is, possibly, a growing awareness that the one cannot live without the other. Governments must accept that borrowing has a price, and excessive borrowing has a risk. Markets must accept that democratically elected governments represent all the population, and that the best politics for economic development not necessarily is that of tax cuts for incomes as high as those of the money dealers themselves.
In fact, markets and governments need each other. A free market is not sufficient to establish democracy, but it is hard to find democracy without a free market. They should work hand in hand to build supranational structures, frameworks within which they have freedom of movement. What the World Bank has stated in its 20th Development report of 1997 of the importance of the state for development is of course also true at the international level.

A White Book on World Economic Stability and Development

In conjunction with this partnership, the European Union could take the initiative to move the theoretical framework forward on a global level. The tremendous unmet human needs, the great affluence, and the high unemployment of many countries indicate that there is a global structural problem. It is apparent that neither the old left in the former communist states, nor the new right of the neo-liberal economies have been successful in solving this paradox.
There is a need for a new economic theory, springing from the facts of today. The European Union could – as it did with the Delors white paper on employment, growth and competitiveness – bring the best brains together, challenge the economists and the social innovators of today.

A Focus on Unused Human Potential

Closely linked to the need for a new economic theoretical framework, is the need for a strategy to make full use of the full human potential.
Unemployment is one important aspect. In the EU countries unemployment means that more than one in ten is outside paid employment. This is a tremendous lack of human resources. It cuts at more than the ten per cent actually unemployed since a lot more than those are less apt to take risks, and tend to stay on at jobs.

Though unemployment is terrible for the individual and a great loss to the economies as whole, discrimination is possibly an even greater loss. Discrimination on the basis of sex in the labour market means that half of the human potential is not used fully. And the other half, the male half, is consequently put into use above its capacity. Discrimination on other bases – religion, colour, sexual preference, class background – represent similar losses to our societies.
Gaining from diversity is in the interest of everyone. And a European Union initiative in the international framework would be most welcome.

Co-operation for Global Information Infrastructure

In 1990, Bangladesh, China, Egypt, Indonesia, and Nigeria together had fewer telephone connections than Canada. And 2 billion people still lack electricity. These figures make the term "globalisation" of information somewhat misleading. The Internet is a marvellous thing. But only for those who can access it. And to my knowledge, in sub-Saharan Africa, there are only a few thousand who are online.
Since knowledge and information is the basis for democracy, it is in the common interest to develop an information infrastructure. The European Union has an experience of developing a multi-lingual, multi-cultural governance, and should share that in working for a global information infrastructure.

A UN Economic Security Council

In Davos 1995, the founding head of the World Trade Organisation, Peter Sutherland, said:
"... Improving co-operation among the WTO, the IMF and the World Bank is just dealing in technicalities unless it takes place within a coherent policy framework that can command broad international support. We simply do not have such a framework. Neither the G7 nor the G15 reflect a perspective that adequately represents the world economic community. Their capacity to set and pursue global economic objectives is thus limited. We have, in short, a structural deficit in the world economy in terms of both making the policies and their execution. To see what this deficit

is costing, you only have to look at the lack of co-ordination and clear direction which has bedevilled international efforts to assist the transition to a market economy in Russia; or the international community's failure to come up with effective joint action to help Sub-Saharan Africa join the world economy as a participant rather than a dependent; or the linkages illustrated by the recent Mexican experience between the trade and capital needs of emerging markets and wider currency and investment issues."

Addressing that structural deficit is at the core of any serious, comprehensive effort to develop a new world order in the coming years. There is increasing recognition of the limits to the G7s ability to fill this role. A group representing little more than 50 % of the global economy and no more than 12 % of the world's people is simply unable to command the consensus necessary to provide leadership on the major economic issues affecting the great majority of the world's peoples.

My co-chairman in the Commission on global governance, Shridath Ramphal, has also pointed out that the G7 really is the G12, with 6 members not invited, since it doesn't include the large economies like that of China, India, Brazil, or Russia.

As proposed by the Commission on global governance that Shridath Ramphal and I co-chaired, an Economic Security Council within the United Nations should be balanced representation between the world's main regions including the possibility of smaller states having a role, representing a wider constituency. There should also be enough flexibility to allow strong regional groupings a role, representing their whole membership. These could include the European Union, the Association of South East Asian Nations and MERCOSUR.

Its roles would develop over time, in an overall framework of responsibility for providing a long-term, strategic policy framework to promote stable, balanced and sustainable development. This would necessarily involve securing consistency between the policy goals of the main multilateral economic bodies (the IMF, IBRD and WTO) while recognising their distinct contributions. Other roles would include promoting consensus-building dialogue between governments on the evolution of the global economy and, in this area, providing a global forum for regional trade and economic groupings.

With a modicum of political goodwill and co-operation, as well as some creative experimentation, such a body has the potential of providing real leadership on economic, social and environmental issues.

These are issues well understood in the strategic studies institutes of many countries but ill addressed at the global level. The missing link, Peter Sutherland's 'structural deficit', has been a high-level inter-governmental mechanism to give economic governance the same focused attention security issues receive in the Security Council.

OBSTACLES AND OBSTRUCTIONS

In a gradual but steady pace, the European Union will place an increasingly active and equally increasingly common role on the global political scene. This development may however, be hampered by some obstacles and obstructions.

From looking at the national debates on Europe in general and the European Union's common foreign and security policy in particular, one may speculate on what they will be like.

One possible obstacle is the mistake to look at common institutions as necessarily devaluing the influence of nation states. For most practical purposes, increased governance and democracy on one level rather increases the governability on another level. It is *not a zero-sum game*, except for maybe personally for the decision-maker individually. Decisions can be made by myself or another person on another level. But national political sovereignty is not threatened by European democracy, and European integration is not threatened by global governance. They rather presuppose each other and act mutually supportive.

One obstacle is the attempts to try to *extrapolate the national institutions.* They need to be very different. International co-operation is still a very different thing from national democracies. There are barriers of language, media, and cultures. Citizens simply don't have the possibility to take part in the processes as easily as in the national voting. Therefore, as yet, international politics for the time being have to borrow democratic legitimacy from the national level.

One possible mistake is to emphasise too much the *hardware of politics* like common defence and common currency. Common democracy is established by succeeding bit by bit, solving problems as they come along, and not as a crash-boom-bang designs. Politics is not architecture that required a finished model before the work starts. The building doesn't even need to be finally conceptualised before it starts to be built. I remember Shimon Peres at a Press conference in Stockholm, shortly after having received the Nobel Peace Prize. On the question why the Middle East peace process despite all had made some progress, he answered "we decided to start with a calendar rather than a map."

One hindrance is to wait for the leadership of the formal institutions. The immensely persuasive effect of a *good idea* works anyway. A small country may sometimes have a greater say than a much larger one, simply out of presenting good and constructive proposals, an example of this being the important role of Luxembourg during the Maastricht-negotiations.

There are certainly many possible obstacles. But the challenge is even more impressive, and the need enormous. Sooner or later, the EU will get very heavily involved in the governance of the globe. It is better to seize the initiative, than try to save a situation from a possible catastrophe.

Willy CLAES

THE EUROPEAN UNION: A NECESSITY FOR THE GEOPOLITICS OF THE 21ST CENTURY

INTRODUCTION

Since the referendums in Denmark and in France about the Treaty of Maastricht of 1992, it became evident that doubts about the usefulness of the European construction were alive in Europe as a whole, and not only in Great Britain. A line of no return in Europe's post-war history was drawn following the near victory of the no-votes and the small renegotiation by Denmark of the Maastricht Treaty terms, as well as the small victory of the yes-votes in France. This even after President Mitterrand himself explained on a nation-wide television event under the "Coupole" of the "Académie française", the advantages of the Treaty. In the year in which the Single Market war nearly realised, in the year which became the compass for the Europe of the Twelve, the European dream was really placed in question by a large number of European citizens.

EUROPEAN INTEGRATION A WORK OF PEACE

Today, if you read the Schuman declaration of the 9th of May 1950, announcing the creation of a Coal and Steel Community between Germany and France, it is clear that the fundamental idea of Jean Monnet and Robert Schuman was to create links of peace between the two former enemies: "La mise en commun des productions de charbon et d'acier assurera immédiatement l'établissement de bases communes de développement économique, première étape de la Fédération européenne, et changera le destin des régions longtemps vouées à la fabrication des armes de guerre dont elles ont été les plus constantes victimes. La solidarité de production qui sera ainsi nouée manifestera que toute guerre entre la France et l'Allemagne devient non seulement impensable, mais matériellement impossible."

The genius of Jean Monnet and Schuman was to propose to put these aims into a binding treaty and to create institutions which could oblige the signatories of the treaties to abide by the rules laid down in the treaty.

The peace-making role of the institutions was clearly put into the preamble of the Coal and Steel Community Treaty signed in Paris on April 18, 1951:

"Resolved to substitute for age-old rivalries the merging of their essential interests; to create, by establishing an economic community, the basis for a broader and deeper community among peoples long devided by bloody conflicts; and to lay the foundations for institutions which will give direction to a destiny henceforward shared." (Preamble ECSC Treaty)

The founding fathers of Europe had two main reasons for creating the European Community: to secure peace on a war-ridden continent, and to prevent the economic decline of European countries. They built the Community on three basic beliefs:

- the belief that common interest can better be defended jointly;
- the belief that common problems can be solved better through cooperation;
- the belief that the common institutions are necessary to enhance both decision-making and action.

Let us not forget that in 1945 the prevailing mood of all Europeans was "never again". After the breakdown of 1939–45, reconstruction could only take place on a broader basis than that of the existing nation states – which were in a shambles anyway. Germany – which was neutralised – had somehow to be reintegrated in the concert of nations, as Churchill said in his famous Zurich speech of 1946, "The first step in the recreation of the European family must be a partnership between France and Germany ...".

National economic interests and integration went hand-in-hand. The Marshall Plan made clear that no European state could be revived within its own frontiers – part of the action had to be internationalised. The Common Market was the practical instrument for jointly recovering the degree of sovereignty surrendered individually. Germany found its place in this integration process. As Paul-Henri Spaak put it: "What we shall have to combine is a certain reawakening of nationalism and an indispensable internationalism."

Where does the confusion in many minds towards the European Community arise from? Probably from the special nature of Community integration: there are elements both of confederation and of federation, and the mix has evolved over time. On the one hand, we have the intergovernmental elements, which rely upon negotiations and cooperation in economic, political and security matters. On the other hand, the federalists and neo-functionalists have always favoured the growth of the central institutions – with a shift from national authority to a supranational level – in order to foster a "Community of interest". In fact, over a forty year period, no clear blueprint has emerged about the EC's final form or how such a form would be achieved. I think we must live with the fact that the Community system is one of a symbiotic relationship between member states and the Union's institutions.

Barry B. Hughes wrote in 1991: "The EC is not an embryonic superstate or supernation, but an organ in the embryo of complex governance; complex governance consists of multi-tiered, geographically overlapping structures of government and of non-government-elites." That will remain the case for the foreseeable future.

I am not going to outline the history of the EU. Just this: Once the single market project was launched, it became clear that the next step needed to be the introduction into this unified market of a single currency. In 1989 Jacques Delors was ready with his expertise report on how to reach such a monetary union. The idea was taken up by the European Council of Madrid, July 1989 and the European Council of Dublin in April 1990 launched the idea for an intergovernmental conference to include a special chapter on European Monetary Union in the treaty.

THE EUROPEAN COMMUNITY, AN ANCHOR OF PEACE IN A CHANGING EUROPE

In the year 1989, Europe saw the biggest peaceful revolution since World War II. One should still applaud the contributions of a man like Gorbachev to this peaceful change. But would it have been possible without the existence of the European Community of the Twelve? Once Poland and

Hungary did break away from the old East European order, could leave the Comecon and loosen their political links with Moscow, the people's revolutions started in all other former Comecon states: Czechoslovakia and the GDR (German Democratic Republic) followed soon. Then the question of the reunification of Germany came back on the agenda. It had even been forgotten that the Treaty of Rome had some special protocol on intra-German trade, a declaration on the special situation of Berlin and a declaration about the German nationality. We all remember those days in November 1989 when the Berlin Wall, constructed in 1961, came down. In those days, the only firm anchor for the European continent were indeed NATO and the Europe of the Twelve. These institutions and the peace-model of good neighbourship, which had been built since the beginning of the Fifties, was stable enough to absorb the political earthquake. All member states accepted, after a small hesitation, that the GDR had to be reunited with the Federal Republic and that this reunification was in the best interests of NATO and the European Community.

The European governments assembled in Dublin in 1990 also recognised that the Intergovernmental Conference would not only have to talk about the EMU, but that the geopolitical upheaval also called for a thorough review of the treaty concerning the external policy of the Community and concerning some aspects of the internal security of that community. The questions were indeed how to respond to those East and Central Europeans who wanted to become members of the Community and how to guarantee that the single market without barriers and with free movement of people would bring justice and internal security for its citizens.

The European Council of Rome in December 1990 was the start for the IGC-negotiations (art. 236 CEE) which ended in Maastricht in 1992 and gave us a treaty with some new elements:

- European citizenship;
- the principle of subsidiarity;
- the three pillar construction:
  first pillar: the single market and the EMU provisions, as well as all the former competencies of the EEC, Euratom and CSCE treaties;
  second pillar: the common foreign and security policy;
  third pillar: the fields of justice and home affairs;
- the realisation of a full European Monetary Union at the latest by 1999, between member states which fulfil certain economic criteria of convergence.

THE GREAT CHALLENGE OF CREATING A EUROPEAN MONETARY UNION

Let it be said from the outset: there is no serious reason for postponing the EMU or for revisioning the convergence criteria.
The Maastricht Treaty stipulates the start on January 1st, 1999. The Treaty has been ratified by all the member states. The modalities of implementation have been fixed by the Council. It is in the interest of all member states that all speculation games be stopped and that the structures and conditions which will facilitate the start of the EMU be finalised.

Why does Europe need one currency?

- 2/3rds of the commercial relations of the EU's member states take place between them. If enterprises can make their invoices in only one currency, all transaction costs for exchange rate fluctuations can be eliminated. According to calculations of the Commission, this would represent a gain of 22 billion ECU per year or 0.5 % of the European Gross Domestic Product.
- Europe is the biggest commercial power in the world but it has to work with the US dollar for international transactions, and then change the dollar back into Deutsche Mark, Belgian Francs, Dutch Guilder, French Francs, and so on. A Euro-currency would give the same gains on transaction costs worldwide for European firms: it would do away with a number of exchange risks. European firms could, just like American firms, make their invoices in their own currency. Just imagine the United States with 51 currencies!
- A European currency would also become a reserve currency in the world, just like the dollar and the yen.
- The risk of competitive devaluations between member states would disappear for those participating in the EMU. The Commission calculates that the currency turmoil between European currencies in 1995 alone reduced the growth of the GDP by 0.5 %, thus destroying 1.5 million jobs. In the period between 1992–1994, with two currency upheavals in 1992 and 1993, the Commission calculates that 5 million jobs were lost because of high interest rates to defend currencies. So if at least we could avoid currency turmoil between the members of the Union by creating the Euro, there would certainly be a beneficial effect on economic growth and employment.

- A strong European currency would probably result in a uniform competitive interest-structure against other monetary zones in the world. The lower long-term interest rates are, the more borrowing for investment becomes attractive for the European firms.
- Last but not least, I consider the EMU as an historical step in the deepening-process of the EU, which has to be finalised by the creation of a political union.

Some critics put their arguments against the stringent obligations of economic convergence criteria; the most well-known being the restrictions keeping the general budget deficit to 3 % GDP and the gross debt ratio to 60 % GDP. They point to the impact which has this rigorous budgetary policy on employment. But recent examples in our member states point to another reality: the weight of excessive deficits is a greater risk for creating unemployment than the reduction of it. For example, France had a public deficit of 1.2 % of GDP in 1989 and reached 6 % in 1993; in the same period unemployment rose from 9 to 12 % of the active population. Denmark reduced its public deficit from 9 % of GDP in 1982 to 3.5 % in 1986 and at the same time unemployment diminished from 9 to 5.5 %.
The Commission thus holds that budgetary discipline, as imposed by the Treaty, is essential to creating the macro-economic stability which allows for lower interest rates and promotes the confidence needed for more investment and consumption. At the same time, the process of growth and employment should be enhanced by the optimal exploitation of the potential, offered by the internal market.

THE EMPLOYMENT DILEMMA

Employment is certainly one of the great challenges facing the European Union, as 18.5 million of Europe's 370 million inhabitants are jobless. What can the European Union do to foster employment? Also the action in this field is complementary to the member states, but the force of coordination on the European level is the key. The European Commission published a White Paper on Growth, Competitiveness and Employment, which set out the lines of the strategy. The White Paper argued for a combination of macro-economic policies and structural reform for growth and job creation. The European summit in Madrid in December 1995

declared that job creation was the main social, economic and political objective of the European Union. Member states hat presented to the Council fifteen national multi-annual programmes for the structural reform of the European labour markets. For the first time, this gave the European Union what could be called a single employment strategy. This was also contained in the proposal of the President of the Commission for a European Confidence Pact of Employment. In my opinion, it is a real tragedy for the EU that those proposals, formally adapted by the heads of State and Government of the Fifteen, have not been implemented.
Today, Europe suffers from a lack of credibility; public opinion no longer fully supports the European idea and its institutions. The high level of unemployment and the absence of European strategy in this matter provide an important part of explanation for the public's stance. Only the future will reveal if the participants of the Amsterdam European Council really got the message. The Amsterdam Treaty includes an entirely new title on employment. Each year, the European Council will consider the employment situation according to a procedure along the lines of Art. 103. A special summit-meeting will be organised during the second half of 1997. Will the EU employment policy represent more than a bureaucratic coordination between the member states on employment and labour market policies? Reliable observers have expressed serious doubts.

REVISION OF THE MAASTRICHT TREATY

The Maastricht Treaty had foreseen a revision clause for 1996, to see if the new elements of the Treaty worked well. In fact, the common foreign and security policy did not work well. The most disappointing example of this failure were the hesitations of the Union and also of its member states, which at the beginning of the breaking up of Yugoslavia did not bear the same view of events. We have experienced the most horrible confirmation of what civilized Europeans can do to each other if Community law and mutual respect are no longer guaranteed. On the one hand, the peaceful integration of the GDR and three new member states, on the other, the ugly expression of religious and ethnic hatred which brought shame on the European ideals of democracy, human rights and tolerance. The same can be said about the third pillar. On the one hand, the member states are confronted with the same problem of illegal immigration, international crime and drug problems, on the other hand, they do not use the instrument which the Maastricht Treaty gave them to work together in building a Union in which the citizen feels safe.

Taking account of the new challenges at the end of the 20th century, the European Union decided to reform the Treaty at a new intergovernmental conference, whose aims were to prepare the institutions for the *enlarged* Europe, confirm the European identity on the world scene and to create a Europe for the European citizens.

THE ENLARGED EUROPE

Why enlargement? Since 1989 the European order has changed. From a bipolar world we have entered into a mulitpolar one in which the ideological dividing line, expressed through the Berlin Wall and the Iron Curtain, has been torn down. Historically, European countries have wanted to join the European Union.

We must consolidate the achievements brought about by the end of the Cold War and above all, we must not think that the history of our continent ended with the fall of the Berlin Wall. The task which awaits us entails nothing less than a second European reconstruction, this time for the Eastern half of our continent. It is our moral duty not to squander the historic opportunity to permanently anchor the new democracies of Central and Eastern Europe.

European agreements have been signed with Bulgaria, the Czech Republic, Estonia, Hungary, Latvia, Lithuania, Poland, Rumania, Slovakia and Slovenia. These agreements recognize the aim that these countries become members of the Union. The European Council of Copenhagen in June 1993 agreed to this under certain conditions.

Membership requires:

- that the candidate country has achieved stable institutions guaranteeing democracy, the rule of law, human rights and respect for and protection of minorities;
- the existence of a functioning market economy, as well as the capacity to cope with competitive pressure and market forces within the Union;
- the ability to take on the obligations of membership, including adherence to the aims of political, economic and monetary union.

It was clearly stipulated that the EU must be capable to absorb new member states *while maintaining momentum for integration.*

At their summit meeting in Brussels in January 1994, the Heads of State and Government of the 16 NATO countries reaffirmed that the alliance, as provided for in Art. 10 of the Washington Treaty, remains open to membership of other European states and that it would expect and welcome the inclusion of new members as part of an evolutionary process, taking into account political and security developments in the whole of Europe.

Never before have so many countries wished to join the European Union. It will add more than 100 million to its population of already 370 million. This enlargement will be a big challenge in terms of different economic and social situations involved. It is estimated that the combined GDP of the ten Central and Eastern European countries which have Europe Agreements, represents less than 5 % of the GDP of the European Union of fifteen member states. Presently, the CE-10 have an economic weight approximately equivalent to that of the Netherlands, and that despite the fact that their combined population is seven times more numerous. Although their trade with the Union is increasing, it still represents less than 5 % of the Union's trade with the rest of the world. Their average GDP per head is only 30 % of the EU average. Agriculture's share of the work force and output is high: 7.8 % of GDP and 26.7 % of employment, compared with 2.5 % and 5.7 % for the European Union. With regard to the Agricultural Fund, to the Cohesion Fund and the Structural Funds, the EU's enlargement, from the budgetary point of view, will not be a zero sum-operation! But these are not insurmountable problems.

Much more important is the fact that a new enlargement operation cannot be started as long as several structural decisions to assure the deepening of the European construction have not been taken. Indeed, a new enlargement carries with it the risk that the Union be "watered down". Enlargement must be undertaken with the safeguards for the achievements of forty years of European integration, because they proved effective for bringing together the member states. Unfortunately, the new Treaty of Amsterdam does not formulate clear and efficient solutions for guaranteeing the deepening of the Union.

THE DEEPENING OF INTEGRATION

Despite now having fifteen members the Union still works with the institutions of the original six and needs adaptation for more member states. In my opinion, the Amsterdam summit did not formulate efficient answers to three essential challenges:

- the institutional implications of the increased number of member states;
- the need to eschew unanimous voting;
- the incorporation of a system of flexibility enabling the Union to move ahead without being held back by its "slowest" members.

In the field of institutional reforms, the Amsterdam summit could not avoid the impasse. The Amsterdam European Council noted that "with the successful conclusion of the Intergovernmental Conference, the way is now open for launching the enlargement process in accordance with the conclusions of the Madrid European Council". In fact, the IGC failed to create the institutional basis for enlargement.

The Treaty does not include a breakthrough with regard to the effectiveness of the EU's decision-making capacity. With regard to the extension of qualified majority voting, which is central to the effectiveness of decision-making in an enlarged EU, the Treaty of Amsterdam is disappointing. The only significant extension of majority voting concerns research framework programmes. The "Protocol on the Institutions with the Prospect of Enlargement" continues to focus – at least in the first phase – on the link between the reweighting of Council votes and the composition of the Commission. The Protocol fails to provide a concrete prospect for the general use of qualified majority voting.

The Treaty's provisions on "closer cooperation", which indicate a clear intergovernmental evolution, do not guarantee the "evolutive" character of an enlarged EU. While "closer cooperation" in the first and third pillar can, in theory, be started through a qualified majority, it offers little hope for progress on the road of integration. Firstly, member states may invoke "important and stated reasons of national policy" to oppose an authorisation to start "closer cooperation" by qualified majority. The vital national interest exception is formally recognised in the Treaty for the first time in EU history in the "closer cooperation" provisions and the CFSP title. Secondly, "closer cooperation" is heavily conditioned, it may neither affect the *acquis communautaire*, nor the rights, obligations, and interests of the non-participating members. Depending on the interpretation of these conditions, "closer cooperation" may effectively be excluded, at least in the first pillar.

Since enlarging the EU under the current decision-making rules is a recipe for paralysis, the *real* institutional preparation for enlargement still needs to take place. Furthermore, it should happen *before* the accession of any new member states. The limited progress accomplished by the Treaty of Amsterdam indicates the difficulties of reaching unanimous agreement on a new treaty among the Fifteen. The obstacles on the way to unanimity are likely to rise exponentially in an EU enlarged with Central European countries.

THE EUROPEAN IDENTITY IN THE WORLD'S FOREIGN POLICY

A European Union which produces more than 20 % of the World Gross Product, which represents the trade power No. 1 in the world, which has become one of the world's largest donors to humanitarian aid programmes (funding during 1995 totalled 692 million ECU), which gives 40 % of all public development aid in the world, which has the most comprehensive development aid relationship with 70 ACP countries in the Lomé IV Treaty, this European Union does not have a clear identity in the world's foreign policy, despite the fact that the Treaty of Maastricht introduced articles for a Common Foreign and Security Policy.

Unfortunately, the new Treaty does not provide the EU with a strong external dimension. The Common Foreign and Security Policy has not undergone any fundamental change in comparison with the Maastricht practise, except for the creation of the post of "High Representative of CFSP", namely a Secretary General of the Council.

A new Policy Planning and Early Warning Unit will be established in the Council General Secretariat to prepare CFSP decisions (with personnel drawn from the member states, the Council, the Commission and the WEU). Decision-making remains intergovernmental. Unanimity is required for the adoption of "common strategies" by the European Council; constructive abstention shall not prevent the adoption of decisions by unanimity (the member state abstaining shall not be obliged to apply the decision, but shall accept that the decision commits the EU). Qualified majority only applies when the Council adopts joint actions or common positions on the basis of "common strategies" or when implementing such actions or positions. However, a member state may request unanimity "for important and stated reasons of national policy" (the "vital national interest" exception).

A new article includes the possibility for concluding international agreements under CFSP. The Presidency negotiates, the Council concludes by unanimity. This is an indirect way of granting legal personality to the EU. Representation of the EU for CFSP matters shall be handled by the Presidency, assisted by the Council's Secretary General. The Commission shall be "fully associated" in the representation of the CFSP. The practical side of this arrangement is far from clear.

Representing the Union abroad and implementing its decisions involves many diverse tasks, because of the role played by the member states and the various elements of foreign policy. The only constant is the single institutional framework: whatever the field, whether it be a matter for the Community or for intergovernmental cooperation, the decisions are taken by the Council. The unanimity rule either paralyses the Council or reduces decisions to the lowest common denominator. Therefore, a radical change is an absolute must. The unanimity rule must be replaced by qualified majority voting. Without this fundamental change, one can forget an effective and credible common foreign and security policy!

THE NEED FOR A DEFENCE IDENTITY FOR EUROPE

The Yugoslav experience taught the Europeans that – in the spirit of Clausewitz – the EU sometimes has to exercise diplomacy with more direct military means. The development of a genuine European foreign policy implies that the EU also needs to be able to project credible military force. In preparing the IGC, the Commission indicated in its opinion that in order to develop a proper common foreign and security policy and a common defence policy, one has to:

- allow Union commitments to missions aimed at restoring or keeping peace to be written into the Treaty (the so called "Petersberg tasks" which were defined by a WEU meeting on the Petersberg near Bonn in 1992);
- reinforce the Union's security capabilities by allowing Defence Ministers to play an appropriate role in the Council;

- review the role of the Western European Union with a view to incorporating it into the Union according to a settled timetable.

The Amsterdam provisions on a "progressive framing of a common defence policy, in the perspective of a common defence" have been developed by:

- an agreement to treat the Petersberg tasks within the CFSP (humanitarian and rescue tasks, peace-keeping, crisis management);
- a protocol stating the EU and WEU will draw up an arrangement for enhanced cooperation. The EU will "foster closer institutional relations with the WEU with a view to the possibility of the integration of the WEU into the Union, should the European Council so decide". As unanimity is required for such a decision and as the Fifteen are deeply devided on this issue, it becomes even clearer that NATO remains at the centre of Europe's defence arrangements and that a European pillar should be developed within it. In this context, the WEU plays a key role as already set out in the Maastricht Treaty.

How can we strengthen the European pillar of NATO? The decisions taken by the NATO Council in Berlin, concerning the implementation of the CJTF concept (Combined Joint Task Forces) will facilitate a European-led coalition in crisis situations where a response by the European Allies, represented in the Western European Union, for example, would seem more appropriate. The basic idea is to create mobile, multinational military headquarters, which could rapidly be deployed into a crisis area. This way, the WEU could have access to NATO's unique capabilities, without having to create new, expensive structures separate from NATO.

NATO and the WEU thus remain interrelated: two sides of the same coin. This is why I personally believe that full membership in the WEU without simultaneous NATO membership would ultimately not be a beneficial development. It would make European security arrangements less, not more, cohesive, and it would take us a step back, rather than forward, towards our goal of harmonising European and Atlantic approaches to security issues.

I am fully aware of the problems the NATO-WEU link represents to the EU's so-called "neutral" states. They have always felt more independent on overall security arrangements that include their (possible) enemies. They have relied on national defence structures. By remaining outside of either military bloc they often have been able to avoid being drawn into direct military conflicts. They see military blocs as an obstacle to the promotion of international peaceful relations.

Other member states hold the tradition of collective defence to international and external threats. For these countries, it would be contrary to their instincts to return to a situation of national defence. The military bloc has offered them internal and external security. It is not easy to reconcile these two different approaches. A strengthening of the CFSP seems the best way to bridge the differences of opinions.
Of course, much will depend on the evolution of the WEU itself, given the expiration of the Brussels Treaty in 1998.
Meanwhile, the willingness of France to participate more fully in NATO, which was confirmed by President Chirac, and the decision of the Spanish Parliament to join the integrated military NATO-command, have created an opportunity to make real headway in adapting NATO structures to meet new missions and new challenges. The French and Spanish decisions are part of a common recognition by all NATO allies that the European security and defence identity must be constructed first and foremost within, and not outside, the Alliance. This is as essential for the credibility of Europe as it is for transatlantic cohesion.
At the end of the day, NATO's internal restructuring should permit both a stronger European pillar within the Alliance and a consolidation of the transatlantic link. I am convinced that these two principles are not incompatible; indeed, as the experience in Bosnia demonstrates, NATO can fulfil its great potential on behalf of security in the wider Europe only when its two pillars are working together harmoniously and contributing in equal measure. Such is the recipe for success not only in Bosnia in 1996, but for European peace and prosperity in the decades to come.
For the European side, a realistic approach from the military point of view is an absolute necessity. There is no doubt that the armies of Western Europe have become even more dependent on conventional US military power than they had been during the Cold War. The gap between American armed forces and those across the Atlantic is widening in key areas. This disparity can be seen in the size of the forces, the money devoted to defence research and procurement, the key capabilities of movement, intelligence and logistics and particularly in technological acumen. This has been confirmed by General Klaus Naumann, Chairman of the NATO Military Committee. Today, it is difficult to imagine the Western European nations organizing an IFOR operation without considerable American support in the field of intelligence, communication and logistics. Anyhow, we can expand the base of peace-keeping know-how and capabilities by

continuing to develop the Partnership for Peace programme. A Partnership seems to me a logical conclusion of the successful development of the PFP formula.

Finally, I believe that an enhanced institutional relationship between NATO and the European Union could add significantly to achieving a comprehensive crisis management strategy. NATO and the EU have common strategic interests. European and North American leaders acknowledged this in the Brussels summit communiqué three years ago. But they have yet to give that statement its proper expression. Clearly, a NATO-EU relationship will not evolve overnight. Yet as both institutions contemplate their future enlargement, such a relationship would yield benefits far beyond the immediate or *ad hoc* needs of crisis management.

It would be an illusion to believe that one single institution could handle all the complex problems that beset European security today. That is why we need a framework of mutually reinforcing institutions, in which the United Nations, the OSCE, the Council of Europe, the European Union, the Western European Union, and NATO combine their individual strengths for the common goal of peace and security. No institution can claim a monopoly on managing European security. All international organizations have to adapt to the new form of cooperation and have to establish contacts, based on transparency and mutual understanding. The outbreak of civil war in the former Yugoslavia has been a wake-up call, reminding us that we cannot take for granted the stability we have worked so hard to build in Europe since the end of World War II. No European can think of Sarajevo without remembering that World War I began with shots fired in that city. And no European or American can think about Central and Eastern Europe without remembering that World War II began in this region.

THE THIRD PILLAR INTO THE COMMUNITY MATTERS

A similar kind of common approach is necessary for the third pillar (justice and home affairs) if one wants to establish an area of freedom and security. The free movement of persons was already a part of the EEC treaty. For freedom of movement to be applied in practice, solutions must also be found to complex problems such as asylum and immigration, crime, drugs and terrorism. These problems have become international in their scale, and none of them stops at national borders.

In advance of the IGC, the Commission had proposed that the shortcomings of the Treaty in the fields of justice and home affairs – notably its ineffectiveness and the absence of democratic and judicial review – be remedied by setting clear objectives and providing for appropriate instruments and methods. The general objective is to apply and reinforce the principle of freedom of movement and residence, already enshrined in the Treaty, in a context of ensuring security for all.

The specific objectives should cover four main themes:

- the establishment of common rules on the entry, residence and status of nationals from non-member countries in the Union;
- the effective mutual recognition of judgements by national courts;
- the adoption of measures to combat all forms of crime and fraud;
- the stimulation of effective cooperation between the relevant government departments of the member states.

As mentioned previously, the unanimity rule generally applied at present either paralyses the Council or reduces decisions to the lowest common denominator. I strongly believe it should as a general rule be replaced by qualified majority voting. Parliament must be more closely involved, especially in fields which can affect the individual rights of citizens. Finally, the Commission should have the power of initiative in all the fields concerned. Decisions taken should be subject to review by the Court of Justice, if only to guarantee the uniform interpretation of texts.

The best way of arranging all these objectives would be to transfer justice and home affairs to the Community framework, with the exception of judicial cooperation in criminal matters and police cooperation. The transfer of jurisdiction is particularly necessary in the fields most closely associated with the movement of individuals, such as rules on crossing borders, fighting drugs, immigration, policy on nationals from non-member countries, and asylum. Following the same logic, the content of the Schengen Agreement should be incorporated in the Treaty.

Unfortunately, the new Treaty does not include the expected breakthrough with regard to internal security. In essence, even with regard to the new first pillar title on the free movement of persons, third pillar practice continues, with the possibility of moving – after decision by unanimity – in the direction of Community practice. In the real third pillar, unanimity remains the rule for all important decisions. In the entire internal security sphere, the role of the European Court of Justice is extended, but with all too many limits and exceptions, while the role of the European Parliament remains underdeveloped.

Certainly, a new title on the "free movement of persons, asylum and immigration" in the EC Treaty (first pillar) has been foreseen. Free movement of persons will be ensured within five years of the entry into force of the Treaty of Amsterdam. It has to be accompanied by measures on the crossing of external borders, asylum and immigration. A protocol on asylum for nationals of EU member states stipulates that the member states shall all be regarded as safe countries of origin. Intra-EU asylum applications should therefore be regarded as manifestly unfounded, with a few exceptions such as a serious and persistent breach by a member state of the fundamental rights and freedoms. Decision-making in this new first pillar field would not change much in comparison with third pillar practice. Indeed, during the first five years, unanimity is required in the Council. The right of initiative is shared between member states and the Commission. The role of the EP is limited to consultation. Following this five year period, an exclusive right of initiative is given to the Commission; the Council must decide by unanimity on the parts of this title which will be dealt with through the co-decision procedure.

The European Court of Justice receives limited jurisdiction. Preliminary rulings shall be requested by courts of last instance in the member states. Member states, Council and Commission may request ECJ rulings on the interpretation of this title. Such interpretations shall not affect judgements of member states courts which have become *res judicata.*

The special position of the UK and Ireland is recognised in two protocols. The UK and Ireland obtain an opt-out of the title on free movement of persons, asylum and immigration: no measure adopted pursuant to this title, shall apply to the UK and Ireland. However, the possibility for UK or Ireland has been foreseen to participate following a notification of their wish to take part in a decision. The UK obtains an explicit authorisation to maintain controls on persons entering the UK; Ireland wants to maintain its Common Travel Area with the UK.

The special position of Denmark is also recognised in a protocol. Denmark obtains an opt-out of the title on free movements of persons, asylum and immigration and of any decisions with defence implications.

The European Court of Justice receives limited jurisdiction for third pillar issues. Member states shall be able to accept the jurisdiction of the ECJ to give preliminary rulings, but the ECJ may not review the validity or proportionality of law and order enforcement in the member states. The Court is competent for the review of the legality of (frameworks) decisions and for the settlement of disputes between member states on the interpretation or application of all third pillar acts if the Council is unable to settle a dispute within a six month period. The role of the EP remains underdeveloped. It can only deliver opinions. The institutional possibility ("bridge") to bring an issue from the third to the first pillar remains, but the Council must decide by unanimity. A possibility for "closer cooperation" among less than all member states may be authorised by the Council acting by qualified majority. However, any member state may declare that, "for important and stated reasons of national policy" a vote shall not be taken.

The Schengen *acquis* is integrated in the EU via a protocol whereby the Fifteen authorise thirteen member states to proceed with closer cooperation (UK and Ireland do not participate).

The concrete "transposition" of the Schengen *acquis* in the relevant EU framework is done by the Council, acting by unanimity. For each Schengen measure, the Council has to make a transposition decision and determine the relevant provisions (framework) in the treaties. As long as this "transposition" has not taken place, the Schengen *acquis* shall be treated as third pillar material. The European Court of Justice shall have no jurisdiction on matters relating to the maintenance of public order or the safeguarding of internal security. New member states will have to accept the Schengen *acquis* in full.

THE EUROPEAN UNION IS ALSO AN IMPORTANT PARTNER WITH THE WORLD AT LARGE

Next to enlargement to the Central and Eastern Europe according to the Corfu European Council of June 1994, there is also a need to strengthen the Union's Mediterranean policy and to develop the Mediterranean region into an area of cooperation guaranteeing peace, security, stability, and economic well-being. The strategy is based on substantial financial aid (4.6 billions ECU from 1995–1999 MEDA), the conclusion of Association Agreements intended to replace the Cooperation Agreements currently in force between the European Union and its Mediterranean partners, and the establishment of a customs union with Turkey.

The Union of Fifteen also has the most comprehensive development aid treaty with 70 ACP countries (Lomé IV), that is to say with nearly half of the 170 member states of the United Nations. It comprises 545 million people in Africa, 21 million people in the Caribbean and 5 million people in the Pacific Ocean, with 370 million people in the Union. The Preferential System for commercial relations used in the Lomé IV Treaty means that 99 % of all their products can be exported to the Union without customs duty.
A number of new agreements are under negotiation with Latin America (Mercosur, Chile, Mexico, Central America) and with countries from Asia, following the great Euro-Asian conference of Bangkok last year. It would take us to far to discuss all these developments but it shows us that the European Union and its member states are already treated by the world nations at large as an important factor of geopolitics in this late 20th century.

CONCLUSION

This contribution does not include a hypocritical argumentation against the enlargement of the European Union. On the contrary! More than ever, we need an enlarged European Union, which is active on the world scene. The European Union is an original political phenomena binding together nation states in a new way: it is neither the classical intergovernmental "Confederation of states", nor the also classical "Federation", it is something in between which the German Constitutional Court coined as a "Staaten-Verbund" as opposed to "Bundesstaat" and "Staatenbund".The European Union gives the member states more clout by defending their common interests in the world. The European Union was – even with the misguidance of the Yugoslav question – the only stable community which survived with its institutions in the geopolitical revolution in Europe.
Those, who bear political responsibility in the EU today, are confronted with historical challenges: to deepen the European construction in such a way that the Union becomes prepared to play a key role in a globalized world, which has become a global village and which, after the fall of the Berlin Wall, urgently needs a new multipolar equilibrium.

The summit in Amsterdam at the end June 1997 did not meet our expectations. The start of the EMU on January 1st, 1999 will probably give a new and decisive impetus to the process of deepening, enlargement and democratisation of the European Union.

Massimo D'ALEMA

EINE MODERNE LINKE FÜR ITALIEN UND FÜR EUROPA

DIE GROSSE HERAUSFORDERUNG FÜR DIE LINKE

Die wichtigste Herausforderung, der wir uns in den nächsten Jahren zu stellen haben, wird wohl darin bestehen, der linken Idee und dem Begriff Sozialismus einen neuen Sinn, eine neue Identität, eine neue Zukunft zu geben. Die Politik, die demokratischen und sozialistischen politischen Kräfte müssen – auf weltweiter Ebene – die Fähigkeit zurückerlangen, die Entwicklung der modernen Gesellschaft zu steuern.
Ein Jahrhundert geht zu Ende, das von der Unmenschlichkeit des Totalitarismus, von zwei Weltkriegen und von zahlreichen regionalen Konflikten mit Zehntausenden Toten gezeichnet ist. Dieses zwanzigste Jahrhundert hat die Schmach des Massengenozids erlebt und war, zuweilen auch teilnahmsloser, Zeuge einer Wiederkehr von Grausamkeiten und Verfolgungen, wie etwa im Zuge der Tragödie im ehemaligen Jugoslawien.
Das zwanzigsten Jahrhundert ist aber auch das Jahrhundert großartiger Errungenschaften der Zivilisation. Jahrhundertealte Krankheiten wurden besiegt, einzigartige Fortschritte in Wissenschaft und Technik haben das Leben, die Produktion, die Kultur und die Sprache revolutioniert und sogar den biologischen Rhythmus des menschlichen Lebens beeinflußt.
Unsere Aufgabe ist es nun zu erkennen, wieviel von der Geschichte und der Identität der Sozialdemokratie des zwanzigsten Jahrhunderts trotz der großen Umwälzungen dieser letzten Jahre vor der Jahrtausendwende heute noch Aktualität hat. Wir müssen unsere moralische und intellektuelle

Glaubwürdigkeit beweisen, indem wir anerkennen, daß ein Teil des politischen Gedankenguts, auf dem die Linke ihre Identität aufgebaut hat, mit dem Ende dieses Jahrhunderts seine Gültigkeit verliert; es stirbt gemeinsam mit der Zeit, die es hervorgebracht hat, ja zum Teil gemeinsam mit seinen eigenen Errungenschaften. Wir sehen in dieser Einsicht weder ein Eingeständnis von Schwäche oder einer Niederlage, sondern vielmehr einen Beweis für unsere Stärke.

Die Linke hat die großen Veränderungen des letzten Jahrzehnts überlebt: das Ende des Kommunismus und die Krise jenes Wohlfahrtsstaat-Modells, das Rolle und Funktion des Staates in großen Teilen der westlichen Welt beeinflußt hat. Gleichzeitig sind einige wesentlichen Grundlagen des politischen Handelns der Linken verloren gegangen: die Idee vom ständigen Fortschritt, das Wirtschaftswachstum als Mittel zur Schaffung neuer Arbeitsplätze, die Ausweitung des öffentlichen Sektors als Garantie für gleiche Rechte und Chancen des Einzelnen. Es wurden also nicht nur die großen finalistischen Utopien begraben, die Millionen Menschen dazu bewegt haben, eine „andere Gesellschaft" zu suchen – mit all den Tragödien und Niederlagen, die daraus entstanden sind. Die deterministische Sicht der wirtschaftlichen und gesellschaftlichen Entwicklung hat sich verbraucht: Zum ersten Mal stellt sich die Entwicklung der Gesellschaft als Möglichkeit und nicht als Notwendigkeit dar.

Es ist dies der erste große Bruch mit der Vergangenheit: Die Art und Weise, in der die Probleme der Wirtschaft, der Arbeit, der sozialen Sicherheit betrachtet werden, hat sich geändert. Doch verlieren die Grundwerte und -prinzipien, die die sozialdemokratische Bewegung im Laufe ihrer Geschichte erarbeitet hat, deshalb nicht an Bedeutung.

Die Idee einer Regulierung der Märkte, die Festigung des sozialen Zusammenhalts durch eine Integrierung der Schwächeren, demokratische Institutionen, die so fest verwurzelt sind, daß sie zersetzende und autoritäre Strömungen abzufangen vermögen: Diese Grundsätze sind nicht nur ein Garant für die bleibende politische Kraft der Linken, sie haben sich auch außerhalb der traditionellen linken Lager als einzig mögliche Regierungsstrategie in entwickelten Gesellschaften durchgesetzt.

All dies zeigt, daß unsere Werte weitaus stärker und beständiger sind als der politische und wirtschaftliche Kontext, in dem sie entstanden sind, aber auch als ihr gesellschaftlicher Träger, die Arbeiterklasse, die sie lange Zeit hindurch vertreten hat. Es gibt also eine sehr lebendige Linke, die in der Lage ist, die sich eben vollziehende Modernisierung mitzutragen, die

aber gleichzeitig ihre traditionellen Argumente, ihre Wurzeln verloren hat. Dieser Widerspruch kann sich nur dann lösen, wenn die Bewegung der sozialistischen und demokratischen Kräfte wieder fähig ist, die Zukunft – fernab jeder finalistischen oder deterministischen Weltsicht – zu gestalten. Das wird ihre eigentliche neue Aufgabe sein: sich immer wieder neu zu definieren, als Kraft der Veränderung aufzutreten.
Eine moderne Linke darf sich, wenn sie die unverbrauchten Kräfte und Energien der Jugend mit einbeziehen will, nicht auf abgehobene konservative Positionen zurückziehen. Auch deshalb ist es nötig, die internationale Rolle der sozialistischen und demokratischen Kultur wieder zu entdecken, eine eurozentrische Sichtweise zu überwinden und den politischen und strategischen Horizont auch auf die afrikanischen, lateinamerikanischen und osteuropäischen Länder auszuweiten.

DIE POLITISCHE DEBATTE IN EUROPA

Im Zuge der politischen Debatte, die zur Zeit in Europa geführt wird, befaßt man sich mit denselben Hürden und Problemen, gebraucht man dieselben Begriffe, dieselben Worte. Wir stehen also vor einer gemeinsamen Herausforderung, und wenn es uns nicht gelingt, einen großen Teil der öffentlichen Meinung sowie die aktivsten Anhänger und Führer der linken Kräfte Europas mit einzubinden, werden wir keinen politischen Kampf von europäischer Bedeutung gewinnen können.
Wir sind mit zahlreichen Widersprüchen konfrontiert. So erscheint uns die Welt durch den gemeinsamen Markt zwar immer geeinter, dennoch entstehen neue Fundamentalismen oder Trennungstendenzen. Es handelt sich hier eben um Prozesse, die ein Stück der Geschichte der Menschheit begleiten, und jede Position, die solche neuen Erscheinungen a priori ablehnt, ist nicht nur falsch, sie ist auch keine politische.
Das eigentliche Problem besteht darin, die Kluft zwischen diesen Prozessen und den Institutionen zu überwinden. Zwischen der wissenschaftlichen und technischen Entwicklung einerseits und der Politik, ihren Mitteln, ihren tatsächlichen Möglichkeiten andererseits.
Die Regierung einer modernen Gesellschaft muß die Fähigkeit besitzen, die Wachstums- und Entwicklungsmöglichkeiten der Globalisierung zu fördern und gleichzeitig deren negative Auswirkungen in Grenzen zu halten. Zentrales Thema dieser schwierigen Aufgabe ist wieder einmal die

Demokratie. Die Linke wird siegen, wenn sie die Erfordernis und die Instrumente einer demokratischen Steuerung der Globalisierung bewußt machen kann. Dies ist keine leichte Aufgabe. Hier zeigt sich auch, weshalb Linke und Demokratie ein gemeinsames Schicksal teilen, weshalb das Thema der Demokratie nur im Zusammenhang mit einer modernen, weltoffenen Befassung mit der sozialen Frage gesehen werden kann.
Es muß eine Verbindung zwischen „lokaler" und „globaler" Sicht hergestellt werden. Andernfalls wird die Kluft noch tiefer, die zwischen der Führungsschicht und einer Gesellschaft, in der häufig provinzielle Betrachtungsweisen vorherrschen, liegt. Dahinter verbirgt sich jedoch eine bedrohliche Gefahr: die Niederlage der Politik. Denn die Globalisierung der Finanzwelt kann auf Mitstreiter verzichten: Ein Knopfdruck in einem beliebigen Zimmer der Twin Towers genügt, um Tausende Milliarden zu bewegen. Um eine europäische und internationale Dimension in der Politik zu erreichen, braucht es hingegen Menschen aus Fleisch und Blut.

DIE GLOBALISIERUNG

Es gibt einen großen, tiefgreifenden Gegensatz innerhalb der Linken. So mancher ist pessimistisch und beschreibt die Globalisierung als apokalyptisches Szenario. Das Schlüsselwort dieses Teils der Linken ist „Widerstand".
Und das ist auch verständlich. Betrachtet man die Globalisierung mit den Augen des erwachsenen, männlichen Arbeiters, der in Westeuropa mit all den Errungenschaften, Rechten, Verträgen, Sozialsystemen lebt, die hier erkämpft wurden (es handelt sich dabei um bedeutende Errungenschaften der Zivilisation, die einer kleinen Minderheit der Weltbevölkerung zur Verfügung stehen), so kann man nur zur Überzeugung gelangen, daß die aktuelle Entwicklung die Grundlagen zerstört, auf denen die Linke ihre Identität, ihre Prinzipien aufgebaut hat. Wer die Dinge so betrachtet, hat keine andere Wahl als Widerstand zu leisten, sich zu verteidigen.
Ich bin jedoch überzeugt, daß eine moderne Linke die Pflicht zum Optimismus hat. Wir müssen dem aktuellen Globalisierungsprozeß offen gegenüberstehen. Gewiß, er steckt voller Widersprüche: So bedeutet er das Ende der Arbeit im Ford'schen Sinne, vergrößert andererseits auch die Produktionsbereiche und die Märkte in einem nie dagewesenen Ausmaß. Wir sollten bedenken, daß fern von Europa, in anderen Teilen der Welt,

Globalisierung die Schaffung von zig Millionen Arbeitsplätzen in der Industrie und einen Anstieg des Lebensstandards bedeutet, wenn letzterer auch durch eklatante Widersprüche und schlimmste Formen der Ausbeutung zustande kommt. Andererseits hat auch die Industrialisierung auf unserem Kontinent ähnlich begonnen.

Globalisierung ist jener Prozeß, durch den der chinesische oder brasilianische Arbeiter dieselben Technologien, dieselben Herstellungsverfahren kennenlernt wie der Arbeiter in den großen Metropolen des Kapitalismus. Jener Prozeß, durch den in ein paar Jahren Italien und vielleicht auch Frankreich und England nicht mehr zu den „Großen Sieben" gehören werden, dafür aber Brasilien, Südafrika, China...

Wir haben es mit einer großen Revolution zu tun, die, wenn sie auch von krassen Widersprüchen gekennzeichnet ist, eine doppelte Entwicklung auslöst: Einerseits wird es die Arbeit im herkömmlichen Sinn bald nicht mehr geben; andererseits bewirken die Vereinnahmung der Wirtschaft durch die Finanzwelt und die Entstehung eines Weltkapitalismus auch wieder eine Vereinheitlichung der Arbeit. Einer untergeordneten Arbeit, gewiß; doch wird durch diese Internationalisierung auch das Bedürfnis nach einer starken Linken so groß wie nie zuvor.

Dafür gibt es zahlreiche Hinweise: In Asien entstehen Gewerkschaften, ergreifen die Arbeiter Kampfmaßnahmen, beginnt man, Rechte einzufordern. Und wenn die Klassiker des Fortschrittsglaubens einst behaupteten, daß mit dem Kapitalismus auch das Klassenbewußtsein, das Bedürfnis nach gesellschaftlichen und politischen Rechten wächst, so geben ihnen die jüngsten Ereignisse in Korea recht.

Es ist ein beeindruckendes Phänomen: Die Linke erlebt eine große Zeit, sie siegt im alten Europa und steht vor einer unerwarteten weltweiten Expansion. Eine Entwicklung, die nach dem Zusammenbruch des Kommunismus, als man bereits vom Ende ihrer Geschichte sprach, nicht vorhersehbar war. Niemand hätte angenommen, daß die sozialistische, demokratische Linke einen solchen Aufschwung nehmen würde. Sie hat ihre wahren Zentren im übrigen außerhalb Europas: in Afrika (man denke an Nelson Mandela, Frelimo, MPLA), in Asien (in einem so großen Land wie Indien ist die demokratische Linke in der Regierung), in Lateinamerika (wo zur Zeit ein stürmischer Transformationsprozeß im Gange ist; die Linke expandiert, ihre Möglichkeiten und ihr Einfluß wachsen).

Globalisierung bedeutet für mich auch die Notwendigkeit einer Kraft, die weltweit regulierend auf die Entwicklung einwirken kann. Im Laufe dieses

Jahrhunderts hat die Linke in Westeuropa Entwicklung, Demokratie und soziale Rechte durch den Staat, den Sozialstaat zusammengehalten, indem sie eine Einigung zwischen Gesellschaft und Wirtschaft zuwege brachte. Die Definition einer modernen demokratischen Linken muß daher auf ihre historische Rolle zurückgreifen.

DIE ROLLE DER INTERNATIONALEN ORGANISATIONEN

Wichtig ist, daß im Mittelpunkt dieses großen Projekts wieder die Politik steht: Die Fähigkeit in die gesellschaftlichen Prozesse einzugreifen, Ungleichheiten zu ebnen, den großen Schlagwörtern unserer Tradition wieder Sinn zu verleihen: Freiheit des Einzelnen, Chancengleichheit, Solidarität.

In diesem Zusammenhang ist auch die Notwendigkeit einer demokratischen Reform und Erweiterung des Sicherheitsrats der UNO zu sehen, wie sie die italienische Regierung schon vor einiger Zeit vorgeschlagen hat, sowie auch die Schaffung eines Sicherheitsrates für Wirtschaftsfragen, dessen Aufgabe die Bekämpfung der krassesten Ungleichheiten zwischen Nord und Süd ist.

Wir müssen gewährleisten, daß diese neue internationale Realität in ausreichendem Maße berücksichtigt wird und nicht ganze Regionen von den Entscheidungen ausgeschlossen werden. Der Begriff Sicherheit läßt sich heute nicht mehr von der wirtschaftlichen Sicherheit trennen. Das sollten die stärkeren Länder in ihren strategischen Entscheidungen berücksichtigen. Wichtigster Prüfstein für diese Kooperationsbereitschaft ist die Verringerung der Verschuldung der armen Länder: Italien hat hier die Verpflichtung, die Initiative zu ergreifen, sowohl im Rahmen der internationalen Organisationen, in deren Aufgabenbereich das Problem fällt, als auch durch eine Umstrukturierung der bilateralen Schuldverträge mit den Entwicklungsländern, aber auch durch gesetzliche Maßnahmen, die eine Stundung der Auslandsschulden der ärmsten Länder ermöglichen.

Auf diese Weise kann sich Europa auch als offener Kontinent qualifizieren, und nicht als eine in ihren eigenen Grenzen eingeschlossene Festung. Einer möglichen Krise der europäischen Zivilisation kann nur entgegengewirkt werden, wenn man der Vielfalt eines Kontinents Rechnung trägt, auf dem über Jahrhunderte verschiedene Identitäten, Völker, Religionen und Sprachen zusammengeflossen sind. Die Tatsache, daß hier die Idee des demokratischen Sozialismus entstehen und sich entwickeln konnten, ist ein Beweis für die Kraft dieses Pluralismus. Um so mehr müssen die linken Kräfte Europas für eine europäischen Einigung arbeiten, die fernab jeder ökonomistischen Sicht die Schaffung einer Gesellschaft ermöglicht, in der auch jene in den Genuß sozialen Wohlstands kommen, die bisher davon ausgeschlossen waren.

Ich denke an eine Linke, die in der Lage ist, weltweit eine Besteuerung globaler Kapitalbewegungen durchzusetzen, die „Tobin Tax" (nach dem amerikanischen Wirtschaftswissenschafter Tobin, der die Idee hatte, die Mobilität des Kapitals einzuschränken und auf dieser Grundlage einen internationalen Fond zugunsten der ärmeren Länder einzurichten). Die Einführung einer solchen Steuer ist eine entscheidende Herausforderung für die Linke. Sollte sie nicht gelingen, werden wir uns damit abfinden müssen, daß einzig und allein der Konsum besteuert wird, denn es ist offensichtlich, daß diejenigen, die mehr besitzen, auch mehr konsumieren.

Wenn wir uns dieser Herausforderung nicht stellen, werden wir bald immer ungerechtere Steuersysteme haben, die auch der Wirtschaft schaden, indem sie Investitionen und Arbeit belasten und die Finanzspekulation fördern. Natürlich dürfen wir die Mobilität des Kapitals nicht verteufeln, da sie ja auch einen wichtigen Faktor der Umverteilung der Ressourcen darstellt, aber wir sollten dabei nicht vergessen, daß sie auch gewisse Privilegien der reichen Länder beschneidet. So ist auch in diesem Fall die Grenze zwischen der Verteidigung unserer Werte und der Verteidigung unserer Privilegien nicht immer leicht zu ziehen.

Ein weiteres Beispiel ist die Notwendigkeit einer Charta der sozialen Mindestrechte, die auch den freien Welthandel einbeziehen muß. Es geht hier um ein schwieriges, viel diskutiertes Problem, das ebenfalls zwei Seiten hat: So stellt der Kampf für gleiche Sozialrechte in allen Ländern, für einen Mindestschutz aller Arbeiter einerseits ein wichtiges Ziel dar. Er kann aber auch zu einer Form des Protektionismus werden, durch den sich die alte Welt vor der Konkurrenz anderer Länder zu verteidigen sucht.

DIE ENTSCHEIDUNG FÜR EUROPA

Das Problem der Grenzziehung zwischen der Verteidigung unserer Werte und der Verteidigung unserer Privilegien besteht in allen westlichen Ländern. Dies wirkt sich schließlich auf die ärmsten Völker aus, die dabei sind, sich dem Weltmarkt anzunähern, in die Produktion einzusteigen und über große Entwicklungsmöglichkeiten verfügen. Auch deshalb muß die Linke in der Lage sein, einen übernationalen demokratischen Prozeß einzuleiten. Auch deshalb ist Europa so wichtig.

Während dieser Prozeß auf internationaler Ebene vor einem sehr widersprüchlichen Hintergrund abläuft und neue Herausforderungen in sich trägt – Herausforderungen politischer, gesellschaftspolitischer Art, die, wenn wir diesen alten Begriff verwenden wollen, neue Horizonte des Internationalismus verlangen –, spricht so mancher von zwei verschiedenen Linken. Sicher, es ist legitim, daß jeder die eigene Partei durch Theorien untermauert. Die Theorie von der Existenz zweier linker Strömungen ist jedoch unbegründet und kann in einer ernsthaften Analyse der internationalen Entwicklungen nicht belegt werden.

Das wahre Problem ist vielmehr dialektischer Art, ist der Kampf um die Vorherrschaft, um die Entscheidung, in welche Richtung diese Linke zu gehen hat. Ob sie sich zurückzieht, um Widerstand zu leisten, oder ob sie hingegen antritt, um national und übernational eine führende Rolle in diesem Prozeß zu übernehmen. In diesem Zusammenhang ist die Entscheidung für Europa von wichtiger strategischer Bedeutung. Sollte sich die Linke davon überzeugen lassen, daß der europäische Einigungsprozeß aufgehalten oder verzögert werden sollte, wäre dies ein Fehler. Auch wenn wir berechtigte Kritik an der Art und Weise, wie sich die Einigung vollzieht, üben, wäre eine Verzögerung oder ein Aufhalten sicherlich keine Lösung.

Beim Kongreß der Sozialdemokratischen Partei Europas in Malmö wurde die Notwendigkeit der Schaffung eines Europa der Arbeit, der Rechte, der Solidarität und der Sicherheit klar definiert. Wir werden gewinnen, wenn die Linke die europäischste aller Kräfte wird, auch weil dies eines unsere großen Anliegen ist. Die europäische Einigung ist ein politischer Prozeß von enormer Bedeutung.

Auch die Schaffung einer gemeinsamen Währung ist eine höchst politische Maßnahme. Den Bankern kommt sie gewiß nicht zugute, denn die großen Finanzspekulanten verdienen um so mehr, je mehr Währungen es gibt. Die europäische Einheitswährung ist eine politische Angelegenheit, eine direkte Folge der Internationalisierung der Wirtschaft.

Angesichts dieser Entwicklung muß die Linke den Ausbau übernationaler Institutionen und Maßnahmen vorantreiben. Andernfalls wird die Politik ihre Bedeutung verlieren und sich mit Provinzproblemchen befassen, in der Illusion, daß auch ein Handeln außerhalb eines geeinten Europa möglich ist. Vielleicht sogar, indem sie alte Rezepte ausgräbt, wie etwa Steuererhöhungen oder die Schaffung von Arbeitsplätzen durch die Erhöhung der öffentlichen Ausgaben; Maßnahmen also, die vor vielen Jahren gesetzt wurden, heute aber nicht mehr funktionieren. Und zwar nicht, weil die deutschen Banken dies verhindern, sondern weil das Ergebnis ein Ansteigen der Inflation, die Erhöhung der Zinssätze und eine Kapitalflucht wäre, was wiederum zu steigender Arbeitslosigkeit und schließlich zum finanziellen Bankrott führen würde. Die alte Politik würde also das genaue Gegenteil von dem erreichen, was sie in bestem Glauben angestrebt hatte.

Wir brauchen also mehr Europa, um die Herausforderungen annehmen zu können, die zwei große und komplexe Phänomene – die Globalisierung der Wirtschaft und der immer raschere technologische Fortschritt – mit sich bringen. Die technologische Innovation und die industrielle Revolution bewirken, wie wir gesehen haben, auch eine große gesellschaftliche Revolution und eine grundlegende Veränderung der Arbeit und ihrer Organisation. Dies gefährdet natürlich besonders das europäische Modell des Sozialstaats, das ja weltweit das fortschrittlichste Beispiel für einen gesellschaftlichen Kompromiß darstellt. Hier ist es dem Sozialismus gelungen, dem Kapitalismus einen Kompromiß aufzuzwingen, der – durch den Nationalstaat – eine Verschiebung der Ressourcen von der Produktion hin zu Beschäftigung, zu sozialem Schutz, zu Gesundheit und Ausbildung mit sich gebracht hat.

Eine Antwort auf diese Bedrohung im Nationalstaat zu suchen, würde bedeuten, den Kampf unweigerlich zu verlieren. Das wäre, als wollte man Atomraketen mit Pfeil und Bogen abwehren. Statt dessen könnte man es den Konservativen überlassen, den Sozialstaat völlig zunichte zu machen, anstatt ihn zu reformieren. Ein solches Massaker könnte nach einiger Zeit auch positive Auswirkungen haben: neue Dynamik, Wachstum; vielleicht würde dann die Linke, wie es in England der Fall war, an die Macht kommen und ohne die Last eines Sozialsystems regieren, das die Entwicklung nur hemmt. Nein, es wäre eine Illusion zu glauben, daß jemand anderer für uns als Reformator des Sozialsystems auftreten kann – vor allem in Italien, wo es keine Rechte europäischen Zuschnitts gibt. Dieses Problem hat die Linke selbst zu lösen – in Italien und in allen anderen Staaten Europas.

DIE SITUATION ITALIENS

Die Linke darf nicht nur eine Kraft sein, die ein politisches Gleichgewicht herstellt, um sich dann sofort der Utopie zuzuwenden. Möglicherweise gibt es zwischen dem politischen Gleichgewicht und der Utopie eine ganze Reihe von realisierbaren Zielen. In Italien hat die PDS nicht nur ein politisches Gleichgewicht hergestellt, sie hat mehr für dieses Land getan: Sie hat es vor der Katastrophe bewahrt.

Im September 1992 war Italien ein krisengeschütteltes Land: Es befand sich außerhalb des Europäischen Währungssystems, gegen die Mehrzahl der Parlamentsmitglieder wurden gerichtliche Erhebungen durchgeführt, der Zusammenbruch der Parteien stand bevor, und niemand wußte, ob die Italiener im folgenden Monat jene staatlichen Anleihen (Bot) kaufen würden, mit deren Erlös die Gehälter der öffentlich Bediensteten ausbezahlt werden konnten. Soweit war es mit unserem Land gekommen.

Indem sie Vereinbarungen akzeptierten, die ihnen oft auch Konfrontationen mit ihren eigenen Mitgliedern bescherten, haben nun die Gewerkschaften eine enorme Verantwortung auf sich genommen, um die Rettung des Landes zu ermöglichen. Dank der Politik der demokratischen Linken wurden große Schritte auf dem Weg zur Sanierung gemacht.

Die positive Entwicklung hielt an: In kurzer Zeit haben wir eine Inflationsrate von 1,5 % erreicht, und im ersten Halbjahr 1997 lag die reale Einkommenssteigerung über der Inflationsrate. Damit haben wir noch keine Utopie umgesetzt, doch für eine linke Kraft handelt es sich hier nicht nur um einen wirtschaftlichen, sondern vielmehr um einen sozialen Wert. Der Kampf gegen die Inflation ermöglicht uns heute, den Realwert der Einkommen zu verteidigen. Die Gewerkschaft hat die Wette gewonnen, die sie damals einging, als sie die Vereinbarung über die Lohnkosten unterzeichnete und sich damit aktiv am Kampf gegen die Inflation beteiligte.

Auch die Tatsache, daß die Lira wieder ins Europäische Währungssystem aufgenommen wurde und uns Paritätskriterien vorgeschrieben wurden, die vorerst unerreichbar erschienen, ist nicht nur Grund für nationalen Stolz, sondern hat auch eine große soziale Bedeutung: Wenn ein italienischer Arbeiter heute tausend Lire spart, dann sind sie auch wirklich tausend Lire wert. Wir verteidigen den Geldwert, den Wert der Ersparnisse der Italiener – auch das ist ein nicht unwesentliches Ergebnis. Gewiß, so manchem Unternehmer war die schwache Lira lieber, die ihm ermöglichte, im Ausland mehr zu verkaufen. Doch das ist eine Einstellung, die der

Vergangenheit angehört, die Einstellung eines Landes, das versucht, sich durch die Abwertung der eigenen Wettbewerbsfähigkeit und durch Tricks in den internationalen Markt einzugliedern. Die Linke will ein Land aufbauen, das durch sein innovatives, modernes und wettbewerbsfähiges System mit den anderen Staaten mithalten kann.

Ich glaube, daß diese Politik die richtige ist. Sie wurde uns nicht von der Bundesbank aufgezwungen, wir haben uns für sie entschieden, weil sie für dieses Land nötig war. Wo wären wir sonst mit einem solchen Defizit hingekommen? Mit einer galoppierenden Inflation? Mit schwindelerregend hohen Zinsen? Eine Zinserhöhung um einen Prozentpunkt entspricht 20.000 Milliarden Lire. Wieviele Pensionsreformen wären nötig, um einen solchen Betrag wieder einzubringen?

Eine rigorose Wirtschaftspolitik besteht nicht nur darin, einen möglicherweise abstrakt erscheinenden Fahrplan einzuhalten, undurchschaubare Parameter zu erfüllen. Wir versuchen, unsere Wirtschaft und unser Land zu sanieren und zu stabilisieren. Dieses Ziel müssen wir uns stecken, denn nur so können wir eine Ära der Reformen, des Fortschritts einleiten. Ich bin überzeugt, daß so auch die Stimme Italiens innerhalb der europäischen Union mehr Gewicht erhalten wird.

Der Fortschritt, den wir anstreben, ist die europäische Wirtschafts- und Währungsunion und nicht die Einheitswährung an sich. Es liegt klar auf der Hand, daß wir gegen eine Sinnentleerung, eine Verstümmelung des europäischen Einigungsprozesses ankämpfen müssen, gegen dessen Reduzierung auf die Einheitswährung und die Vorherrschaft der Zentralbank. Dies wäre eine falsch verstandene Umsetzung des Inhalts der Maastricht-Verträge. Statt gegen sie zu kämpfen, sollte die Linke sich für deren richtige Auslegung einsetzen.

Gemeinsame Wirtschaftspolitik bedeutet nicht nur, die großen Themen von Delors' Weißbuch wiederaufzunehmen: die Transeuropäischen Netze, die Erneuerung, Umbildung und Harmonisierung der Steuerpolitik. Mehr Europa bedeutet nicht nur gemeinsame Wirtschaftspolitik. Es bedeutet mehr Politik: Außenpolitik, Sicherheitspolitik und die politische Hauptrolle Europas auf der internationalen Bühne.

Man denke nur an das Versagen Europas angesichts der Auflösung des ehemaligen Jugoslawiens und, in geringerem Maße, angesichts der Krise in Albanien: Bei solchen Gelegenheiten hat Europa wahrlich keine brillante Figur gemacht. Wohl waren einige Staaten solidarisch, doch Europa als ganzes hat nicht das gegeben, was es hätte geben können und sollen.

DAS THEMA ARBEIT

Innerhalb der großen europäischen Aufgabe, an der sich Italien beteiligen möchte, ist das Thema Arbeit für die Linke – aber nicht nur für sie – von grundlegender Bedeutung.

Was die Frage der Arbeitslosigkeit betrifft, so hat das Problem in Italien einen Namen: „Mezzogiorno" – Süditalien. Im Norden und im Zentrum des Landes leben 30 Millionen Menschen, die Arbeitslosenrate beträgt 7 %, der Lebensstandard ist höher als in Deutschland. Tatsächlich ist unser Land nach wie vor in zwei Hälften gespalten, und wenn man seriös über das Problem der Arbeitslosigkeit sprechen will, so muß man vor allem über den Süden sprechen. 700.000 junge Süditaliener sind ohne Arbeit – eine Zahl, die für sich spricht und die uns auch bewußt macht, daß hier eine Arbeitszeitverkürzung wohl kaum die Lösung des Problems sein kann.

Natürlich hat jedes Land seine Besonderheiten, dennoch hat mich ein Artikel aufhorchen lassen, der in „Die Zeit" erschienen ist: „In Österreich", heißt es da, „gibt es bei der derzeitigen wirtschaftlichen Lage jährlich um zehntausend Arbeitsplätze weniger. Einigen Schätzungen zufolge wird die Arbeitslosigkeit Ende 1997 bei 8 % liegen – das ist fast doppelt so hoch wie 1994".

Ich bin überzeugt, daß die Arbeitszeitverkürzung eine gute und wichtige Sache ist, doch glaube ich, daß wir damit Mißbrauch trieben, würden wir sie als Allheilmittel für alle Probleme anbieten. Das Thema Arbeitszeit ist viel komplexer und umfaßt viel mehr als die einfache Reduzierung der täglichen Arbeitsstunden. Hier geht es auch um das Verhältnis zwischen Arbeit und Leben, Kultur, lebenslangem Lernen. Der Kampf gegen die Arbeitslosigkeit in wirtschaftlich schwachen Gebieten muß, so meine ich, Hand in Hand mit einer Wachstumssteigerung gehen.

Eine solche Politik der Linken sollte in eine umfassende europaweite Reformpolitik eingebunden sein, die vor allem das Thema Arbeit, aber auch eine Umstrukturierung der öffentlichen Verwaltung, ein einfacheres und effizienteres Steuersystem und Reformen im Schul- und Ausbildungsbereich in Angriff nimmt.

In Italien haben wir bereits die ersten Schritte getan. Die begonnene Arbeit wird noch einige Zeit in Anspruch nehmen; auch deshalb brauchen wir eine stabile Regierung, ohne die keine Reformen, weder konstitutionelle noch soziale, möglich sind. Die Regierung muß ihren Reformwillen noch deutlicher unter Beweis stellen, und zwar auf einem Prüfstein, der für die Zukunft unseres Landes entscheidend sein wird – dem Süden des Landes. Sie muß zeigen, daß sie in der Lage ist, in Süditalien einen Entwicklungsprozeß in Gang zu setzen, die Ressourcen zu nutzen, die notwendige Infrastruktur zu schaffen, um den Süden mit den hochentwickelten Gegenden des Landes zu verbinden, mitunter auch Notmaßnahmen zu ergreifen, jene europäischen Strukturfonds besser zu nutzen, die in anderen weniger entwickelten Regionen Europas ein wichtiger Impuls waren. So sind wir etwa das einzige europäische Land, in dem es keine Form von Arbeitslosengeld gibt.

Um in unserem Land Arbeit zu schaffen, muß in neue Bereiche investiert werden: in die Umwelt, die Aufwertung des kulturellen und künstlerischen Erbes und nicht zuletzt in die soziale Betreuung, jenen Teil des Tertiärsektors, der einer der Eckpfeiler der Reform des Sozialstaates sein könnte. Der Sozialstaat darf nicht als Klotz am Bein betrachtet werden, sondern als große Chance für die Schaffung von Arbeitsplätzen. Natürlich nur, wenn wir seine Reform auch als Entbürokratisierung und, in manchen Fällen, als Deregulierung verstehen. Das soll selbstverständlich nicht bedeuten, daß der Staat ganz auszuschalten ist. Es bedeutet vielmehr, daß in Italien – aber möglicherweise gilt das auch für andere europäische Länder – die Rolle des Staates genau überdacht werden muß. Der Staat sollte schützen, lenken und regulieren, aber nicht verwalten.

Beschäftigungspolitik muß heute vier große Bereiche umfassen: Umwelt, Dienstleistungen, technologische Innovation – und hier speziell die neuen Kommunikationstechnologien – und das große Thema einer Einschränkung der Pragmatisierungen. Dort aber, wo Massenarbeitslosigkeit und Unterentwicklung zusammenfallen, kommt die größte Bedeutung der Entwicklung zu. Und wenn es stimmt, daß Entwicklung allein keine Arbeitsplätze in der Industrie schafft, dann muß Italien so kompetitiv sein, daß es auch zusätzliche Beschäftigungsmaßnahmen verkraftet, daß neue Bereiche erschlossen werden können, daß die Lebensqualität verbessert, der Zugang zur Kultur erleichtert werden kann. All dies ist jedoch nur möglich, wenn wir produktiv und wettbewerbsfähig bleiben.

DIE REFORM DES SOZIALSTAATS

Ich glaube, daß Italien über genügend Ressourcen verfügt, um diese Herausforderung anzunehmen und zu meistern. Wenn wir behaupten, daß der Tertiärsektor das Symbol eines neuen Sozialismus werden muß, der

Prüfstein einer modernen Gesellschaft, dann beziehen wir uns auch auf ein Phänomen, das in Italien große Bedeutung, große Möglichkeiten hat und tief verwurzelt ist. Die alte Tradition der Verbände und die linken wie katholischen Genossenschaften haben sich in diesem Bereich getroffen, viele gemeinsame Erfahrungen gesammelt und verfügen heute auch über das Potential, wirtschaftlich konkurrenzfähige Initiativen zu ergreifen.
Aus all dem ließe sich durch den Einsatz neuer Mittel und moderner Technologien ein soziales Netzwerk schaffen, neue Formen der häuslichen Betreuung in Zusammenarbeit mit freiwilligen Hilfsorganisationen, Verbänden und Genossenschaften. Bereits gesammelte Erfahrungen zeigen, daß so nicht nur die Lebensqualität und die menschlichen Beziehungen verbessert werden, sondern auch die Ausgaben für Krankenhausbetreuung sinken. Es gibt in Italien bereits Beispiele für diese Art der Solidarität: Freiwillige und soziale Pflegedienste besuchen alte Menschen in ihren Wohnungen, geben ihnen das Gefühl, selbständiger und vitaler zu sein, und sparen dabei noch Geld.
Ich bin überzeugt, daß solche Ressourcen und Chancen in eine Reform des Sozialstaates einbezogen werden müssen. Denn eine Ausweitung des Dienstleistungssektors – wie sie etwa in den Vereinigten Staaten stattgefunden hat – und die Schaffung eines neuen Sektors für die Betreuung bedürftiger Personen (auch im Hinblick auf neue Arbeitsplätze) ist eng verbunden mit einer Aufwertung der nicht staatlichen Körperschaften. In Italien ist dies möglich: Der Föderalismus, nicht nur der Regionen, auch der Städte und – dank der Arbeit des Verfassungsausschusses aus beiden Kammern – der Provinzen, birgt hier große Beschäftigungs- und Entwicklungsmöglichkeiten in sich. Natürlich handelt es sich hier um komplexe Prozesse, die auch eine Reform des Sozialstaates und eine neue Fähigkeit der Linken, die Arbeitenden zu vertreten und zu einen, erfordern.
Die Reform des Sozialstaates: Sie darf nicht als Etikett verstanden werden, mit dem man eine Politik der Kürzungen überklebt. Vielmehr ist sie ein Prozeß der Veränderung, der Zeit in Anspruch nehmen wird und gemeinsam mit den sozialen Kräften der Gesellschaft zu verwirklichen sein wird. Der Staat wird in manchen Bereichen weniger, in anderen mehr ausgeben. Ziel ist, daß eines Tages mehr Bürger in den Genuß von Sozialleistungen kommen als es heute der Fall ist. Eine größere Anzahl von Italienern muß staatliche Unterstützungen erhalten, vor allem mehr junge Leute und mehr Frauen, zwei Gruppen, die heute davon praktisch ausgeschlossen sind. Um das zu erreichen, müssen wir allerdings den Mut

haben, die Errungenschaften, die es zu verteidigen gilt, von den Privilegien, die keine Berechtigung mehr haben, zu trennen. Ich meine, daß die Linke diesem Problem nicht ausweichen darf. Den Status quo beizubehalten, ist nicht möglich. Vielleicht würde es noch eine Zeit lang funktionieren, aber früher oder später würde die Linke die Regierung verlassen müssen und jemand anderer würde weitaus schmerzhaftere Eingriffe durchführen.

Wie sollen nun die Linke und die Gewerkschaft die Fähigkeit wiederfinden, die Arbeitenden zu vertreten und zu einen? Es gibt Stimmen innerhalb der Linken, die behaupten, daß das Ende der Arbeit im Ford'schen Sinne auch das Ende der Linken bedeutet. Würden wir so denken, sollten wir vor allem für die staatliche Altersvorsorge kämpfen – denn dann müßten wir ja bald in Pension gehen. Wenn wir allerdings mit Bruno Trentin der Meinung sind, daß dieser große Übergang, diese Wandlung der Arbeit, die nun verlangt, daß man sich ständig neu anpaßt, statt sich immer demselben mechanischen Handgriff unterzuordnen, auch die Intelligenz und die Persönlichkeit fördern kann, dann brauchen wir die neue Linke, dann sind wir noch nicht am Ende.
Wir wollen nicht als Apologeten dieser neuen Entwicklung auftreten, doch müssen wir den Schwarzmalern Paroli bieten, müssen uns dem Konservativismus gewisser Teile der italienischen Linken entgegenstellen. Ich meine, daß die Linke hier klare Aufgaben hat, daß sie diese Gelegenheit der menschlichen Bereicherung wahrnehmen muß, daß sie innerhalb der Mobilität und Flexibilität auch die kreative, individuelle Seite der Arbeit erkennen muß. Diese Elemente sollten als Bereicherung des Lebens und nicht nur als Grund für Unsicherheit und Angst gesehen werden. Natürlich sind Unsicherheit und Angst die andere Seite dieser Entwicklung. Aus diesem Grund müssen wir soziale Netze schaffen, die elastischer und vielschichtiger sind als früher einmal und den verschiedenen Formen der Arbeit Rechnung tragen. Die in der Lage sind, Unsicherheit und Angst zu mildern, die eine bessere Verwirklichung der Persönlichkeit ermöglichen, wie sie, so glaube ich, ebenfalls Teil dieser neuen Entwicklung ist.

Das sind die Herausforderungen, vor denen wir stehen, und uns ist bewußt, daß wir sie alleine niemals bewältigen können. Wir haben einen intellektuellen Auftrag zu erfüllen und müssen unsere Ideen und Erfahrungen miteinander teilen. Das ist nur innerhalb einer starken Linken möglich. Wir sind froh, unserer Isolation entkommen zu sein, in der die Gefahr, uns zu verbrauchen, groß war. Wir sind stolz, die größte linke Kraft Italiens dorthin geführt zu haben, wo die Linke europäische und internationale Bedeutung hat. Innerhalb der europäischen Sozialdemokratie und der Sozialistischen Internationale werden unsere Ideen, wird unser Kampf mehr Gewicht erhalten.

Übersetzung aus dem Italienischen von Maria-Anna Blaha

Jacques DELORS

ÜBERLEGUNGEN UND VORSCHLÄGE FÜR EIN NEUES ENTWICKLUNGSMODELL

Seit über 20 Jahren geht ein Gespenst um in Europa – das der anhaltenden, hohen Arbeitslosigkeit, deren Folgen ebenso schwerwiegend wie offenkundig sind. Sie zerstört das Vertrauen der europäischen Bürger, ohne das kein großes Zukunftsprojekt möglich ist.

Das Drama der Arbeitslosigkeit und der damit verbundenen sozialen Ausgrenzung muß somit im Vordergrund von Überlegungen über die Zukunft der Wirtschafts- und Sozialpolitik stehen. Eine umfassende Diskussion über Auswege aus der Arbeitslosigkeit ist unerläßlich, aber es gibt dafür kein Patentrezept. Die Vorgaben sind klar: Ohne Beseitigung der Arbeitslosigkeit, also ohne Beschäftigung kein gesellschaftlicher Fortschritt; ohne Wachstum keine Beschäftigung! Wachstum ist möglich, aber nicht selbstverständlich.

Welches Wachstum wollen wir? Wollen wir zurück zum Wachstumsmodell der industriellen Revolution oder wollen wir ein Modell, das den Veränderungen in der Folge des technischen Fortschritts Rechnung trägt, und die neuen Anforderungen im Zusammenhang mit Umwelt und Lebensqualität berücksichtigt? Wir müssen uns für die zweite Option entscheiden, wenn wir eine dauerhafte, umweltverträgliche Entwicklung anstreben, die dem einzelnen Chancen zur Selbstverwirklichung beläßt und zu einer

Dieser Bericht wurde beim 3. Kongreß der Sozialdemokratischen Partei Europas (SPE) im Juni 1997 als Ergebnis der Diskussionen einer von Jacques Delors geleiteten SPE-Arbeitsgruppe präsentiert.

Verbesserung der gesellschaftlichen Lebensbedingungen beiträgt. Wenn die sozialdemokratische Bewegung ihren Idealen von Freiheit, Solidarität und Verantwortung treu bleiben will, muß sie sich über diese Fragen Gedanken machen, bevor es zu spät ist.
Wichtigstes Ziel dieses Berichts ist es also, die Diskussion über ein neues Entwicklungsmodell anzuregen, auf die Notwendigkeit und die Voraussetzungen für ein Wachstum im Zuge der Globalisierung und einer dritten industriellen Revolution hinzuweisen und die hierfür fälligen Anpassungen vorzuschlagen.
Dabei dürfen wir den europäischen Aspekt und insbesondere die bevorstehende Schaffung der Wirtschafts- und Währungsunion nicht aus den Augen verlieren, die, wenn bestimmte Voraussetzungen erfüllt sind, als Anreiz wirken und die Länder Europas dazu veranlassen wird, sich den Herausforderungen der Zukunft zu stellen und allen einen Platz in der Gesellschaft zu geben. Diese Voraussetzungen, die sich auch bereits aus dem Vertrag ergeben, sollen im zweiten Teil des Berichts kurz angesprochen werden. Im dritten Teil werden wir dann Vorschläge dazu unterbreiten, wie der Übergang vom rein quantitativen Wachstum der „Golden Sixties" zu einer nachhaltigen, umweltverträglichen und ausgewogeneren Entwicklung vollzogen werden kann.

RÜCKKEHR ZUM WACHSTUM ALS „CONDITIO SINE QUA NON"

Starkes Wachstum ist geboten

Unter Berücksichtigung der Entwicklung der erwerbstätigen Bevölkerung müßte sich die Wachstumsrate auf lange Sicht bei durchschnittlich 3–3,5 % einpendeln, wenn die Arbeitslosigkeit um 0,5–1 % jährlich sinken soll. Das setzt ein deutlich stärkeres Wachstum als in den letzten beiden Jahrzehnten voraus. Hierin liegt eine echte Herausforderung, denn es genügt nicht, die Wachstumsrate anzuheben, was ohnehin schwierig genug ist, sondern es muß vor allem dafür gesorgt werden, daß sich diese höhere Rate über mehrere Jahre hinweg hält. Will man dabei die Konjunkturüberhitzung der Jahre 1989–90 vermeiden, bedarf es einer Erhöhung der Produktionskapazität der Gemeinschaftswirtschaft; anders gesagt, einer Steigerung ihrer potentiellen Wachstumsrate.

Verstärkung der Wettbewerbsfähigkeit

„Wettbewerbsfähigkeit" wird häufig mißverstanden. Erinnern wir also daran, daß Wettbewerbsfähigkeit kein Selbstzweck ist, sondern dazu dient, den Lebensstandard und den sozialen Wohlstand zu verbessern und zugleich einen ausgewogenen Außenhandel bzw. einen Außenhandelsüberschuß als Voraussetzung für unsere Unabhängigkeit sicherzustellen. Die Wettbewerbsfähigkeit provoziert technisch-strukturelle Neuerungen und steigert damit das Wachstumspotential. Sie ist also ein Instrument im Dienste des wirtschaftlichen Fortschritts und der Schaffung von Arbeitsplätzen. Seit der industriellen Revolution haben grundlegende technische Neuerungen mehr Arbeitsplätze geschaffen, die sich zunächst von der Landwirtschaft in die Industrie und dann von der Industrie in den Dienstleistungssektor verlagerten. Diese Entwicklung stützt sich im wesentlichen auf Produktivitätstransfers durch die Veränderung der relativen Preise.
Dank der massiven Produktivitätszuwächse, deren es zur Erhaltung der Wettbewerbsfähigkeit bedarf, sowie infolge des Drucks der Konkurrenz sinken die Preise in den Branchen, die dem internationalen Wettbewerb ausgesetzt sind. Dadurch werden diese Produktivitätszuwächse auf diejenigen Branchen umverteilt, in denen die Produktivität weniger stark wächst und die Preise steigen, also beispielsweise auf dem Dienstleistungssektor. Hier werden durch die Umverteilung neue Arbeitsplätze geschaffen, was eine Beteiligung an der globalen Steigerung des Lebensstandards ermöglicht, sofern der Wohlstand global wächst.
Dieser Prozeß hat bereits mit der industriellen Revolution eingesetzt, was durch die Zahlen aus den Wachstumsperioden – 1961–1973 und 1986–1990 – belegt wird. Wenn wir wollen, daß er sich künftig erneut verstärkt und sich damit unsere Bemühungen um Wettbewerbsfähigkeit in einer deutlichen Zunahme der Arbeitsplätze niederschlagen, müssen wir dafür sorgen, daß drei Voraussetzungen erfüllt sind:

1. Der Produktivitätszuwachs muß so verteilt werden, daß Fortschritte in allen Wirtschaftsbereichen möglich sind. Daher muß gewährleistet sein, daß der Binnenmarkt in jeder Hinsicht funktioniert, die Wirtschafts- und Währungsunion verwirklicht wird und vollständige Integration in eine offenere Weltwirtschaft erfolgt.
2. Der Strukturwandel muß wirtschaftlich machbar und sozial vertretbar sein. Dazu bedarf es unbedingt einer Verbesserung unserer Beschäftigungssysteme, was bedeutet, daß unsere Arbeitsmarktpolitik aktiviert, die

Aus- und Weiterbildungssysteme verbessert und die Humanressourcen in den Unternehmen durch die Förderung einer stärkeren internen Flexibilität besser eingesetzt werden müssen. All dies trägt dazu bei, den Arbeitsmarkt wirtschaftlich effizienter und sozial solidarischer zu gestalten.
3. Wir brauchen ein ausreichendes globales Wachstum, um den Saldo zwischen der Schaffung von Arbeitsplätzen in den zukunftsträchtigen Branchen einerseits und dem Abbau von Arbeitsplätzen in den umzustrukturierenden Sektoren andererseits positiv zu halten.

Wie halten wir es mit der Solidarität?

Der Pessimismus hinsichtlich der Aussichten auf ein stärkeres Wachstum hat zu der These Anlaß gegeben, die erforderliche Schaffung von Arbeitsplätzen könne nur bei relativ niedrigen Wachstumsraten und einer vergleichsweise sehr viel höheren Beschäftigungsstärke innerhalb dieses Wachstums erreicht werden. Dabei geht man vom Beispiel der Vereinigten Staaten aus, wo von 1974 bis 1994 ein Wachstum von 2,3 % jährlich verzeichnet wurde, die Produktivität jedoch nur um 0,5 % stieg, was zu einem Beschäftigungszuwachs von 1,8 % im Jahresdurchschnitt führte. Gleichzeitig stiegen allerdings die Reallöhne nur um 0,6 % gegenüber 1,4 % in der Gemeinschaft. Darüber hinaus haben sich die Ungleichheiten in den Vereinigten Staaten deutlich verschärft.
Ein System mit schwachem Wachstum bei sehr hoher Beschäftigung erfordert jedoch Maßnahmen, die mit unserer Solidaritätspflicht kaum vereinbar sind.
Solidarität – der Trumpf im Kampf gegen die soziale Ausgrenzung. Wollten wir das oben beschriebene Wachstumsmodell in die Tat umsetzen, müßten wir zunächst die Lohnskala nach unten erweitern, um Tätigkeiten, die zuvor von unseren Märkten ausgeschlossen waren, rentabel zu machen und damit wieder zu integrieren. Dies ließe sich wie in den Vereinigten Staaten dadurch erreichen, daß die Arbeitnehmerlöhne gesenkt würden. Damit entstünden Gruppen von „armen Lohnempfängern“ (working poors), die mit ihrem Einkommen nicht angemessen überleben könnten. Die Anwendung des amerikanischen Modells auf Europa würde darüber hinaus eine Senkung des Arbeitslosengeldes und einen Abbau der sozialen Sicherungssysteme erfordern. Dies ist nicht zu akzeptieren.
Von einer extremen Lohnflexibilisierung wie in den Vereinigten Staaten können somit Arbeitsmarktimpulse ausgehen; sie ist jedoch mit sozialen

Problemen verbunden, die mit unserer Vorstellung von einer freien, verantwortlichen, aber vor allem solidarischen Gesellschaft unvereinbar sind. Es ist allerdings möglich, das europäische Gesellschaftsmodell in seinen Grundwerten beizubehalten und es zugleich mit den Zwängen der Globalisierung und den Erfordernissen des technischen Fortschritts in Einklang zu bringen.

Solidarität zwischen Erwerbstätigen und Arbeitslosen. Hierzu müssen die neuen Produktivitätszuwächse in zukunftsorientierte, arbeitsplatzschaffende Investitionen fließen und den Lohnempfängern zugleich vernünftige Reallohnsteigerungen zugesichert werden. So würde es für eine Rentabilitätssteigerung der Investitionen beispielsweise genügen, wenn der Anstieg der Reallöhne um durchschnittlich einen Prozentpunkt niedriger läge als die Produktivität. Zusammen mit dem zu erwartenden Beschäftigungsanstieg würde dies zu einer regelmäßigen Steigerung des verfügbaren Haushaltseinkommens und des privaten Verbrauchs führen. In den USA – um den Vergleich wieder aufzunehmen – entwickelt sich außerdem die Arbeitsproduktivität schwächer (0,5 % von 1974 bis 1994). Infolgedessen ist es äußerst schwierig, den wirtschaftlichen Fortschritt mit einer gezielten Bekämpfung der sozialen Ausgrenzung zu vereinbaren.

Solidarität zwischen den Generationen. Niedrige Wachstumsraten sind ferner unvereinbar mit einer nachhaltigen, umweltverträglichen Entwicklung, da die finanziellen Mittel für eine Senkung der Schadstoffbelastung kaum zu beschaffen wären. Auch die für die Einführung neuer, umweltverträglicher Techniken unerläßlichen Investitionen ließen sich nur schwer verwirklichen.

Solidarität gegenüber der übrigen Welt. Das beschriebene Wachstumsmodell wäre wenig vorteilhaft für die übrige Welt, da sich das Wachstum unserer Importe verlangsamen würde. Darunter hätten die Exporte und die Einkommen der Entwicklungsländer und der Länder Mittel- und Osteuropas zu leiden, was wiederum ihre wirtschaftliche und soziale Entwicklung beeinträchtigen würde.

Unsere Länder haben in Kenntnis der Schwächen des Marktes kollektive Solidaritätsmaßnahmen entwickelt. Viele Mitgliedstaaten prüfen heute, ob diese Solidarität noch funktioniert, und bemühen sich, ihre Effizienz zu verbessern und ihre Kosten zu senken. Eine der Voraussetzungen für die Revision des europäischen Modells ist eine weniger passive Solidarität. Die läßt sich aber ohne ein starkes, nachhaltiges Wachstum kaum erzielen.

Starkes Wachstum ist möglich

Die Lösung des europäischen Arbeitslosenproblems setzt somit voraus, daß wieder Wachstumsraten in der Größenordnung derjenigen von 1986 bis 1990 (3,3 %) erzielt werden. Diese Raten müßten über mehrere Jahre hinweg beibehalten werden. Ein solches Wachstum ließe sich im Europa der Fünfzehn durchaus erreichen, und zwar über ein ausgewogenes Gleichgewicht zwischen Investitionen (durch die Erhöhung der Produktionskapazität und des Wachstumspotentials) und dem Verbrauch (durch Unterstützung der Endnachfrage).

Ob sich eine solche optimale Wachstumsentwicklung erzielen läßt, hängt davon ab, wieviel Verständnis die politischen Entscheidungsträger und die Sozialpartner für den gesamten Prozeß aufbringen und wie zielsicher und glaubwürdig sich eine gute Wirtschaftspolitik in all ihren Aspekten verwirklichen läßt. Zweierlei ist zu beachten:

1) Der Konflikt zwischen den Stabilitätszielen der Währungsbehörden und den Haushalts- und Lohnentwicklungen, die den Beginn der 90er Jahre so negativ geprägt haben, muß vermieden werden;

2) die Bedingungen für eine kräftige Investitionssteigerung und damit für den Ausbau von Forschung und Entwicklung müssen geschaffen werden. Eine Investitionssteigerung bis zur Höhe von 23–24 % des BIP ist möglich, ähnlich wie das bereits in der zweiten Hälfte der 80er Jahre der Fall war, als die Investitionen doppelt so schnell wuchsen wie das BIP. Dies zeigt, daß der Konjunkturabschwung zu Beginn dieses Jahrzehnts nicht unausweichlich war und eine Wiederholung möglich ist.

Daß die Möglichkeit eines zügigen Wachstums besteht, ergibt sich daraus, daß Investitionspolitik und -maßnahmen vorteilhafte Konsequenzen haben, die über einen rein mechanischen Zusammenhang zwischen Kapital und Produktion hinausgehen. Sie beeinflussen nämlich den technischen Fortschritt, der dann nicht mehr sozusagen als Manna vom Himmel fällt, sondern zu einem wirtschaftsimmanenten Faktor wird, da die Investitionstätigkeit den technischen und strukturellen Fortschritt einbezieht. Sie erfordern darüber hinaus eine kontinuierliche Weiterbildung aller Arbeitnehmer und tragen damit zur Chancengleichheit bei.

Aber es gibt noch einen weiteren Weg zur Stärkung des Wachstums der europäischen Wirtschaft. Er führt über die Deckung eines heute noch immer weitgehend unbefriedigten Bedarfs. Dieser Bedarf hängt zusammen mit der veränderten Lebensweise, dem Wandel der Familienstrukturen, der

zunehmenden Berufstätigkeit von Frauen, den Lebensbedingungen alter Menschen. Er hängt auch zusammen mit den Anforderungen des sozialen Wohnungsbaus, der Stadtsanierung, der Beseitigung von Umweltschäden und der ländlichen Entwicklung.
Wenn der Markt diese neuen Bedürfnisse nicht rasch befriedigen kann, so liegt das an Hindernissen in der Angebots- und in der Nachfrageentwicklung. Die entsprechenden Dienstleistungen werden infolgedessen entweder auf dem Schwarzmarkt erbracht oder von der öffentlichen Hand – notorisch unzureichend – finanziert. Der Ausweg aus dieser Situation ist die Schaffung eines dritten Sektors neben der Marktwirtschaft und dem herkömmlichen öffentlichen Sektor. Hierin liegt einer der wichtigsten Ansätze für ein neues Entwicklungsmodell.

Ein Wachstum, das mehr Arbeitsplätze schafft

Eine kritische Variable im Verhältnis Wachstum–Beschäftigung ist die Arbeitsproduktivität, die im Nachhinein als reales BIP pro Lohnempfänger ermittelt wird. Zu den frappierendsten Daten der Wirtschaftsentwicklung gehört der Einbruch der Arbeitsproduktivität im Jahre 1974. Seitdem ist der Produktivitätszuwachs mit 2 % pro Jahr im gesamten Zeitraum 1974–1995 bemerkenswert stabil und kann als Beschäftigungsschwellenwert der Gemeinschaft insgesamt angesehen werden. Diese Tendenz läßt sich vielleicht am plausibelsten mit der intensiven Wiederaufbautätigkeit in Europa in den Jahren 1950–1960 erklären.
Außerdem hat der Strukturwandel unserer Volkswirtschaften einen Transfer von Arbeitskräften aus Branchen mit hohen Produktivitätszuwächsen, wie der Landwirtschaft und der Industrie, in Branchen mit schwachem Produktivitätswachstum, wie dem Dienstleistungssektor, bewirkt. Diese strukturbedingte Entwicklung führte zu einem entsprechenden Rückgang der Gesamtproduktivität der Wirtschaft.
Bei gleichem Wachstum ist somit der Beschäftigungsfaktor heute wesentlich wichtiger als früher. Allerdings liegt auf der Hand, daß eine solche Entwicklung nicht dadurch erreicht werden darf, daß die unternehmens- oder branchenspezifische Produktivität abgebaut wird, da dies die externe Wettbewerbsfähigkeit und den globalen Prozeß der Ressourcenschaffung schwer beeinträchtigen würde. Es gibt, wie wir gesehen haben, keinen Widerspruch zwischen den Bemühungen um einen kräftigen

Produktivitätszuwachs in allen dem internationalen Wettbewerb ausgesetzten Branchen und gleichzeitigen Maßnahmen zugunsten der Sektoren mit geringem Produktivitätszuwachs, die jedoch den geänderten Bedürfnissen der Bevölkerung entsprechen.
Zur Steigerung der arbeitsplatzschaffenden Wirkung des Wachstums sind zwei Optionen zu prüfen:

1) *Die Änderung der Arbeitszeiten und Arbeitsformen.*
Hier lassen sich auf mikroökonomischer Ebene spezifische Maßnahmen treffen, sofern sie durch Angebot und Nachfrage gerechtfertigt, von allen sozialen Parteien akzeptiert und umkehrbar bzw. als Teil einer langfristigen Verkürzung der Arbeitszeit zu sehen sind. Die nachteiligen Folgen einer Verkürzung der Arbeitszeit auf die Produktion lassen sich dadurch beseitigen bzw. sogar umkehren, daß die Maschinennutzungszeiten von den eigentlichen Arbeitszeiten abgekoppelt werden.
Eine solche Abkopplung läßt sich nicht überall durchführen, beschleunigt aber, wo sie möglich ist, die tendenzielle Verkürzung der Arbeitszeit ohne unerwünschte Nebeneffekte auf die Produktionskapazität.

2) *Erweiterung der Lohn-Kosten-Verteilung.*
Da die sozialen Konsequenzen des amerikanischen Modells unannehmbar sind, könnte man in Europa für eine Senkung der Lohnnebenkosten optieren. Die Sozialversicherungsbeiträge sind in den meisten europäischen Ländern so strukturiert, daß sie sich nicht nur – unerwünschterweise – als eine Art Besteuerung bei der Einstellung von Arbeitskräften auswirken, sondern auch die Niedriglöhne vergleichsweise stärker belasten. Die Lohnkosten ließen sich somit am unteren Ende senken, ohne daß sich das Nettoeinkommen der Arbeitnehmer verringern würde.
Diese Maßnahmen müssen jedoch haushaltsneutral sein und daher von steuerpolitischen Maßnahmen flankiert werden, die in bezug auf Umverteilung, Inflation und Motivation möglichst wenig Nebeneffekte haben. Zu denken wäre hier an eine neue Umweltsteuer, auf die sich die EU Mitgliedsländer noch immer nicht einigen konnten.

DIE WIRTSCHAFTS- UND WÄHRUNGSUNION ALS TREIBENDE KRAFT

Die schwachen Wachstumsraten, die Europa derzeit verzeichnet, sind weniger auf die Inflexibilität seines Arbeitsmarktes oder seine Wettbewerbsposition auf dem Weltmarkt als vielmehr auf seine Unfähigkeit zurückzuführen, das Wachstum eines hochintegrierten Wirtschaftsraumes anzukurbeln.

Dieses Problem, das uns seit Beginn des derzeitigen Jahrzehnts erheblich zu schaffen macht, liegt darin, daß die europäischen Länder zwar wirtschaftlich stark integriert sind, aber keine entsprechenden politischen Institutionen haben.

Die jüngste Rezession ist eine Folge der Verschärfung der Geldpolitik und des Zinsanstiegs im Zeitraum 1988–1990. Während jedoch in den USA als Reaktion auf den Konjunkturabschwung die Zinssätze ab 1990 wieder sanken, machten die europäischen Länder die Zinserhöhung in Deutschland mit. Damit reagierte Europa auf einen asymmetrischen, auf europäischer Ebene potentiell expansionistischen Schock – die deutsche Wiedervereinigung – mit einer Rezession, und zwar vor allem deshalb, weil eine echte Koordinierung der nationalen Wirtschaftspolitiken fehlt. Eine solche Zusammenarbeit ist jedoch ausdrücklich im Vertrag von Maastricht und insbesondere in dessen Artikel 103 vorgesehen.

Was wir aus den Jahren 1991–1996 zu lernen haben, ist somit klar. Das Fehlen einer Koordinierung der Wirtschaftspolitiken hat dazu geführt, daß jeder in die eigene Tasche wirtschaftet und es an Wachstum mangelt, worunter alle zu leiden haben. In einem Wirtschaftsraum nämlich, in dem die Interdependenz infolge der fortschreitenden Wirtschaftsintegration ständig zunimmt, läßt sich die bestmögliche Nutzung aller Chancen nur durch eine Politik der Zusammenarbeit erreichen.

Hätte es in dem besagten Zeitraum auch nur den Ansatz einer Wirtschaftsunion gegeben, so läge unsere Wachstumsrate heute um drei Prozentpunkte höher. Außerdem sähe die Lage auf dem Arbeitsmarkt besser und im Hinblick auf die Erfüllung der Konvergenzkriterien der WWU erfolgversprechender aus.

Nach Artikel 103 des Vertrages müssen die Mitgliedstaaten der WWU ihre Wirtschaftspolitik als eine Angelegenheit von gemeinsamem Interesse betrachten. Der Rat muß jedes Jahr auf Vorschlag des Finanzministerrates und der Kommission die Grundzüge der Wirtschaftspolitik festlegen und sie im Rahmen einer echten Zusammenarbeit verwirklichen.

Allein über den Stabilitätspakt, den der Europäische Rat von Dublin verabschiedet hat, sind diese Bestimmungen allerdings nicht zu verwirklichen. Der Pakt wird zwar benötigt, da er die Haushaltsdisziplin sichert. Artikel 103 bleibt darin jedoch unerwähnt. Es bedarf daher eines Zusatzprotokolls, in dem festgelegt wird, unter welchen Bedingungen die Mitgliedstaaten ihre Wirtschaftspolitiken im Hinblick auf eine echte Konvergenz ihrer Wachstums- und Beschäftigungspolitiken koordinieren. Auf diese Weise läßt sich das – vertragsgewollte – unerläßliche Gleichgewicht zwischen dem wirtschaftlich-sozialen Aspekt einerseits und dem monetären Aspekt andererseits erzielen.
Außerdem sollte der Vertrag, wie schon viele Mitgliedstaaten vorgeschlagen haben, durch ein Kapitel über die Beschäftigung ergänzt werden, damit das Ziel der Vollbeschäftigung im Zuge der politischen Koordinierung in allen Stufen der Anwendung von Artikel 103 tatsächlich berücksichtigt wird. Dem müßte bei den gemeinsamen Aktionen und Maßnahmen und damit den Entscheidungen über den Gemeinschaftshaushalt selbstverständlich Rechnung getragen werden.

VOM WACHSTUM ZUR NACHHALTIGEN ENTWICKLUNG

Die Rückkehr zum Wachstum ist unerläßlich, genügt aber nicht. Wenn wir in Europa wirklich wieder Vollbeschäftigung wollen, müssen wir uns eingehend mit der Verwirklichung eines neuen Entwicklungsmodells auseinandersetzen.
Wir müssen also wieder langfristig über das Funktionieren unserer Wirtschaften nachdenken, damit in Zukunft die Schaffung von Arbeitsplätzen und die Erhaltung des Solidaritätsideals, Bemühen um Lebensqualität und Rücksicht auf künftige Generationen miteinander in Einklang gebracht werden können.

Die neuen Aspekte der Entwicklung

Wir brauchen ein neues, dialektisches Verhältnis zwischen Wirtschaft und Gesellschaft. Dabei gilt es, die Vorteile unseres europäischen Modells zu erhalten und es gleichzeitig an eine Welt im Wandel anzupassen. Wir müssen somit bei der Neuorientierung unserer wirtschaftspolitischen

Optionen den neuen Entwicklungsparametern Rechnung tragen, die da heißen: Naturschutz, Arbeitszeitstrukturierung, neue Bedürfnisse unserer Bevölkerung, Verbreitung von Informationstechnologien.
Wir müssen uns um eine neue Dialektik von wirtschaftlichem und sozialem Bereich bemühen. Eine Dialektik, die es ermöglicht, den besten Teil unseres europäischen Modells zu bewahren und es gleichzeitig an eine im Umbruch befindliche Welt anzupassen. Die Neuorientierung unserer Wirtschaftspolitik sollte von jetzt an für folgende neue Entwicklungsparameter breiten Raum schaffen: Naturschutz, Zeitmanagement, die neuen Bedürfnisse unserer Bevölkerung, die Verbreitung der Informationstechnologien.

Umweltschutz

Unser Wachstumsmodell, das im Rahmen einer industriellen Volkswirtschaft geprägt durch Techniken à la Ford entworfen wurde, stößt an seine Grenzen. Durch eine unzureichende Berücksichtigung der Umweltkosten und eine Verzerrung der technologischen Forschung zugunsten einer zunehmenden Ersetzung der Arbeit durch die Verbindung Kapital und Energie sind wir zu einer doppelten Verschwendung von Human- und Naturressourcen und zu einer mangelnden Ausschöpfung der menschlichen Möglichkeiten gezwungen.
Heute vergeuden wir unser natürliches Kapital, für das wir entweder keinen Preis haben (Luft) oder Preise erheben, die weder seiner Knappheit (Wasser) noch den Auswirkungen seiner Nutzung auf das Umweltgleichgewicht (Wälder, Energie) gerecht werden.
Parallel dazu brauchen wir immer weniger von der Arbeit. In einem Jahrhundert hat sich ihre Produktivität verzwanzigfacht, während die Kurve der Energienutzung dieselbe wie die Wachstumskurve geblieben ist. Zwischen 1970 und 1992 betrug das Wachstum in der Europäischen Gemeinschaft real 73 %, aber im selben Zeitraum hat die Beschäftigung nur um 7 % zugenommen.
Ein Grund für diese unzureichende Verwendung der Arbeit und des immer stärkeren Einsatzes von Kapital und Energie ist im steuerlichen Ungleichgewicht zu suchen, das zwischen diesen beiden Produktionsfaktoren – die menschliche Arbeit und die natürlichen Ressourcen – besteht. Erstere wird zu stark besteuert, und letztere werden weder gerecht bewertet noch gegen Überausbeutung geschützt, während sie doch relativ selten sind.

Zahlreiche externe Umweltkosten entziehen sich der natürlichen Marktdisziplin, weil sie sich nicht in den Preisen niederschlagen. Wer kann aber noch abstreiten, daß die Luft, die man verschmutzt, daß das Wasser oder der Wald, den man nutzt, keinen Preis haben ? Wer kann befürworten, daß die Ressourcen, die eingesetzt werden, um die Folgen einer Ölpest zu beheben, das BSP erhöhen?
Es ist höchste Zeit, eine neue Sichtweise des Fortschritts einzunehmen und an unseren Wohlstand und die Auswirkungen des Wachstums auf unsere Produktions- und Lebensformen einen neuen Maßstab anzulegen.

Zeitmanagement

Die Untersuchung der Einteilung der Zeit, über die die Europäer verfügen, läßt zwei große Entwicklungen deutlich werden:
- Einerseits eine tendenzielle Verkürzung der Arbeitszeit. Nach dem ersten Weltkrieg widmete ein Europäer im Laufe seines Lebens durchschnittlich 100.000 Stunden der Arbeit. Heute sind es nicht mehr als ungefähr 70.000–75.000 Stunden, und in 25 Jahren vielleicht nur 45.000–50.000 Stunden.
- Eine zunehmende Diversifizierung der Arbeitszeiten durch die rasch zunehmende Teilzeitarbeit und durch das Bemühen um eine Arbeitszeitgestaltung, die sich den Schwankungen der Nachfrage und damit auch der Produktion anpaßt.

Die Unterschiede zwischen den Arbeitszeiten je nach Arbeitsverhältnis und Berufsstand sind weiterhin beträchtlich und haben sich seit Ende der sechziger Jahre sogar verschärft. Daher rührt ein Paradoxon: Es gibt viel mehr Freizeit, und trotzdem ist das Gefühl des Zeitmangels niemals so spürbar gewesen; niemals war die Ungleichheit bezüglich der Zeit so eklatant. Heute mehr als gestern sind Arbeitnehmer zu langen Arbeitszeiten gezwungen, ersticken höhere Angestellte in Arbeit, während Arbeitslose zur Untätigkeit verurteilt sind und Rentner daran sterben, daß sie sich nutzlos fühlen.
Wenn man künftig verhindern will, daß einige 70 Stunden in der Woche und andere überhaupt nicht arbeiten, müssen wir schon jetzt diese Änderungen vorwegnehmen. Unsere Zeitgenossen streben im allgemeinen danach, mehr Herr ihrer Zeit zu sein: besser zu arbeiten, besser zu entspannen, Freizeitaktivitäten vielseitiger zu gestalten, aktiv am öffentlichen Leben und am Vereinsleben teilzunehmen usw.
Man muß sich unbedingt Gedanken über die erwünschten Formen der Arbeitszeitgestaltung machen: Wie kann man Arbeitszeiten und -formen

reformieren und dabei negative Auswirkungen auf die Produktion und auf ihre Kosten vermeiden? Was kann man tun, damit ein Übermaß an Freizeit nicht zu Langeweile, Leere und Gewalt führt? Wie kann es den Arbeitnehmern ermöglicht werden, berufliche Verpflichtungen, Familienleben oder ein soziales Engagement besser miteinander zu vereinbaren? Wir sind also aufgerufen, umfassende Überlegungen über die Gestaltung des sozialen Lebens und über das Zeitmanagement anzustellen. Das führt natürlich automatisch dazu, sich Fragen über die Ziele der Entwicklung zu stellen.

Neue Bedürfnisse

Es vergeht heutzutage keine Woche in Europa, ohne daß die Medien eine Initiative ankündigen, um die Betreuung von Kindern zu Hause, die schulische Betreuung, die Betreuung von Älteren oder behinderten Menschen zu fördern etc.

Diese Aktivitäten sind nicht wirklich neu. Neu ist dagegen die Verallgemeinerung und die Breite der zum Ausdruck gebrachten Bedürfnisse. Es ist auch das Bemühen, den Alltag zu erleichtern, indem den Menschen die für ihre Existenz und manchmal sogar für ihr Überleben notwendigen Dienstleistungen so nah wie möglich gebracht werden. Daher rührt der Ausdruck „Nachbarschaftsdienste".

Dieser plötzliche Aufschwung zu einem Zeitpunkt des sich verlangsamenden Wachstums ist kein Zufall. Er entsteht aus der Überlappung zweier grundlegender Tendenzen in unseren europäischen Gesellschaften: einer langfristigen Tendenz, während der die Inanspruchnahme von Dienstleistungen durch die Abnehmer mit dem wachsenden Lebensstandard zunahm, und einer ebenfalls dauerhaften, aber jüngeren Erscheinung, die sich aus den Änderungen der Lebensformen aufgrund der demographischen Veränderungen und der Zunahme der Frauenarbeit ergab.

Dennoch werden zahlreiche Bedürfnisse in bezug auf die Lebensqualität nicht erfüllt. Weder durch den Markt, weil die Nachfrage nicht immer befriedigt werden kann, noch durch den staatlichen Sektor, weil er dafür keine Mittel hat. Also gibt es Raum für einen dritten Sektor, der die privaten (teilweise Bezahlung durch die Nutzer) und öffentlichen (zu Beginn, um den Prozeß in Gang zu bringen und seinen Erfolg sicherzustellen) Ressourcen mobilisieren würde ebenso wie einen Teil der ehrenamtlichen Arbeit.

Die Frage der „Nachbarschaftsdienste" ist verbunden mit einem anderen aktuellen Gesellschaftsproblem, dem der ungleichen Chancen von Frauen und Männern. Wenn der wachsende Zugang von Frauen zu einer

Tätigkeit außerhalb des Hauses als eine der großen positiven Errungenschaften der letzten 30 Jahre betrachtet werden muß, muß auch festgestellt werden, daß dieser Fortschritt von der weiblichen Bevölkerung durch deutlich härtere Aufgaben zur Organisation ihrer Zeit bezahlt wurde. Auch hier sind politische Überlegungen gefordert, immer in dem Bemühen um ein ausgeglicheneres Leben für alle und unter Berücksichtigung der Zwänge und Pflichten jedes und jeder einzelnen.

Die neuen Informationstechnologien

Die extrem rasche Ausbreitung der neuen Informationstechnologien beinhaltet für unsere
Gesellschaften eine Veränderung in einem Ausmaß, das mit der ersten industriellen Revolution vergleichbar ist. Die sogenannte „immaterielle" Wirtschaft kommt bereits für den größten Teil unseres Volkseinkommens auf und für die meisten Arbeitsplätze in den Industrieländern. Die Informations- und die Freizeitindustrie streiten sich um den Platz der weltweit größten Industrie, der unsichtbare Handel macht ein Drittel des Welthandels aus, und man schätzt, daß 60 % des Zeitbudgets der Haushalte heute sogenannten „immateriellen" Aktivitäten gewidmet wird.
Der Eintritt in diese „Informationsgesellschaft" wird unsere Produktionssysteme, unsere Arbeitsorganisation und unsere Verbrauchsgewohnheiten verändern. Sie kann neue Beschäftigungsformen entwickeln, die urbane Entflechtung durch ein neues Verkehrsmanagement begünstigen, die mittelgroßen Städte beleben und die Wirtschaft im ländlichen Raum durch eine größere Dezentralisierung neu beleben.
Wenn wir jedoch die im Gang befindlichen Innovationen als einfache technische Verbesserungen ansehen, die keinerlei gesellschaftliche oder kulturelle Umwälzung bedeuten, werden wir scheitern. Wir werden den neuen Technologien ausgeliefert sein und sie nicht beherrschen. Die Anerkennung und die Umsetzung eines wirklichen Quantensprungs ist die Bedingung dafür, daß die Informationsgesellschaft nicht nur Arbeitsplätze schafft, sondern auch zu wirklichem sozialem Fortschritt führt.

Die Beherrschung der Instrumente

Diese neuen Entwicklungsfaktoren sind bereits bekannt. Man spricht zwar viel davon, tut aber sehr wenig. Es geht aber in der Tat darum, die Werte der Solidarität, die dem europäischen Modell zugrundeliegen, zu erneuern.

Dabei verfügen wir schon jetzt über die geeigneten Instrumente, die es uns ermöglichen, diese neuen Formen der Solidarität zu konkretisieren und dadurch das wiedererlangte Wachstum nicht nur in wirtschaftlichen, sondern auch in sozialen Wohlstand umzumünzen.

Änderung unserer Produktionsweise

Die Umweltprobleme sollten künftig schon ab den ersten Planungs- und Produktionsphasen einbezogen werden.

Uns stehen mehrere Aktionsmöglichkeiten zur Verfügung:

• Auf die Struktur der relativen Preise setzen und somit die Marktinstrumente bevorzugen, die den Marktteilnehmern die angemessenen Anreize geben, um sich für die saubersten Technologien zu entscheiden, weil sie die billigsten geworden sind. Es verdient festgehalten zu werden, daß wir Ende 1994 unionsweit über 177 geltende regelsetzende Richtlinien verfügten gegenüber einem einzigen Wirtschaftsinstrument (Heizölsteuer). Für die gesamte OECD liegt die Gesamtsumme der Umweltabgaben derzeit unter 1 % des BSP.

Die Sozialdemokraten sollten sich vor allem das Ziel setzen, ein europäisches Abkommen über die Einführung einer Steuer auf Kohlendioxydemissionen zu erreichen, deren Einnahmen eine Verringerung der Sozialabgaben für Niedriglohnarbeit erlauben würde. Dies ist das Konzept der sogenannten „doppelten Dividende“: Verbesserung der Lebensqualität durch weniger Umweltverschmutzung und mehr Arbeitsplätze. Wenn nicht alle Staaten der Europäischen Union bereit sind, diesen Weg zu beschreiten, so hindert diejenigen, die wirklich an der Spitze marschieren wollen, nichts daran, ein Beispiel zu geben.

Um denen gerecht zu werden, die befürchten, daß diese Steuern zu einem Inflationsdruck führen, könnte man ins Auge fassen, die Umweltsteuern bei den Indikatoren zur Berechnung der Inflation nicht zu berücksichtigen.

Damit diese Steuer im internationalen Wettbewerb kein Handicap darstellt, könnte man sie in umfassendere internationale Vereinbarungen einbeziehen. Um schließlich möglichen unerwünschten Umverteilungsauswirkungen vorzubeugen, könnte ihre Umsetzung bestimmte klimatische oder gesellschaftliche Besonderheiten berücksichtigen.

• Bestrafung der umweltverschmutzenden Aktivitäten durch Ermittlung der bestehenden Abgaben/Subventionen, die zu „Prämien für die Verschmutzung“ geworden sind.

• Förderung der technologischen Forschung, die auf Verfahren ausgelegt ist, die die natürlichen Ressourcen am wenigsten belasten.

Förderung des lebenslangen Lernens

Die Phase der Geschichte des Menschen, in der das Leben in drei Abschnitte unterteilt war – die Zeit des Lernens, die Zeit des Arbeitens und die Zeit der Ruhe –, ist vorbei. Unseren Jugendlichen müssen wir ein umfassenderes und offeneres Modell anbieten, das es ermöglicht, während des ganzen Lebens die Ausbildungszeiten mit arbeitsfreien Jahren abzuwechseln, um diese Zeit der Familie, einer humanitären Vereinigung, den Freizeitbeschäftigungen zu widmen, usw.

Bei diesem neuen Zeitmanagement nimmt das lebenslange Lernen einen wichtigen Platz ein. Die auf diesem Gebiet erreichten Fortschritte sind immer noch sehr gering. Gewiß ist der Anteil für die berufliche Weiterbildung von Erwachsenen in der Union durchschnittlich von 0,25 % der Staatsausgaben im Jahre 1985 auf 0,5 % im Jahre 1995 gestiegen. Aber der Zugang zur Weiterbildung ist immer noch sehr ungleich. Die am wenigsten qualifizierten Arbeitnehmer, die Beschäftigten in Kleinbetrieben und Frauen haben am wenigsten Aussichten auf Weiterbildung.

Dank des lebenslangen Lernens wird man die fehlende Chancengleichheit wirksam bekämpfen. Dies wird darüber hinaus ermöglichen, sich den Veränderungen der Wirtschaft anzupassen. Der Arbeitsmarkt ist geprägt von immer rascheren Veränderungen.

Nach dem letzten Beschäftigungsbericht der Europäischen Kommission wird in zehn Jahren 80 % der von uns verwandten Technik veraltet sein oder durch neue Technologien ersetzt werden. Bis dahin werden 80 % der Arbeitskräfte nur über eine formale oder mehr als zehn Jahre alte Ausbildung verfügen. Uns steht eine außergewöhnliche Umwälzung bevor. Weiß man beispielsweise eigentlich, daß, sollten in Europa auf einmal 10 Millionen Arbeitsplätze zur Verfügung stehen, die Unternehmen größte Schwierigkeiten hätten, sämtliche für diese Tätigkeiten geeigneten Bewerber zu finden, weil sie nicht über die notwendigen Qualifikationen verfügen, während es in Europa zur Zeit mehr als 18 Millionen Arbeitslose gibt?

Ein Mittel, um dieses lebenslange Lernen zu begünstigen, wäre die Einführung eines „Bildungsschecks". Am Ende der Schulpflicht würde ein Kapital, das zwei Jahren Bildung entspricht, jedem Jugendlichen zur Verfügung gestellt und könnte lebenslang für den Erwerb neuer Qualifikationen, die

Aktualisierung seiner Kenntnisse oder sogar zur Bereicherung seiner Kultur oder zur Befriedigung einer gesunden intellektuellen Neugier ausgegeben werden.

Unsere Gesellschaften sind von der Tendenz gekennzeichnet, daß sich die Studiendauer ausdehnt, ohne daß dies zu einem parallelen Abbau der sozialen Ungleichheiten führt, da die Kinder der am meisten benachteiligten Familien im Durchschnitt schneller als die anderen aus dem Schulwesen ausscheiden. Es wäre vielleicht vorzuziehen, daß einige im Alter zwischen 16 und 18 Jahren von der Schule abgehen können und die Sicherheit haben, nach einer ersten Berufserfahrung, die überdies Hilfe bei einer späteren Berufswahl bieten könnte, dorthin zurückzukehren. Das wäre ein weiterer interessanter Aspekt des Bildungsschecks.

Das lebenslange Lernen ist der Ausbau der ständigen Fortbildung, es ist ein neues Konzept des Gleichgewichts zwischen Allgemeinbildung und beruflichen Fähigkeiten. Es ist eine „learning society", eine Gesellschaft, die unaufhörlich lernt und sich verbessern will.

Deshalb muß das Bildungswesen vier Zielsetzungen beachten:

- lernen, lebenslang neue Kenntnisse zu erwerben;
- lernen, nicht nur einfach einen Beruf auszuüben, sondern eine bestimmte Vorgehensweise, eine erweiterte berufliche Fähigkeit;
- lernen zu sein, um besser zu kennen und besser gerüstet zu sein, um den Schwierigkeiten und Risiken des Lebens begegnen zu können;
- und vor allem lernen zusammenzuleben, wieder Gefallen an Toleranz, und den Sinn für Solidarität zu finden und offen für andere zu sein.

Damit die lebenslange Ausbildung wirklich in unser Gesellschaftsmodell Eingang finden kann, müssen wir ein neues Zeitmanagement für das ganze Leben und nicht nur für eine Woche oder ein Jahr erfinden, indem eine flexiblere und vielfältigere Gestaltung der einzelnen Lebensabschnitte gefördert wird (Arbeitszeit, Ausbildungszeit, Familienleben, Vereinsleben ...) und die Zeiten der Nichtarbeit aufgewertet werden, um diese zu wirklichen Momenten des Zusammenlebens zu machen. Vielversprechende Initiativen in dieser Richtung wurden bereits in mehreren Mitgliedstaaten ergriffen.

In Dänemark sind 100.000 Beschäftigte des privaten oder öffentlichen Sektors, d. h. 5 % aller Beschäftigten, immer in Bildungs- oder Elternurlaub oder in einem arbeitsfreien Jahr. Der Erfolg dieses Langzeiturlaubs war so groß, daß die Anfrage das Angebot bei weitem überstiegen. Daran sieht man, daß damit ein wirkliches Bedürfnis der Bevölkerung berührt wird.

Es gibt andere Möglichkeiten, insbesondere die Teilzeitarbeit, die europaweit nur wenig verbreitet ist: mehr als ein Drittel der erwerbstätigen Bevölkerung in den Niederlanden, aber nur 8 % in Spanien oder in Italien.

Schaffung eines dritten Arbeitssektors

Die Entwicklung neuer Dienstleistungen wird weiterhin von zwei Verdachtsmomenten beeinträchtigt. Einmal, daß sie nur eine billige Lösung für die Beschäftigungskrise durch die Zunahme staatlicher oder weithin durch staatliche Mittel subventionierter Arbeitsplätze seien, und umgekehrt, daß sie nur unsichere, wenig qualifizierte und meistens schwarz ausgehandelte kleine Jobs anböten.

Diese Befürchtungen können nicht einfach vom Tisch gewischt werden. Die Sozialdemokraten verfügen über Mittel, mit eine wirklichen Neuordnung des Handelsbereichs zu reagieren, die geeignet ist, einen strukturierten „dritten Sektor" entstehen zu lassen. Um alle diese neuen Bedürfnisse zu befriedigen, von denen einige bekannt sind (wie die Nachbarschaftsdienste), und andere mit den Änderungen der Lebensweise entstehen werden, bedarf es starker Anreize, denn es ist ganz klar, daß die Marktkräfte allein nicht ausreichen, das ganze Potential zu entwickeln. Mehrere Maßnahmen würden durch allgemeine Verbreitung gewinnen, um die noch bestehenden Hindernisse abzubauen.

• Auf seiten der Nachfrage müßte man sich die relative Senkung der Arbeitskosten und die Verbreitung des Dienstleistungsschecks als vorrangiges Ziel zur Wiederherstellung der Zahlungsfähigkeit der Haushalte mit mittlerem oder niedrigem Einkommen setzen, auf denen die mit den neuen Lebensformen verbundene Zwänge am schwersten lasten. Diese Schecks könnten beispielsweise für die Benutzung von Dienstleistungen verwandt werden, die von staatlich zugelassenen Vereinigungen geleistet werden, so daß eine angemessene Verwendung der Mittel und die Qualität der Dienstleistung gewährleistet sind.

• Auf seiten des Angebots sollten die Anpassung der Arbeitsverhältnisse (Vertrag des selbständigen Arbeitnehmers: Status der „mehrfachen Tätigkeit", Status eines genossenschaftlichen Unternehmers) und eine größere Öffnung der betreffenden staatlichen Dienstleistungen (dezentralisierte Verwaltung, staatlich-private Partnerschaft) es ermöglichen, Abhilfe bei den derzeitigen Mängeln unserer öffentlichen und privaten Dienste zu leisten. Es geht darum, die Entstehung eines „Discountsektors" auf dem Gebiet des Arbeitsrechts und des Entgelts zu verhindern. Die Arbeitsplätze müssen sicher sein, fachlich gut, anerkannt und normal entlohnt werden.

Im Gegensatz zu einer überkommenen Vorstellung werden die so geschaffenen Arbeitsplätze wirkliche Qualifikationen und neue Fähigkeiten benötigen, die von der Beherrschung medizinischer oder administrativer Techniken zu sozialen und zwischenmenschlichen Qualitäten reichen. Die Förderung anderer Wege der Anerkennung erworbener Fähigkeiten als das alleinige Diplom – beispielsweise durch „ein persönliches Befähigungszeugnis" –, die während des ganzen Lebens auf den neuesten Stand gebracht werden sollten es ermöglichen, das Vorurteil der „mangelnden Qualifizierung", das den Nachbarschaftsdiensten zu oft anhaftet, zu zerstreuen. Es gibt keinen Grund, daß die Qualifikationsanforderungen, um in diesem dritten Sektor zu arbeiten, sich sehr von denen anderer Sektoren unterscheiden.

Das Entstehen eines dritten Sektors wirft jedoch das Problem der Konkurrenz zu anderen Beschäftigungsformen auf. Um mögliche Streitpunkte zu entschärfen, könnte man die Schaffung einer Organisation ins Auge fassen, die die Aufgabe hat, die Wahrung eines gesunden Wettbewerbs und damit die Einhaltung der Spielregeln sicherzustellen. Dieselbe Frage stellt sich für den öffentlichen Bereich. Tatsächlich können der dritte Sektor und der staatliche Bereich durchaus nebeneinander bestehen.

Der Fall der Kinderbetreuung in Frankreich ist ein hervorragendes Beispiel: Er verbindet gleichzeitig den klassischen öffentlichen Dienst (die herkömmlichen Kinderkrippen), subventionierte Arbeitsplätze im Privatsektor (Unterstützung der Mütter, Beschäftigung von Hauspersonal) und einen dritten Sektor, die Eltern-Kinderkrippen, die gleichzeitig Subventionen, Bezahlung durch die Nutzer und ehrenamtliche Arbeit in Anspruch nehmen.

Wie man sieht, sind die Inhalte dieser „neuen Bedürfnisse" in erster Linie kultureller Art. Ihre Befriedigung stößt auf zahlreiche Widerstände. Dies gilt sicherlich für die konservativen Strömungen, die keinerlei Infragestellung der Aufgabenteilung innerhalb der Familie oder zwischen der Familie und der Gesellschaft dulden. Aber diese Widerstände werden auch bei denen deutlich, die die Infragestellung der Monopole des öffentlichen Gesundheits-, Bildungs- und Verkehrswesens befürchten. Man muß also das Recht aller auf bestimmte fundamentale Dienstleistungen mit der Förderung von Initiativen, die gegründet werden, um auf die gesellschaftliche Nachfrage zu reagieren, in Einklang bringen.

Daher kann die sozialdemokratische Bewegung die neuen Nachbarschaftsdienste nur dann vorbehaltlos begrüßen, wenn sie sich erneut auf ihre geschichtliche Ziele besinnt: das Bemühen um sozialen Zusammenhalt, der Wille zur Mitwirkung aller Menschen, die Unterstützung der Chancengleichheit.

Für ein neues Konzept der Informationstechnologien

Will man, daß die durch die Informationstechnologien eröffneten Möglichkeiten erfolgreich genutzt werden, sind wirkliche politische Entscheidungen lange vor dem Abschluß des Liberalisierungsprozesses erforderlich. Prioritäten müssen gesetzt werden, um insbesondere folgendes zu erreichen:

- Das Bemühen um die Rentabilität der Telekommunikationsinfrastrukturen muß mit dem notwendigen Zusammenhalt des europäischen Territoriums und dem gleichen Zugang zu den Diensten in Einklang gebracht werden. Mehrere Wege können erforscht werden, um zu verhindern, daß bestimmte benachteiligte Regionen und bestimmte Städte von den neuen Netzen ausgeschlossen werden. Dies könnte bedeuten: Förderung qualitativ guter Dienstleistungen in den bestehenden Netzen, direkte Beihilfen oder Ausstellung von Betreiberlizenzen zusammen mit einer Verpflichtung zur universellen Versorgung.
- Anpassung unserer Bildungssysteme an eine sich ständig verändernde Umwelt. Die Schnelligkeit der derzeitigen Innovationen wird diejenigen, die „Schritt halten" wollen, dazu zwingen, ständig neue Kenntnisse und Fähigkeiten zu erwerben. Die Anwendung von Methoden zur Ausbildung, Umschulung und Wiedereingliederung während des gesamten Berufslebens erscheint unerläßlich, um den gleichberechtigten Zugang der Arbeitnehmer zu den von der Informationsgesellschaft geschaffenen Möglichkeiten zu gewährleisten. Besondere Aufmerksamkeit muß der Ausbildung des Personals der KMU und denjenigen gewidmet werden, die in den am wenigsten begünstigten Regionen arbeiten. Die Grundausbildung muß ihrerseits darauf abzielen, der Verarbeitung eines nicht abreißenden Informationsflusses den notwendigen kritischen Geist zu verleihen und allen eine wissenschaftliche Grundausbildung zu garantieren, um Zugang zu den neuen Technologien zu haben.
- Entwicklung der sozial am meisten erfolgversprechenden Arbeitsformen. Die Qualifikationen entwickeln sich somit in Richtung auf Vielseitigkeit beim Management, bei der technischen Handhabung und bei

der Informationsverarbeitung. Die Informations- und Kommunikationstechnologien und -dienstleistungen können in diesem Sinne dazu beitragen, die Qualität der Arbeit des am wenigsten qualifizierten Personals aufzuwerten, in dem diese von den anstrengendsten und monotonsten Aufgaben befreit werden.

Die Auswirkungen von Technologien sind nicht vorher bestimmbar, wie Untersuchungen gezeigt haben. Dieselbe Ausstattung führt in zwei verschiedenen Unternehmen nicht zu den gleichen Folgen: Die Entwicklung der Büroautomatisierung hat je nach Einzelfall die Arbeit der Sekretärinnen auf- oder abgewertet. Mehr als eine Folge scheint die Entwicklung in Richtung auf eine „horizontale“ Integration der Unternehmen und Verwaltungen eine unerläßliche Voraussetzung für eine zufriedenstellende Verbreitung der neuen Technologien zu sein. Sie setzt eine Änderung der Mentalitäten und Strukturen voraus, um die vielseitige Verwendbarkeit der Arbeitnehmer, die Dezentralisierung und den Informationsaustausch schon im frühesten Stadium an die Stelle des Taylorismus treten zu lassen.

Bei diesem Übergang zum „flexiblen Unternehmen“ muß der Entwicklung der Telearbeit besondere Aufmerksamkeit gewidmet werden. Nach den ersten Erfahrungen scheint es, daß die individuelle Vollzeit-Telearbeit nur den Bedürfnissen eines kleinen Teils der Bevölkerung gerecht wird. Für die Mehrheit der Beschäftigten kann die Telearbeit in der Tat niemals die Einbeziehung in eine Gruppenarbeit oder den direkten Dialog ersetzen. Dagegen sollten andere Arbeitsformen, die es ermöglichen, flexible Arbeitszeiten und Dienstleistungen mit dem berechtigten Wunsch nach sozialen Kontakten in Einklang zu bringen, vorrangig berücksichtigt werden: gemischte Telearbeit oder Arbeit in Telezentren.

Ebenfalls sollten in enger Zusammenarbeit mit den Sozialpartnern umgehend Überlegungen angestellt werden über die notwendige Anpassung der Arbeitsrechtsvorschriften, um jede Diskriminierung bei den Gehältern, den Laufbahnplanungen und dem sozialen Schutz der Beschäftigten zu verhindern, die sich dafür entscheiden, ihre Zeit dank der Telearbeit anders zu gestalten.

In den städtischen Gebieten – in denen 80 % der Europäer leben – muß die Zielsetzung der neuen Technologien darauf ausgerichtet sein, die Räume und die Verkehrsverhältnisse neu zu gestalten, sodaß lange unnötige Fahrten vermieden werden und die Treffpunkte und Orte des Zusammenlebens erhalten bleiben (telematische Verkehrssteuerung, Förderung von Teledienstleistungen).

Dies alles sind dringliche Probleme, denn wenn Europa zu langsam in die Informationsgesellschaft eintritt, geht es große Risiken ein. Seine derzeit unzureichenden Investitionen können seine Wettbewerbsfähigkeit und seine Wachstumsmöglichkeiten ernsthaft beeinträchtigen. Die europäischen Entscheidungsträger, staatliche und auch private, müssen sich aus einer reinen Verwaltungslogik befreien, um zu einer wirtschaftlichen, sozialen, kulturellen umfassenden Strategie zu gelangen.
Wir müssen reagieren, wenn wir künftigen Generationen nicht ein großes Technologie- und Wettbewerbsdefizit mit den sich daraus ergebenden wirtschaftlichen und sozialen Konsequenzen hinterlassen wollen.

Die wirtschaftlichen Stärken und Schwächen Europas sind bekannt. Das Weißbuch der Kommission, das im Dezember 1993 vom Europäischen Rat angenommen wurde, entwickelte eine Analyse, die nicht in Frage gestellt wurde. Aber in diesem Dokument wurden auch gemeinsame Aktionen auf europäischer Ebene sowie tiefergreifende Reformen auf einzelstaatlicher Ebene vorgeschlagen. Die Länder, die diese Reformen eingeleitet haben, ernten bereits deren Früchte in bezug auf die Schaffung von Arbeitsplätzen und den Rückgang der Arbeitslosigkeit. Was die auf Gemeinschaftsebene vorgeschlagenen Maßnahmen betrifft, so wurden diese nur in geringem Umfang umgesetzt. Dieser Mangel zeigt sehr gut den fehlenden Willen, unsere Kräfte zu bündeln und unsere Anstrengungen zu koordinieren. Diesem Mangel muß durch eine lückenlose Anwendung aller von der Wirtschafts- und Währungsunion vorgesehenen Vorschriften abgeholfen werden.
Man kann es niemals oft genug sagen: Die Sozialdemokratische Partei Europas muß für eine vollständige Umsetzung der Verträge kämpfen und ein neues Entwicklungsmodell vorschlagen, das allein ermöglichen kann, den Herausforderungen der Zukunft entgegenzutreten und die Chancengleichheit zwischen allen Männern und allen Frauen in unserem Europa zu gewährleisten.

Ben FAYOT

KANN ES EINE EUROPÄISCHE SOZIALDEMOKRATIE GEBEN?

Jetzt, Mitte Juni 1997, scheint die europäische Sozialdemokratie so stark wie noch nie. In Großbritannien hat New Labour einen epochalen Wahlsieg errungen. In Frankreich regieren wieder Sozialisten, zusammen mit Grünen und Kommunisten. In weiteren sieben Ländern führen sozialistische oder sozialdemokratische Premierminister ihr Land, in drei anderen sind Sozialisten in Koalitionsregierungen in der Verantwortung. Zudem stellt die Sozialdemokratische Partei Europas die stärkste Fraktion im Europaparlament. In der Kommission entstammen neun Mitglieder der sozialdemokratischen Familie. Mehr noch: in vielen osteuropäischen Ländern ist die Sozialdemokratie eine wesentliche Referenz für die sich aufbauenden parlamentarischen Demokratien.

Mit Stolz nehmen die Sozialdemokraten diese Aufzählung zur Kenntnis und sind auf den ersten Blick geneigt, daraus Kraft zu schöpfen. Eine solche Neigung entspringt der impliziten Annahme, diese Sozialdemokratie sei eine einheitliche, geballte Kraft mit gemeinsamen Zielen und Methoden. Das ist sie mit Sicherheit nicht.

Die europäische Sozialdemokratie hatte nie den Anspruch, eine Wiederauflage der 3. Internationale herzugeben, in der die zentrale Gewalt mit eiserner Faust den Parteien und den sozialistisch geführten Regierungen ihren Willen aufzwang. Sie ist auch keine einheitliche politische Familie, in der es kraft vieler Gemeinsamkeiten einfacher wäre, denselben Weg einzuschlagen, als dies für Christdemokraten oder Liberale der Fall wäre.

Nun ist die Frage, ob es eine europäische Sozialdemokratie als kollektive politische Kraft einmal geben kann oder wird, eine eminent politische, die sowohl für die Zukunft Europas als auch für die Zukunft der Sozialdemokratie selbst von entscheidender Bedeutung ist. Wohlgemerkt: meine Frage lautet nicht, ob es eine europäische Sozialdemokratie geben soll. Denn in dieser Hinsicht ist die Antwort wohl für jeden Sozialdemokraten offensichtlich. Wir haben alle den Willen, sozialdemokratische Werte in Europa durchzusetzen. Meine Frage lautet vielmehr, ob es diese europäische Sozialdemokratie geben kann, und was sie sein könnte.

Meine eigene tiefe Überzeugung ist, daß die Sozialdemokratie in den einzelnen Ländern Europas europäischer werden muß als sie es heute ist, um zu überleben. Das besagt zugleich, daß Sozialdemokraten heute noch in vielen, wenn nicht den meisten Fällen national denken und handeln und die europäische Dimension nur zögernd in ihr Handeln und Denken integrieren.

Die Sozialdemokratie wird dabei sicher auch weiterhin starke nationale Wurzeln haben. Aber sie wird auf jeden Fall viel mehr als bisher europäische Überlegungen in ihr Politikverständnis einfließen lassen müssen, wenn sie den Anspruch erheben will, nicht nur auf nationaler Ebene die Sozialpolitik zu gestalten, sondern mit zunehmender Globalisierung einen politischen Einfluß auf die gesamteuropäische Gesellschaft auszuüben.

Daher meine Frage: kann es eine europäische Sozialdemokratie geben? Mit anderen Worten: bringen wir es fertig, angesichts unserer Diversität, der so verschiedenartigen Traditionen der Arbeiterbewegung und der Verschiedenheit der Sozialmodelle, die wir aufgebaut haben, eine sozialdemokratische Bewegung in und für Europa zu entwickeln, die genug Gemeinsames hat, um politisch wirksam in das Geschehen eingreifen zu können?

Die Antwort auf die Frage, ob es eine solche europäische Sozialdemokratie geben kann, hängt sicherlich auch davon ab, was man unter kollektiver politischer Kraft versteht, genauer: was man als europäische Partei sieht. Sie hängt sodann davon ab, welches Ziel man in der europäischen Integrationspolitik verfolgt.

Nun sind solche Fragen nicht nur mit dem Blick auf die heutigen Verhältnisse zu beantworten. Wer in die Geschichte zurückschaut, merkt sehr schnell, daß viele heutige Auseinandersetzungen bereits stattgefunden haben.

Das erste Merkmal dieser Geschichte ist die zögerliche Art und Weise der Sozialdemokratie, an die europäische Einigung heranzugehen. Zwar

würde es für eine internationalistische Bewegung logisch erscheinen, daß sie insgesamt mit Begeisterung nach dem Zweiten Weltkrieg nach Mitteln und Wegen gesucht hätte, den Nationalismus zu überwinden und die internationale Zusammenarbeit zu fördern und zu gestalten.
Nun war aber der Internationalismus der Sozialisten und Sozialdemokraten schon immer etwas zwiespältig. Man braucht dafür nicht bis in die Zeit vor dem 1. Weltkrieg zurückzugehen, um dies zu erkennen. Wer die Geschichte der europäischen Sozialdemokratie nach dem zweiten Weltkrieg betrachtet, merkt sofort, wie uneinig europäische Sozialdemokraten dem europäischen Einigungsprozeß gegenüber waren. Das will nicht heißen, daß sie keine brillanten Ideen gehabt hätten. So findet man schon in einer Resolution der COMISCO (Committee International Socialist Conference) vom Mai 1949 einen Hinweis auf eine europäische Währung sowie interessante Denkanstöße zur Gestaltung der Wirtschaftspolitik. Aber 1950 gibt es in der Internationale eine starke Strömung gegen die europäische Integration, mit der britischen Labour-Partei an der Spitze. So finde ich im Mai 1950 eine Resolution der Luxemburger Sozialisten zum Schuman-Plan, die Bände spricht:

1. Unsere Annahme des Schuman-Planes hängt von der Beteiligung Englands ab;
2. Der Schuman-Plan darf nicht zur Gründung eines Kartells privatwirtschaftlicher Natur führen;
3. Sozial- und lohnpolitisch darf nicht nach unten, sondern muß nach oben angeglichen werden.[1]

Dabei fällt auf, wie eng eine kontinentale Partei wie die LSAP sich damals noch Großbritanniens Labour verpflichtet fühlte. Und wie damals schon die liberale Ausrichtung mit den erwähnten sozialen Folgen gefürchtet wurde. Die britische Labour-Regierung war zu diesem Zeitpunkt dabei, Kohle und Stahl zu nationalisieren und eine „sozialdemokratische Gesellschaft" aufzubauen; Großbritannien war die Hoffnung vieler kontinentaler Sozialdemokraten, und diese wollten das Unterfangen Labours nicht durch einen von einem französischen Christdemokraten ausgeheckten Plan aufs Spiel setzen.

1 Fayot, Ben: Sozialismus in Luxemburg, Band II, Luxemburg, 1989, S. 94

Zudem sahen die Briten selbst den europäischen Einigungsprozeß als Gefahr für die atlantische Zusammenarbeit.[2]
Ebenso skeptisch waren damals auch die deutschen Sozialdemokraten, die zu jenem Zeitpunkt die Hoffnung auf die deutsche Einheit nicht auf dem Altar eines kleinen, supranationalen Europas opfern wollten. Die Briten fanden Unterstützung und Verständnis bei den Skandinaviern, denen die europäische Einigung ebenfalls als ein Versuch erschien, die Arbeitslosigkeit zu fördern und den Lebensstandard der Arbeiter zu drücken! Die französische SFIO ihrerseits wollte kein kleines Europa der Sechs, und setzte sich für ein größeres Europa im Rahmen des Europarates ein.
Die sozialdemokratische Zusammenarbeit war zu Beginn der fünfziger Jahre enttäuschend. Man befürchtete, daß die europäische Wirtschaftsgemeinschaft eine Trennung Europas einleiten würde, während britische und skandinavische Sozialdemokraten für eine große Freihandelszone eintraten. Der Erhalt der vollen nationalen Souveränität wurde als Garant für eine sozialistische Politik vorgebracht, während die europäische Gemeinschaft als Instrument des Konservatismus wie des Kapitalismus angeprangert wurde.
Mit dem Godesberger Programm (1959) änderte sich die Politik der SPD der europäischen Integration gegenüber. Anfang der sechziger Jahre setzte sich die mächtige Sozialdemokratie Deutschlands für die Integration Deutschlands in die europäische Gemeinschaft voll und ganz ein. Aber in den sechziger Jahren (1965–66) erlebte das Europa der Sechs eine institutionelle Krise, die die föderal ausgerichtete, supranationale Entwicklung der Gemeinschaft unterbrach und erst durch den „Kompromiß von Luxemburg" gelöst wurde, der die Souveränität eines jeden Mitgliedstaates wieder voll anerkannte. Eben diese Unterbrechung des „föderalen Elans" der EWG ermöglichte es Harold Wilson, 1967 ein britisches Beitrittsgesuch einzureichen.
Der Beitritt Großbritanniens durch das Referendum von 1975 öffnete nicht, wie man hätte erwarten können, eine Ära der politischen Zusammenarbeit, sondern des Mißtrauens zwischen der Führung der Labour-Partei und den europäischen sozialdemokratischen Parteien. So widersetzte Labour sich prinzipiell den Europawahlen, die 1976 sogar mit der Zustimmung

2 Dazu die Darstellung in: Devin, Guillaume: L'Internationale socialiste. Histoire et sociologie du socialisme international (1945–1990) Presses de la Fondation nationale des sciences politiques, Paris, 1993.

der Regierung Callaghan beschlossen worden waren. Bei den ersten Wahlen im Jahr 1979 gelang es den europäischen Sozialdemokraten nicht, ein gemeinsames Manifest auszuarbeiten. Es blieb bei einem „Appell an die Wähler“ ohne klare Inhalte.

Man ist geneigt, angesichts dieser ernüchternden Aufzählung, Guillaume Devin recht zu geben,[3] wenn er schlußfolgert: «Malgré un soutien largement majoritaire au traité de Maastricht, parler des socialistes communautaires comme ‹d'une famille politique› homogène est donc excessif.» Und er fügt hinzu, daß Europa von jeder der sozialdemokratischen Parteien für ihre nationalen Ziele stark instrumentalisiert wird. Was dann wohl auch als Konsequenz haben kann, daß Erwartungen geweckt und nicht erfüllt werden können, wie rezente Beitrittsreferenden gezeigt haben. Die Gefahr solches Vorgehens für die europäische Integration ist nicht von der Hand zu weisen.

Wie kann man diese in sich zerrissene europäische Sozialdemokratie „weiterdenken“? Kann man einen Strich unter die lange Geschichte des Zögerns und des Hinhaltens ziehen? Nun wissen wir, daß eine Bewegung – ob Partei oder Gewerkschaft – nicht durch einen langen Denkprozeß entsteht, sondern sozusagen von selbst, aus einer geschichtlichen Notwendigkeit heraus. Es gibt heute mehr denn je eine Reihe von Notwendigkeiten, von „urgences“ (Dringlichkeiten), die eine europäische Sozialdemokratie begründen können.

Wir müssen heute auf die Arbeitslosigkeit nicht nur in einzelnen Ländern, sondern in ganz Europa reagieren. Wir tun dies vorerst recht zögerlich und zerstritten, jeder für sich. Wir müssen auf die Globalisierung reagieren, und dabei ein europäisches Sozialmodell zusammen erhalten bzw. erneuern. Wir müssen die Umweltpolitik gemeinsam angehen, weil jedes Land allein nichts bewirken oder nur Flickwerk hervorbringen kann. Forschungspolitik kann nur mit europäischen Maßstäben Aussicht auf Erfolg haben. Und wir müssen zusammen Europa nach Osten erweitern, weil dort Länder nach Stabilität und Zusammenarbeit verlangen und weil es das Interesse Europas ist, daß diese Stabilität erhalten bleibt. Die Abhängigkeit der Länder Europas von- und untereinander ist derart gewachsen, daß nationale Alleingänge auch für die großen Länder nicht mehr denkbar sind.

3 Op. cit. S. 280

Man wird ja nicht annehmen, die dringlichen Probleme würden sich von allein lösen. Sicherlich ist es auch nicht so, als ob andere politische Familien Lösungen parat hätten. Aber die Dringlichkeit dieser Probleme ebenso wie unser Anspruch, die Hauptkraft in der europäischen Politik zu sein, verlangen gestaltende Kraft von uns.

Ermutigend in der Entwicklung der letzten vier, fünf Jahre ist die Tatsache, daß wir vielleicht noch keine europäische Sozialdemokratie haben, aber immerhin bereits eine Partei. Daß wir eine europäische sozialdemokratische Partei brauchen, scheint heute von niemand in Frage gestellt zu werden. Die SPE besteht, sie hat Statuten, einen Vorstand, Kongresse, Funktionäre. Ebenso unumstritten ist die Tatsache, daß jede nationale Partei, die Mitglied der Sozialistischen Internationale ist, Mitglied dieser SPE ist.
Diese ist also die wirklich repräsentative Kraft der europäischen Sozialisten und Sozialdemokraten. Der letzte Kongreß von Malmö hat dies nach außen hin klar gezeigt. Daß die Existenz der SPE nicht in Frage gestellt wird, ist an sich so evident nicht, wenn man die Geschichte betrachtet, und ist also gebührend hervorzustreichen.
Daß ihre weitere Entwicklung noch unklar ist – soll sie stärker werden oder schwach bleiben? was soll sie eigentlich tun, diese Partei? – ist nichts Neues, aber ebenso erwähnenswert. Also: eine Partei, die es gibt, von der man jedoch nicht weiß, wie es weitergehen soll.
Die einzelnen nationalen Mitgliedsparteien zögern, dem europäischen Dachverband mehr Befugnisse geben. Jede Partei will, obschon die Statuten Mehrheitsentscheidungen vorsehen, ihr Vetorecht behalten. Und ob dieser Dachverband einmal mehr als nur eine Partei von Parteien sein wird und muß, ob einzelne Mitglieder aufgenommen werden können, ob regionale oder lokale Strukturen entstehen, führt auch zu vielen Diskussionen ohne Ende.
Mißtrauen ist auch manchmal angesagt, weil die Ziele nicht klar abgesteckt sind. Und die Ziele sind nicht klar, weil man nicht weiß, wohin es mit der europäischen Integration gehen soll. Zwar gibt es im EU-Vertrag einen Artikel 138 A, der europäische Parteien erwähnt und ihre Rolle in der europäischen Bewußtseinsbildung der Bürger würdigt. Aber viel darüber hinaus sind wir konzeptionell nicht gekommen. Also müssen wir schon mit der Ungewißheit leben und daraus eine Tugend machen. Sie kann eine Spannung hervorbringen, die den Denkprozeß überhaupt ermöglicht.

Ein Beispiel: Wir sind jetzt, im Juni 1997, mit dem, was man oberflächlich als „wirtschaftlichen Liberalismus" Tony Blairs und sozialdemokratischen „Interventionismus" Lionel Jospins nennt, konfrontiert und wissen nicht recht, wie wir damit umgehen sollen. Es wird nicht so einfach sein, sich in der Mitte auf einem Kompromiß zu einigen. Zu groß sind die Unterschiede. Und da es eine Illusion ist, zu glauben, zwischen so vielen eigenständigen Parteien könnte es zugehen, wie zwischen den Bezirksorganisationen einer Landespartei, müssen wir sowohl den wirtschaftlichen „Liberalismus" des einen wie den „Interventionismus" des anderen in der europäischen Sozialdemokratie integrieren.

Wir müssen die Ungewißheit zwischen unseren Parteien und die daraus resultierende Spannung akzeptieren, anstatt sie schweigend zu übergehen. Unverbindlichkeit nennt man das, wenn Parteien nebeneinander sitzen und so tun, als ob sie zusammenarbeiten würden, während sie doch ganz andere Meinungen haben und also die gemeinsamen Resolutionen und Gemeinsamkeitsbeteuerungen so ernst nicht nehmen. Ich glaube wirklich, daß es der SPE an interner Streitkultur fehlt, die offen ausgetragen werden soll. Jetzt findet sie manchmal in den Sitzungen der Parteioberen statt, und an die Öffentlichkeit dringen Allgemeinheiten. Aber eine permanente, strukturierte, geistige und politische Auseinandersetzung gibt es nur sporadisch. Ich glaube auch, daß es notwendig ist, unter Sozialisten und Sozialdemokraten Unstimmigkeiten auszudiskutieren anstatt sie stillschweigend anzunehmen. Um dies zu bewerkstelligen, benötigen wir Strukturen, in denen solch relevante Diskussionen verbindlich geführt werden, also politische Strukturen, die zu Beschlüssen fähig sind, und nicht nur Communiqués hervorbringen. Dies heißt auch, daß an diesen Diskussionen jene Leute teilnehmen müssen, die in ihren jeweiligen Ländern politische Entscheidungsträger sind. Zwischen nationaler und europäischer Logik muß somit eine Wechselwirkung entstehen.

Welche Politik wollen etwa die europäischen Sozialdemokraten in der EU für die Bekämpfung der Arbeitslosigkeit? Eine rein nationale, mit etwas Koordinierung der Wirtschaftspolitiken, wie Art. 103 des EU-Vertrages sie vorsieht, oder etwas mehr, wie im Weißbuch Jacques Delors' dargelegt und im Beschäftigungspakt Jacques Santers konkretisiert? Wollen wir Beschäftigungsprogramme, europäische Anleihen zum Finanzieren von Großprojekten, territoriale Beschäftigungspakte, Ausrichtung der regionalen Förderungsprogramme nach beschäftigungsintensiven Gesichtspunkten? Wie kann man die europäische Umweltpolitik, wie kann man Berufsausbildung

oder Sozialprogramme, wie kann man die transeuropäischen Netze auf europäischer Ebene mit beschäftigungspolitischen Inhalten versehen?
Alle diese Fragen wenden sich direkt an die europäische Sozialdemokratie. Es gibt aber kein Forum, keine Entscheidungsstruktur, wo sie verbindlich beantwortet werden. Wohl gibt es einen Kongreß, wo die Unterschiede klar werden, aber danach kehrt jeder nach Hause zurück und überläßt es dem Zufall, wie aus dieser Konfrontation eine gemeinsame Strategie entstehen kann.
Denn ein europäischer Gipfel über Beschäftigung, vor dem sich die sozialistischen und sozialdemokratischen Premierminister zu einem Abendessen treffen, wird mit Sicherheit keinen neuen Weg zwischen Liberalismus und sozialdemokratischem Eingriff finden. Weil einige dies einsehen, entsteht auch mal eine SPE-Arbeitsgruppe, die aber mehr akademischer Plauderzirkel ist als Auseinandersetzung zwischen Sozialdemokraten mit der Dringlichkeit, zu einer gemeinsamen politischen Haltung zu gelangen.
Wenn europäische Sozialdemokratie etwas sein kann, dann ist es dies: Keine Megapartei, zentralisiert und bürokratisch organisiert, sondern ein Ort, wo solche Diskussionen geführt werden können, auch mit Leuten von außerhalb der Partei; wo gemeinsame Beschlüsse verbindlich für jeden ausgearbeitet werden, die dann in die europäische Politik unserer Parteien einfließen.
Nun gibt es interessante Ansätze hierfür. In der SPE-Fraktion des EP wie in der SPE selbst, in deren Arbeitsgruppen gute Denkarbeit geleistet wird. Ebenso in den Koordinierungssitzungen sozialistischer und sozialdemokratischer Minister, die mit den Vertretern der SPE-Fraktion stattfinden. Aber es sieht oft danach aus, als ob diese Denkarbeit an den Partei- und Regierungsoberen vorbeigehen würde, wenn es wieder einmal ums „Eingemachte" geht.
Mich erstaunt immer wieder, wie kaltschnäuzig auch Sozialdemokraten dann herausposaunen, sie seien gewählt worden, um nationale Interessen vorrangig gegenüber den europäischen zu verteidigen. Daß nationale Interessen mit europäischen zusammenfallen können, wird dabei nicht beachtet, oder daß es zwischen den einen und den anderen eine Wechselwirkung gibt, wird bei solchen Sprüchen, die meist an die Adresse der nationalen öffentlichen Meinung gerichtet sind, nicht bedacht. An sich kann man eine solche Haltung sogar verstehen, wenn wenigstens vorher eine gemeinsame Diskussion bzw. eine gemeinsame Suche nach möglichen europäischen Lösungen stattgefunden hätte.

Was europäische Sozialdemokraten von anderen unterscheiden müßte, das ist die gemeinsame Suche nach neuen, verbindlichen Lösungen, die mehr sind, als nur rein national. Daß nationale Interessen darin einfließen müssen, ist selbstverständlich. Aber wenn die europäische Linke ebenso national denkt wie irgendwelche Nationalisten , dann muß man sich doch Fragen stellen.

Mir hat daher sehr gefallen, was Felipe González am 22. Juni 1997, bei seinem Abgang als Vorsitzender der PSOE in „Le Monde" erklärt hat: «La gauche ne doit pas tomber dans le conservatisme», und dabei ganz besonderen Wert auf die Erneuerung der Ideen auf europäischer wie auf Weltebene gelegt hat.
Im Augenblick gibt es in der Tat zwar eine Erneuerung auf nationaler Ebene, aber nicht auf europäischer. „New Labour" ist eine Erneuerung der britischen Sozialdemokratie gegenüber der alten Labour-Partei. Aber die europäische Integration wurde darin nur wenig erkennbar. Auf europäischer Ebene bleibt die Erneuerung das zufällige Resultat einer Summe nationaler Kompromisse.
Konservatismus entsteht heute, wenn nationale Politik gegenüber der europäischen Integration bevorzugt wird, Konservatismus ist der Glaube, es könne jedes Land auf die Globalisierung und die Öffnung mit eigenen Mitteln antworten. Besonders größere Länder haben sich noch immer nicht von der Illusion befreit, sie seien groß und stark genug, allein auf die Herausforderungen der globalen Welt zu antworten. Kleinere Länder sind in dieser Hinsicht bescheidener und daher offener. Sie wissen, daß nur die europäische Integration der Ausweg ist, mit den neuen technologischen und wissenschaftlichen Herausforderungen, mit den außen- und handelspolitischen Dimensionen der neuen Welt umzugehen.
Vielleicht ist der heutige Zeitpunkt, wo so viele Sozialisten und Sozialdemokraten in der Regierungsverantwortung sind, nicht der ideale für die geistige und politische Erneuerung der europäischen Sozialdemokratie als Entscheidungsnetzwerk. Aber eigentlich muß es doch gerade deshalb, weil man in der Regierungsverantwortung die Dringlichkeit der Probleme hautnaher erlebt als in der Opposition, ein günstiger Zeitpunkt sein, die europäische Sozialdemokratie weiterzubringen.
Denn es kann ein wesentliches Mittel für die nationale Politik sein, mehr auf die europäische Integration zu setzen denn auf die eigene Kraft, es

kann den Denkprozeß in der öffentlichen Meinung dafür fördern, wie notwendig die europäische Dimension bei der Bewältigung der Probleme sein kann.
Nun ist es paradox, daß gerade jetzt, wo die europäische Integration das einzig gangbare Modell für Stabilität und Fortschritt in Europa bleibt, dieses Modell von innen her immer mehr in Frage gestellt wird, und zwar durch nationalistische Thesen einerseits, aber viel mehr noch durch Denkfaulheit und nationalen Egoismus andererseits. Die EU ist zu einer Gewohnheit geworden, die eigentlich niemand in Frage stellt, die aber gerade deshalb die Gefahr ihres Zerfalls und ihrer Zerstörung enthält.
Dagegen muß die europäische Sozialdemokratie, kraft ihres Internationalismus, also ihrer Mission, nationale Souveränität durch den Respekt der andern zu begrenzen, ankämpfen, wie die Frankfurter Charta als erster Nachkriegstext der Sozialistischen Internationale es verlangt hat. Daher muß die europäische Sozialdemokratie, als politisch hauptbestimmende Kraft, zur tragenden Säule der europäischen Integration werden.

Dies geht nicht ohne konkrete Schritte und Mittel. Hier stellt sich dann die Frage der Entwicklung der europäischen Partei und einer gemeinsamen Ideologie. Auch hier weiß man aus Erfahrung, daß so manche mißtrauisch gegenüber einer solchen Partei sind, weil diese zu „Souveränitätsverlusten" für die eigene Partei führen könnte.
Es ist daher unabdingbar, das Verhältnis zwischen europäischer und nationaler Partei klarzustellen, die Aufgabenverteilung und die Mittel der politischen Aktion zu umreißen. Es gibt heute eine Reihe von Inkongruenzen. Wir wählen Abgeordnete in das EP, deren Aufgabe es ist, das europäische Volk zu vertreten, und nicht so sehr das eigene, nationale Wahlvolk. Diese Abgeordnete sollen den europäischen Integrationsprozeß weiterbringen; gegenüber dem anderen Mitgesetzgeber, dem Ministerrat, der eher national ausgerichtet ist, vertritt das Parlament europäische Interessen. Diese Abgeordnete benötigen eine „Referenz" für ihre Arbeit, sollen sie nicht im luftleeren Raum Politik betreiben: es ist nicht ihre eigene Partei, die sich nicht immer intensiv mit ihrer Arbeit identifiziert; es kann auch nicht die Fraktion im EP sein, der sie angehören; es muß also die europäische Partei sein. Aber die EP-Abgeordneten „verdanken" ihre Wahl der nationalen Partei, und das wird auch weiterhin so bleiben. Europäische Wahlen wird es so bald nicht geben, außer vielleicht in ganz spezifischen Situationen, etwa in Grenzgebieten. Aber allgemein werden

die nationalen Parteien die elektorale Befugnis nicht hergeben wollen. Es bleibt dann für die europäische Partei die eigentliche politische Arbeit vor und während der Legislatur. Hierzu gehört vieles.
Eine wichtige Aufgabe für die Partei ist etwa die Koordination zwischen den verschiedenen Teilen der Bewegung. Hier ist in den letzten Jahren bereits viel geschehen. Minister, EP-Abgeordnete, Oppositionspolitiker treffen sich etwa vor wichtigen Ministerräten und besprechen die politischen Fragen. Diese transversalen Zusammenkünfte werden heute nicht mehr in Frage gestellt. Die Unverbindlichkeit solcher Besprechungen – im Ministerrat bleibt jeder frei, seine eigenen Optionen zu verfolgen – sollte auch nicht über die Wichtigkeit des Kennenlernens und des Austausches hinwegtäuschen. Auf mittlere Sicht, wenn solche Besprechungen systematisch durchgeführt werden, entsteht hier eine Annäherung der Standpunkte, die für den inneren Zusammenhalt der Sozialdemokratie wertvoll ist.
Es bleibt jedoch, daß die Perspektive, mit der dies geschieht, trotzdem ziemlich beschränkt ist. Die Minister erhalten ihre Anweisungen von ihrer Regierung; ihr Spielraum ist sehr eng, und eigentlich können solche Zusammenkünfte nicht direkt, sondern nur indirekt und mittelfristig Einfluß auf nationale Haltungen haben.
Eine europäische Partei muß des weiteren als vorrangiges Ziel die Auseinandersetzung mit der europäischen Integration haben.
Wenn man die vorher erwähnte Geschichte der Sozialdemokratie im europäischen Integrationsprozeß betrachtet, dann merkt man, wie wenig sozialdemokratische Inhalte und wie sehr nationale Positionen die Haltung der Parteien beeinflußt haben.
Hier muß die Diskussion einsetzen. Wenn Tony Blair angibt, nationale Interessen seines Landes im europäischen Integrationsprozeß verteidigen zu wollen, so ist dies legitim. Ebenso legitim der Wille Lionel Jospins, neben der Einhaltung der Konvergenzkriterien die nationale Beschäftigungslage zu berücksichtigen. Großbritannien wiederum hat starke Bindungen zu den USA, die es durch seine Anbindung an Europa nicht in Frage stellen möchte. Daß nationale und europäische Interessen sich immer mehr kreuzen, auch miteinander in Konflikt geraten, ist an sich normal. Aber ausdiskutiert werden muß es schon irgendwo, und wenn möglich offen und strukturiert.
Zu kurz kommt daher unter europäischen Sozialdemokraten die eigentlich politische Diskussion, die Analyse ebenso wie das prospektive Forschen.

Ich habe im Laufe meiner eigenen zwölfjährigen Tätigkeit als Parteivorsitzender nur eine einzige Klausur der Parteioberen miterlebt, während der nicht nur Tagespolitik diskutiert, sondern auch unsere Praxis und Theorie, das Wesen der europäischen Sozialdemokratie erörtert wurde. Ansonsten flackerten grundlegende Diskussionen nur kurz im Zusammenhang mit der Aktualität auf.
Was tun, angesichts dieser Situation?

In dieser Situation kommen dem politisch Impuls von oben ebenso wie dem Kontakt mit der „société civile" und der Parteibasis hervorragende Bedeutung zu. Wir benötigen eine starke politische Initiative von oben, die die Auseinandersetzung sucht und die Parteien andauernd vor neue Herausforderungen stellt. Sicherlich müssen die Parteien zuerst hiervon überzeugt werden, was nicht einfach sein wird.
So wäre es von Nutzen, würde die europäische Partei von einer zu jeder Zeit bereitstehenden Parteispitze geführt, die im Auftrag des Vorstandes und des Kongresses die tägliche Politik gestalten würde.
Das war bisher so nicht ohne weiteres möglich. Rudolf Scharping wollte 1995 in Barcelona eine kleine Anzahl von Vizepräsidenten durchsetzen, mit denen eine Art Exekutive hätte eingerichtet werden können, die schnell auf aktuelle Ereignisse im Namen der europäischen Partei hätte reagieren können und somit deren Anspruch auf Politikgestaltung unterstrichen hätte. Dieses Vorhaben stieß bei den großen wie den kleineren Parteien auf Unverständnis: Niemand wollte „seinen" Vizepräsidenten aufgeben.
Auf der anderen Seite darf die europäische sozialdemokratische Partei den Kontakt zu den lebendigen, innovativen Teilen der Gesellschaft nicht verlieren. Anstatt im Brüsseler oder Straßburger Ghetto zu verbleiben, muß sowohl die Fraktion wie die SPE selbst beständig mit Vertretern der realen Gesellschaft in Kontakt sein und ein offenes Ohr für deren Belange haben.

Schließlich stellt sich die Frage der Parteibasis. Während in allen sozialdemokratischen Parteien Strukturen bestehen, die die Beteiligung am Meinungsbildungsprozeß gewährleisten und zugleich eine Kontrollfunktion haben, gibt es solches auf europäischer Ebene nicht. Es gibt weder Basis noch Parteistrukturen, es gibt keine Mitentscheidung und eigentlich auch keine echten Wahlen für die Besetzung der Parteimandate. Es würde der Demokratie gut tun, wenn es in der SPE einzelne Mitglieder und sogar Zwischenstrukturen für sie geben würde, in denen europäische Politik besprochen werden könnte. Dies könnte zugleich ein Mittel sein, mit der „société civile“ permanente Kontakte aufzubauen und somit auch von dieser Seite Erneuerung in die Partei hineinzubringen.

Wie Felipe Gonzalez in dem bereits erwähnten Interview in „Le Monde“ (22. Juni 1997) bemerkte, mit der zunehmenden Regierungsverantwortung der Sozialisten und Sozialdemokraten in Europa müssen diese mehr und mehr zu konkreten Lösungsvorschlägen gelangen anstatt nur als oppositionelle Kraft zu agieren. Es wird dann auch nicht mehr genügen, gute Dokumente über Umwelt, öffentliche Dienste, Entwicklungspolitik, Vertragsentwürfe usw. zu verfassen.
Nein, es müssen gemeinsame Positionen zur Politikgestaltung vorgelegt und eingehalten werden. Und wie bei der EU geht es auch hier nicht ohne Souveränitätsverluste, geht es nicht ohne Zusammenarbeit auf supranationaler Ebene. Wenn jeder Sozialist oder Sozialdemokrat dies einsieht, kann die Sozialdemokratie eine europäische Kraft werden.

Felipe GONZÁLEZ MÁRQUEZ

FÜR DEN GLOBALEN FORTSCHRITT

Häufig stellen wir Sozialisten uns die Frage nach unserer Zukunft und der Zukunft unserer Vorstellungen. Es sind dies Momente, in denen die Reflexion in einen Impuls zur Erneuerung mündet, und in denen wir, die wir uns seit Jahren um die Weiterentwicklung unserer Gesellschaften bemühen, die Verantwortung haben, unsere Erfahrungen mitzuteilen und in den Dienst der Allgemeinheit zu stellen.

Ein Rahmen dafür ist zweifellos die Sozialistische Internationale, die ein gemeinsames Forum für uns alle und ein Instrument ist, das uns zur Pflege der Kontakte untereinander und zur größtmöglichen Entfaltung unseres politischen Potentials dient.

Wir sind heute die weltweit größte und am besten strukturierte politische Familie, doch wir geben uns nicht damit zufrieden, größer zu sein als andere, sondern haben uns vorgenommen, uns weiterzuentwickeln und eine neue Sozialistische Internationale für das nächste Jahrhundert zu gestalten.

In diesem Zusammenhang wurde ich am New Yorker Kongreß der SI im September 1996 mit dem Vorsitz einer Kommission betraut, die dieses Erneuerungs- und Reformwerk in Angriff nehmen soll. In Zusammenarbeit mit den Genossinnen und Genossen, die der Kommission angehören, begann ich in den ersten Monaten 1997, diese Aufgabe umzusetzen.

Im folgenden möchte ich einen Überblick über unsere Vorhaben geben und die Themen skizzieren, die wir auf möglichst breiter Basis zur Diskussion stellen wollen, um gemeinsam eine *Strategie des globalen Fortschritts* zu erarbeiten, die eine strukturierte und systematische Antwort auf die Globalisierungsphänomene unserer Zeit geben soll.

An erster Stelle soll eine Analyse der Situation der Internationale selbst stehen, die eine rasch wachsende Organisation ist. Bei ihrer Neugründung in Frankfurt 1951 hatte sie zwölf Mitglieder – heute gehören ihr 140 Organisationen an; und während es keiner Erwähnung bedarf, daß die ursprünglichen zwölf Mitgliedsorganisationen allesamt politische Gruppierungen aus Europa waren, ist die SI heute weltweit präsent.
Die Sozialistischen Internationale hat seit damals eine hochinteressante Entwicklung genommen; vieles davon ist allerdings selbst unter den Mitgliedern der SI wenig bekannt.
Es zählen dazu so interessante Ereignisse wie der Anfang der siebziger Jahre – also vor 25 Jahren – von Bruno Kreisky erstellte Bericht über den Nahostkonflikt und die Perspektiven für den Friedensprozeß. Liest man heute diesen ersten Bericht von Bruno Kreisky wieder, den er 1972 in Helsinki vorlegte, so mag es überraschen, daß in seiner Analyse bereits fast alle Grundelemente des heutigen Nahost-Friedensplans enthalten sind. Etwas später, im Jahr 1976, skizzierte Shimon Peres in einem persönlichen Bericht, an den ich mich gut erinnere, in fast detailgenauer Exaktheit die Entwicklung hin zu einem Friedensprozeß, wie sie seither abgelaufen ist.
Die SI hat eine interessante Geschichte durchlaufen, die natürlich mit jener Europas verbunden ist und sich in dem Augenblick mit der Weltgeschichte verknüpft, in dem die europäische Geschichte nicht mehr ausreicht, um zu erklären, was weltweit geschieht.
Der Internationalismus hat mehrere Phasen durchlaufen, die sehr eng mit der Erfahrung des Kalten Kriegs zusammenhängen – einer Erfahrung, die auch im Gründungsdokument der SI aus dem Jahr 1951 erkennbar ist – und mit einer Entwicklung, die in den fünfziger und sechziger Jahren mit dem ganzen Drama der Politik der Blöcke einhergeht.
Danach kommt es zu einer geographischen Expansion der SI: Ab den sechziger Jahren richtet sich das Interesse auf Lateinamerika und die Demokratisierung in Südeuropa, und in den siebziger Jahren werden Südeuropa und auch Lateinamerika integriert. In der Folge verstärkt sich die Präsenz in anderen Kontinenten wie Afrika vor dem Hintergrund von Entkolonialisierung und Kaltem Krieg, in jener Grauzone der Aufteilung von Einflußsphären zwischen den zwei Blöcken, mit den bekannten Resultaten.

Und nach dem Fall der Berliner Mauer erleben wir die Entstehung einer neuen politischen, aber auch wirtschaftlichen und sozialen Realität.
Die Ölkrise und der darauffolgende Prozeß der Globalisierung der Wirtschaft, die technologische Revolution, die Ausweitung des internationalen Kapitalverkehrs und die zunehmende Standortunabhängigkeit der Investitionen sowie die tiefgreifenden politischen Umwälzungen, die durch den Zusammenbruch des Kommunismus ausgelöst wurden, lassen ein radikal anderes Szenario entstehen.
Einige Meilensteine in der Entwicklung unserer Organisation spiegeln dies wider. Ich erinnere mich an einige wichtige Stationen: 1976 übernimmt Willy Brandt den Vorsitz der Sozialistischen Internationale. Er war zu diesem Zeitpunkt bereits eine Persönlichkeit von Weltgeltung, da er den Anstoß für neue Beziehungen zwischen Ost und West, aber auch zwischen Nord und Süd gegeben hatte und zu jenen gehörte, die mit Nachdruck eine Politik der Demokratisierung, des Friedens, der Universalität der Sozialistischen Internationale selbst forderten.
Anfang der achtziger Jahre stießen auch wesentlich mehr Mitglieder zu uns. Am Kongreß von Stockholm unterzogen wir unsere Grundsätze einer Revision; in diesem Dokument, das im Juni 1989 entstand, versuchten wir, die Ereignisse vorherzusehen, die sich danach überstürzen sollten: der Fall der Berliner Mauer und – wenige Monate danach – der Untergang der totalitären Regime in Osteuropa. Aus diesem Dokument läßt sich gut ersehen, in welche Richtung unsere Arbeit gehen sollte. Wir standen einerseits vor einer Wachstumskrise – im besten Sinn des Wortes – und waren gleichzeitig mit neuen gedanklichen Fragestellungen konfrontiert.
All diese Entwicklungen liefen sehr rasch ab, so daß wir nun, beim letzten Kongreß in New York, eine gewisse Unruhe und ein gewisses Verlangen zum Ausdruck gebracht haben.
Uns gehören heute 140 Organisationen aus aller Welt an – die Sozialistische Internationale ist zu einer wirklich globalen Organisation geworden. Zum ersten Mal läßt sich klar feststellen, daß sie nicht als eurozentristisch zu bezeichnen ist, was diese Kommission wahrscheinlich besser zum Ausdruck bringt, als es jegliche Erklärung könnte. Von Neuseeland über Tokio oder Pakistan und natürlich bis Europa, Lateinamerika, Afrika oder Nordamerika repräsentieren wir heute regionenweise die ganze Welt. Auch ein akzeptables Gleichgewicht in der Beteiligung von weiblichen und männlichen Repräsentanten an der Arbeit der SI ist uns ein Anliegen.

Wir verfügen über einen großen Freiraum, doch es gibt auch Beschränkungen.

Wir haben die Freiheit, das uns zur Verfügung stehende Instrumentarium zu analysieren und zu verändern. Es handelt sich bei der SI um eine Organisation, die aufgrund ihres globalen Charakters äußerst komplex ist, befinden sich doch die Teilnehmer oder Mitglieder in ganz unterschiedlichen Situationen – so verschieden, daß mancherorts die Reform des Sozialstaates eine Frage von ungeheurem Gewicht ist, während man in anderen Ländern froh wäre, solche Sorgen zu haben, weil es hier ganz im Gegenteil darum geht, Fortschritte – und seien sie noch so klein – in Richtung einer Gesellschaft zu erringen, die größere soziale Kohäsion, ein wenig mehr Wohlstand oder ein Minimum an Wachstum und Verteilung des Reichtums bietet.
Wir haben es mit Situationen zu tun, die in jeder Hinsicht – was Kultur, Politik und Entwicklungsstand betrifft – völlig verschieden sind. Als komplexe Organisation mit weltweiter Präsenz müssen wir angesichts der Herausforderungen des 21. Jahrhunderts durchstarten, unseren Instrumenten neuen Schwung geben, ihre Wirksamkeit verbessern und gemeinsame Zielsetzungen entwickeln.

Das führt uns – nach der Analyse des Ist-Zustandes der SI – zur Feststellung, daß gemeinsame Zielsetzungen mehr sind als eine gemeinsame Grundsatzerklärung.
Wir wollen nicht eine Organisation wie die Vereinten Nationen sein. Es gibt bereits eine Menschenrechtserklärung und verschiedene Grundsätze, nach denen die Vereinten Nationen arbeiten. Diese Grundsätze werden trotz formaler Differenzen anerkannt. Selbst jene Mitglieder, die nicht an die Demokratie glauben, anerkennen die Grundsatzerklärung oder die Menschenrechtserklärung. Daher gibt es in den Vereinten Nationen ein Zusammenleben bei gleichzeitigem Bestehen von Distanzen, die erklärbar, wenn auch teilweise nicht akzeptabel, sind.
Eine solche Situation wollen wir in der Sozialistischen Internationale vermeiden. Unsere Aufgabe ist es, eine Diskussion in Gang zu setzen, und wir wollen diese Diskussion im Bereich der Ideen ambitioniert führen. Wir wünschen uns eine möglichst umfassende Teilnahme aller Organisationen, die zur Internationale gehören. Außerdem ist es unser Bestreben, auch Personen einzubinden, die nicht in den Mitgliedsorganisationen aktiv sind:

Wirtschaftsexperten, Historiker, Soziologen, Fachleute und Intellektuelle – all jene, die sich über die komplexen Fragen Gedanken machen, die sich aus den neuen Herausforderungen und der neuen Realität der Welt, in der wir leben, ergeben.

Um diese Diskussion in Gang zu bringen, habe ich der Kommission einige Punkte vorgeschlagen, die als Denkanstöße für eine Debatte dienen sollen, die gleichzeitig in Mali (ein Mitglied der Kommission ist Ibrahim Boubacar Keita, Premierminister des Landes, das in Afrika trotz äußerst niedrigem Einkommensniveau einen bewundernswerten Weg der demokratischen Teilhabe und Wirtschaftsreform geht) und in Norwegen (auch die langjährige Ministerpräsidentin Gro Harlem Brundtland gehört der Kommission an) geführt werden kann.

Uns gehören Vertreter von Ländern an, von denen manche ein 20- bis 30mal höheres pro-Kopf-BIP haben als andere.

Daher wollen wir, ohne dieser Komplexität auszuweichen, Diskussionselemente einbringen, die für alle gleichermaßen sinnvoll sind. Einige davon möchte ich hier, ohne allzusehr ins Detail zu gehen, vorstellen. Es gibt sieben Punkte, die meiner Meinung nach als Anstoß für die Diskussion dienen können:

- Die Globalisierung und ihre Auswirkungen.
- Die technologische Revolution und ihre Auswirkungen.

In beiden Bereichen geht es in erster Linie um die Problemstellung: Was wird aus der Beschäftigung? Und welche Konsequenzen erwachsen daraus für die Wettbewerbsfähigkeit und die Erhaltbarkeit sozialstaatlicher Politik?

- Der dritte Punkt beschäftigt sich mit der Frage, wie eine vernünftige makroökonomische Politik konzipiert sein soll.
- Der vierte Punkt hat die Reform des Staates zum Inhalt. Was für eine Rolle soll er spielen, und welche Art von Staat wollen wir? Es gibt die historischen Bezugsmodelle: Wir wollen weder einen totalitären Staat, noch einen überzogenen, wenig effizienten staatlichen Apparat, aber auch nicht ein Staatswesen, das so fragil ist, daß es Gefahr läuft, dem massiven Druck, den wirtschaftlich und medial bedeutende Gruppen ausüben können, zu unterliegen und dadurch nutzlos zu werden. Wir wollen einen Staat, der den Bürgern dient und seine Rolle entfaltet, und zwar im Bewußtsein einer Krise der Supranationalität – das heißt, im Wissen um die Notwendigkeit, über die Grenzen des eigenen Staates hinaus nach regionalen Räumen zu suchen –, aber auch im Bewußtsein

der „Intranationalität“, d. h. der Notwendigkeit der Dezentralisierung von Entscheidungsprozessen, der politischen und administrativen Dezentralisierung.

• Der fünfte Diskussionspunkt bezieht sich auf die konkreten sozialen Problemstellungen. Worin besteht die Rolle des Staates, der öffentlichen Einrichtungen, der Politik oder der Politiker in der neuen Situation, in der das Hervortreten und die fast uneingeschränkte Herrschaft des Marktes schwerwiegende Fragen aufwerfen?

Es sind schwerwiegende Fragen hinsichtlich der Rolle, die der Staat in jedem unserer Länder, in unseren Regionen und weltweit bei der Einbringung von physischem Kapital, von Infrastruktur- und Kommunikationseinrichtungen, Telekommunikation, Wasser usw. spielen soll. Sie betreffen auch den Beitrag und die Aufgaben des Staates in der Entwicklung des Humankapitals, im Bereich des Bildungs- und Gesundheitswesens, bei der Umverteilung des Reichtums, im Pensionswesen usw., ebenso wie die Rolle der Politik und der Politiker selbst.

Beim Nachdenken über all das dürfen wir eine Überlegung nicht außer acht lassen: Die öffentlichen Institutionen reagieren auf Bedürfnisse der Bürger. Betrachten wir diese Bedürfnisse als ein Recht der Bürger, zu dem alle einigermaßen gleichen Zugang haben? Oder gehen wir davon aus, daß die Bedürfnisse nur unter dem Gesichtspunkt des größtmöglichen Gewinns für die Unternehmen, die Einfluß auf die gesellschaftliche Realität unserer Länder haben, abzudecken sind? Wenn es sich um Bürgerrechte handelt, dann setzen sie der Gewinnoptimierung irgendwo Grenzen, und es bedarf in diesem unvermeidlichen Interessengegensatz zwischen Bürgerrechten (das Recht auf gleichen, nicht gleichmacherischen, Zugang zu Bildungschancen, Gesundheits- und anderen Leistungen) und der Notwendigkeit, einen permanenten staatlichen Interventionismus zu verhindern, der bestrebt ist, auf alles mit staatlichen Maßnahmen zu reagieren, irgendeiner Definition der Aufgaben, die von den öffentlichen Institutionen und von der Politik zu erfüllen sind.

• Der sechste Punkt hängt eng mit dem ersten und zweiten – Globalisierung und technologischer Revolution – zusammen. Es geht um jenes hochinteressante Phänomen unserer Zeit, das durch die Freiheit des Kapitalverkehrs bedingt ist, nämlich das Verhältnis zwischen Kapitaltransaktionen und dem Wert der ausgetauschten Güter und Dienstleistungen. Die Kapitalbewegungen stehen zu den Gütern und Dienstleistungen, die im weltweiten Wirtschaftsverkehr gehandelt werden, in einem

Verhältnis von 9 zu 1. Massive Auswirkungen hat der Verkehr von Kapital, das nicht mehr als Gegenleistung für den traditionellen Austausch von Waren und Dienstleistungen den Besitzer wechselt, sondern seinen eigenen Gewinn, seinen eigenen Standort für Investitionen sucht, wobei die Kapitalanlage mittel- oder langfristig, aber auch „heiß" sein kann; im letzteren Fall ist das Ziel einfach das Ausnützen von Marktfluktuationen oder Schwankungen der Wechselkurse verschiedener Währungen. Es bringt nichts, diese neue Realität zu ignorieren; vielmehr muß man darüber nachdenken, um herauszufinden, ob ein regulativer Rahmen dafür eingeführt werden kann. Wenn es möglich ist, einen Mechanismus zu verankern, der massive Konflikte auf den Finanzmärkten voraussehen kann, und wenn solche vorhersehbaren Konflikte unvermeidlich sind und ausbrechen, so sollte für geordnete und ausreichende Reaktionen darauf gesorgt sein, um die Auswirkungen in der internationalen Gemeinschaft zu begrenzen.

Das jüngste Beispiel – jedoch nicht der einzige Fall seiner Art – ist die unter dem Schlagwort „tequilazo" mittlerweile weltweit bekannte Krise von Mexiko, auf die rasch reagiert wurde und von der sich das Land glücklicherweise zu erholen scheint. Ich möchte daran erinnern, daß sich die Auswirkungen dieses berühmten Phänomens in Buenos Aires ebenso bemerkbar machten wie in Santiago de Chile. Doch niemand soll sich allzu sicher fühlen: Auch in Madrid waren die Effekte spürbar. In Spanien wurde eine Abwertung der Peseta erzwungen, die zwar nur zwei Wochen dauerte, in währungspolitischer Hinsicht aber massive Kosten verursachte (auch wenn die Peseta nach zwei Wochen wieder auf das Niveau zurückkehrte, auf dem sie sich vor der erzwungenen Abwertung befunden hatte). Was als Freiheit des Kapitalverkehrs bezeichnet wird, wirkt sich aus wie eine überschwappende Welle.

Der technologische Fortschritt ermöglicht es, die Kapitalflüsse in aller Welt rund um die Uhr in Bewegung zu halten und die Operationen in Realzeit abzuwickeln. Anders gesagt, es ist nicht einmal notwendig, Geld tatsächlich zu bewegen; es reicht, symbolische Geldmengen durch die Computer zu schicken. Das stellt eine Herausforderung für die internationale Gemeinschaft dar.

Ich gehöre nicht zu jenen, die meinen, man müßte hier gegenhalten und – jedes Land für sich, so gut es kann – Maßnahmen auf einzelstaatlicher Ebene ergreifen, die Grenzen dichtmachen oder die Kapitalbewegungen kontrollieren. Das halte ich für irreal und absurd, so als wollte man verhindern, daß ferngesehen wird, wenn es Satelliten gibt, die rund um die Welt Fernsehprogramme ausstrahlen. Es muß nach einer ganz anders gearteten Antwort gesucht werden.

- Ein siebenter Punkt, der uns in der neuen internationalen Realität beschäftigt, ist die Frage, wie neue Gleichgewichte geschaffen werden können – das heißt, der Aufbau einer Ordnung, die Schaffung einer neuen Weltordnung, die nicht ein Gleichgewicht des Schreckens ist – dem wir nicht nachtrauern –, sondern ein geordneter Zustand anstelle der ungeordneten Situation, in der wir uns heute befinden. Es stimmt, daß die Gefahr einer atomaren Konfrontation, welche die Grundlage für das Gleichgewicht des Schreckens bildete, heute nicht mehr besteht. Doch die Konfrontationen, die Explosionen, die regionalen Konflikte sind nicht nur nicht verschwunden, sie nehmen allerorten zu, und Waffen mit großem Zerstörungspotential verbreiten sich entsprechend der technologischen Entwicklung im Rüstungssektor. Entgegen manchen Voraussagen sind wir nicht in eine Phase des Multilateralismus eingetreten. Selbst Präsident Bush sprach nach dem Fall der Berliner Mauer davon, daß wir nun „die Friedensdividende zurückgewinnen" würden. Es hat den Anschein, daß sich die Ausschüttung der Dividende verzögert. Wohl ist eine neue Situation eingetreten, doch die Friedensdividende ist noch nicht recht sichtbar. Das ist der siebente Punkt in unseren Überlegungen. Welche Haltung nehmen wir gegenüber den internationalen Organisationen, gegenüber den Vereinten Nationen und deren Reformen ein? Welchen Sinn kann es haben, einen offenen Regionalismus zu fördern, wie wir es in Europa versuchen, wobei wir aber die Schwierigkeiten im Maghreb, im Mercosur oder in Lateinamerika zu überwinden haben? Welchen Sinn hat diese Bewegung? Wohin geht sie? Kann sie neue Gleichgewichte suchen und erzielen oder nicht?

Das sind die sieben Punkte, über die nachzudenken sein wird. Darüber hinaus gibt es weitere große Themen unserer Zeit, mit denen wir uns auseinandersetzen müssen, darunter im besonderen:
Die Integration der Frau in einer Welt, in der die Unterschiede enorm sind. Wir stehen vor Situationen, die so unglaublich und unerträglich sind wie die Tatsache, daß es Länder gibt, in denen 87 % aller Frauen – praktisch die gesamte weibliche Bevölkerung – vom Zugang zu Bildung ausgeschlossen ist. Es ist dieses ganze Spektrum immenser Unterschiede, mit dem wir uns auseinandersetzen müssen.

Themen wie die Umweltsituation, über die Gro Harlem Brundtland im Auftrag der Vereinten Nationen einen hochinteressanten Bericht erstellte, in dem meiner Meinung nach alles gesagt wurde, was zum damaligen Zeitpunkt gesagt werden mußte. Zweifellos wird es in Zukunft erforderlich sein, ihn zu aktualisieren und zu überarbeiten, denn die Umwelt ist weiterhin eines der großen Probleme unserer Zeit.

Ein weiteres Thema ist Armut an Fähigkeiten. Die größte Einschränkung für die Entwicklung ist mehr und mehr das, was die Vereinten Nationen Armut an Fähigkeiten nennen: das Defizit an Humankapital, an Bildung, an ausreichender Vorbereitung, um von der technologischen Revolution nicht abgehängt zu werden, sondern bei der Entwicklung vorne dabeizusein.

Es gibt auch andere große Fragen, und einige sehr interessante haben sich in den ersten Monaten der Diskussion innerhalb unserer Kommission erhoben. Zum Beispiel: Was geschieht mit der kulturellen Vielfalt in einer Welt, in der Kommunikations- und „Multimedia"-Großmächte auf internationaler Ebene eine einheitliche Version oder Vision der Kultur vorgeben können? Die kulturelle Vielfalt als Merkmal der Identität, als Reichtum dieses Planeten, kann zu einer der großen Problemstellungen unserer Zeit werden.

Ich habe bereits darauf hingewiesen, daß der von uns vereinbarte Diskussionsplan eine Einschränkung, aber auch einen Vorteil bedingt. Die Einschränkung besteht darin, daß die spezifischen Probleme einzelner Regionen nicht darin enthalten sind. Beispielsweise beschäftigen sich unsere Überlegungen nicht mit dem Drama der Auslandsschulden in Ländern, für die der Start zur Entwicklung davon abhängt, ob es ihnen gelingt, mit ihrer Verschuldung, die der Entwicklung Grenzen setzt, fertigzuwerden. Ein anderes Beispiel wäre die in Europa vorherrschende, schwere Sorge um die Erhaltbarkeit des Sozialstaates in einer Welt, in der die Wettbewerbsfähigkeit ein Faktor ist, der im Rahmen der Globalisierung nicht außer acht zu lassen ist.

Wir wollten diese Fragen nicht in den ersten Diskussionsvorschlag aufnehmen. Ich glaube, es ist absolut einsichtig, daß wir unseren Genossen in Mozambique keine Diskussion über die Reform des Sozialstaates vorschlagen können – sie wären wohl kaum bereit, diese Diskussion zu akzeptieren, denn diese Frage gehört nicht zu ihren Hauptsorgen; sehr wohl dazugehören kann jedoch die Einschränkung ihrer Entwicklungsmöglichkeiten, die durch die Last ihrer Auslandsschulden bedingt ist, und die Tatsache, daß sie nicht einmal die Zinsen, die darauf lasten, zahlen können. Daher werden diese Elemente prioritär durch den von uns vereinbarten Diskussionsmechanismus einfließen.

Es wird Diskussionen auf regionaler Ebene in Lateinamerika, Afrika, Nordamerika, in Asien und im Nahen Osten – um nur einige aufzuzählen – und in Europa geben. In jeder dieser regional geführten Diskussionen sollen Überlegungen zur Gesamtheit der Ideen angestellt werden. Hinzukommen sollen überdies die Probleme, die in der jeweiligen Region von besonderem Gewicht sind.
In Europa liegen die Fragen auf der Hand: die Zukunft des Sozialstaates und natürlich der Aufbau Europas selbst. In Afrika sind es die Probleme der Auslandsverschuldung und des Humankapitals; letzteres nicht nur im Hinblick auf die Frage der Bildung, sondern auch hinsichtlich der Gesundheit und des Produktionsminimums, das erforderlich ist, um Wohlstand und ausreichende Ernährung für alle Bürger zu ermöglichen.

Das ist der Arbeitsplan. Es wird Regionaltreffen und themenzentrierte Treffen geben. Bei einigen Gelegenheiten werden wir uns im speziellen mit der Reform und der Rolle des Staates beschäftigen; bei anderen, wie zum Beispiel in Santiago de Chile, könnten wir über die Fragestellung „Wirtschaftswachstum und soziale Gerechtigkeit" nachdenken. Es ist möglich, daß ausgeprägtes Wirtschaftswachstum mit großen Zuwachsraten stattfindet, während es gleichzeitig Probleme mit der Umverteilung des Reichtums gibt. Es muß diskutiert werden, wie sich Wachstum mit einem gewissen Grad an Gerechtigkeit verbinden läßt.
Bei den einzelnen Treffen wird es wahrscheinlich Vorschläge geben, zu sehr konkreten Themen überzugehen. Die Arbeitsmethode ist eine offene. Die Teilnahme an den Seminaren ist nicht auf die in der SI vertretenen Organisationen beschränkt.
Wir werden Experten, Intellektuelle, mit diesen Problemstellungen befaßte Personen einladen, sich an der Diskussion zu beteiligen und eine Art von „Ideen-Highway" zu schaffen, auf der ein reger Verkehr von Diskussionsbeiträgen herrschen soll. Diese Diskussion soll uns an die Schwelle des 21. Jahrhunderts tragen und eine Plattform hervorbringen, die mit neuen Ideen auf die neuen Herausforderungen reagiert.

Das ist die Aufgabe, die wir uns stellen. Unser Ziel ist hochgesteckt, doch man weiß ja, wie es in der Politik – wie auch überall sonst – geht: Will man 100 erreichen, dann ist die Vorstellung, sich mit 80 zufriedenzugeben, vernünftig; doch wenn man 20 erreichen will, ist es fast unmöglich, sich vorzustellen, man könnte 30 schaffen.

Beginnen wir also die Diskussion. Ich glaube, daß die Gelegenheit günstig ist. Ich meine sogar, daß der Neoliberalismus seinen Höhepunkt bereits überschritten hat, aber noch gibt es keine klar formulierte Alternative, die eine Verbindung zwischen den Erfordernissen des Marktes – den wir nicht ablehnen – und den Erfordernissen der Gesellschaft schafft. Das ist es, was die politische Arbeit rechtfertigt.

Übersetzung aus dem Spanischen von Vera Ribarich

Pauline GREEN

THE ROLE OF THE PARLIAMENTARY GROUP OF THE PARTY OF EUROPEAN SOCIALISTS – A FORCE FOR INTEGRATION?

In June 1997 the Party of European Socialists (PES) held its third Party Congress since its evolution from a confederation of parties to its establishment as a European Party. The Congress held in Malmö, Sweden was the most dramatic event of its kind ever held by a European political party.

The drama and attraction of the event for the media and the general public was heightened by the election of a Labour Government in the United Kingdom just a few weeks earlier. Even more tantalising was the election just days before the Congress opened of a Socialist Government in France following the unexpected election called by Jacques Chirac in a failed attempt to secure the future for his Gaullist party.

So, when the hundreds of delegates from right across the fifteen countries of the European Union gathered in Malmö, they were buoyed and excited by the presence of nine Prime Ministers from their political family. They also looked forward to the promise of hearing from Tony Blair who had transformed the British Labour Party and won a stunning victory. The Conservative Party, which had ruled Britain for 18 years, was reduced to a Party with fewer members of the House of Commons than Tony Blair had majority! And from Lionel Jospin, Prime Minister of France for just four days, who had incredibly flown to Malmö with the ink still drying on the announcement of his new Government!

For the media, the event assumed unprecedented importance given the clear majority the nine Socialist, Social Democrat and Labour Governments now had in the European Council. The prospect of all nine Prime Ministers being together in Malmö was something not to be missed by the European press. Coming as it did just days before the Amsterdam Summit which was to conclude the Intergovernmental Conference, the Socialist caucus could clearly determine the future of the European project.

In response the press attended in droves, coverage in the European, and indeed world press was extensive, and over 80,000 hits were recorded on the PES Congress web site during the three days of discussion, round table policy forums and speeches by the good and great of the Movement.

Present at the Congress were a great many of the Party's Euro-MPs. The 215 MEPs had held their own Group meeting in Malmö immediately prior to the Congress so that their attendance at the Congress of their Party could be facilitated. Since the last European election in June 1994, the political environment as they had known it had radically altered.

To begin with, 50 % of the European Commission, which took office on the 1st January 1995 was drawn from within national parties in full membership of the PES. So Socialist Commissioners were appointed from France, Germany, the UK, Sweden, Finland, Denmark, Spain, Greece and Belgium. With the other 50 % of the Commission politically mixed or neutral, this offered the real opportunity of a new dynamic in the policy development of the European Commission.

In June 1994 there were twelve Member States of the Union. Only four of those twelve, Greece, Spain, Denmark and the Netherlands had Socialist or Social Democrat Prime Ministers and France had a Socialist President cohabiting with a right wing government.

By June 1997 the European Union had grown to fifteen Member States bringing in a fifth Prime Minister from Austria. Election victories in Portugal, Sweden, Finland, the UK and France had transformed a traditional right wing dominance of the European Council to a clear Socialist majority despite the narrow defeat of the Socialists in Spain.

The Socialist Group in the European Parliament had grown used over the previous eight years to being the largest Group in the Parliament. But it was a political Group grown used to operating in institutions of the Union overwhelmingly dominated by opposing political forces. Never before had the Union had a putative 'left' majority in both Council and Commission at the same time as the 'left' had the largest Group in the European Parliament.

Individual MEPs were accustomed to battling for political or policy priorities in a largely hostile environment. They had become skilled at notching up small but significant successes through practised negotiation, sensible, intelligent advocacy and often a deliberately contrived non party political approach to their work.

Collectively the Socialist Group had developed a culture of opposition – in particular to the Council who was often seen as the real enemy in the wider scale of things. Now with a Socialist majority in the Council the Group needed to develop a new, supportive, if sometimes critical approach to the Council – its Council!

Inevitably in the decision-making structure of the European Union, there will be institutional conflict between the Council as a corporate body and the Parliament exercising its role as the voice of the people of the Union. This democratically elected Parliament has no executive function resulting from its electoral legitimacy; it is not even required to develop the discipline necessary to sustain an executive in office in the name of its majority.

For many of its MEPs, of whatever political persuasion, this inherent frustration is exacerbated by their knowledge of their own Parliaments and perhaps their own personal experience of parliamentary life at home. Some are unable or unwilling to accept that this unique, multi-national Parliament which is the European Parliament cannot, must not and should not simply 'ape' the rights and responsibilities of a national parliament. In an attempt to secure public recognition or democratic legitimacy some spend much of their time trying to recreate the domestic parliamentary environment and rail against the resultant disappointments and frustrations.

Others take up their seat in the European Parliament and then disappear to conduct politics back home never caring to deal in any serious way with the legislative, budgetary or monitoring functions for which the House has responsibility. They see their seat in the European Parliament as the legitimising of their representational function and hence the vehicle for their political credibility in the national political scene.

Thankfully an increasingly large number see their work in the European Parliament as fundamental to proper democracy at European level. They believe that the legitimacy of the European Union in the eyes of its citizens is bound up with proper democratic representation in the European

Parliament through which the citizen can make their voice heard. These MEPs work hard nationally to spread the word that Europe can be a force for good in the lives of its Member States and their people; they rigorously attend Committee and Plenary meetings; take part in the life of their political groups and commit themselves to the considerable rigours of the life of a peripatetic Member of the European Parliament.

It is these Members of the European Parliament who are exercising more and more real influence on the work of the European Union and who are now acknowledged to be a force to be reckoned with by the other institutions of the Union and perhaps most importantly by the fifteen governments.

But as the European Union has evolved into a political entity in its own right, so the clear need for the enhancement of the European party political process has been shown.

All political groups in the European Parliament suffer a sort of corporate schizophrenia! Their Members understand that whilst owing allegiance to their own national party and, of course, to the interests of their own people, they nevertheless represent the greater European whole. That dichotomy of interests is manageable. It can even be argued that it represents internal consistency. Far from being a conflict of interests it is rather the opposite. It is a legitimate attempt to use the strength of the larger European political family to secure the issues of crucial importance back home. That, of course, means that each MEP must also be prepared to support the demands of others on the same basis. Provided there is no cataclysmic clash of interests, then such a course is rational and sensible.

The problem arises for this Parliamentary Group in that it is just – a parliamentary group – and not a political party. In most democratic national Parliaments the Parliamentary Groups are subject to the policy commitments made to the people at election time, not by the Parliamentary Group, but by the Party.

This demands a political party which has a carefully articulated policy on every conceivable issue likely to raise its ugly head in the public domain from fiscal policy to flying saucers!

In the national arena this is practical and possible. But in the European forum political parties are not yet able to work in this way. The Party of European Socialists/Social Democrats is, without question, further down the road of developing joint policy frameworks than any of its opponents in the European context. But yet no-one would argue that the PES fulfills (or even attempts to so fulfill) the same role as its national counterparts. Indeed in similar vein to the argument above relating to parliamentary groups in the European context, the question needs to be asked – what is the appropriate role for a multi-national political party? That question has yet to receive the innovative thinking it deserves.

The unresolved question for the parliamentary group remains – how far can it determine policy without the explicit guidance or direction of its party? On a day to day basis that question is being answered. Custom and practice has demanded that the parliamentary group must determine policy in order that it may vote in the plenary sessions of the Parliament in Strasbourg and Brussels. Some may argue that this is not policy development, but rather ad hoc decision-making which can be incoherent and contradictory. They may be, and sometimes are right! But by its very exercise, this form of decision-making is slowly leading to the creation of a body of knowledge, of shared experience and yes, of policy.

Increasingly the parliamentary group is producing the thinking, research and working documents in areas of policy which are then leading and directing the discussion in the party itself. In many ways this is natural and right. European Parliamentarians at their best are able to bring to this process their unique experience of their national environments, their diverse public opinions and their own political party views. They also bring a thorough knowledge of the European process, a greater desire to understand the constraints and expectations on their European colleagues and most usually a clear belief in the European process. If national parties respect that blend and treat that combination of interest and talent with intelligence, then European Parliamentarians have a distinct and positive contribution to make to the integration of Europe.

With a careful balance between the national political parties and the umbrella established by the PES; with Euro-MPs in close contact and affiliation with their national parties yet working within the broad brush policy priorities of the PES; with a parliamentary group which tries to carefully articulate the consensus which can be derived from the corporate consideration of the fifteen strands of Socialist, Social Democrat and Labour thinking within it, there is potential for a Socialist European policy which has resonance with its people.

For some this approach is too slow, too cautious and too feeble! They argue that the answer to the present is 'more Europe now'. That represents only one part of the answer to one part of the question. To genuinely end up with 'more Europe', there must be a longer term perspective which is greater than the political lifespan of current European leaders. It is for the long term we must play. In this context the European parliamentary group remains for our political family a real, indeed a driving force for European integration.

António GUTERRES

FROM AUTONOMY TO SOLIDARITY: A NEW CONTRACT

"As men of action our slogan is:
criticism and reform of the institutions;
peace and tolerance to men"
Antero de Quental
(1872)

The future of democratic socialism in Europe is intimately linked to the understanding of the profound economic, social and cultural changes which have taken place over the last few years. The post-war paradigm, based on the task of rebuilding a destroyed continent after the tragedy of the thirties and forties, mass industrialisation and a logic of dividing the world into two areas in which the super-powers asserted their influence, is giving way to new concepts of politics and society in an age full of uncertainties and hopes, where social democracy and democratic socialism are called upon to tackle much broader tasks in order to solve the new problems arising in our society of knowledge and information. Though certain analysts do talk of the gradual disappearance of the social democratic *"model"* in favour of new economic and social challenges, it is true that it is the renewal of our programmes and projects which opens new paths for the future – with potentials and proposals that other paths do not present. Solutions of economic neo-liberalism and the idolatry of the market proved to be unable to respond to demands for change, and today there has been a return to the concerns and aims which, in the 20th century, have led to the search for a "*contractual society*", able to understand diversity and complexity.

Though the rediscovery of singularity and individual autonomy, in the best liberal and democratic tradition, was a victory for the political culture of the sixties and seventies, there is nowadays a very urgent need for a new "*social ethic*" directed towards voluntary solidarity and the creation of a regulator and mediator State, compatible with an open concept of society.

In his already classic work, which combined the author's intelligence with an extraordinary capacity for anticipation, Anthony Crosland wrote: "Traditional socialism was largely concerned with the evils of traditional capitalism, and with the need of its overthrow. But today traditional capitalism has been reformed and modified almost out of existence, and it is with a quite different form of society that socialists must now concern themselves" (Future of Socialism, 1956).

We should understand this statement. In the contemporary world, it is not only globalisation and extraordinary scientific and technical progress that should mobilise us, but it is also, essentially, actions and policies which make it possible to link the functioning of an open economy with an acute, active and responsible social conscience.

As well as the benefits it creates, progress can also lead to exclusion, injustice and inequality. This produces new social groups with no adequate representation, whose only protection is afforded by the democratic State. Modern social democracy is, therefore, simultaneously faced with the challenges of economic modernisation through incentives to initiative and risk taking, and the need to create a social conscience able to mobilise energies and find solutions for equal opportunities and the elimination of inequalities.

The main feature of modern day social democracy and democratic socialism is precisely its ability to understand social diversity and complexity. *Pluralism* as a value of citizenship requires the understanding that society evolves in a permanent dialogue between the life of the institutions, an inheritance of history, and the desire of transformation and the construction of a "*new social contract*" – as an opportunity for change and a call to assume responsibilities. We have come a long way from the standardising, univocal idea of the *"social contract"* of times gone by. The historical legacy of social democracy is based on the modern idea of the *"contractual society"*, in which liberty, equality, autonomy and responsibility find their expression in a rich cross-roads where the cultures of individuality, people and citizens come together with solidarity, co-operation and community life. We should therefore make a *creative synthesis* of the liberal, republican tradition and the heritage from the struggles for social emancipation and the fight for justice.

This means that the method of democratic socialism continues to be appropriate and contemporary since, never having being subjected to a fixed and rigid concept of the evolution of man's history, it has always combined liberty, equality and fraternity.
Both the traditional *"model"* of industrial society from the *"glorious thirties"* and the solutions of the last fifty years are out-of-date. The *"society of information and knowledge"* requires different solutions based on our complex social reality, which witnesses a new industrial revolution, stimulating a variety of different, more efficient forms of social representation. Moreover, the experience of the democratic values of liberty, security, mutual respect, citizenship and justice is imposed, as it is not enough to assume a culture of rights and obligations based on human dignity as a mere formality, but to guarantee the daily presence, in political and social action, of the universal principles on which they are based.
In the 1950's, Carl Schiller used the formula: *"The State as much as necessary; liberty as much as possible"*. This statement now gains a new significance as the balance between the action of the State and the initiative of civil society proves to be indispensable for uniting the State and its citizens into a cohesive whole. Today, we could enrich this statement with: *"society whenever necessary and whenever possible"*.
We are basically aware of the need for an *"aggiornamento"* or up-dating of the traditional model of social democracy as a successful solution for industrial societies and a factor for economic, social and cultural development. And we all remember Olof Palme's reply when he was asked if he believed in nationalisation: "We think we need to socialise if we can reasonably expect that the company to be transformed in this way will be made more efficient than it would be otherwise". Rather than following the cult of ideological dogmas, it is important to understand the lessons of history. The renewal of thought and of political action involves the understanding of what is being changed. It is not enough, therefore, to repeat it. It is the logic of the confluence between the renewal of the institutions and the contractualisation of the changes which should be emphasised.
Social agreement, conflictual consensus, negotiation, dialogue and cohesion are called on to address questions as varied as the crisis of the social welfare state, the need to find diverse and more just forms of protection against social risks, to understand that *"distributive justice"* is today a *"complex justice"* (to use Michael Walzer's expression) and to fight

against "structural unemployment" , finding "intelligent ways to share work and to promote employment, in a perspective of sustained development".

The dualist societies of nineteenth century industrialism have given way to complex societies full of multiple differences and contradictions. At the present time, government policy is required to have less of a globalising orientation and to focus increasingly on the micro-society and the micro-economy. This is the reason for the extensive changes which are being made in society's representation. Democratic unionism is going through profound changes for this reason, and it has to understand the new demands for employment and professional training, dealing with the people excluded from representation and development, and to become part of a new creative perspective of social partnerships. Associations, non-governmental organisations and the social partners should therefore play an increasing role in the representation of society and not fulfil a purely claimant or defensive function.

Nowadays, mobility, the free circulation of people and ideas, and the dialogue and meeting of cultures force us to take an even closer look at education – and this is a requirement, not just a mode. Equal opportunities and positive differentiation have to be combined with greater educational requirements and better quality education, as well as basic and life-long training. Exclusion, which is inherent to lack of knowledge, will determine the backwardness of societies and the setting aside of people in the coming century. It is important to take them into consideration.

Democratic society, therefore, needs intermediary bodies which can act and represent the people – mediatory bodies which may be able to integrate the new requirements of the information and communication technologies. In this area, social democracy has had the experience of merging its force and efficiency with its relationship to the social fabric and its ability to transform civic conscience and an emancipatory social ethic into reforming energy.

On these lines, it is important to propose *a political agenda for social democracy and democratic socialism* in Europe as the next century draws near, to enable us to meet the challenges of our times:

Investment in Europe firstly requires openness, complementarity and the defence of common values and interests, respecting diversity, through political, economic and social instruments which are able to consolidate and extend common responses that the States are not able to provide on their own;

Political and administrative *decentralisation*, which brings decision-making and its control closer to the people and the citizens, is one of the fundamental tasks to be accomplished for the enrichment of democracy;

The *principle of subsidiarity* forces a break from a logic of concentrated powers and the expansion of centralised administrations that are increasingly distant from the citizens;

The *mission of the regulator State* should be affirmed, rather than an outdated notion of the producer State, as an authentic catalyst for initiative, orientation, organisation and strategic planning;

The *uncompromising defence of rights, liberties and guarantees and of the security* of citizens, the legal State, the transparency of Public Administration and the improvement, swiftness and correctness of the administration of justice are fundamental factors for autonomy, cohesion and equity;

The *"contractual society"*, therefore, aims to mobilise the bodies representing social groups and create partnerships which are active in the conception, development and evaluation of public policies – in the name of social cohesion;

The *reform of the Social and Welfare State* has to be based on a rigorous analysis of the current status of its "crisis", investing in the State's provision for the main social risks, and the protection of the most needy through, among other things, the guaranteed minimum wage and the launching of active policies of positive differentiation and equal opportunities, with a more active participation of society and its initiatives;

The *fight against long term unemployment* represents the greatest and most demanding challenge to contemporary societies, as it involves abandoning a non-existent model of full employment, regardless of economic growth, and embracing new ways of stimulating economic creativity, of sharing time, and of promoting employment namely among young people with a view to the reorganisation of work;

Economic rigor with a social conscience therefore results from the need to build up the confidence of the markets and to redouble efforts to provide information on policies and public spending, and to apply instruments of economic and financial policy with a special focus on social policies;

Social justice, the fight against poverty and exclusion, the access of all citizens to the basic rights (employment, housing, education, health and culture) are the cornerstone of social democratic policy;

A culture of responsibility rather than assistance will have to be the mainstay of a society whose civic commitment is increasing, based on an active idea of voluntary solidarity;

The society of knowledge and information requires that priority be given to good education and life-long training, and investment in the school as the centre for education policies. Special care must be taken with primary school education, the improvement of educational partnerships, the strategic development of higher education, the support for scientific and technological research, the cultural creativity, the conservation of the historical heritage, and incentives for children and young people to use new information and communication technologies;

The reconstruction of social identities, learning to deal with globalisation and combating fragmentary tendencies in order to value pluralism and diversity of their different features, should still be a factor which enhances mutual respect in contemporary societies;

The active defence of *sustained development*, based on the conservation of the environment, the safeguard of consumer rights and the quality of life, should be pursued with determination;

The establishment of a *culture of peace and co-operation* in the international community, particularly with the poorer countries in the south, should be one of our primary concerns.

The open societies in which we live, and which we are still in the process of building and consolidating, require a comprehension of their interdependence and complementary nature on one hand, and the need to create instruments for agreement and regulation on the other, to make it possible for economic efficiency to be the final result of actions whose aim is equity and justice. Liberty and equality are, therefore, fundamental values to be preserved from a perspective of confidence, incentive for innovation and initiative, the seizing of opportunities and reinforcement of an ethic of responsibility.

When people talked about the decline of social democracy in the seventies, it was a question of the need to find new instruments and new partnerships. Keynesian theory, income redistribution and the welfare state proved to be powerless against the economic recession. The perspective of the regulator State had to counteract the idea of the producer State, seeking a finer balance between public policies and the market. It was not therefore a case of accepting neo-liberal fatalism, but of considering the importance of an orientation which was likely to integrate competition with social justice, and initiative with responsibility.

Though the Bad Godesberg programme of the German SPD established an open, inter-class vocation for social democracy and democratic socialism in 1959, the economic shock of the seventies made it necessary to take the limits of State intervention into consideration while, in the nineties, we have had to deal with the need to assume a *"social ethic"* able to understand *"globalisation"* and its consequences, and guarantee that solutions will be found for structural unemployment and exclusion. What has always set social democracy apart is its ability to adapt, its permanent concern with social problems and the definition of partnerships able to stimulate development and social justice.

There is a new generation which is committed to the renewal of thought and the practice of social democracy and democratic socialism, for we will only be faithful to the values of justice and freedom and worthy of this historical legacy of struggle and peace if we understand society and the economy as they really are. The fight against exclusion and privileges, and the uncompromising defence of a society of people with free and equal dignity and rights are key factors for the action we take. Pragmatism cannot therefore mean less respect for principles, but the ability to receive new contributions and to base changes on a rich combination of the regulation of the democratic State, renewed co operation and solidarity among its citizens and the innovatory capacity of private initiative. This is why a strategic social agreement and the sharing of social responsibilities in terms of social cohesion are of increasing importance. This is why it is necessary to rethink policies for distributive justice and equity. This is why a *New Contract* is such a topical and pressing matter today, and adapts what used to be the originality and mobilising force of social democracy and democratic socialism to the new age and new circumstances. We will have to demonstrate and guarantee, in our day-to-day life, that this political agenda assures a volte-face in our social relations.

The great Portuguese poet and thinker, Antero de Quental, founder of the Socialist Party, believed that concepts of justice and solidarity would change the world. In the same way, we are also truly convinced that today there is a new opportunity for us to achieve a whole objective with realism and generosity. Finally, at a time when great ideas are less obviously present in political and public life, we should know how to return to the great causes with realism and a sense of justice, because humanity expects us to be audacious, imaginative and rigorous enough to combine the richness of initiatives, the mobilisation of energies and the balance of equity and justice.

Klaus HÄNSCH

DIE EUROPÄISCHE UNION DEMOKRATISIEREN – EINE AUFGABE FÜR DIE EUROPÄISCHE SOZIALDEMOKRATIE

Nie in der Geschichte war Demokratie in Europa so verbreitet und so selbstverständlich wie heute. Vor 60 Jahren litt die große Mehrheit der Europäer noch unter der Tyrannei Hitlers und Stalins, war Diktatoren wie Mussolini, Franco, Salazar und anderen unterworfen. Vor 30 Jahren, als Österreich, Italien und Deutschland längst für die Demokratie zurückgewonnen waren, standen der gesamte Osten Europas und die iberische Halbinsel immer noch unter der Diktatur einer Ideologie oder einer Person und Griechenland geriet unter die finstere Herrschaft der Obristen. Heute gibt es kein Land mehr in Europa, in dem die Demokratie sich nicht durchgesetzt hat oder in dem sie nicht wenigstens dabei ist, sich durchzusetzen.

Und doch ist die Demokratie in Europa ernsthaft bedroht. Nicht durch Aggression von außen oder Putsch von innen, sondern durch schleichende Aushöhlung. Sie ist nicht durch die Stärke ihrer Gegner gefährdet, sondern durch die Schwächen ihrer Anhänger. An ihr nagen die Korruption der Mächtigen und das Desinteresse der Ohnmächtigen. Sie sucht immer nach dem Gemeinsinn jedes einzelnen und findet häufig doch nur den Egoismus aller. Sie bietet den Bürgern viele Möglichkeiten mitzuentscheiden und erweist sich doch immer häufiger selbst als entscheidungsunfähig.

Überall in Europa beobachten wir eine schleichende Entparlamentarisierung der gesamten Politik. Das vielberedete demokratische Defizit wird zwar häufig allein auf die Konstruktion der Europäischen Union bezogen, aber es ist auch in allen ihren Mitgliedstaaten selbst zu beobachten. Durch die Europaverträge – vom Montanvertrag über die EGKS bis zum Maastrichtvertrag und dem Vertrag von Amsterdam – sind immer wieder gesetzgeberische Kompetenzen aus den nationalen Parlamenten auf die Union übertragen worden. Das war notwendig, denn man kann nicht Europa bauen und zugleich alle Kompetenzen in nationaler Hand behalten. Aber die legislativen Kompetenzen, die den nationalen Parlamenten genommen wurden, sind zum größten Teil nicht etwa beim Europäischen Parlament angekommen, sondern sie sind bei den nationalen Regierungen im Ministerrat gelandet. Damit liegen sie de facto in den Händen der nationalen Bürokratien. Im Grunde genommen waren alle Europaverträge bis zum Vertrag von Maastricht Ermächtigungsgesetze zur europäischen Gesetzgebung durch nationale Bürokratien. Das darf im Interesse der europäischen wie der nationalen Demokratie nicht länger hingenommen werden. Das widerspricht allen Grundsätzen der Gewaltenteilung seit der amerikanischen Verfassung und der französischen Revolution.

Viele Jahre lang ist der überwiegende Teil der Unionsgesetzgebung vom Ministerrat allein entschieden worden. Damit hielten die nationalen Exekutiven eine Gesetzgebungskompetenz in Händen, die das im parlamentarischen Regierungssystem übliche und zulässige Maß der Gewaltenverschränkung erheblich überschritt. Eine derart weitgehende und andauernde Ermächtigung der Regierungen zur Gesetzgebung widerspricht Geist und Wortlaut der Verfassungen aller Mitgliedstaaten.

Die Europäische Union ist mit der Zustimmung ihrer Mitgliedstaaten längst zu einem eigenständig handelnden politischen System geworden. Sie ist ein innenpolitischer, sozialpolitischer, wirtschaftspolitischer und umweltpolitischer Gesetzgeber. Ihre Gesetze binden die Organe der Mitgliedstaaten und in vielen Fällen gelten sie in ihnen unmittelbar. Am 30. Juni 1997 waren 1.586 Richtlinien und 5.191 Verordnungen der Union in Kraft, davon 273 Richtlinien allein für die Herstellung und das Funktionieren des Binnenmarkts.

Die Entparlamentarisierung der Rechtsetzung in den Mitgliedstaaten wird nicht nur aus der Quantität des in ihnen geltenden EU-Rechts ersichtlich. Sie wird besonders deutlich durch die veränderte Qualität der europäischen Rechtsetzung. Das von der Europäischen Union gesetzte Recht beeinflußt die Produktionsbedingungen und Produktstrategien eines mittelständischen Unternehmens ebenso wie die Kaufentscheidungen einer Hausfrau. Es regelt Sicherheitsnormen am Arbeitsplatz oder die Reinheitswerte, die kommunale, städtische Klärwerke zu beachten haben. Es trägt zur Steuerung von Wirtschaft und Ökologie bei, es hilft bei der Durchsetzung der Gerechtigkeit und der Gleichheit von Mann und Frau, es kann bei den Verbrauchern Vertrauen oder Mißtrauen schaffen.

Europäisches Recht ist in den Mitgliedstaaten allgegenwärtig. Die nationalen Parlamente haben es nicht beschlossen. Das Europäische Parlament auch nicht. Bestenfalls waren sie marginal beteiligt. Die unzureichende parlamentarische Legitimation dieses Rechts ist eine Erblast der früheren Europäischen Gemeinschaften. Die Verhandlungen über europäische Gesetze im Ministerrat mögen der Öffentlichkeit suggerieren, daß es um den Ausgleich zwischen verschiedenen nationalen Interessen geht. Tatsächlich geht es um den Ausgleich zwischen rivalisierenden politischen Kräften, hinter denen in Europa nicht anders als in den Mitgliedstaaten unterschiedliche gesellschaftliche Interessen stehen.

Erst durch den Vertrag von Maastricht wurde begonnen, europäische Rechtsetzung zu parlamentarisieren. Der Vertrag von Amsterdam geht auf diesem Weg ein gutes Stück weiter. Durch die Verträge von Maastricht und Amsterdam wird das Europäische Parlament endlich von einem Organ der Beratung zu einem Entscheidungsorgan. Es entscheidet mit bei der Einsetzung der Kommission, den Beschlüssen über die Erweiterung der Union und dem Abschluß wichtiger internationaler Verträge. Vor allem aber hat es nun das Recht zur Mitentscheidung erhalten.

Um die Rechtsetzung durch die Europäische Union, die direkt in die Mitgliedstaaten hineinwirkt, breiter zu legitimieren, muß das Europäische Parlament überall, wo der Rat europäische Gesetzgebung mit Mehrheit entscheiden kann, gleichberechtigt und gleichgewichtig mitentscheiden können. Bisher kann das Europäische Parlament bei einem Viertel der Gesetzgebung der Union mitentscheiden. Nach Inkrafttreten des Vertrages von Amsterdam werden es etwa Dreiviertel sein. Damit ist die Union dem angestrebten Ziel näher gekommen, daß jedes EU-Gesetz doppelt legitimiert sein muß: Durch eine gewichtete Mehrheit der Mitgliedstaaten, vertreten durch ihre Regierungen im Ministerrat – und durch eine Mehrheit im direkt gewählten Europäischen Parlament. Wenn die Zustimmung eines der beiden Organe nicht zustande kommt, gibt es eben kein Gesetz.

Im Unterschied zum Beginn der Einigung Europas erlaubt es die Entwicklung der Union, heute in vielen Bereichen lieber auf eine Regelung zu verzichten als eine durchzusetzen, die nicht auch durch das Europäische Parlament legitimiert ist. Die breitere Legitimierung des Unionsrechts hat auch im Vertrag von Amsterdam, von einigen kleinen weißen Flecken abgesehen, noch drei Lücken: Sie fehlt für die Agrargesetzgebung, die Harmonisierung der Steuern und – jedenfalls für die ersten fünf Jahre nach dem Inkrafttreten des Vertrages – für Beschlüsse zur Innen- und Justizpolitik.

Manchmal wird bestritten, daß es parlamentarische Demokratie auf europäischer Ebene geben könne. Das deutsche Bundesverfassungsgericht behauptet in der Begründung zu seinem Urteil vom 12. Oktober 1993 über die Verfassungsbeschwerden gegen den Vertrag von Maastricht, daß die Voraussetzung für das Funktionieren demokratisch legitimierter Institutionen ein europäisches Volk sei – und das gebe es nicht. Die Vielfalt der Sprachen mache den notwendigen politischen Diskurs, den Austausch von Informationen und Meinungen über die Grenzen hinweg unmöglich.

Niemand leugnet, daß es ein europäisches Volk nicht gibt. Es wird auch künftig keines geben. Auch eine breite, länderübergreifende Information und Kommunikation gibt es noch nicht. Die Vielzahl der Sprachen bewirkt bisweilen tatsächlich Sprachlosigkeit. Das Wurzelgeflecht der Demokratie und der Parlamente, europäische Parteien und Verbände, transnationale Medien und Bürgerinitiativen hat noch viel zu schwache Ansätze. Dennoch organisieren sich Interessengruppen, Verbraucher, Arbeitnehmer, Unternehmer usw. zunehmend europäisch, sie lernen wirksam zusammenzuarbeiten. Im Protest gegen den Shellkonzern wegen der Versenkung der Bohrplattform Brent-Spar in der Nordsee oder gegen die Wiederaufnahme der französischen Atomtests 1995 oder gegen das Vorgehen des Renault-Konzerns, der ein Werk in Belgien unter Mißachtung europäischer Gesetze im Frühjahr 1997 schließen wollte, organisierte sich eine europäische Bürger-Lobby. Sie hat gezeigt, daß es gelingen kann, europaweit eine öffentliche Debatte zu führen und Meinung herzustellen.

Die Aushöhlung der Demokratie in den Mitgliedstaaten der Union hängt eng mit der veränderten Rolle des Nationalstaats in Europa zusammen. Bis in die Mitte unseres Jahrhunderts hinein konnte der nationale Territorialstaat alle wichtigen Bereiche des Rechts, der Wirtschaft, der Wissenschaft, der Kultur und der Politik autonom regeln und seine Bürger im Inneren und nach außen schützen. Heute sind die Räume und Entfernungen durch den Einsatz der neuen Technologien geschrumpft und die Völker auf unserem Kontinent enger als je zuvor miteinander verflochten. Kein europäischer Staat – auch der größte nicht – kann noch für sich allein und souverän seinen Bürgern Schutz bieten, Wohlstand mehren, die Umwelt schützen, soziale Gerechtigkeit herstellen. Die Entwicklung der Produktivkräfte, die im letzten Jahrhundert den modernen Nationalstaat möglich und nötig gemacht haben, sind heute dabei, ihn zu überwinden.

Auf den Weltdevisenmärkten werden jeden Tag eintausend Milliarden Dollar (das sind über 12.000 Milliarden Schilling) umgesetzt. Der Welthandel ist nur noch zu 60 Prozent international und bereits zu 40 Prozent intrakonzernal. Die Investitionsentscheidungen eines einzigen internationalen Konzerns sind für manchen Staat in Europa wichtiger als die Beschlüsse von Parlament und Regierung. In den Lebensfragen der modernen Gesellschaft sind die europäischen Nationalstaaten allesamt längst nicht mehr Herr im eigenen Haus.

Die großen Probleme der europäischen Gesellschaft – Arbeit, Umwelt, Sicherheit – am Ende unseres Jahrhunderts werden nicht durch Festklammern an schwindenden nationalen Souveränitäten bewältigt, sondern durch die gemeinsame Ausübung der freiwillig zusammengelegten Teile der nationalen Souveränitäten. Die Staaten in der Europäischen Union haben sich dafür entschieden. Deshalb müssen die Bürgerinnen und Bürger an der Gestaltung der europäischen Politik und an der Kontrolle politischer Macht auch auf der Ebene der Europäischen Union mitwirken können.

Das höchste deutsche Gericht billigt dem Europäischen Parlament nur eine „stützende Funktion" zu. Die demokratische Legitimation werde nicht durch die Europäischen Organe, sondern durch die Rückkoppelung des Handelns europäischer Organe an die Parlamente der Mitgliedstaaten hergestellt. Es irrt. Wer vor dem Hintergrund des faktischen Souveränitätsverlusts des Nationalstaats die demokratische Mitwirkung der Bürger an der Politik allein über die nationalen Parlamente organisieren will, gaukelt ihnen Mitwirkung bloß vor. Die Demokratie verliert ihre Substanz und verkommt zu einer Hülle ohne Inhalt. Wie die nationale Souveränität in vielen gesellschaftlich wichtigen Bereichen der Politik nur noch eine Scheinsouveränität ist, wird auch die Demokratie zur Scheindemokratie werden, wenn sie sich weiterhin allein auf den Nationalstaat bezieht.

Die Europäische Union ist nicht schon deswegen demokratisch, weil es alle ihre Mitgliedstaaten sind. Demokratie in der Union und in ihren Mitgliedstaaten sind wie kommunizierende Röhren. Eine Europäische Union, die weniger demokratisch ist als ihre Mitgliedstaaten, aber mit

Gesetzen und Anordnungen unmittelbar in sie hineinwirkt, entzieht ihnen demokratische Substanz. Wenn also parlamentarische Demokratie auf der Ebene der Union gestärkt werden soll, geschieht dies auch, um der Demokratie in den Mitgliedstaaten willen. Demokratie auf der Ebene der Europäischen Union ist kein Ersatz für regionale und kommunale Demokratie, die wir pflegen wollen und für nationale Demokratie, die wir bewahren wollen. Sie ergänzen einander.

Eine der am meisten berechtigten Kritiken an der Europäischen Union ist der Vorwurf, daß niemand erkennen kann, wer, wann, was und mit welcher Legitimation in Brüssel beschließt. Die Bürger müssen aber erkennen können, wer in Brüssel für eine Entscheidung verantwortlich ist und wer nicht – nicht wegen der juristischen Ästhetik, sondern weil es ohne ausreichende Transparenz keine demokratische Kontrolle und Verantwortung der politisch Handelnden gibt. Durchschaubarkeit und Kontrollierbarkeit gehören zur Demokratie in Europa.

Es ist gut, daß im Vertrag von Amsterdam die unterschiedlichen Gesetzgebungsverfahren auf drei vereinfacht und zusammengefaßt worden sind. Das macht die Entscheidungswege nachvollziehbar. Das Parlament entscheidet mit in der normalen Gesetzgebung, es hat das Zustimmungsrecht zu verfassungsähnlichen Grundentscheidungen der Union und internationalen Verträgen und es muß bei anderen Entscheidungen konsultiert werden. Nur im Bereich der Währungsunion lebt das bisherige Kooperationsverfahren zwischen Rat und Parlament für einige zeitgebundene oder untergeordnete Entscheidungen fort. Das Verfahren der Mitentscheidung wird überdies auch vereinfacht und verkürzt, so daß das Parlament eine wirklich gleichberechtigte und gleichgewichtige Rolle neben dem Rat erhält.

Dennoch bleiben die Gesetzgebungsverfahren der Union für Nichtbeteiligte naturgemäß kompliziert. Allerdings sollte man für die Europäischen Union nicht beklagen, was in den Mitgliedstaaten auch nicht besser ist. Auch in Deutschland, zum Beispiel, versteht der normale Bürger das Entscheidungsverfahren bei Gesetzen nicht, die, wie etwa die Einführung der Pflegeversicherung oder die Steuerreform den Bundestag und den Bundesrat passieren müssen und vorher in diversen Koalitionsausschüssen beraten werden.

Manche halten es für störend, daß der größere Teil der Richtlinien und Verordnungen der Europäischen Union künftig durch das Europäische Parlament mitentschieden wird. Sie sehen die Effizienz der europäischen

Gesetzgebung beeinträchtigt. Das ist ein Vorurteil, das durch Information leicht als solches zu entlarven ist. Von einer Verzögerung oder gar Blockade der Unionspolitik durch das Europäische Parlament kann nämlich keine Rede sein: Vom Inkrafttreten des Vertrages von Maastricht im November 1993 bis zum 1. Juni 1997 wurden von Rat und Parlament 84 Mitentscheidungsverfahren erfolgreich abgeschlossen. Nur zwei sind am Parlament gescheitert. Dagegen liegen 52 Gesetzgebungsvorhaben seit Jahren auf den Tischen des Rates. Der Vorschlag für die europäische Aktiengesellschaft wartet dort seit 1989 und der für die 5. Richtlinie zum Gesellschaftsrecht seit einem Vierteljahrhundert auf eine Entscheidung.

Institutionell versagt hat die Reform von Amsterdam an der Herausforderung, die Union nach innen und außen handlungsfähiger zu machen. Entscheidungen in zu vielen Politikbereichen bleiben der Einstimmigkeit im Rat unterworfen. Dabei handelt es sich nicht nur um Bereiche wie die Finanzausstattung, die Änderung des Vertrages oder orientierende Grundsatzentscheidungen, die der Ratifikation durch die nationalen Parlamente bedürfen, sondern auch um Felder der „normalen" EU-Gesetzgebung. Das belastet die Entscheidungsfähigkeit der Union mit 15 Mitgliedstaaten sehr viel stärker als die Mitentscheidungsrechte des Parlaments.

Vor allem macht es die Union nicht erweiterungsfähig. Die Staats- und Regierungschefs haben in Amsterdam nur für den Tag, nicht für das nächste Jahrhundert gearbeitet. Vor der nächsten Erweiterung muß hier nachgearbeitet werden. Die nächste Reform ist unausweichlich, und das nicht nur, weil Entscheidungen über die Größe der Kommission und eine Neugewichtung der Stimmen im Rat bewußt aufgeschoben worden sind. Entscheidend ist, daß der Rat die Möglichkeit erhält, im gesamten Bereich der Sekundärgesetzgebung mit einer Mehrheit der gewichteten Stimmen zu entscheiden.

Das Europäische Parlament hat seit Maastricht mehr Rechte und es wird nach Amsterdam weitere bekommen. Die muß es nun voll und bis in den letzten Winkel nutzen. Das ist nicht wenig. Es hat das Recht, die Kommission zu kontrollieren und Untersuchungsausschüsse einzurichten. Einen solchen Ausschuß hat es eingesetzt, um aufzuklären, welchen Anteil die EU-Kommission am Zustandekommen von Fehlentscheidungen und unzureichenden Maßnahmen im Zusammenhang mit der Bekämpfung der Rinderseuche BSE gehabt hat und um daraus politische Konsequenzen zu ziehen.

Das Parlament wird zur Designation des Präsidenten der Kommission konsultiert. Diese Konsultation hat es 1995 in einer Art und Weise durchgeführt, die ihm – insbesondere nach den Irritationen bei der Benennung des Kandidaten durch die Regierungen der Mitgliedstaaten – ein politisches Gewicht gegeben hat, das weit über eine bloße Anhörung hinausging. Faktisch war es eine Bestätigung des Kommissionspräsidenten durch das Parlament. Der Vertrag von Amsterdam hat das jetzt für die Zukunft vertraglich besiegelt: Künftig kann der Präsident der Kommission nur mit Zustimmung des Europäischen Parlaments eingesetzt werden. Dieses neue Recht ist umso wichtiger, als der designierte Kommissionspräsident politisch gestärkt wird, sowohl bei der Zusammensetzung seiner Kommission als auch in ihrer Führung durch eine politische Richtlinienkompetenz. Bei der Einsetzung der Santer-Kommission 1995 hat das Europäische Parlament vor seinem Vertrauensvotum für die gesamte Kommission die designierten Kommissare einzeln öffentlichen Anhörungen unterzogen, um sie überhaupt erstmal im Parlament und in der europäischen Öffentlichkeit bekannt zu machen und vorzustellen. Das ist ein Novum im europäischen Parlamentarismus. Das soll ein nationales Parlament dem Europäischen erst einmal nachmachen: daß jeder Minister, ehe er in sein Amt kommt, sich einer öffentlichen Anhörung im Parlament unterziehen muß.

Für dieses Verfahren gab es keine vertragliche Grundlage und auch der Vertrag von Amsterdam schweigt dazu. Das Europäische Parlament hat es dennoch eingeführt und so durchgeführt, daß eine Vertragspraxis geschaffen wurde, hinter die künftig weder Parlament noch Rat oder Kommission zurückgehen können. Durch die Vertrauensabstimmung ist das Verhältnis zwischen Parlament und Kommission auf eine neue Basis gestellt worden. Sie muß seither parlamentsnäher arbeiten. Das ist ein Gewinn für die Demokratie in Europa.

Ein stärkeres Europäisches Parlament allein ist freilich noch keine Gewähr für eine europäische Demokratie. Aber ohne ein gestärktes Europäisches Parlament wird die Union nicht demokratisch. Dabei geht es nicht darum, dem Europäischen Parlament auf Kosten der nationalen Parlamente neue Befugnisse zu verschaffen. Die nationalen Parlamente werden nichts verlieren, was sie nicht ohnehin schon an den Rat, und das heißt in Wahrheit an die nationalen Ministerien, verloren haben. Die Stärkung des Europäischen Parlaments heißt nicht Schwächung der Parlamente in den Mitgliedstaaten. Es geht allein um eine Kompetenzverlagerung zwischen den

Organen in Brüssel. Die nationalen Parlamente haben wichtige Aufgaben in der europäischen Politik und sie sollen sie behalten. Sie leisten ihren Beitrag zur demokratischen Legitimation europäischer Politik. Sie treffen, beeinflussen, kontrollieren auch künftig die Grundsatzentscheidungen der Europäischen Einigung. Sie beschließen über alle Entscheidungen der Union mit „Verfassungscharakter", also über alles, das die Mitgliedstaaten auch künftig einstimmig entscheiden müssen, wie die Finanzausstattung der Union, die Aufnahme neuer Mitgliedstaaten, die Änderung der europäischen Verträge und insbesondere jede weitere Übertragung von Kompetenzen auf die Union. Und sie kontrollieren die Europapolitik ihrer jeweiligen Regierung. Das Europäische Parlament dagegen entscheidet mit bei der „täglichen" Gesetzgebung der Union und es kontrolliert die Europäische Kommission. Wenn es um die Erhaltung der parlamentarischen Demokratie in der Union geht, sind das Europäische Parlament und die nationalen Parlamente nicht Konkurrenten, sondern Partner. Die nationalen Parlamente haben ihre eigenen, unterschiedlichen Formen für die Mitwirkung und Kontrolle der europäischen Politik entwickelt. Die „Neuen" – Österreich, Schweden und Finnland – haben das alle inzwischen relativ gut organisiert. Aber in Italien oder in Spanien zum Beispiel findet so gut wie keine parlamentarische Kontrolle der Europapolitik der jeweiligen Regierungen statt. Da ist noch einiges zu verbessern.

Die Menschen in Deutschland vergleichen das Europäische Parlament mit dem Deutschen Bundestag. In Großbritannien vergleichen sie es mit dem Unterhaus, in Frankreich mit der Assemblée Nationale, in Schweden mit dem Reichstag, in Österreich mit dem Nationalrat... Das ist verständlich und zugleich falsch. Das Europäische Parlament kann und will keine Kopie irgendeines nationalen Parlaments sein. Es ist kein nationales Parlament auf höherer Ebene.

Im Europäischen Parlament kommen gewählte Abgeordnete aus fünfzehn europäischen Ländern zusammen. Es arbeitet in elf Sprachen. Kein Abgeordneter spricht alle Sprachen der Union. Keiner kann ohne Dolmetscher zu allen Bürgern in der Union sprechen. Die Mitglieder des Europäischen Parlaments sind nicht – nicht einmal potentiell – die Vertreter aller europäischen Völker. Sie sind in den Mitgliedstaaten gewählt, von Deutschen, Briten, Österreichern, Franzosen etc. Jeder von ihnen bringt seine eigenen nationalen Traditionen, Verhaltensweisen und Kulturen mit. Sie haben ihre politische Heimat in 56 nationalen Parteien. Sie organisieren die parlamentarische Arbeit in acht multinationalen Fraktionen. Die sozialdemokratische Fraktion zum Beispiel hat 214 Mitglieder aus 18 nationalen Parteien. Die europäischen Abgeordneten sind nicht in Regierungsmehrheit und Oppositionsminderheit gespalten. Sie müssen anders arbeiten, sich anders darstellen, andere Schwerpunkte setzen als die nationalen Kolleginnen und Kollegen. Das Europäische Parlament kann und will und darf keine Kopie irgendeines nationalen Parlaments sein. Aber anders sein, heißt nicht schlechter sein. Es ist eben einzigartig ...

Ein deutscher Abgeordneter vertritt ca. 800.000 Wähler, ein österreichischer 380.000 und ein luxemburgischer 65.000. Die Stimme eines irischen oder dänischen Wählers hat mehr als viermal so viel Gewicht wie die eines italienischen, britischen oder französischen.

Ein Europäisches Parlament, das auf dem Grundsatz beruht: „One man, one vote" ist in der Union nicht denkbar. Es würde entweder so groß werden, daß es nicht mehr arbeitsfähig ist, oder es würde die kleineren Mitgliedstaaten einer vernünftigen Repräsentanz berauben. Sie werden immer, wie schon heute, überrepräsentiert sein. Im Europäischen Parlament kann es keine reine Proportionalität geben. Seine Repräsentativität wird immer verzerrt sein.

Auch deswegen kann das Europäische Parlament in der europäischen Gesetzgebung nicht allein entscheiden. Die Legitimation europäischer Gesetze wird immer beide brauchen – den Ministerrat, in dem die demokratisch legitimierten Regierungen der Mitgliedstaaten zusammenkommen, und das Europäische Parlament, in dem die direkt gewählten Abgeordneten ihre Wähler vertreten.

Die Europäische Union ist kein Staat und sie wird kein Staat werden. Sie ist und bleibt eine Union von Staaten. Deshalb muß parlamentarische Demokratie auf der Ebene der Union auch anders konstruiert sein als auf der nationalen. Ihre Mechanismen müssen zwar den gleichen Prinzipien folgen wie in den Mitgliedstaaten, aber das Europäische Parlament und das Zusammenspiel der Organe in Brüssel und Straßburg können und dürfen nicht einfach die Institutionen von London oder Paris, Rom oder Wien kopieren. Und deshalb braucht das Europäische Parlament auch nicht die gleichen Rechte wie die nationalen Parlamente. Ein alles entscheidendes und allein entscheidendes Europäisches Parlament nach dem Modell der nationalen Parlamente wird es nicht geben können.

Demokratie in der Europäischen Union wird allerdings weder durch das Europäische Parlament noch durch nationale Parlamente allein erhalten bleiben, wenn die europäischen Völker nicht durchdrungen sind von der

Idee der Mitwirkung der Bürger an der Gestaltung der res publica.
Die Völker Ost- und Mitteleuropas sind dabei, Demokratie, Rechtstaatlichkeit, Marktwirtschaft und soziale Sicherheit aufzubauen. Sie wollen sich in die Organisationen des Westens integrieren. Sie gehören geographisch und kulturell zu Europa. Ihre Mitgliedschaft in der Europäischen Union dient auch der Stabilisierung der neu errungenen Demokratie. Griechenland, Spanien und Portugal sind den gleichen Weg mit dem gleichen Ziel gegangen.
Anfang 1998 wird die Europäische Union die Verhandlungen mit Staaten Ost- und Mitteleuropas über den Beitritt zur Union aufnehmen. Die Ratifikation des Vertrages von Amsterdam durch die EU-Mitgliedstaaten, der die Union erweiterungsfähig machen sollte, wird sie nicht abwarten. Aber es wird zweifellos verheerende Auswirkungen auf die Beitrittsverhandlungen haben, wenn eines der EU-Länder den Vertrag von Amsterdam nicht ratifiziert.
Ob mittel- und osteuropäische Staaten Mitglieder der Europäischen Union werden, steht nicht mehr infrage. Über den Zeitpunkt und die Modalitäten des Beitritts wird verhandelt werden. Das wird mehrere Jahre dauern. Mit Spanien und Portugal hat die Europäische Gemeinschaft länger als sieben Jahre verhandelt. Die Probleme, die mit Osteuropa gelöst werden müssen, sind nicht einfacher. Der Beitritt muß sorgfältig vorbereitet werden. Das ist sowohl im Interesse der osteuropäischen Staaten als auch im Interesse der Europäischen Union. Schließlich gehört zum Beitritt die Bereitschaft und die Fähigkeit der Osteuropäer zur Übernahme des gesamten Gemeinschaftsrechts. Dafür werden lange Übergangsfristen nötig, und das wird eines der Hauptgegenstände der Beitrittsverhandlungen sein.
Die Europäische Union ist schon mit 15 Mitgliedstaaten kaum handlungsfähig. Sie wird mit zwanzig oder noch mehr Mitgliedstaaten handlungsunfähig sein. Das haben noch nicht alle Regierungen in den EU-Mitgliedstaaten begriffen. Es gibt einige, die sich zwar massiv für die Erweiterung der Europäischen Union nach Osten einsetzen, aber gleichzeitig jede nennenswerte Reform verhindern, mit der die Union den Beitritt weiterer Staaten verkraften kann ohne handlungsunfähig zu werden. Da gibt es bei einigen Regierungen noch Lernbedarf – auch bei sozialdemokratischen. Eine Erweiterung ohne innere, vor allem institutionelle Reform zerstört die Union.
Der Beitritt von fünf bis elf neuen Mitgliedstaaten mit einer anderen Geschichte, mit anderen Traditionen und anderen politischen Zielen als

die bisherigen Mitgliedstaaten wird die Europäische Union grundlegend verändern. Natürlich hat in der Vergangenheit der Beitritt Griechenlands oder der Beitritt Spaniens oder Portugals oder Finnlands, Schwedens, Österreich jeweils die Europäische Gemeinschaft oder Union verändert. Wenn aber ost- und mitteleuropäische Staaten dazukommen, werden diese Veränderungen noch sehr viel grundlegender sein. Es ist gut, sich darauf einzustellen.

Natürlich werden Transferleistungen aus der heutigen Union nach Osten notwendig sein. Das wird zu einem der ersten Konflikte in den Beitrittsverhandlungen führen. Die ost- und mitteleuropäischen Staaten werden ein Interesse daran haben, die Übergangsfristen für die Einbeziehung in die Strukturfonds möglichst kurz zu halten. Die Mitgliedstaaten der Europäischen Union werden ein Interesse daran haben, die Übergangszeiten für diesen Bereich möglichst lang zu halten. Man wird zu einem Kompromiß kommen, das ist sicher, aber einfach wird das nicht, und in zwei oder drei Jahren beendet sein wird es auch nicht.

Für die Ermittlung der Kosten der Osterweiterung gibt es fast ein Dutzend unterschiedlicher Rechenmodelle und Szenarien. Eines steht fest: Zum Nulltarif ist die Erweiterung auf keinen Fall zu haben. Wenn für die Eigenmittel der Union an der Obergrenze 1,27 % des Bruttoinlandprodukts auch nach 1999 festgehalten werden soll, setzt die Finanzierung des Beitritts erhebliche Veränderungen in der Strukturförderung und in den Agrarmarktordnungen der alten Mitgliedstaaten voraus. Natürlich ist es Unsinn, 50 Prozent des Gebietes der Europäischen Union mit Strukturförderung aus Europa zu bedenken. Im Prinzip sind sich alle darüber einig. Wenn aber der Einsatz der Mittel wirklich konzentriert werden muß, wird es noch sehr schwierig werden. Auch für die Bundesrepublik Deutschland, denn dann werden nicht mehr alle Gebiete, etwa in Ostdeutschland, so einfach dabei sein können. Für Irland, Italien, Spanien und für eine ganze Reihe von anderen Mitgliedstaaten gilt entsprechendes.

Westeuropa hat ein starkes Interesse daran, daß die ost- und mitteleuropäischen Staaten durch ihren Beitritt zur Europäischen Union schrittweise an die gleichen sozialen Mindeststandards und Regeln in der Europäischen Union herangeführt werden. Sie werden schrittweise die gleichen ökologischen Standards einführen müssen wie in den übrigen Mitgliedstaaten. In Ost- und Mitteleuropa tätige westeuropäische Unternehmen, Vereinigungen, Verbände usw. werden rechtlich mit osteuropäischen gleichgestellt. Und natürlich erhöht die vollständige Öffnung des osteuropäischen Marktes, die in den Europa-Verträgen bisher nur asymmetrisch vollzogen worden ist, die Chancen für westeuropäische Unternehmen.

Die Erweiterung wird teuer, die Nichterweiterung wird noch teurer. Das ist in Milliarden nicht zu beziffern. Aber es läßt sich mit den sozialen, ökonomischen, ökologischen und politischen Problemen beschreiben, die weiterbestehen oder neu geschaffen werden, wenn es nicht zu einem Beitritt ost- und mitteleuropäischer Staaten kommt. Vor allem Deutschland und Österreich können mit ihrer geopolitischen Lage in Europa besser fertigwerden, wenn die mittel- und osteuropäischen Staaten in der Europäischen Union sind. Sie sind in hundert Jahren zweimal daran gescheitert, ihre Lage autonom bewältigen zu wollen. Es ist nur vernünftig, wenn sie versuchen, diesen Balanceakt innerhalb einer erweiterten und fest organisierten, handlungsfähigen Europäischen Union zu vollziehen.

Im Gegensatz zu der politischen Diskussion in Mittel- und Osteuropa hat die Europäische Union in der öffentlichen Diskussion ihrer Mitgliedstaaten keine guten Karten. Kritik an der Europäischen Union bzw. der Europäischen Gemeinschaft hat es immer gegeben. Sie ist notwendig. Sie gehört zu den demokratischen Freiheiten. Die Europäische Union und ihre Organe sind nicht tabu. Wer eine bestimmte Politik aus Brüssel kritisiert, ist deshalb noch nicht gegen die Einigung Europas.

Allerdings verändert sich das Meinungsklima insgesamt – in Österreich, in Deutschland und anderswo in der Europäischen Union.

In diesem neuen Meinungsklima wächst neuer Nationalismus. Er tritt nicht nur mit kahlem Kopf und Baseballschläger auf, verschickt Briefbomben und zündet Wohnheime für Ausländer an. Er kommt vielfach auch mit Schlips und Kragen verkleidet daher und behauptet, mit der Kreide der political correctness in der Stimme, daß er natürlich für Europa sei, aber gegen die Europäische Union.

Im realen Europa gibt es aber nur die Europäische Union in ihrer konkreten Gestalt und nicht irgendein Traumeuropa. Sie hat Fehler und Mängel. Die können und müssen verbessert werden. Aber wer die Union kritisiert, um sie zu zerstören, wird unweigerlich im Vorkriegseuropa landen.

„Der Nationalismus – das ist der Krieg". So klar wie François Mitterrand in seiner Abschiedsrede vor dem Europäischen Parlament im Januar 1995 hatte es seit vielen Jahren niemand mehr ausgesprochen. Europa braucht die Union der Völker immer noch, um die Schatten der Vergangenheit zu

bannen – übrigens nicht nur der deutschen, sondern der europäischen Vergangenheit.
Die Mehrheit der Bürgerinnen und Bürger ist gewiß nicht gegen die Einigung Europas – nicht einmal gegen Brüssel oder gegen Maastricht . Aber immer weniger wissen, warum sie dafür sein sollen. Dafür gibt es viele Gründe. Einer der wichtigsten ist, daß die Union tausend verschiedene Antworten auf tausend einzelne Fragen gibt, aber zu den großen Fragen schweigt, vor denen die europäische Gesellschaft am Ende dieses Jahrhunderts steht. Die Einigung Europas muß darauf gerichtet werden, daß die Europäer den Herausforderungen der Zukunft gewachsen sind.
Dabei geht es zu allererst um die Zukunft der menschlichen Arbeit in Europa. Sie wird die Grundlage der europäischen Zivilisation in einer sich immer mehr global vernetzenden Wirtschaft. Es geht darum, die ökonomischen wie die ökologischen Grundlagen des Lebens in Europa gemeinsam zu erhalten. Das ist nicht in der Konkurrenzanarchie nationaler Volkswirtschaften, sondern nur durch gemeinsame Gesetze und eingehaltene Regeln möglich. Es geht uns um ein neues Gleichgewicht zwischen wirtschaftlicher Leistungsfähigkeit und sozialer Gerechtigkeit. Es ist die Grundlage für die politische Demokratie in Europa. Dieses neue Gleichgewicht ist nicht nur ein österreichisches, deutsches oder dänisches Problem. Es geht die europäische Gesellschaft insgesamt an. Und es ist die zentrale Herausforderung für die europäische Sozialdemokratie.
Es geht darum, welchen Platz europäische Kultur, europäische Werte, europäische Lebensweise in einer Welt mit zunehmender Bevölkerung und rücksichtslosem Raubbau an der Natur, mit anhaltendem Hunger und wachsenden Wanderungsbewegungen einnehmen werden. Von Europa wird erwartet, daß es den Frieden in Europa sichert und Menschen bei uns und anderswo vor Mord und Raub, vor Krieg und Vertreibung schützt. Die Einigung Europas muß wieder mit wenigen, aber großen Projekten verbunden sein, statt sich in vielen kleinen Regulierungen zu verzetteln.
Dabei ist die Vielfalt der Völker, ihrer Kulturen und Traditionen, ihrer Sprachen und historischen Erinnerungen, ihrer Eigenarten und Eigenwilligkeiten nicht die Schwäche Europas. Es ist seine Stärke – wenn es gelingt, die Kräfte zu bündeln und auf die Bewältigung der Herausforderungen der Zukunft zu lenken und in Europa an die Stelle des alten Gegeneinander das neue Miteinander zu setzen.

Wenn sich europäische Demokratie allein durch Formen und Institutionen, so wichtig sie sind, definiert, wird sie erstarren. Sie muß sich auf Werte orientieren, um lebendig zu bleiben. Von Helsinki bis Lissabon, von den Hebriden bis zu den Beskiden streben die europäischen Völker zwar mit zahlreichen Variationen, im Grundsatz aber alle nach dieser einzigartigen und unauflöslichen Verbindung von wirtschaftlicher Leistung und sozialer Gerechtigkeit. Alle wollen sie eine Gesellschaft aufbauen und gestalten, in der die Freiheit für den einzelnen mit seiner Verantwortung für das Ganze unauflösbar verbunden ist. Das unterscheidet uns Europäer von anderen Gesellschaften auf der Erde, von der amerikanischen wie der japanisch-ostasiatischen oder der fundamentalistisch-moslemischen. Darin finden wir unsere europäische Identität. Nur durch die politische Einigung der Völker Europas in der Europäischen Union zeichnet sich für die Europäer noch eine Chance ab, der Macht der global wirksamen Tatsachen ein Stück humanistisch-europäischer Selbstbestimmung entgegenzusetzen.

Lena HJELM-WALLÉN

A COMPREHENSIVE SECURITY POLICY FOR EUROPE AND THE WORLD

It is true that every generation feels that it is living in a period of transition. Nevertheless, there is reason to believe that historians of the future will come to see the last 10–15 years of the 20th century as a very special period of fundamental change.

When the Final Act of the Conference on Security and Cooperation in Europe was signed in Helsinki in 1975, the then Swedish Prime Minister, Olof Palme, emphasized in his statement that the security situation which prevailed at that time should not be regarded as permanent: "It is not axiomatic that the present pattern of European security will remain unchanged in the long range. It can be called into question from various quarters and in different ways. (...) Nor would it be politically realistic to ignore the possibility of change and it would be imprudent not to keep the door open for a future discussion between the participating states on these questions."

Since 1989 we have been engaged in this revolutionary discussion. It has opened up new perspectives and forced us to question old institutions and instruments. We have been torn between the need to react swiftly to new situations on the one hand, and the need to hold a sustainable course and to have a goal to strive for, on the other.

We have had to change our approach to security as the pattern of conflict has changed. During the period 1989–96 there were 101 armed conflicts in the world, according to Uppsala University's conflict data project. Only six of these were between nations.

This does not tally with our ingrained approach to conflicts and security policy. And it does not tally with the way in which the UN system, OSCE procedures, conventions on humanitarian rights and international law are constructed. We have learned to view security primarily as a game in which nations are the pawns on a geopolitical chessboard. This attitude prevailed not least during the cold war.

The pattern we now see is not just the expression of a temporary change while the world moves from a bipolar situation to a more complex geopolitical reality. It is also a question of more fundamental and long-term changes.

The internationalization of the economy, culture, information systems and technology is rapidly changing the role of the nation-state and increasing interdependence. In the wake of globalization, we are seeing increased social divides not only between but within countries. It becomes increasingly difficult for the nation-state alone to provide what people expect for a good life – or as the *UNDP Human Development Report 1997* puts it: "States have become too big for the small things, and too small for the big." In consequence, people will look for supplementary communities with which they can identify, both larger and smaller than the nation-state – communities such as the European Union, the region, the village, and the family. But people will also turn inwards. Social and cultural factors – such as ethnicity and religion – will assume increasing significance in people's search for a fundament on which to build their hopes for the future. This may bring underlying tensions to the surface. In the perspective of globalization, security is about cohesion within nations rather than between them.

More and more countries are becoming democratic, a factor which will greatly reduce the risk of wars between nations. Security in a democratic context is sought in cooperation rather than through deterrence. But democracy must also be developed as a living force in society and be able to satisfy people´s need for safety and a belief in the future. The causes of internal conflicts might then be avoided.

The development of information technology has given us a new openness, which naturally contributes to greater trust between countries and peoples. Today, security is sought in openness rather than in secrecy.

The opportunities for political cooperation between countries are undergoing dramatic changes. Today, security is much more complex than previously and is increasingly becoming a common responsibility rather than the responsibility of individual nations.

We can draw several conclusions from these changes. One of them is that future security challenges will not primarily concern territorial defence. The need for nation-states to manage their own territorial defence will naturally remain. However, in a longer perspective I believe there are other challenges in the field of security policy that will require more attention than has been the case to date. I would like to emphasize two of them.

Firstly, there is a need for a broader approach to security. We should take a clearer look at people´s concrete perceptions of threats and insecurity and seek solutions using these as a starting-point. Human rights, the environment, democracy, social issues, crime, cultural and religious identity are key issues in this context. Solving the problems connected with them stands out more and more clearly as a vital step towards security and the prevention of conflicts. For this reason, the enlargement of the EU to the east, as well as cooperation in the Council of Europe and the Organization for Security and Cooperation in Europe are of vital importance from the security policy viewpoint.

Secondly, there is need for a swifter, more efficient and more widespread participation in the prevention of conflicts, crisis management and peacekeeping actions. The international community must act more as a driving force to prevent conflicts and crises and, should they nevertheless occur, deal with them at the earliest possible stage. The UN Charter specifics the circumstances under which military forces may be used: for the purposes of individual or collective self-defence and the protection of international peace and security under a UN mandate. If we do not adhere to these principles of international law, we open the way either for anarchy or for a political climate totally dominated by the strong military powers.

It is of vital importance to develop regional organizations for peace and security, as foreseen in the UN Charter. The Organization for Cooperation and Security in Europe is already playing a prominent role in conflict management in Europe. The Asean Regional Forum (ARF) and the Organization of African Unity (OAU) are also organizations in a position to fulfil similar tasks.

With the images of former Yugoslavia before us, it is painfully apparent to most people what we are trying to prevent. The horrors of war and aggression are clear to us all. On the other hand, it is not equally clear what it is that we are trying to protect with our preventive measures or what results we are aiming to achieve with our efforts at conflict management. In short, what is peace?

Peace is not just the opposite of war or the absence of direct aggression. Real peace is about overcoming the underlying or structural aggression which manifests itself in social injustices, oppression, lack of freedom and other factors which prevent people from living a life in dignity. Indirect aggression reaps far more victims than direct aggression. In three to four days, roughly the same number of children die of starvation or hunger-related diseases as were killed when the atomic bomb was dropped over Hiroshima. But whereas direct aggression – war – is easy to identify, the underlying, structural causes are subtle and complex. This makes them difficult to describe with any urgency in the media, which means that the public debate often focuses on the fighting the fire rather than preventive measures. It also means that it is often easier to formulate political countermeasures for the later phases of the long and complex sequence of events which leads to a conflict.

This is deeply regrettable and a great dilemma in security policy. The only way we can create a peaceful world in the long-term is through preventive measures and by solving the underlying, fundamental causes of conflict. Rwanda and former Yugoslavia are but two examples of the difficulties which we encounter when we are unable to act in time.

Nevertheless, we should analyse these conflicts carefully and see what we can learn from them. I would like to focus on some lessons that I believe can be drawn from the latter of these conflicts, the war in former Yugoslavia. These lessons might help us to act more constructively in future crises:

- We have learned that we must take action at the earliest possible stage, before the catastrophe is a fact, before the genie of violence has escaped from the bottle. Prevention is seldom glamorous, and it does not make headlines. Long-term, often tedious work, with the focus on the real causes of conflicts, must be backed up by deliberate political support. We also need to allocate more resources – within the UN-system but also elsewhere – for preventive measures. If we are not able to make the necessary investments to avoid new tragedies, it will be even more difficult to find the resources to handle conflicts which turn into violence.
- We have learned that adequate troops must be made available for rapid reaction operations, when non-military measures have failed. As a

conflict starts to escalate, every day is precious. Ideally, the UN should have the capacity to deploy immediately a well-trained force to carry out the mandate of the Security Council. Governments are, however, understandably reluctant to commit troops rapidly for UN action, particularly in civil wars and internal conflicts, where the risk of loss of personnel is higher than in traditional peace-keeping operations.

• We have learned that we need to improve coordination between diplomatic, humanitarian, civil and military efforts. Military measures can help end the fighting by separating the conflicting parties. However, it is measures that can help bring them together that can contribute to reconciliation and peace. Those who are to do the work in the field, i.e. humanitarian organizations and troop-contributing countries, should at an early stage participate in discussions on how to implement mandates for complex operations.

• We have learned that fast action need not mean superficial reflection. The so-called CNN-effect can help to create concerned public opinion for actions of solidarity. However, the reverse of the coin is the risk of simplified political analysis where the context is painted in black and white. Civil wars are, as we know, very complex.

• We have learned that the struggle for reconciliation, peace and democracy is long and laborious. Elections are not the end of a peace process, but the beginning of a democratic process. With international assistance, a war-torn society needs to build bridges between the objectives of reconciliation, the rebuilding of civil society, economic reconstruction and the agreed mode of new government and law. It is important to find platforms for dialogue, establish the truth about war crimes, foster a civil society, restore people's trust in government, encourage a pluralistic development of the media and ensure freedom of expression.

• Finally, we have learned that working practically together to solve an important problem gives us long term benefits. In Bosnia, NATO countries are working with countries of the former opposed military bloc as well as countries outside military alliances. This is an illustration of the new conditions for security policy which have become possible in Europe since the end of the cold war.

The need to change our approach to security has existed for many years. However, change first became possible with the fall of the Berlin Wall and the end of the cold war. The events of 1989 meant fundamental changes in European politics. They marked the beginning of a transition that will take a long time to complete. We know what we have left, but we do not know exactly where we are heading.

The fact that the East lost the cold war, does not mean that the West won. The collapse of the Soviet system cannot be attributed to the superior military power of the West. The major reason was the citizens´ strong desire for democracy, combined with growing international interdependence, which made it increasingly difficult for the countries in Eastern Europe to continue on an economic and political track in isolation. The fact that the planned economy and communism failed does not imply a victory for neo-liberal capitalism. The collapse of communism offered new opportunities for freedom and participation – a victory for democracy. But the price has been high in terms of social upheaval and adversity.

According to the *UNDP Human Development Report 1996* unemployment and underemployment in Eastern Europe continue to increase. Inequality in income distribution is growing. Both adult and infant mortality rates have risen. Women are marginalized, both in the economic process and in democratic participation.

These trends pose major threats to security. If the capacity of a state to safeguard the interests of its citizens is undermined, people will turn elsewhere – possibly to political leaders with simplistic messages. They might also turn on each other. This applies especially in countries with weak democratic structures.

It is pointless to compare the level of social problems in Eastern and Western Europe. However, it is worth reflecting upon the fact that similar trends are discernible in the West as well, where we see rising unemployment, cutbacks in welfare services and widening social divisions. Therefore, it is far from enough for the countries of Eastern Europe to copy economic and political solutions from the West in order to solve their own social and economic problems.

Nevertheless, economic transformation in Eastern Europe is directly linked to European economic integration. By sharing the same economic and environmental sphere and meeting the challenges together, all European countries will have much better prospects of solving their problems. We are, if not in the same boat, at least on the same river.

When we discuss the need for changing our way of interpreting the world of today, it is essential to bear in mind the dramatic societal changes which are taking place and how these changes affect people's possibilities of living a dignified life. Over the last few years we have seen many studies of social and political development in the world, some of which showing contradictory trends. One of these is a report entitled *States of Disarray: The Social Effects of Globalization*, which was presented by the UN research body for social development (UNRISD) in 1995. The UN report describes globalization in terms of six distinct and, in part, contradictory trends, which have spread all over the world and grown stronger in the last few years:

- The spread of democracy has given a lot more people the right to vote and express their opinion, and has opened new doors to civil participation. But it has also – in some cases – paved the way for new social dividing lines and ethnic and territorial conflicts, as well as increased criminality.
- Since the mid-1970s, market forces have assumed greater domination. This has contributed to increased productivity but also widened economic gaps within countries and between them. The losers are those who are already poor – regardless of whether we are talking about individuals, groups or whole countries. "Even less certain than globalization's benefits for poor countries are its benefits for poor people within countries," says the *UNDP Human Development Report 1997*.
- The globalization of the economy means that capital, labour and goods move with increasing speed across national borders. This leads to tougher competition and reduces the power of states to control developments. It becomes increasingly difficult to see the connection between cause and effect in times of economic crisis.
- The shift in production systems and on the labour market means that industry is organized in small, flexible production systems with more and more people working in the service sector or the informal sector, often on a part-time basis. All these factors make it harder to organize workers in labour unions, to levy state taxes, and to create good working conditions and welfare programmes.
- Increasingly rapid technological developments are constantly creating new jobs and wiping out old ones. At the same time, the balance of power is changing within states as well as between them.
- The globalization of media and media consumption is so pervasive today that national culture and traditional values are being eroded. The whole world watches the same television series and news items at the same time.

These changes affect the conditions of life of each and everyone of us, and they have to be handled in a much greater spirit of international political cooperation. The societal changes which we are witnessing today are as radical as those which occurred when our European societies shifted from being agrarian societies to industrial ones. They are fundamental and challenge our view of the human being, our democratic model and our development model.

Societal changes during the process of industrialization tore apart the social institutions of that time. People sought new forms of solidarity, participation and new ways to engineer social development. Modern citizenship grew out of this process and offered decisive opportunities for a better life within the nation: through equality between individuals and respect for human rights; through the opportunity for universal and free political participation for both men and women; and through the state taking responsibility for the provision of basic social standards and welfare.

Just as we, at that time, took the step from the local village level to the national level in order to fulfil our basic human needs, we must now elevate these principles to an international level. As the report *Our Global Neighbourhood* and other studies make clear, we must focus on a global ethic and global citizenship. The possibilities for global citizenship can best be illustrated by progress in the area of human rights. The most important tool of prevention, and the most comprehensive one, is the protection of these rights.

Human rights are not a national issue, but our joint responsibility. For that reason, we cannot accept the idea of culture-relative rights. Human rights are the expression of a common ethic. The principles must be the same for everyone, everywhere. One of the greatest achievements of the United Nations is that these principles are today embodied in a number of international legal instruments that more and more countries adhere to.

Each and every country must accept that they are measured against the same yardstick. Therefore we are compelled to react forcefully and unambiguously against those countries which, instead of safeguarding human rights, systematically violate them. Torture, detention on political grounds and oppression are equally objectionable regardless of where they take place. There is no room for national sovereignty if it implies a lack of respect for human rights.

Obviously, the incorporation of international human rights commitments into national regulations will occur in different ways depending on the historical, cultural or religious roots of the country involved. But the obligation to respect human rights applies to everyone, irrespective of social system and other differences. In this instance, the political will is decisive for the achievement of results. In some Muslim countries today, for example, an important debate is in progress which argues that the Islamic judicial system can very easily be interpreted to comply with the norms of international human rights. A strong, vital civil community and freedom for the media are also important factors that often influence governments to take measures for an enhanced respect for human rights. The right to life is the most fundamental of all human rights. Unfortunately however, reports reach us every day that extrajudicial summary or arbitrary executions continue to occur around the world. More efforts must be made to eradicate such killings and make those who commit or instigate such crimes answerable for their actions. It is also regrettable that there is no universal ban on capital punishment exists. In this case, China constitutes one of the most disturbing examples. It is my personal conviction that the process of integration in Europe must also give the new democracies in Central and Eastern Europe a helping hand to banish capital punishment to the junkyard of history. The European Union and the Council of Europe should be communities of states which unreservedly have adopted and applied this fundamental human right. It is with utmost regret that we learn that in 1996 the world witnessed the largest ever number of executions, according to the *Amnesty International Report 1997*.

Another aspect of human rights is the artificial division of these rights into one set of economic, social and cultural rights, and another set of civil and political rights. The commitment to and consensus on human rights issues which existed when the Universal Declaration on Human Rights was drafted were soon to be crushed in the tension between East and West. In this mood of tension the Western powers – first and foremost the USA – came to emphasize civil and political rights. Economic rights were of another character, described in terms of goals, depending on political factors on the domestic front. The East European countries – first and foremost the Soviet Union – took the contrary position and emphasized economic, social and cultural rights, often at the expense of civil and political rights and freedoms. The cold war was an important explanation as to why we had two different main conventions in 1966.

It is very unfortunate that human rights became a part of the rhetoric of the great powers. In practice the two different categories of rights are opposite sides of the same coin. The very people who fight for better economic and social conditions are the ones whose political and civil rights are often violated. They are the ones who are silenced, thrown into prison and even tortured. We have to see human beings and human life as parts of a whole. A human being's rights can be violated in any sphere, and we have to create tools to protect people against all kinds of violations and encourage greater promotion and protection of all rights.

For some time now there has been a shift back towards this holistic view. The most obvious example is the adoption of the Convention on the Rights of the Child, which covers both groups of rights. But the Conventions on the Elimination of Racial Discrimination and on the Elimination of Discrimination against women already took a more integrated approach. Another landmark for this view was the World Conference on Human Rights which was held in Vienna in 1993.

The societal changes over the last few decades have had a profound effect on people's chances of securing their economic rights. Many millions of people, primarily in the expansive region of Southeast Asia, now have far better opportunities to support themselves and lead a decent life. But at the same time, entire communities in poor parts of the world, mainly in Africa, are deprived of the chance of ever having a decent standard of living. Our solidarity with these people constitutes a personal and global challenge. Ultimately, it all comes down to our basic approach to our fellow human beings and what kind of values we want to pass on to future generations.

One problem with economic, social and cultural rights is that they are difficult to quantify, and thus less precise, compared with civil and political rights. Therefore, it is no easy matter for an individual citizen to initiate legal proceedings against the state. International work is in progress to find solutions as to how these rights can be better measured, monitored and enforced. The road ahead must be enhanced implementation at all levels. The most important principles are already in place – the right to work and to a reasonable standard of living, including home, health care, freedom from poverty, etc.

It is a matter of creating political pressure to make countries both individually and jointly accord priority to social justice, not least in order to counteract the effects of the so-called globalization process in the economic and social sphere. Economic, social and cultural rights will be an important tool in this work.

A third aspect of human rights has to do with the new pattern for war and conflicts that has emerged. As was pointed out earlier, only six of the 101 armed conflicts in progress during the period 1989 to 1996 were conflicts between states. The rest were civil wars. This reality is out of phase with the basic assumptions and structures behind the main instruments in the field of international humanitarian law. Thus, humanitarian legislation, which should guarantee at least a minimum of humanity and decent behaviour in wartime, is based on a structure which does not necessarily exist in modern wars. We have seen in Somalia, in former Yugoslavia and in the Great Lakes region how respect for these rules collapses and leaves the way open to atrocious barbarism.

In the light of these experiences the Nordic governments, together with the Nordic human rights institutes, would like to work towards a more clear-cut code of conduct which can be applied by all parties in a conflict, regardless of how that conflict is defined and irrespective of who the parties may be. We would like to see a universal standard of humanity containing basic humanitarian rules, which can be applied in any given situation. Such a declaration would fill the gap which exists today between human rights and humanitarian legislation and also fulfil an important educational purpose for both soldiers and civilians.

It is also imperative that war criminals be punished if we are to avoid the stigmatization of entire ethnic groups and be able to start the process of reconciliation. Therefore, the international community must give support and resources to the International Tribunals which deal with former Yugoslavia and Rwanda. Moreover, children have to be better protected during armed conflicts. They have to be protected from being drafted for military service. And more efficient measures have to be taken to prevent rape and other wrongful acts committed against children and other civilians in wartime.

A fourth aspect of human rights deals with situations where tensions and conflicts occur within, rather than between, states. In these situations minority groups are especially vulnerable. Ethnic, cultural and religious factors have assumed greater significance as people seek an identity and an affiliation. The reverse of the coin may be an increased tendency to define oneself in opposition to others.

Paramount to achieving peaceful solutions to the problems of minority groups is the fostering of respect for human rights, for democracy and the principles of the community founded on the rule of the law, in which a ban on discrimination plays a major part. It is insufficient to focus only on the specific minority rights. Experience has also taught us that there are no general solutions to the problems of minorities. Each situation is unique and solutions can only be reached through a dialogue with the minorities involved and on the basis of a broad approach, with full respect for international norms. These norms refer only to the rights of persons belonging to minorities, i.e. they have an approach based on the individual. This is a deliberate choice on the part of the governments within the UN, the OSCE and the Council of Europe. With an approach more based on group rights there is always the risk that we pave the way for ethnic and territorial solutions which may in the long run create new antagonisms and conflicts. The international norms urge instead solutions based on integration, and with respect for cultural identity. They reject totally both ethnic solutions and assimilation through the relinquishment of cultural identities.

The Convention on the Rights of the Child represents decisive progress in the acknowledgement of the child as the bearer of his or her own rights, which must be respected and fostered. At the same time, international studies show that children are becoming increasingly vulnerable. A growing number of children are born and grow up without a family. It is estimated that almost 100 million children under the age of 15 are involved in child labour in order to support themselves and their families. A child's right to a decent life is to a great extent a matter of preventive measures and a secure childhood. Thus, the most important and most long-term endeavours focus on asserting the children's right to a family, on neutralizing those forces which contribute to the breakdown of the family, and at the same time ensuring that children who grow up without the security of a family are accorded special priority.

The work of the United Nations over the last 25 years to increase awareness of the rights of women has, furthermore, acted as a catalyst in international and national policy-making. Not least, the Women's Conference in Beijing in 1995 is proof of that. The situation of women and equality issues are now included on the agenda of all major international conferences.

We have to make more areas accessible to political decisions, not only in order to stave off growing injustice and long-term threats to democracy and the natural environment, but also to cope with the acute problems that follow in the wake of globalization – floods of refugees, intolerance, xenophobia, etc. In this context, human rights must be allowed to assume an important and more dominant role.

When the UN Secretary-General opened the World Conference on Human Rights in Vienna in 1993, he described the significance of human rights in the following way: "Human rights should be viewed not only as the absolute yardstick which they are, but also as a synthesis resulting from a long historical process. As an absolute yardstick, human rights constitute the common language of humanity. Adopting this language allows all peoples to understand others and to be the authors of their own history. Human rights, by definition, are the ultimate norm of all politics."

It is by placing the defence of human rights in its political context that we can nurture them for the benefit of humankind and humanity. This does not happen once and for all or automatically. Defending human rights is a constant struggle which must be kept alive in all communities the world over.

Peter JANKOWITSCH

MENSCHENRECHTE AM ENDE DES 20. JAHRHUNDERTS: EINE BILANZ

Kein anderes Jahrhundert hat den Gedanken der Menschenrechte und Grundfreiheiten so dramatisch aktualisiert wie jenes, das in wenigen Jahren zu Ende geht. Seine Schrecken und Grausamkeiten, die hunderten Millionen Menschen das Leben gekostet, ebensoviele ihrer elementarsten Rechte beraubt haben, liessen Verletzungen, Verweigerungen von Menschenrechten in früheren Jahrhunderten verblassen. Kein anderes Jahrhundert hat aber auch so deutlich gemacht, dass Schutz und Respekt der Menschenrechte und Grundfreiheiten zu den elementarsten Voraussetzungen einer friedlichen und stabilen Welt gehören, die zynische und systematische Verletzung dieser Rechte, die sich gerade in unserem Zeitalter angehäuft hat, zu den wichtigsten Ursachen der grossen Krisen und Kataklysmen dieses Jahrhunderts gehören.

Dass eine neue Weltordnung auf diesen Rechten aufgebaut werden müsste, hat zuerst und in einer heute fast klassischen Form 1941 die Churchill und Roosevelt zu verdankende Atlantik Charta festgehalten, in deren Zeichen sich jene Staaten sammelten, die als „Vereinte Nationen" den Kampf gegen die barbarische Verneinung der Menschenrechte durch die Hitler-Diktatur und ihre Satelliten führten.

Somit ist das 20. Jahrhundert aber auch zu einem Jahrhundert der Menschenrechte geworden, hat nicht nur nationale Rechtsordnungen durchdrungen, sondern auch einen umfassenden Katalog internationaler Verpflichtungen geschaffen, internationale Organisationen auf den Plan gerufen

und nicht zuletzt eine gewaltige neue internationale Bürgerbewegung mobilisiert.
Wurde der Frage der Menschenrechte und Grundfreiheiten nicht immer der höchste Platz auf der Tagesordnung der Weltpolitik eingeräumt und setzten sich oft andere, nicht zuletzt wirtschaftliche Interessen gegen sie durch, ihr wachsender Stellenwert, ihre Dominanz im Bewusstsein von Menschen, Gruppen, Bewegungen, konnte dadurch nicht beeinträchtigt werden: Dafür sorgte nicht zuletzt die heraufziehende Informationsgesellschaft, die auch auf diesem Gebiet ein nie gekanntes Mass an Globalisierung erzeugte. Dennoch bleibt am Ende dieses Jahrhunderts die Gesamtbilanz in der Verwirklichung der Menschenrechte und Grundfreiheiten ernüchternd: Auch der Wind der Freiheit und Demokratie, der am Ende des Jahrhunderts selbst solche Zitadellen der Unfreiheit wie die Apartheid in Südafrika, die allerdings schon brüchige kommunistische Diktatur im Osten Europas in Fall gebracht hat, hat das neue, universelle Zeitalter der Menschenrechte und Grundfreiheiten noch nicht verwirklicht.

DIE MENSCHENRECHTE IN DEN NEUEN INTERNATIONALEN ORGANISATIONEN

Teil der grossen Hoffnung Vereinte Nationen war 1945 auch die Idee, Schutz und Achtung der Menschenrechte zu einem der Hauptanliegen der neuen Organisation zu machen, die nach dem Ende des Zweiten Weltkrieges Grundstein einer neuen Weltordnung werden sollte.
Dass den Vereinten Nationen schon im Dezember 1948, mit der Annahme einer anspruchsvollen „Allgemeinen Erklärung der Menschenrechte" ein erster Schritt auf dem Weg zu einer menschlicheren Weltordnung geglückt schien, bestärkte diese Erwartungen.
Für das neue, von den Vereinten Nationen erstrebte Regime des Schutzes und der Förderung der Menschenrechte war es allerdings von allem Anfang an problematisch, dass ihre erste Bauphase in die Zeit des Kalten Krieges fiel.[1]
Als wichtigstes Hindernis auf dem Weg zur Verwirklichung der Menschenrechte und Grundfreiheiten erwies sich weiter der hartnäckige Widerstand des Instituts der nationalen Souveränität – im Artikel 2, Abs. 7, der Charta der Vereinten Nationen im übrigen ausdrücklich anerkannt – gegen jeden

Versuch, die Verfolgung der Menschenrechte zu einem auch nationale Grenzen überspringenden Anliegen zu machen. So verweigerten die Mitgliedstaaten der Vereinten Nationen in ihrer Mehrheit der Organisation von allem Anfang an die Möglichkeit, sich mit der Verletzung von Menschenrechten effektiv oder gar durch Anwendung von Zwangsmitteln auseinanderzusetzen.

Erst Jahrzehnte später schufen die Vereinten Nationen mit den 1966 verabschiedeten „Pakten" über bürgerliche und politische sowie über wirtschaftliche, soziale und kulturelle Rechte auch völkerrechtlich verbindliche Instrumente, die allerdings vor nationalen Behörden in aller Regel nicht unmittelbar angewendet werden können.[2]

Einen weiteren Schritt zur Verwirklichung des Programms der „Allgemeinen Erklärung" von 1948 sollte das Internationale Übereinkommen zur Beseitigung jeder Form der Rassendiskriminierung vom 7. März 1966 darstellen, das nicht zuletzt ein Anliegen der vielen neuen, aus dem Dekolonisierungsprozess hervorgegangenen Mitglieder der Vereinten Nationen war.

Auch dieses Übereinkommen, ebenso wie später angenommene – etwa das 1979 von der Generalversammlung verabschiedete und 1981 in Kraft getretene Übereinkommen zur Beseitigung aller Formen der Diskriminierung gegen Frauen – verfügt aber nur über schwache Instrumente zur Verwirklichung seiner Bestimmungen.

Diese strukturelle Schwächen der menschenrechtlichen Schutzbestimmungen der Vereinten Nationen haben dazu geführt, dass regionale Institutionen – anfänglich vor allem in Europa – den internationalen Schutz der Menschenrechte und Grundfreiheiten mit weitaus grösserem Erfolg zu ihrer Sache gemacht haben.[3]

Schon im zweiten Jahr seines Bestehens, nämlich im November 1950, vollendeten die Mitglieder des neugegründeten Europarates ihre Arbeiten an einer „Europäischen Konvention zum Schutz der Menschenrechte und Grundfreiheiten". In der Europäischen Menscherechtskonvention gaben sich die damaligen (wie heutigen) Mitglieder des Europarates ein schlagkräftiges Instrument, das nicht nur einen umfassenden Grundrechtskatalog enthält, sondern auch – im Gegensatz zu den Instrumenten der Vereinten Nationen – solche Einrichtungen vorsieht, die es ermöglichen, diese Rechte auch einzuklagen.

In der Zwischenzeit durch zahlreiche Zusatzprotokolle, wie jenes über die Abschaffung der Todesstrafe ergänzt, stellen die Strassburger

Menschenrechtsinstrumente heute ohne Zweifel den international vollkommensten und wirkungsvollsten Schutz der Einzelrechte der Menschen dar.
Auch andere Kontinente, vor allem Lateinamerika, in geringerem Masse auch Afrika, haben in der Zwischenzeit den Versuch unternommen, vorerst den Strassburger Weg zu gehen und durch regionale Menschenrechtsorgane Instanzen zu schaffen, die der Durchsetzung und dem Schutz der Rechte ihrer Bürger dienen, so sehr diese regionalen Organe aber auch noch heute gravierende Schwächen und Geburtsfehler aufweisen.
Nur in Asien fehlen bis heute auch schwache Ansätze einer regionalen Organisation zum Schutz von Menschenrecht und Grundfreiheiten: dafür sind allerdings nicht nur die kulturellen Disparitäten eines Kontinents ursächlich, in dem sich nicht nur die grossen Weltreligionen gegenüberstehen. Gerade in Asien hat sich auch bis in die letzten Jahre der hartnäkkigste Widerstand gegen den Gedanken einer universalen Geltung der heutigen Menschenrechtsordnung erhoben, bleiben auch die meisten Inseln der Diktatur, des Autoritarismus und des Fundamentalismus erhalten. An Fällen wie Hongkong könnte die Problematik des Fehlens solcher regionaler Menschenrechtsinstanzen sehr rasch sichtbar werden.

MENSCHENRECHTE AUF DEM WEG NACH OSTEN

Spätestens mit der Verabschiedung der Schlussakte der Konferenz für Sicherheit und Zusammenarbeit (KSZE) von Helsinki 1975 wurden die Menschenrechte auch auf die Tagesordnung der Ost-West Beziehungen dieser Jahre gesetzt.
Die Aufnahme menschenrechtlicher Bestimmungen in die KSZE-Schlussakte war eine der bedeutendsten Konzessionen, die die westlichen Demokratien den kommunistischen Diktaturen des Ostens zugunsten der Freiheitssehnsucht ihrer Bürger abringen konnten. Gewiss war der „Korb Drei" in seiner ursprünglichen Form nichts anderes als ein sorgfältig gezimmerter Kompromiss, mit dem der Osten für eine Reihe – nicht zuletzt territorialer – Garantien der westlichen Staaten zu bezahlen hatte. Auch nehmen sie sich aus heutiger Sicht eher bescheiden aus.[4]
Alle diese anfänglich bescheiden anmutenden, wohl auch unterschätzten Zugeständnisse, sollten sich aber im Laufe der Jahre als beachtlicher Sprengstoff für das System der kommunistischen Diktatur erweisen, die allein schon durch den Hinweis auf diese in „Korb Drei" übernommenen

Verpflichtungen immer wieder in die Defensive gedrängt und gezwungen werden konnte, im Rahmen von KSZE-Konferenzen die Aufrechterhaltung einer die Menschenrechte nur wenig achtenden Ordnung zu rechtfertigen. Spätere Phasen der KSZE, vor allem jene beginnend mit dem Wiener Folgetreffen, das 1989 zu Ende ging, haben die Stellung dieser Konferenz bei der Festigung der Menschenrechte in Europa weiter ausgebaut.
Zu einer der wichtigsten Innovationen der KSZE gehörte die Schaffung des Amtes eines Hochkommissars über nationale Minderheiten mit der Aufgabe, ein Frühwarnsystem für Minderheitenkonflikte zu entwickeln. Viele dieser Aufgaben auf dem Gebiet der Menschenrechte und Grundfreiheiten hat die heutige Nachfolgeorganisation der KSZE, die OSZE übernommen, die sich besonders im Prozess der Transition zu Demokratie und Rechtsstaat in Ost- und Mitteleuropa zu bewähren hatte. Dazu hat sich die Organisation eine Vielzahl von neuen, teils innovativen Instrumenten geschaffen, unter denen nicht zuletzt das in Warschau angesiedelte Büro für demokratische Institutionen und Menschenrechte (ODIHR) zu erwähnen ist, das u.a. Erfolge bei der Durchführung von Wahlen und in praxisbezogener Feldarbeit verzeichnen kann.

DIE WEITERENTWICKLUNG DER MENSCHENRECHTE IN DEN VEREINTEN NATIONEN

Gewiss sind die Vereinten Nationen in den Jahren, die der Verabschiedung der „Allgemeinen Erklärung der Menschenrechte" und der Menschenrechtspakte folgten, nicht untätig geblieben. Vor allem gelang es ihnen, durch neue internationale Übereinkommen das Netz menschenrechtlicher Instrumente zu verdichten.[5]
Weit hinter den Erwartungen verbleiben hingegen die Möglichkeiten der Vereinten Nationen, einmal beschlossenen menschenrechtlichen Schutzbestimmungen auch zum Durchbruch zu verhelfen: Das Schwergewicht dieser Bemühungen lag hier ohne Zweifel bei der regelmässig in Genf tagenden Menschenrechtskommission der Vereinten Nationen, die in den vergangenen Jahren innovativ bemüht war, durch die Schaffung neuer Institutionen, wie jener der „Sonderberichterstatter", besonders schreienden Verletzungen von Menschenrechten entgegenzutreten. Dabei begegnet die Menschenrechtskommission allerdings dem hartnäckigen Widerstand nationaler Regierungen – vom klassischen lateinamerikanischen

Diktator bis zu den Anwälten des modernen islamischen Fundamentalismus –, die sich der Prüfung der Lage der Menschenrechte in ihrem Machtbereich durch die Kommission widersetzen.[6]

Effektvoll verstärkt werden könnte die Arbeit der Kommission durch die Umsetzung verschiedener, auch von Österreich ausgehender Vorschläge zur Schaffung eines Dringlichkeitsmechanismus: Dieser würde ein sofortiges Eingreifen bei Vorliegen schwerer MR-Verletzungen erlauben.

Nur zögernd entwickelt hat sich auch der exekutive Arm der menschenrechtlichen Arbeit der Vereinten Nationen.

Erst nach einigen Bemühungen, die nicht zuletzt von der internationalen Menschenrechtsbewegung ausgingen, wurde 1994 neben einem schon länger in Genf bestehenden „Zentrum für Menschenrechte" das Amt des Hochkommissars der Vereinten Nationen für Menschenrechte geschaffen. Die Bilanz des ersten Amtsträgers, des ekuadorischen Diplomaten Ayala-Lasso, der allerdings auch nur mit bescheidenen Mitteln ausgestattet war, ist allerdings wenig eindrucksvoll und zeigt den engen Rahmen, den die Praxis der Vereinten Nationen für eine solche Tätigkeit bieten. Die Kritik der Menschenrechtsbewegung hat Ayala-Lasso daher nicht verschont, so etwa sein Verhalten in krassen Fällen von Menschenrechtsverletzungen durch bedeutende UN-Mitgliedsstaaten wie Nigerien.[7]

Vorbild für diese Funktion sollte daher weiter die des Flüchtlingshochkommissars der Vereinten Nationen bleiben, eine Einrichtung, die sich nicht zuletzt dank des unabhängigen und mutigen Vorgehens ihrer Amtsträger trotz vieler, vor allem finanzieller Schwächen in den letzten Jahren ausserordentlich bewährt hat.

Seine Aufgabe sollte es bleiben, als zentrale Instanz der Vereinten Nationen für alle Frage der Menschenrechte zu wirken und dabei insbesondere die von ihren verschiedenen, mit menschenrechtlichen Kompetenzen ausgestatteten Organen getroffenen Beschlüsse in die Tat umzusetzen.

Gewiss ist eine solche Aufgabe unvergleichlich schwieriger als die des Hochkomissars für Flüchtlinge, da dem neuen Hochkomissar die klaren rechtlichen Kompetenzen, wie sie etwa die Genfer Konvention dem Flüchtlingshochkommissar verleiht, bis heute fehlen. Seine Funktion wird daher zunächst eine im wesentlichen politische bleiben und vor allem mit der hohen moralischen Autorität ausgestattet sein, die dieses neue Amt mit sich bringt. Hier verbinden sich beträchtliche Hoffnungen mit der Berufung der bisherigen Präsidentin Irlands, Mary Robinson, in dieses Amt.

MENSCHENRECHTSSCHUTZ ALS INTERNATIONALE BÜRGERBEWEGUNG

Es versteht sich, dass unter diesen Umständen andere Kräfte in zunehmendem Masse die Aufgabe übernommen haben, den Schutz und die Wahrung der Menschenrechte auch auf der globalen Ebene voranzutreiben. Hier haben in den vergangenen Jahren vor allem die nichtstaatlichen Organisationen, allen voran Amnesty International in London, aber auch andere wie SOS Torture, die weltweit effektivste Gruppe gegen die Folter, die Internationale Helsinki Föderation, Human Rights Watch, die Gesellschaft für bedrohte Völker und viele andere die Aufgabe übernommen, den Schutz der Menschenrechte auf weltweiter Ebene zu übernehmen. Ohne ihren pausenlosen Protest gegen Menschenrechtsverletzungen, ohne ihre erfolgreichen Versuche, die Unterdrückung von Menschenrechten vor der Weltöffentlichkeit zu thematisieren, wäre es um die Lage der Menschenrechte in der heutigen Welt vermutlich noch wesentlich schlechter bestellt.
Amnesty International wurde vor mehr als 30 Jahren von dem britischen Rechtsanwalt Peter Benenson in der erklärten Absicht ins Leben gerufen, weltweit die Freilassung gewaltloser politischer Gefangener einzufordern. Aus einer kleinen Gruppe von Gleichgesinnten ist im Laufe der Zeit eine erdumspannende Bewegung entstanden. Die ursprüngliche Idee des Einsatzes zugunsten der Freilassung gewaltloser politischer Gefangener ist in all den Jahren ein zentrales Element der Arbeit von Amnesty International geblieben. Hinzu gekommen sind jedoch nach und nach viele weitere Aufgabengebiete. Der Kampf gegen Folter und Todesstrafe, das „Verschwindenlassen" von Menschen und extralegale Hinrichtungen ist inzwischen selbstverständlicher Bestandteil der Arbeit von Amnesty International. Gleiches gilt für das Eintreten der Organisation zugunsten fairer Gerichtsverfahren für politische Gefangene.
Anfang 1996 hatte Amnesty International mehr als 4300 Gruppen in über 90 Ländern. Darüber hinaus unterstützten mehr als 1,1 Millionen Mitglieder, Förderer und Abonnenten in mehr als 190 Staaten die Organisation. Zu diesem Zeitpunkt betreute Amnesty International bereits mehr als 4000 Fälle politischer Verfolgung, die fast 7000 Einzelpersonen betrafen. Hunderte Fälle konnten aber auch abgeschlossen werden, weil Gefangene freigelassen worden waren.
Das regionale Aktionsnetz von Amnesty International befasst sich mit Menschenrechtsverletzungen in allen Ländern dieser Welt. Die Teilnehmer

dieser Netzwerke standen bereit, wann immer Aktionen notwendig waren, um gegen Menschenrechtsverletzungen in Afrika, Amerika, Asien, im Pazifik, in Europa, dem Nahen Osten oder in Nordafrika vorzugehen.
Dem internationalen Arm von Amnesty steht jährlich für alle diese Aktivitäten ein Budget von etwa 120 Millionen britischen Pfunden (etwa 240 Millionen ÖS) zur Verfügung, mehr als bescheiden, vergleicht man es mit dem Aufwand für „nationale Sicherheit" auch kleinerer Diktaturen in der Welt.
Teil dieser umfassenden, universalen Menschenrechts-Bewegung in unseren Tagen ist ohne Zweifel auch die Sozialistische Internationale geworden, die sich als erste unter den grossen politischen Familien der demokratischen Welt auf ihrem New Yorker Kongress im September 1996 auch eine „Agenda der Menschenrechte für das 21. Jahrhundert" gegeben hat.
Dieses grosse programmatische Dokument, das sich als Beitrag zum Kampf der internationalen Menschenrechts-Bewegung verstehen will, erhält zahlreiche Forderungen, die gerade auch im Gefolge der Wiener Menschenrechts-Konferenz der Vereinten Nationen sowie anderer Mega-Konferenzen der Vereinten Nationen aktuell geworden sind.
Neben einem klaren Bekenntnis zur Unteilbarkeit und Universalität der Menschenrechte und Grundfreiheiten geht seine wichtigste Stossrichtung auf die Durchsetzbarkeit dieser Rechte. Hat die Sozialistische Internationale in der Vergangenheit massgeblich dazu beigetragen, die Forderung nach Schaffung eines Hochkommissares der Vereinten Nationen für Menschenrechte durchzusetzen, so steht sie jetzt in vorderster Front, wenn es darum geht, eine echte internationale Gerichtsbarkeit für Menschenrechte zu schaffen.
Sie ist daher heute Teil einer internationalen Kampagne für die Schaffung eines internationalen Strafgerichtshofes, in deren Rahmen auch die Tätigkeit zweier ad hoc geschaffener Strafrechtstribunale – jenes für Verbrechen gegen die Menschlichkeit im ehemaligen Jugoslawien bzw. in Rwanda – gestärkt werden soll.
Nachdem die Generalversammlung der Vereinten Nationen im Dezember 1996 beschlossen hat, spätestens Ende 1998 eine Konferenz diplomatischer Bevollmächtigter einzuberufen, um einen solchen Gerichtshof ins Leben zu rufen, ist diese Forderung heute einer Verwirklichung näher gekommen als je zuvor.

GRENZEN DES MENSCHENRECHTSSCHUTZES IN DER WELT DER 90-ER JAHRE: Von der Wiener Menschenrechtskonferenz der Vereinten Nationen zu den nächsten Etappen.

Der Wunsch nach einem Qualitätssprung in der Arbeit der Vereinten Nationen auf dem Gebiet der Menschenrechte hat im Dezember 1990 die Generalversammlung der Vereinten Nationen veranlasst, eine „Weltkonferenz über Menschenrechte" einzuberufen.
Durch die Wiener Menschenrechtskonferenz der Vereinten Nationen sollten nicht zuletzt jene Mechanismen der Vereinten Nationen, die der Durchsetzung, dem Schutz, aber auch der Weiterentwicklung der Menschenrechte und Grundfreiheiten gewidmet sind, gestärkt werden.
Die Akzentverschiebung von der Kodifikation der Menschenrechte auf ihre Durchsetzung und Verwirklichung hängt mit dem Umstand zusammen, dass es heute zwar bereits ein weltweit umfassendes Recht der Menschenrechte und Grundfreiheiten gibt, jedoch – sieht man vom regionalen Rahmen ab – kaum Institutionen, die ihrer Durchsetzung dienen. So waren die Forderungen der internationalen Menschenrechtsbewegung vor allen Dingen auf dieses Anliegen gerichtet – sosehr es auch weiter notwendig bleibt, Schutzbestimmungen gegen neue Formen von Menschenrechtsverletzungen zu schaffen.

Menschenrechte universell?

Mit der Wiener Konferenz der Vereinten Nationen sollte eine der folgenreichsten Kontroversen des modernen Menschenrechtsschutzes entschieden werden: Bestätigt werden sollte der Umstand, dass Menschenrechte universelle Geltung haben, und in jeder Gesellschaft unabhängig von ihrem Entwicklungsstand Anwendung finden müssen. Diesem Anspruch stellen sich heute beträchtliche Kräfte vor allem aus dem südostasiatischen Raum, jedoch auch aus der islamischen Welt entgegen, die unter Berufung auf kulturelle Diversität Ausnahmeregelung für Menschenrechte beanspruchen, etwa in der Frage der Todesstrafe, der Rechte der Frau und in vielen anderen Bereichen.
Eine weitere grundlegende Kontroverse betrifft die Frage der Unteilbarkeit der Menschenrechte. Lange Zeit galt es geradezu als Dogma, dass durchsetzbar, einklagbar zwar bürgerliche und politische Rechte sind,

wirtschaftliche, soziale, kulturelle Grundrechte hingegen weitgehend programmatischen Charakter haben sollen.

Hier sticht hervor die Forderung nach dem Grundrecht auf Entwicklung, das nicht zuletzt von Staaten der Dritten Welt machtvoll als ein solches vertreten wird und ebenbürtig neben bürgerlichen und politischen Rechten stehen soll.

Auf viele dieser Fragen hat die Wiener Konferenz eine eindeutige Antwort gegeben: geschaffen hat sie einen – freilich auch weiter umstrittenen neuen, aktualisierten Grundrechtskatalog für Menschenrechte und Grundfreiheiten, der auch der aktuellen Situation der Menschenrechte und Grundfreiheiten in vielen Teilen der Welt Rechnung trägt.

Ein für alle Male hat die Konferenz u. a. festgestellt, dass Verbreitung und Schutz der Menschenrechte ein legitimes Anliegen der internationalen Gemeinschaft sind und in ihrer Wertigkeit über den Anspruch auf Schutz der nationalen Souveränität gestellt werden müssen. Ein ebenso unzweideutiges Bekenntnis legt die Konferenz zur Universalität, Unteilbarkeit und Interdependenz der Menschenrechte ab. Menschenrechte müssen global und in gleicher Weise behandelt werden, ohne die Bedeutung nationaler und regionaler Besonderheiten, bestimmter historischer, kultureller und religiöser Umstände zu übersehen. Dennoch bleibt es Pflicht der Staaten, unabhängig von dem von ihnen gepflegten politischen, wirtschaftlichen oder kulturellen System alle Menschenrechte und Grundfreiheiten zu fördern und zu schützen.

Recht auf Demokratie und Entwicklung

Mit der Wiener Konferenz wurde auch eindeutig der Zusammenhang zwischen Demokratie und Entwicklung hervorgehoben, die Wechselwirkung, die zwischen dem Entwicklungsstand einzelner Gesellschaften und der Art und Weise ihres demokratischen Funktionierens besteht.

Am wenigsten entwickelte nationale Gesellschaften besitzen darüber hinaus einen Anspruch, von der internationalen Gemeinschaft in ihrer demokratischen und wirtschaftlichen Entwicklung gefördert zu werden, um Menschenrechte und Grundfreiheiten in ebensolcher Art verwirklichen zu können wie die höher entwickelten.

Damit tritt in den neuen Menschenrechtskatalog auch das Recht auf Entwicklung ein, das bereits vor einigen Jahren von einer Erklärung der

Vereinten Nationen als solches umschrieben wurde. Der Mensch gilt dabei als Mittelpunkt aller Bemühungen zur Entwicklung.

Menschenrechte und das Recht der Frau und des Kindes

Zu den neuen Kapiteln des internationalen Schutzes der Menschenrechte und Grundfreiheiten gehören im besonderen Masse Rechte der Frauen sowie die Rechte des Kindes. Die „Agenda für die Menschenrechte des 21. Jahrhunderts“ der Sozialistischen Internationale[8] stellt dazu fest, dass Diskrimination und Gewalt gegen Frauen trotz der Annahme zahlreicher globaler und regionaler Übereinkommen zu ihrem Schutz nach wie vor von vielen Staaten und Gesellschaften – teils unter Vorschützen von Traditionen, Kultur und Religion praktiziert wird. Das gilt besonders für die wirtschaftlichen Rechte der Frau und ihren Rechtsstatus in Gesellschaft und Familie. In vielen entwickelten Gesellschaften hat die Armut vor allem weibliche Form und betrifft dadurch auch mehr als sonst Kinder. In der Entwicklungswelt sind diskriminiert besonders Frauen der indigenen Völker.
Dass aber selbst der Kampf um die Kodifizierung der Rechte der Frau – von ihrer Verwirklichung gar nicht zu reden – noch lange nicht zu Ende ist, haben einige der UN-Megakonferenzen demonstriert, die wie die Weltbevölkerungskonferenz von Kairo (1994) und die Pekinger Weltfrauenkonferenz (1995) von hartnäckigen Rückzugsgefechten jener Kräfte gekennzeichnet waren, die in Wien schon beschlossene Rechte der Frauen wieder verwässern oder gar annullieren wollten.
Nicht weniger gefährdet bleiben die Rechte des Kindes, zu denen besonders die Wiener Konferenz beitragen wollte.
So forderte sie, dass nationale und internationale Massnahmen zu treffen seien, um Rechte des Kindes, besonders des weiblichen Kindes, zu verteidigen. Sie verlangte Aufmerksamkeit für die Rechte verlassener Kinder, besonders der Millionen von Strassenkindern in der Dritten Welt, ebenso wie wirtschaftlich und sexuell ausgebeuteter, und verurteilte den Missbrauch von Kindern durch Kinderpornographie und verabscheuenswürdige Praktiken wie den Verkauf ihrer Organe.
Weitere Kapitel betreffen den Schutz von Kindern in bewaffneten Konflikten sowie Kinder, die zusammen mit ihren Eltern gegen ihren Willen festgehalten werden.

Indigene Völker und Flüchtlinge

Zu den Fragen, die besonders seit der Wiener Menschenrechts-Konferenz hoch auf der Tagesordnung des internationalen Menschenrechts-Schutzes stehen, gehören weiter die Rechte von Minderheiten, die Rechte indigener Völker sowie Fragen des Flüchtlingsschutzes.
Nach wie vor besteht eine globale Flüchtlingskrise, die ein höheres Mass an internationaler Solidarität und an burden-sharing sowie ein einheitliches Vorgehen der internationalen Gemeinschaften erfordert.
Zwar lösen einzelne, besonders tragische Krisensituationen, wie etwa jene der Kurden nach dem Golfkrieg, der Völkermord in Zentralafrika oder der Zerfall ganzer Staaten in manchen Teilen Afrikas Wellen der humanitären Anteilnahme aus und ermöglichen effektive Hilfsmassnahmen internationaler Organisationen. Dem Flüchtlingsalltag in vielen Teilen der Welt steht aber eine immer solidere Mauer der Indifferenz entgegen, und wirtschaftliche Schwierigkeiten in vielen entwickelten Ländern – Arbeitslosigkeit, soziale Exklusion und wachsende Einkommensdisparitäten – stärken diese Tendenzen, die sich bis zu hysterischen Formen der Xenophobie steigern können, noch weiter.

Neue Formen der Menschenrechtsverletzung

In der Gefährdung von Menschenrechten und Grundfreiheiten entstehen mit jeder neuen Krise neue Dimensionen. Ohne dass diese in der langen, besonders der moderneren Geschichte der Menschheit und ihrer Kriege ganz neu wären, hat das Ende des Jahrhunderts gezeigt, dass Menschenrechtsverletzungen wie die des „ethnic cleansing" der systematischen Vergewaltigung von Frauen im Krieg, verurteilter erzwungener Massenexodus von Flüchtlingen und die Umsiedlung und Vertreibung ganzer Bevölkerungsgruppen längst nicht verschwunden sind. Alle diese Entwicklungen fordern daher eine ganz neue Strategie in der Durchsetzung von Menschenrechten und verpflichten alle Staaten der Welt, wirkungsvollere Einrichtungen zum Schutz der Menschenrechte und zur Abstellung von Verletzungen zu schaffen. Hier ist von Bedeutung eine unabhängige Justiz und ein funktionierendes nationales Rechtswesen. Staaten, die auf diesem Wege noch nicht weiter vorangekommen sind, sollten die Hilfe der Vereinten Nationen erhalten.

Menschenrechte und nicht-staatliche Organisationen

Nicht zuletzt die Wiener Menschenrechts-Konferenz der Vereinten Nationen hat die bedeutende Rolle anerkannt, die nichtstaatliche Organisationen bei der Förderung und beim Schutz der Menschenrechte auf allen Ebenen spielen. Gerade ihnen gelingt es immer wieder, das öffentliche Bewusstsein über Menschenrechtsfragen zu verstärken, Erziehungs- und Forschungsarbeiten auf diesem Feld durchzuführen und damit der Verbreitung und dem Schutz der Menschenrechte und Grundfreiheiten zu dienen. Muss auch die Hauptverantwortlichkeit für die Erhaltung der Menschenrechte bei Staaten und Regierungen bleiben, wird der Beitrag nichtstaatlicher Organisationen weiterhin unersetzlich bleiben. Die Regierungen sollten daher im Dialog und in Zusammenarbeit mit diesen Organisationen verbleiben und diesen Organisationen sowie allen ihren Mitgliedern, die sich ehrlich um den Schutz der Menschenrechte bemühen, entsprechende Rechte und Freiheiten einräumen, wie dies auch in der Allgemeinen Erklärung der Menschenrechte, aber auch im nationalen Recht vieler Staaten vorgesehen ist.

WEITERENTWICKLUNG DER MENSCHENRECHTE UND GRUNDFREIHEITEN AN DER SCHWELLE DES 21. JAHRHUNDERTS

Die grossen Konferenzen der Vereinten Nationen in den 90er Jahren waren, wie vor allem die Wiener Menschenrechtskonferenz, in der Entwicklung und Förderung der Menschenrechte und Grundfreiheiten wichtige Meilensteine. Sie haben es erlaubt, Bilanz zu ziehen und Überblick zu gewinnen über das heute schon imposante Gebäude an menschenrechtlichen Institutionen und Konventionen. Weiter haben sie auch eine Art Katalog all jener Einrichtungen und Vorschriften erstellt, die heute dem Menschenrechtsschutz auf allen seinen Ebenen – von der universalen bis zu den regionalen und nationalen – noch fehlen..

Dabei wird es einerseits von Bedeutung sein, dass die wichtigsten Akteure des Menschenrechtsschutzes, die auch in den kommenden Jahren die internationale Staatengemeinschaft und ihre konstituierenden Elemente, die Staaten sein werden, aus ihrer Verantwortung nicht entlassen werden. Dabei müssten Menschenrecht und Grundfreiheiten eindeutiger als bisher als das verstanden werden, was sie in Wirklichkeit sind: zutiefst politische Fragen, die der Behandlung auch auf der höchsten Ebene der Politik fähig und würdig sind.

Diese Botschaft hat, wie wenige andere, das neue Europa verstanden: der erste Gipfel der Mitgliedstaaten des Europarates hat in Wien im Herbst 1993 vielversprechende Ansätze zur weiteren Entwicklung der Menschenrechte auf diesem Kontinent, etwa in Fragen des Minderheitenschutzes gebracht. Schutz und Förderung der Menschenrechte muss heute aber auch als fester Bestandteil der Aussenpolitik aller Staaten verstanden werden.

Die Art der Beachtung der Menschenrechte durch die einzelnen Mitglieder der Staatengemeinschaft muss zu einem der wichtigsten Gradmesser in den internationalen Beziehungen werden. Staaten, die die Menschenrechte und Grundfreiheiten systematisch und bewusst verletzen, dürfen sich im Kreis der Staatengemeinschaft nicht jener Stellung erfreuen, die modernen Rechtsstaaten zukommt. Jeder Staat sollte überprüfen, inwieweit er in seine Beziehungen mit anderen Nationen diesen Gradmesser einbaut.

Nur selten allerdings entspricht die Staatengemeinschaft insgesamt diesen hohen Anforderungen. Hat sie sich in diesen Beziehungen in der Vergangenheit recht einmütig gegenüber dem rassistischen Südafrika gezeigt, so war ihr Verhalten in vielen anderen Fällen von gefährlicher Nuanciertheit – etwa in ihrem Verhalten gegenüber der Pinochet Diktatur in Chile oder der noch vor wenigen Jahren beunruhigend hohen Zahl von Diktaturen in Zentral- und Südamerika.

Immer wieder überschatten andere Interessen eine konsequente Menschenrechtspolitik auch gegenüber schweren Sündern – besonders wenn wirtschaftlich verheissungsvolle Länder wie das heutige China und seine Wirtschaftswunder betroffen sind.

Hier wird es oft die Aufgabe kleiner, entschlossener Staaten sein, als Bahnbrecher und Mahner zu wirken. Hier liegt ohne Zweifel auch eine der künftigen Schwerpunktgebiete der österreichischen Aussenpolitik.

Weiterentwicklung und Förderung der Menschenrechte wird aber auch in Zukunft und vielleicht noch stärker als bisher der unverzichtbaren zweiten Säule bedürfen, die die internationale Menschenrechtsbewegung darstellt, die auf einer sehr breiten, nicht nur in der entwickelten Welt vorhandenen Basis operieren kann.

Wie wenige andere Fragen mobilisieren gerade die Menschenrechte und Grundfreiheiten Generationen von Menschen auf allen Kontinenten, zwingen ihre kritische Fragen die politische Klasse zum Handeln.

Für beide Akteure, hier die Staaten und die Staatengemeinschaft, dort die internationale Menschenrechtsbewegung in allen ihren vielfältigen Verästelungen, in ihren alten und neuen Komponenten, bleibt die Tagesordnung der Menschenrechte weit, ja fast unerschöpflich.

Dabei bleiben die Hauptprobleme nicht anders gestellt als vor einigen Jahrzehnten, als die „Allgemeine Erklärung" die gewaltige Bewegung zum Schutz und zur Förderung der Menschenrechte und Grundfreiheiten einleitete.

Zum einen wird es weiter darum gehen, von der universalen bis zur lokalen Ebene Normen des Menschenrechtsschutzes zu schaffen und zu stärken, die mehr als fromme Erklärungen sind, sondern von den Betroffenen eingefordert und eingeklagt werden könnne. Neben der Exekutierbarkeit menschenrechtlicher Vorschriften wird es weiter darum gehen, heute noch klaffende Lücken im Menschenrechtsschutz auszufüllen, die immer wieder krasse Missbräuche erlauben.

Ebenso bedarf der Menschenrechtsschutz auf nationaler wie internationaler Ebene der Einrichtungen, die seiner Gewährleistung dienen.

Freilich bedürfen diese auch der Koordinierung und Abstimmung untereinander, im Rahmen der Vereinten Nationen wie im Rahmen einzelner Kontinente. Die heute oft schon verwirrende Vielfalt von Institutionen mit sich überschneidenden Kompetenzen verdeckt mehr als eine Lücke im Menschrechtsschutz.

So wichtig die Schaffung eines Amtes des UN-Hochkommissars für Menschenrechte als sichtbarer Ausdruck der Entschlossenheit der Weltorganisation war diese Frage mit allen Mitteln zu verfolgen, so sehr bedürfen gerade solche neue Institutionen der Einbindung in das heute bestehende System, und es darf nicht zu einem sterilen Nebeneinander solcher Einrichtungen kommen.

So bietet sich etwa bereits heute die Verbindung universaler mit regionalen Einrichtungen an – etwa eine aktive Klagslegitimation des UN-Hochkommissärs vor den europäischen Menscherechtsgerichtshöfen.

Klaffende Lücken weist aber auch das humanitäre Völkerrecht auf, das durch viele der aktuellen bewaffneten Konflikte – mangels Normen – vor unlösbare Aufgaben gestellt wird.

So muss nicht nur sein Anwendungsbereich in neuen Formen von Konflikten zwischen Bürgerkrieg und internationaler Krise verbreitert werden. Erfasst werden müssen auch neue Formen der Menschenrechtsverletzung durch besonders grausame und heimtückische, besonders die

Zivilbevölkerung treffende Waffen wie die gerade in der Dritten Welt – von Kambodscha bis Afghanistan – weit verbreiteten Landminen.
Hier bietet sich auch die Verstärkung der Rolle der Internationalen Humanitären Kommission an, die schwere Verletzungen der Genfer Konventionen 1994 bzw. des 1. Zusatzprotokolls 1977 über den Schutz der Opfer internationaler bewaffneter Konflikte untersuchen soll. Sie kann auch andere Verletzungen des humanitären Rechts prüfen, darunter auch solche, die in Bürgerkriegen begangen werden – dies allerdings nur dann, wenn alle Konfliktparteien ihre „Guten Dienste" anbieten, damit das internationale humanitäre Recht von allen am Konflikt beteiligten Parteien eingehalten wird.
Unterstützt wird ihre Rolle durch eine Internationale Humanitäre Ermittlungskommission, die allerdings erst 1992 ihre Tätigkeit aufnehmen konnte.
So erfinderisch der internationale Menschenrechtsschutz gerade dann werden kann, wenn er sich schweren und systematischen Verletzungen der Menschenrechte und Grundfreiheiten gegenübersieht, so unerschöpflich ist aber auch die grausame Phantasie jener, die in der brutalen Unterdrückung auch elementaren Menschenrechten und Grundfreiheiten das Fundament ihrer Herrschaft erblicken.
So gehören zu den neuen Tatbeständen, die internationalen Menschenrechtsgremien von den Vereinten Nationen bis zu allen Regionalorganisationen beschäftigten, solche vom „Verschwinden von Personen" bis zu dem selbst durch das humanitäre Völkerecht nur schwer zu erfassenden Tatbestand der „inneren Vertreibung" – im Europa am Ende des 20. Jahrhunderts noch „verfeinert" durch die Praxis des „ethnic cleansing".
Hier müssen immer neue Instrumente und Rechtsbestände entwickelt werden, um auch den raffiniertesten der neuen menschenrechtlichen Verstösse eine rechtliche und politische Schranke entgegenzusetzen.
Wie oft schon in der Vergangenheit, ist im „neuen" Menschenrechtsschutz ein kleines europäisches Land, die Schweiz, anderen vorangegangen. In einer europaweit beachteten Abstimmung hat das Schweizer Volk 1994 in seiner Gesamtheit einem neuen Strafrechtsartikel zugestimmt, der angesichts seines vorbildlichen Charakters hier im Wortlaut zitiert werden soll:

„Art. 261bis, Rassendiskriminierung"
Wer öffentlich gegen eine Person oder eine Gruppe von Personen wegen ihrer Rasse, Ethnie oder Religion zu Hass oder Diskriminierung aufruft, wer öffentlich Ideologien verbreitet, die auf die systematische Herabsetzung

oder Verleumdung der Angehörigen einer Rasse, Ethnie oder Religion gerichtet sind,
wer mit dem gleichen Ziel Propagandaaktionen organisiert, fördert oder daran teilnimmt,
wer öffentlich durch Wort, Schrift, Bild, Gebärden, Tätlichkeiten oder in anderer Weise eine Person oder eine Gruppe von Personen wegen ihrer Rasse, Ethnie oder Religion in einer gegen die Menschenwürde verstossenden Weise herabsetzt oder diskriminiert oder aus einem dieser Gründe Völkermord oder andere Verbrechen gegen die Menschlichkeit leugnet, gröblich verharmlost oder zu rechtfertigen sucht,
wer eine von ihm angebotene Leistung, die für die Allgemeinheit bestimmt ist, einer Person oder einer Gruppe von Personen wegen ihrer Rasse, Ethnie oder Religion verweigert,
wird mit Gefängnis oder mit Busse bestraft.

Eindrucksvoll hat hier eine alte europäische Demokratie bekundet, was sie von altem und neuem Nazismus, von „ethnischer Säuberung", von der türkischen Kurdenpolitik und von der propagandistischen Vorbereitung des Völkermordes in Rwanda hält, wenn sie sich selber formell auf humane und freiheitliche Grundsätze verpflichtet.
Reich ist auch die Tagesordnung für den internationalen Minderheitenschutz, so sehr er von der OSZE bis zu den Vereinten Nationen, vom Europarat bis zu zahlreichen Einzelkommissionen fast alle mit Menschenrechten befassten Gremien und Organisationen beschäftigt.
So werden die bisher erreichten politischen Verpflichtungen der OSZE Staaten in bezug auf ihre nationalen Minderheiten einerseits und das in der Europäischen Menschenrechtskonvention und anderen internationalen Übereinkommen enthaltene Verbot der Diskriminierung der Minderheiten – andererseits Volksgruppenproblemen in vielen europäischen Staaten nicht gerecht.[9]
Ähnlichen, mehr oder minder unverbindlichen Charakter hat eine aus dem Schoss der MR-Kommission der Vereinten Nationen stammenden Erklärung über die Rechte von Personen, die nationalen, ethnischen, religiösen oder sprachlichen Minderheiten angehören.
Auch die darin enthaltenen Regelungen zugunsten von Minderheitenangehörigen sind relativ bescheiden und nicht einklagbar. Eine echte rechtliche Verankerung der Rechte von Volksgruppen und ihrer Angehörigen auf europäischer Ebene erscheint daher heute dringend geboten.

Vorarbeiten, geleistet u. a. im Rahmen der „Europäischen Kommission für Demokratie durch Recht", die einen Entwurf für eine Europäische Konvention zum Schutz von Minderheiten ausgearbeitet hat, wären reichlich vorhanden.

Einer weiteren Entwicklung bedürfen auch „neue Generationen" von Menschenrechten wie die sozialen, kulturellen und wirtschaftlichen Rechte. Auch hier ging Europa immer wieder beispielgebend voran, so der Europarat mit seinen Initiativen zur Erneuerung der aus dem Jahre 1961 stammenden Europäischen Sozialcharta. Zweck der Arbeiten sind u. a. inhaltliche Änderungen mit dem Ziel einer Neuformulierung und Anpassung mancher sozialer Rechte an die gegenwärtige soziale Lage. Zum anderen sollen durch die Schaffung eines kollektiven Beschwerdesystems für Organisationen von Arbeitgebern und Arbeitnehmern die Möglichkeiten zur Durchsetzung der in der Charta verbrieften sozialen Rechte verbessert werden.

Zu den klassischen Menschenrechten und Grundfreiheiten sind damit in den letzten Jahren und Jahrzehnten zahlreiche neue gekommen:

Viele dieser neuen Rechte gewinnen Aktualität durch die Probleme wirtschaftlicher und sozialer Entwicklung in weiten Teilen der Welt.Es steht ausser Zweifel, dass das Problem der umfassenden Achtung und des Schutzes der Menschenrechte von höchster Relevanz für die wirtschaftliche und soziale Entwicklung weiter Teile der Dritten Welt ist. Nicht weniger bedeutend erscheinen daneben die Rechte des Kindes, Gegenstand einer UN Konvention – aber gleichfalls ein Feld auf dem oft nur wenig mehr vollbracht wird als ein paar Pioniertaten.

Neben den individuellen Rechten hat gerade auch die letzte Zeit wieder die Notwendigkeit der Achtung kollektiver Rechte unterstrichen. Der unauflösbare Zusammenhang zwischen Demokratie und Entwicklung – nicht nur in der Dritten Welt – hat ein ganzes neues Feld an Initiativen und Aktionen geschaffen, aus dem etwa das Recht auf Wahlbeobachtung hervorsticht, eines der wichtigsten Instrumente in Demokratisierungsprozessen, das immer deutlicher einer Verrechtlichung durch völkerrechtliche Instrumente zustrebt.

Wenngleich in seiner Isolation vielleicht nicht wirklich beispielgebend und trendsetzend verdient auch besondere Beachtung in diesem Zusammenhang das Eingreifen der Vereinten Nationen bei der Wiederherstellung der Demokratie in Ländern wie Haiti. Gewiss wäre dieses Eingreifen nicht möglich gewesen ohne den militärischen Arm der Vereinigten Staaten,

ohne das auch aus vielen anderen als menschenrechtlichen Gründen genährte Interesse einer Supermacht an der Wiedereinsetzung eines einmal demokratisch gewählten Präsidenten. Dennoch wird sich die Frage erheben, ob sich aus dieser von den Vereinten Nationen sanktionierten und ja auch gewünschte Aktion andere ähnliche Rechte auf Demokratie und Eingreifen der Staatengemeinschaft ableiten können.
Eindeutig zeigen die Erfahrungen der letzten Jahrzehnte jedenfalls, dass der Kampf um Schutz und Gewähr der Menschenrechte und Grundfreiheiten fruchtlos bleiben muss, wenn hinter ihm nicht der entschlossene Wille der Staatengemeinschaft steht, Verpflichtungen nach Möglichkeit auch mit Waffengewalt, zumindest aber mit einschneidenden wirtschaftlichen und anderen Sanktionen durchzusetzen.
Das zeigt auch die Bedeutung starker und mit Klauen und Zähnen ausgestatteten Institutionen auf, wie sie sich allerdings bislang nur Europa wirklich mit den Strassburger Einrichtungen geschaffen hat. Hier klaffen noch weite Lücken, etwa auf dem asiatischen Kontinent mit Versuchen „Asian values" den universellen Werten der Menschenrechte und Grund freiheiten gegenüberzustellen.
Ebenso fehlen etwa die Institutionen, die es einmal in der arabischen Welt erlauben würden, Menschenrechtsverstösse, wie sie heute etwa wieder das irakische Regime mit teuflischer Konsequenz betreibt, gnadenlos zu ahnden.
Auch Europa muss aber, will es seine Rolle an der Vorderfront des Menschenrechtsschutzes erhalten, seine Einrichtungen und seine Gesetze, seine Konventionen und seine Verpflichtungen immer wieder überprüfen und erneuern. Darüber hinaus muss gerade ein vom Geist der Menschenrechte erfüllter Kontinent alles tun, damit ein solches Regime nicht nur Inselkultur wird, und Grundsätze der Menschenrechte und Grundfreiheiten universelle Anerkennung und Anwendung finden.
Schützen muss sich das Menschenrecht schliesslich auch gegen die falschen Anwälte und Verfechter, die das Bekenntnis zu solchen idealen Werten missbrauchen zum Verfolg eigener nationaler oder ideologischer Ziele.
Immer bedeutender wird es dadurch werden, den Schutz der Menschenrechte national aber auch international wirklich unabhängigen, wirklich lauter motivierten Instanzen zu übertragen, in denen weder das Gesetz der Partei noch das Gesetz des Nationalstaates gilt. Hier wird sich gerade die unüberhörbare, unentbehrliche Stimme der internationalen, kontinentüberschreitenden Menschenrechtsorganisationen bewähren müssen.

Solche Bemühungen und Überlegungen müssen münden in die Schaffung eines Internationalen Gerichtshofes für Menschenrechte, ebenbürtig neben dem Haager Gerichtshof, in dem eine Art Welt-Ombudsman, eine Art Völkeranwalt die Recht der Vertriebenen und Geschändeten, der Verfolgten und Unterdrückten, seien es Personen oder ganze Völker, anklagend verteidigen könnte.
Zu anderen wichtigen rechtlichen Innovationen muss auch endlich die Regelung des Zugangs menschenrechtlicher nicht-staatlicher Organisationen zu Verhandlungen und Beratungen solcher Organe gehören, die auf allen Ebenen des Staates oder internationalen Organisationen Fragen der Menschenrechte und Grundfreiheiten behandeln.
Vom Ausgang vieler dieser Bemühungen, vom politischen Willen vor allem der Staaten und der internationalen Staatengemeinschaft wird es abhängen, ob noch deutlicher und wirkungsvoller als in diesem auch das 21. Jahrhundert im Zeichen der Menschenrechte stehen wird.
Erfahrungen gerade in diesem Jahrhundert sollten es im übrigen leichter machen, den Schutz und die Förderung der Menschenrechte und Grundfreiheiten von allem Anfang an auf eine neue und sichere Basis zu stellen und damit zu gewährleisten, dass die Schrecken und Abgründe, die das 20. Jahrhundert in dieser Beziehung begleitet haben, zumindest im kommenden Jahrhundert Geschichte bleiben.

1 Der Umstand, dass sich bei der Verabschiedung der „Allgemeinen Erklärung" durch die Generalversammlung der Vereinten Nationen die Sowjetunion zusammen mit den von ihr beherrschten „Volksdemokratien" der Stimme enthielt – begleitet in dieser Haltung von einem der Apartheid zustrebenden Südafrika und dem einer fundamentalistischen Religion verschriebenen Saudiarabien –, war ein erstes Signal dafür, wie lange der Weg zur universellen Anerkennung der Menschenrechte und Grundfreiheiten sein würde.

2 Zumindest die bürgerlichen und politischen Rechte – in keinem Fall die wirtschaftlichen, sozialen und kulturellen Rechte – können hingegen vor dem im Gefolge der „Pakte" gebildeten UN-Ausschuss für Menschrenrechte geltend gemacht werden, wenn der betreffende Staat ein Fakultativprotokoll zu diesem Pakt ratifiziert hat.

3 Mit wenigen Ausnahmen beschränken sich die Befugnisse der verschiedenen Ausschüsse auf das Recht der Berichterstattung an die Generalversammlung der Vereinten Nationen: Dazu stellen ihre Berichte, bei denen sie auf die Mitarbeit betroffener Regierungen angewiesen sind, zumeist schwierige Übungen im politischen Kompromiss dar, weil viele Regierungen dabei bemüht sind, der Kritik der Vereinten Nationen zu entgehen.

4 Verheissen wurden erleichterte menschliche Kontakte, Familienzusammenführung und Eheschliessungen. Bedingungen für den Tourismus auf individueller oder kollektiver Grundlage sollten verbessert, Begegnungen der Jugend und Begegnungen auf sportlicher Ebene ermöglicht werden. Verbessert werden sollten Zugang zu Informationen und Zusammenarbeit im Bereich der Information, ebenso wie die Arbeitsbedingungen für Journalisten.

5 Zu den neuen Übereinkommen zählen neben der UN-Rassendiskriminierungskonvention (1966) und der Konvention gegen die Diskriminierung der Frau (1979) auch solche wie die Konvention gegen die Folter (1984)

6 Beschränkte Möglichkeiten des Eingreifens findet die Kommission auch im Rahmen des vertraulichen Beschwerdeverfahrens auf Grund der Resolution des ECOSOC 1503 (XLVIII). Dieses hat es der Kommission in den letzten Jahren erlaubt, sich mit der Situation der Menschenrechte in Staaten wie Myanmar (Burma), Somalia, dem Sudan, Syrien, dem Tschad und Zaire zu „befassen". Dies heisst allerdings in der Praxis nur wenig, da vieles von der Bereitschaft der betroffenen Staaten abhängt, mit der Kommission loyal zusammenzuarbeiten.

7 Nach der Hinrichtung des nigerischen Menschenrechts-Aktivisten Ken Saro-Wiwa Ende 1995 begnügte sich Ayala-Lasso mit einem Brief an die ständige nigerianische Mission in Genf, in dem er eine Erklärung zu den Todesurteilen forderte, die ihm „zur Kenntnis gebracht" worden seien. Ungeachtet der Appelle an seine Autorität weigerte sich der Hochkommissar, die nigerianische Militärregierung zu verurteilen, um „die Möglichkeit eines zukünftigen Dialogs offenzuhalten".

8 „Socialist International, XX Congress, New York September 1996"; Eigenverlag der Sozialistischen Internationale, London 1997, S. 102 ff.

9 So beschränken sich OSZE Verpflichtungen gegenüber nationalen Minderheiten auf Feststellungen wie die dass die Rechte von Angehörigen nationaler Minderheiten ein „legitimes internationales Anliegen" und folglich nicht des jeweiligen Staates seien.

Lionel JOSPIN

DAS „MOMENT DER SOZIALDEMOKRATIE"

Die Kräfte des Fortschritts, angeführt von der Sozialistischen Partei Frankreichs, sind als Sieger aus den Parlamentswahlen vom 1. Juni hervorgegangen. Erstmals in der Fünften Republik hat die Linke Wahlen gewonnen, ohne von der Dynamik eines vorhergehenden Sieges bei den Präsidentenwahlen profitiert zu haben, wie dies 1981 und 1988 der Fall war. Dieser Erfolg ermöglicht der Regierung, die ich gebildet habe, den Pakt für die Republik zu verwirklichen, den Pakt für Entwicklung und Solidarität, den ich dem Parlament präsentiert habe.
Wie groß auch die Bedeutung dieser Wahlen für mein Land sein mag, ihre Tragweite reicht gleichwohl über den unmittelbar nationalen Rahmen hinaus: Sie sind Teil dessen, was ich das „Moment der Sozialdemokratie" nennen würde, das Europa von nun an prägen wird.

Die Franzosen haben am 1. Juni 1997
das offensichtliche Scheitern der Rechten besiegelt
und sich für einen sozialdemokratischen Pakt ausgesprochen.

DIE ENTTÄUSCHTEN ERWARTUNGEN DER FRANZOSEN

Am 21. April 1997 verkündete der Präsident der französischen Republik die Auflösung der Nationalversammlung. Indem er von diesem ihm durch

Artikel 12 unserer Verfassung verliehenen Recht Gebrauch machte, entschied Jacques Chirac für eine Vorverlegung der für 1998 vorgesehenen Parlamentswahlen um ein Jahr. Dieser Schritt entsprach nicht dem Geiste unserer Verfassung, die die Möglichkeit einer Parlamentsauflösung nur für den – seltenen – Fall eines unüberbrückbaren Konflikts zwischen Regierung und Nationalversammlung vorsieht. Präsident Chirac verfolgte ein anderes Ziel: Er führte diese Wahl vorzeitig herbei, da die von den Mißerfolgen der Regierung Juppé geschwächte Rechte immer weniger in der Lage zu sein schien, einen Sieg davonzutragen. Gleichzeitig wollte er damit die Opposition, deren Erneuerungsbemühungen unbestreitbar Früchte zu tragen begannen, in eine mißliche Lage bringen.

Die Regierungsmehrheit wollte einen sehr kurzen Wahlkampf, um so eine Debatte, von der sie wußte, daß sie ihr schaden würde, abzublocken. Doch das französische Volk hat in mehr als deutlicher Weise von der ihm gegebenen Möglichkeit der Meinungsäußerung Gebrauch gemacht. Denn die Französinnen und Franzosen haben ihre Befürchtungen geäußert, ihre Ablehnung gezeigt und ihre Zweifel formuliert.

Ihre berechtigten Befürchtungen äußerten Frankreichs Bürger zunächst angesichts der ständigen Verschlechterung ihrer wirtschaftlichen und sozialen Lage. Die Rechte, die alle Hebel der Macht in der Hand hatte, verzeichnete Mißerfolg auf Mißerfolg. Im Frühjahr 1997 wuchs die Arbeitslosenrate, eine Hauptsorge meiner Mitbürger, bei der erwerbstätigen Bevölkerung auf fast 13% an. Die soziale Sicherheit sank unter dem Druck von Defiziten, die die Regierung nicht eingrenzen konnte. Der Privatkonsum ging infolge einer beispiellosen Abgabenanhebung zurück. Verunsichert vom ungünstigen Wirtschaftsklima schränkten die Unternehmen ihre Investitionen ein. Die Wirtschaftsleistung sank drastisch. Die Staatsschuld wuchs schneller denn je zuvor. Im Mai 1997 war Frankreich in eine Krisensituation geraten.

Ablehnung zeigten die Franzosen weiters gegenüber einer zu weit gehenden Machtausübung. Während der letzten vier Jahre hatte sich die Rechte als arrogante, technokratische Regierungsmacht präsentiert, die sich immer und überall im Recht wähnte und in ihren eigenen Gewißheiten gefangen war. Die Regierung Balladur war schwach gegenüber den Mächtigen und hart gegenüber den Schwachen. Die Regierung Juppé zeigte sich unnachgiebig gegenüber den Bedürftigen und nachgiebig gegenüber den Begüterten. Erstere beschränkte sich auf eine als Konsensbewußtsein getarnte Untätigkeit, zweitere trieb die Grenzen des Zynismus noch weiter. Der Justizminister vermied geschickt die Aufklärung verschiedener Finanzaffären. Der Innenminister ließ eine Kirche, in der Ausländer Zuflucht gesucht hatten, gewaltsam räumen, brach so mit der Tradition der Gastfreundschaft der Republik und schockierte viele Katholiken.

Und schließlich formulierten die Franzosen ihre Zweifel, ob Frankreich ihnen noch eine Zukunft bieten könnte. Tief in eine Wirtschaftskrise versunken, unter dem Einfluß von ultra-liberalistischen Tendenzen und von steigender Skepsis ergriffen, zweifelte Frankreich an sich selbst.

Der früheren Regierungsmehrheit, die ihre Wahlversprechen vergessen hatte, gelang es weder, den Mitbürgern ein Gefühl der Sicherheit zu geben oder das politische Leben zu erneuern, noch gelang es ihr, Frankreich das zu wiederzugeben, was ihm am meisten fehlt: einen Sinn, eine Richtung, ein Projekt.

Als Antwort auf dieses Scheitern sprachen sich die Franzosen am Sonntag, den 1. Juni für das sozialdemokratische Projekt aus, das ihnen die Kräfte des Fortschritts, die sich um die Sozialistische Partei formiert hatten, vorschlugen. Um die Zukunft zu verändern, haben die Franzosen – und das ist nur logisch – sich für eine andere Regierungsmehrheit entschieden und ihr Vertrauen in den ihnen vorgeschlagenen Pakt bekräftigt.

DIE ENTSCHEIDUNG FÜR EINEN SOZIALDEMOKRATISCH GEPRÄGTEN PAKT

Die Mehrheit der Franzosen fand in diesem sozialdemokratischen Projekt, das wir ihnen vorgeschlagen haben, ihre eigenen Erwartungen formuliert. Dieses Projekt ist ein Pakt, der drei Aspekte beinhaltet:

Es ist zunächst ein Pakt für die Republik. Vorrangige Bedeutung hat die Rückkehr zu einer republikanische Gesinnung, die Basis eines unparteiischen Staates ist. Sie ist – anspruchsvoller – Ursprung unserer nationalen Identität und eine Inspiration für die Rolle Frankreichs in der Welt. Während das öffentliche Leben meines Landes unter dem Individualismus und der Regentschaft des Geldes leidet, ist es mehr den je geboten, zu den Grundregeln republikanischer Ethik zurückzufinden. Von der Basis bis hinauf zur Spitze des Staates, vom Beamten bis hin zum Minister muß eine einzige Prämisse das Sein, das Handeln und das Entscheiden bestimmen: jene des Dienstes an der Nation.

Diese republikanische Gesinnung verlangt nach einer unabhängigen Justiz, die bürgernahe und effizient ist: Wir werden Richtern Schutz vor politischem Druck geben; wir werden darauf hinarbeiten, daß alle Bürger Zugang zu rechtlichen Institutionen haben, wir werden der Justiz die Mittel geben, die ihr Handeln erfordert. Diese republikanische Gesinnung fordert eine Erneuerung unseres politischen Lebens und eine Vertiefung der Demokratie: Wir werden uns auch weiterhin für eine stärkere Rolle der Frauen in der Politik einsetzen, wir werden Ämteranhäufungen einschränken.

Es ist weiters ein Pakt für Entwicklung. Wir müssen auf den Weg des Wachstums zurückfinden, denn Frankreich krankt an einer schwachen Wirtschaftsleistung, denn die Franzosen leiden unter der hohen Arbeitslosigkeit, denn der Zusammenhalt unserer Gesellschaft ist in Gefahr. Gewiß, Wachstum läßt sich nicht per Dekret verordnen. Aber man kann Tag für Tag darauf hinarbeiten. Durch wiedergewonnenes Vertrauen und gemeinsame Anstrengungen aller kann es erzielt werden. Wachstum entsteht im Inneren von Unternehmen, und besonders von Klein- und Mittelbetrieben: Unser Anliegen wird es sein, die Verfahren zu vereinfachen, die deren Aktivität belasten. Wachstum nährt sich aus Produkten der Intelligenz: Wissen wird gleichzeitig Einsatz und Reichtum des 21. Jahrhunderts sein. Deshalb werden wir Bildung und Forschung zu Schwerpunktbereichen machen. Wachstum stützt sich schließlich, unabhängig vom Stellenwert des Marktes, auf effizientes Agieren des Staates. Beschäftigung zu sichern wird für uns Hauptziel staatlicher Anstrengungen sein.

Es ist schließlich ein Pakt für Solidarität. Denn die Anstrengungen, die zur Schaffung von Wachstum nötig sind, müssen ebenso wie die Früchte, die daraus entstehen, gerecht unter unseren Mitbürgern verteilt sein. Auch dabei ist die Einflußnahme des Staates durch und durch gerechtfertigt. Das Steuersystem soll ausgewogener werden, sodaß es die Mittelschichten und die Arbeitseinkommen weniger belastet. Wir wollen den sozialen Schutz sichern, indem wir ihn reformieren: Das derzeitige Pensionssystem soll bestehen bleiben; gleicher Zugang zur Krankenvorsorge soll durch die Schaffung einer allgemeinen Krankenversicherung gewährleistet werden. Kurz gesagt, das Projekt, dem die Franzosen zugestimmt haben und das meine Regierung seit vier Monaten verwirklicht, ist ein sozialdemokratisches. Damit sollte es uns gelingen, Frankreich wieder in Gang zu setzen und unsere Zukunft erfolgreich zu gestalten. Es ist meine Absicht, diesen Pakt langfristig und dank einer gewissenhaften Arbeitsweise umzusetzen.

EINE GEWISSENHAFTE VORGANGSWEISE

In der Tat muß sich das sozialdemokratische Projekt durch eine gewissenhafte Vorgangsweise auszeichnen. Meine Vorgangsweise, so wie ich sie vor der Nationalversammlung dargelegt habe und wie sie die Mitglieder meiner Regierung nunmehr an den Tag legen, wird von vier Forderungen geleitet:

Die Forderung nach Einhaltung von Versprechen. Wir sind gegenüber dem Volk Verpflichtungen eingegangen. Wir werden darüber Rechnung ablegen müssen. Der politische Wille, der meinem Handeln zugrunde liegt, zielt darauf ab, die Realität zu verändern.

Die Forderung, unseren Bürgern zur Verfügung zu stehen. Dies setzt Minister voraus, die sich voll und ganz ihrem Amt widmen. Alle Minister meiner Regierung haben Funktionen auf lokaler Ebene, besonders die Funktion von Bürgermeistern, zurückgelegt.

Die Forderung nach Dialog. Die Sorgen unserer Mitbürger müssen im Zentrum unserer Überlegungen stehen. Der Dialog mit ihnen muß ständig aufrechterhalten bleiben. Sie müssen in Entscheidungen eingebunden sein. In diesem Sinne muß auch die Vermittlungsrolle von Gewerkschaften und Sozialpartnern wieder stärker aufgewertet werden.

Die Forderung nach Wahrheit. Sagen, was man tut wird, und tun, was man gesagt hat – das verstehe ich unter verantwortungsbewußter Politik. Wir werden unsere Erfolge aufzeigen, ebenso wie wir unsere Mißerfolge erklären werden.

Ich möchte nun den Sieg der französischen Sozialistischen Partei in einen europäischen Kontext stellen, wie es ihm auch zukommt. In dieser Hinsicht bin ich überzeugt, daß Europa 1997 ein „sozialdemokratisches Moment“ erreicht hat.

Dieser Sieg besiegelt das „sozialdemokratische Moment“,
das Europa im Zeitalter der liberalen Globalisierung erlebt.

DIE SOZIALDEMOKRATEN SIND VON NUN AN IN EINER POSITION DER STÄRKE

Diese Feststellung drängt sich allen Beobachtern auf: Unsere Geistesströmung nimmt 1997 innerhalb der Europäischen Union eine Position der

Stärke ein. In zwölf Ländern tragen Sozialdemokraten Regierungsverantwortung. In vielen Fällen sind sie führende Regierungskraft, in einigen sind sie Koalitionspartner.

Eine derartige Konstellation bestätigt meiner Ansicht nach, daß Europa ein sozialdemokratisches Moment erreicht hat – eine besonders günstige Ausgangsbasis für uns, die wir auf bestmögliche Weise nutzen müssen. Der Sieg von Tony Blair am letzten 1. Mai kündigte es an; der Erfolg der von der Sozialistischen Partei Frankreichs geführten Parteienkoalition bestätigte es, und ein Erfolg unserer Freunde von der SPD wird 1998 diesen Übergang in das sozialdemokratische Moment vollenden.

Mein tiefster Wunsch ist, daß es unsere Bewegung nicht dabei beläßt: Ich hoffe, daß die sozialdemokratischen Parteien in der Europäischen Union weiterhin durch ihre Leistungen dem Vertrauen gerecht werden, das ihnen die Bevölkerung in ihren Länder bekundet hat, und daß die Sozialdemokraten von Staaten außerhalb der Union die gleichen Erfolge erzielen, um – mit Unterstützung der fünfzehn Mitglieder der Union – die bestmöglichen Bedingungen für ihre Integration in die EU zu schaffen. Ich hoffe, daß wir alle, die wir in der Sozialistischen Internationale unter Vorsitz unseres Freundes Pierre Mauroy vereint sind, auf unserem Kontinent gemeinsam darauf hinarbeiten, unseren Prinzipien und Werten zum Erfolg zu verhelfen.

So mancher könnte allerdings erstaunt darüber sein, daß dieses sozialdemokratische Moment in so deutlicher Weise gerade zu einem Zeitpunkt erreicht wird, wo die Welt erschüttert scheint von einer gewaltigen Kraft – jener der liberalen Globalisierung. Dieser Widerspruch ist, meiner Ansicht nach, nur ein scheinbarer.

DIE WAHLERFOLGE DER SOZIALDEMOKRATEN ALS GEGENGEWICHT ZUR GLOBALISIERUNG

Diese Wahlerfolge sind die logische Konsequenz zu weit gehender Auswirkungen der Globalisierung. Die Globalisierung der Wirtschaft, des Handels und des Denkens ist eine Realität. Sie wird beschleunigt durch die derzeitige Transformation des internationalen Wirtschaftssystems. Gewiß beinhaltet diese wachsende Interdependenz zahlreiche positive Aspekte: Die Exporte meines Landes etwa geben einem von vier Franzosen Arbeit. Aber diese Globalisierung birgt in sich die Verbreitung eines

Wirtschaftsmodells, das nicht das unsere ist. Sie bewirkt eine Schwächung der sozialen Strukturen, die wir für uns gewählt haben und für die wir Sozialdemokraten so heftig gekämpft haben. Sie fördert schließlich eine Konzeption von internationaler Politik, in der die Europäer sich zu Recht nicht wiederfinden.

Für uns Sozialdemokraten, das heißt für die Mehrheit der Europäer, hat dieser Globalisierungsprozeß Begleiterscheinungen, die wir nicht akzeptieren wollen. Es ist nicht gerecht, daß der wachsende Reichtum nur einigen zugute kommt. Es ist gefährlich, daß die politische Macht vor der wirtschaftlichen zurückweicht. Es ist schließlich nicht akzeptabel, daß das Recht des Stärkeren unter dem Deckmantel des freien Wettbewerbs zum Prinzip wird, das die internationalen Beziehungen organisiert. Zu Recht beunruhigt von den Entwicklungen, die die Globalisierung in Gang setzt, suchen die Europäer nach Mitteln, um sie bewältigen zu können – das heißt, um aus dem Positiven Nutzen zu ziehen und das Negative in den Griff zu bekommen. Nur die Sozialdemokraten können in realistischer und entschlossener Weise mit einem Projekt aufwarten, das den Erwartungen entspricht, die heute alle Bürger unseres Kontinents vereinen.

Europa ist unbestreitbar eine Gemeinschaft berechtigter Wünsche. Die Europäer haben Wünsche, die ebenso zahlreich wie grundlegend sind. Den Wunsch nach Arbeit, nach solidarischem Wachstum, nach Aufrechterhaltung des sozialen Dialogs, nach Verteidigung des öffentlichen Interesses gegenüber den überzogenen Forderungen einzelner. Den Wunsch nach Rücksichtnahme auf künftige Generationen durch ein nachhaltiges, die Umwelt bewahrendes Entwicklungsmodells. Den Wunsch nach Bewahrung unserer kulturellen Vielfalt, unserer Sprachen, unserer jeweiligen Identität sowie unserer gemeinsamen Identität. Und schließlich den Wunsch, eine Rolle in der Welt zu spielen, die dem Frieden, der Demokratie und der Entwicklung dient, sowie den Wunsch, mit deutlich hörbarer Stimme unsere Werte zu verteidigen und jene zu unterstützen, die sie teilen.

Da die Anwort auf diese Wünsche im demokratischen Sozialismus liegt, haben die Europäer, indem sie uns ihr Vertrauen geschenkt haben, bewirkt, daß ihr Kontinent sich auf ein sozialdemokratisches Moment hinentwickelt hat.

DIESE UNVERGLEICHLICH GUTE AUSGANGSBASIS STELLT FÜR ALLE SOZIALDEMOKRATEN EINE CHANCE DAR. GLEICHZEITIG ÜBERTRÄGT SIE UNS EINE VERANTWORTUNG.

Dieses sozialdemokratische Moment gibt uns die Mittel, in jedem unserer Länder aber auch innerhalb der Europäischen Union unsere Ideen in die politische Praxis umzusetzen. Darin liegt eine außergewöhnliche Chance. Und gleichzeitig eine große Verantwortung.

Die Verantwortung, in vorausschauender Weise die Globalisierung zu bewältigen und ihre negativen Folgen in den Griff zu bekommen. Wir müssen beispielsweise unsere Handelspartner dazu zwingen, in den Wirtschaftsbeziehungen loyal zu sein. Einseitige Maßnahmen sind nicht akzeptabel; übermäßige Unternehmenskonzentrationen, wie beispielsweise in der Luftfahrt, bedrohen unsere Interessen und müssen mit Bedacht eingedämmt werden.

Die Verantwortung, den Bestand einer humanistischen Zivilisation zu sichern, die die Wirtschaft in den Dienst des Menschen, die Macht in den Dienst des Friedens, das Wissen in den Dienst des Fortschritts stellt und die Europa zu einem Pol der Stabilität und des Vertrauens macht in einer Welt, die von Ungewißheiten geprägt ist.

Schließlich und vor allem die Verantwortung, unsere Bemühungen zu koordinieren, und zwar auf allen Ebenen. Um das sozialdemokratische Projekt zu verwirklichen und die Zukunft Europas zu verändern, müssen wir unsere Kräfte vereinen. Darin liegt der – politische – Sinn der Schaffung einer gemeinsamen europäischen Währung.

Unsere Mitbürger werden sich immer deutlicher bewußt, daß ihre Probleme die aller sind. Mehr denn je verbinden sie ihre gemeinsamen Erwartungen. Sie haben uns ihr Vertrauen ausgesprochen, indem sie Europa an ein unvergleichliches sozialdemokratisches Moment herangeführt haben. Deshalb haben die Sozialdemokraten die Verantwortung, mit vereinten Kräften die Zukunft vorzubereiten, für die sich die Europäer entschieden haben.

Übersetzung aus dem Französischen von Susanne Gaugl

Viktor KLIMA

DIE ZUKUNFT ALS CHANCE NÜTZEN EINE AUFGABE DER SOZIALDEMOKRATIE

GLOBALISIERUNG

Die jetzt lebenden Generationen sind erstmals in der Geschichte mit dem Eintritt in das globale Zeitalter konfrontiert. Der Wahrnehmungshorizont der Menschen muß die ganze Welt erfassen. Es werden die Konturen einer neuen Zeit sichtbar, in der Individuen und Nationen, Regionen und Städte, Religionen und Kulturen in einer noch nie dagewesenen Dichte vernetzt und voneinander abhängig sein werden. Dies ist ein unaufhaltbarer, zum Teil faszinierender, oft aber widersprüchlicher und schmerzlicher Prozeß der Herausbildung einer Gesellschaft ohne nationale Grenzen, jedoch mit der Chance der Entwicklung von Demokratie und einer sozialen sowie gerechten Marktwirtschaft. Die Wegbereiter für die Globalisierung der Märkte waren der zügige Ausbau weltumspannender Informations- und Verkehrsnetze, der Abbau vieler Handelsschranken durch die GATT-Abkommen, die Beschleunigung des technischen Fortschritts und die Verstärkung der internationalen Kooperation auf allen Ebenen.

Die These vom „Kampf der Kulturen", die vom US-Politologen Samuel Huntington verfaßt wurde, und die derzeit weltweit diskutiert wird, ist eine konservative Betrachtungsweise. Sie ist fragwürdig und kontraproduktiv, denn statt die Vielfalt der Kulturen als Bereicherung zu sehen, wird hier ein neues Bedrohungsszenario entwickelt, das in den Denkstrukturen des Kalten Krieges verhaftet bleibt.

Die Betonung des Gefahrenpotentials und der möglichen Spannungen durch die Unterschiede zwischen den Kulturen und Religionen, die den Menschen Angst machen, unterbindet aber gleichzeitig die Konzentration auf gemeinsame und übergeordnete Interessen: gemeinsame Herausforderungen, die nur durch Dialogbereitschaft und Zusammenarbeit über alle kulturellen und ideologischen Grenzen hinweg gemeistert werden können. Die elementaren Probleme unserer Zeit wie die Verelendung weiter Teile der südlichen Hemisphäre, die Übervölkerung, die Gefährdung der Umwelt, die Verknappung der Ressourcen, die organisierte Kriminalität und zu hohe Militärausgaben in vielen Staaten, stehen in Wechselwirkung zueinander und überfordern heute bei weitem die Möglichkeiten nationaler, aber auch europäischer Politik.

Damit steht auch die Sozialdemokratie vor neuen entscheidenden Fragen und Herausforderungen. Daher ist es auch zweifelhaft, wenn manche Wissenschaftler behaupten, daß das Jahrhundert der Sozialdemokratie beendet sei, indem alle sozialpolitischen Forderungen durchgesetzt wurden. Gerade jetzt ist ihre gestaltende Kraft unerläßlich, um der Gefahr von unmenschlichen, unsozialen und umweltschädigenden Auswüchsen einer grenzenlosen Deregulierung entgegenzuwirken. Das marktwirtschaftliche Prinzip als Grundlage unseres Wirtschaftssystems kann nicht so verstanden werden, daß soziale Sicherheit, Friede und Menschenwürde in der Arbeitswelt dem reinen Profitstreben untergeordnet werden.

Immer mehr kommt es zum Konflikt zwischen denen, die tatsächlich produktiv sind, und jenen, die ihren Reichtum durch arbeitsloses Einkommen vermehren. Durch geschicktes Anlegen von Geld in Investitionsfonds ist es möglich geworden, ausschließlich mit Spekulation ein Vermögen zu gewinnen und zu vermehren, ohne zu arbeiten, ohne Arbeit anzubieten und ohne damit Arbeitsplätze zu schaffen. Auf der anderen Seite stehen die Arbeitnehmer oder Arbeitgeber, die mit Produktion, Handel und Dienstleistungen ihre Existenz sichern müssen.

In diesem neuen Konflikt ist daher die Position der Sozialdemokraten, die traditionell immer auf der Seite der Arbeitnehmer waren, jetzt auf Seiten der Arbeitnehmer und auch jener Arbeitgeber, die durch Arbeit und Produktion ihr Geld verdienen.

Die Politik muß verstärkt agieren statt reagieren. Sie muß wieder Sicherheit und Vertrauen vermitteln, denn was unsere Zeit von anderen Epochen unterscheidet, ist das Ausmaß der Veränderungen und ihr immenses Tempo. Die Gesellschaft ist einem rasanten Umbruch ausgesetzt. Das erzeugt bei den Menschen Unsicherheit und Ungewißheit. Unsere Zeit ist aber auch eine spannende, aufregende und interessante, mit vielen neuen Chancen und Möglichkeiten.

Durch perfekt funktionierende, massiv subventionierte Transportsysteme und weltumspannende Telekommunikationssysteme sind die Nationalstaaten erpreßbar geworden. Es hat daher die Politik zu entscheiden, ob die neuen Technologien neue Abhängigkeiten schaffen oder ein selbstbestimmtes Leben und Arbeiten ermöglichen; ob der Zugang zum „Information-Highway" auf jene beschränkt ist, die über die nötigen Mittel verfügen oder offen für alle ist; ob der Siegeszug der Marktwirtschaft nur zu einer Maximierung der Profite oder auch zu einer gerechten Welt führt; ob die Globalisierung nur den Aktionären dient oder auch den Arbeitnehmern; ob der Umbau der Industriegesellschaft in neue Verteilungskämpfe mündet oder zu einem Wohlstand für alle führt. Die Sozialdemokratie muß in dieser Auseinandersetzung einer drohenden weltweiten Vier-Fünftel-Gesellschaft entgegenwirken und dafür eintreten, daß wirtschaftliche Wettbewerbsfähigkeit, soziale Sicherheit und ökologischer Umbau kein Widerspruch sind.
Konservative und liberale Politik gehen davon aus, daß der Markt von selbst alles am besten regelt. Sie meinen, daß sich mit unsichtbarer Hand die gerechte Verteilung der Lebens- und Zukunftschancen wie von selbst ergibt. Tatsächlich wurden aber überall dort, wo konservative und liberale Regierungen an der Macht waren, soziale Netze zerschnitten und die sozial Schwachen von Almosen abhängig gemacht.

BESCHÄFTIGUNGSPOLITIK

In der OECD sind heute 35 Millionen Menschen ohne Beschäftigung. Auch in Österreich ist die Zahl der Erwerbslosen bei anhaltend hohem Beschäftigungsniveau gewachsen. Gleichzeitig verändern sich die Rahmenbedingungen unserer Arbeitsgesellschaft dramatisch. Die Beschäftigung im industriellen Bereich geht zurück; jene im Dienstleistungssektor nimmt zu. Der Mobilitätsdruck steigt: Heute wechseln fast doppelt so viele Menschen ihre Arbeitsstelle wie früher und bleiben im Schnitt nur mehr vier Jahre am selben Arbeitsplatz.
Neue Formen von Arbeitsbeziehungen werden eingegangen. Der Druck der Arbeitsplatzknappheit läßt Arbeitsverhältnisse unter Werk- und Dienstleistungsverträgen, neue Formen der Heimarbeit, oder „geringfügige Beschäftigung" entstehen, die dem Arbeitnehmer wenig sozialrechtliche und gewerkschaftliche Sicherheit bieten. Es nimmt aber auch

die Schattenwirtschaft zu. Gut organisierte Scheinfirmen bieten in großen Ausmaß ihre Leistungen, die in Wahrheit aber Schwarzarbeit sind, an. Sie entziehen damit dem Staat und dem Sozialsystem mehr als 50 Milliarden Schilling pro Jahr. Alle Arbeitnehmer, aber auch alle Pensionisten, müssen mit ihrer Steuerleistung dafür aufkommen.

Gründe für die Massenarbeitslosigkeit in der OECD sind die Halbierung des Wirtschaftswachstums und hohe Realzinsen, die Investitionen in Finanzanlagen begünstigen, aber Investitionen in Produktionsmittel, die Arbeit schaffen, unrentabel machen. Durch die Globalisierung und die technologische Entwicklung steigt der Rationalisierungsdruck in allen Bereichen, wodurch weitere Arbeitsplätze gefährdet sind.

Damit stellt sich für die Sozialdemokratie auch eine grundsätzliche ideologische Frage: Ist heute Vollbeschäftigung noch ein politisches Ziel? Konservative und Neoliberale tendieren dazu, eine hohe Sockelarbeitslosigkeit als Druckmittel gegen soziale Errungenschaften einzusetzen. Sie vertreten die Ideologie eines „laissez-faire"-Staatsbegriffes, wo jede staatliche Regulierung als Übel angesehen wird. Für die Sozialdemokratie ist das Recht auf Arbeit ein Menschenrecht. Die gerechte Verteilung von Arbeit, Einkommen und Wohlstand sind Aufgaben, um die ständig gerungen werden muß.

Internationale Regeln für fairen Wettbewerb, internationale Zusammenarbeit der Gewerkschaften und eine international abgestimmte sozialdemokratische Politik sind die Voraussetzung dafür.

Das sind zum Beispiel:

- die Aufnahme von Mindestarbeitnehmerrechten in die Weltfreihandelsabkommen;
- das Wiederbeleben einer abgestimmten Währungspolitik, bald zwischen Euro, Yen und US-Dollar, um zerstörende Manipulationen und Spekulationen mit Währungen einzudämmen;
- der Ausbau der Europäischen Union zu einer echten Sozial- und Beschäftigungsunion;
- die europaweite Harmonisierung der Steuersysteme, um Standorterpreßbarkeit zu verhindern;
- die bessere Verteilung der Finanzierungslast der Staaten und der sozialen Sicherungssysteme Europas mit dem Ziel der Entlastung der Arbeit und der stärkeren Belastung des Ressourcenverbrauchs von Energie und Rohstoffen;
- europäische Regeln für eine gerechte Besteuerung von Erwerbseinkommen und Vermögenseinkommen;

• europäische Mitbestimmung von Gewerkschaften und Konzernbetriebsräten.

Das sind praktische politische Vorschläge, deren Umsetzung langfristig und mühsam sein wird.

Um kurzfristig am Arbeitsmarkt Abhilfe zu schaffen, ist eine aktive Beschäftigungspolitik auf europäischer, vor allem auch auf nationaler Ebene sofort nötig. Österreich gibt im internationalen Vergleich viel für passive und wenig für aktive Arbeitsmarktpolitik aus, das heißt, wir finanzieren Arbeitslosigkeit statt Arbeit. Eine „neue Vollbeschäftigung“ erfordert einen erweiterten Arbeitnehmerbegriff: Es geht nicht mehr nur um klassische Erwerbsarbeit. Die „neue Vollbeschäftigung“ umfaßt auch verschiedene Formen sozialer Dienstleistungen, Betreuungs- und Pflegetätigkeiten und nicht-marktfähige Arbeit.

Zum neuen Arbeitsbegriff gehört auch eine Neubewertung der Selbständigkeit. Die alten Trennlinien, Konflikte und Auseinandersetzungen zwischen Arbeitgebern und Arbeitnehmern, zwischen Selbständigen und Unselbständigen, verschwimmen. Die Menschen werden in ihrem Arbeitsleben in Zukunft viel öfter zwischen diesen Rollen wechseln; ihre Probleme werden vielfach die gleichen sein. Wir müssen daher ihre Anliegen vertreten, nicht zuletzt deshalb, weil neugegründete Unternehmen Arbeitsplätze schaffen.

Die „neue Vollbeschäftigung“ erfordert Umverteilung von Arbeit. Es geht um eine Verkürzung der Lebensarbeitszeit. Aber nicht durch eine Herabsetzung des Pensionsalters, sondern durch eine stärkere Durchmischung des Arbeitslebens mit Bildungszeiten und Freizeitblöcken. Branchenspezifische Lösungen werden entstehen. Die Lebensarbeitszeit muß neu verteilt werden. Es ist inakzeptabel, daß man heute nur mehr zwischen dem 25. und 40. Lebensjahr als voll einsatzfähig eingestuft wird und gute Arbeitsmarktchancen hat. Zudem leisten viele permanent Überstunden, so daß fast keine Freizeit mehr übrigbleibt. Auch dies muß überdacht werden.

Wir brauchen aber nicht nur eine Umverteilung von Arbeitszeit, sondern auch andere Einkommensverläufe. Es ist nicht sinnvoll, wenn die Einkommenskurve während des Arbeitslebens so aussieht, daß in der Zeit, in der man Geld am dringendsten braucht – für Kinder oder eine neue Wohnung – , die Einkommen am niedrigsten sind, und sie später, wenn die Verpflichtungen kleiner werden, am höchsten. Flachere Einkommenskurven, aber auch weniger altersabhängige Karriereverläufe müssen ein

Beitrag für eine gerechtere Verteilung des Einkommens im Arbeitsleben sein. Flachere Einkommenskurven werden bei gleichbleibendem Lebenseinkommen den älteren Arbeitnehmern wieder mehr Chancen am Arbeitsmarkt geben.

REFORM SOZIALSTAAT

„Welche Maßnahmen müssen gesetzt werden, um das Sozialsystem zu sichern?" Das Sozialsystem muß – trotz demographisch bedingter Kostensteigerung – dem Kampf gegen die Armut entsprechend umgebaut werden. Um die Qualität weiter aufrecht zu erhalten, sind gegebenenfalls Höchstbeitragsgrundlagen beziehungsweise lohnunabhängige Finanzierungsquellen zu prüfen. Auf der Beitragsseite besteht kein Spielraum für generelle Erhöhungen. Des weiteren sind Sparmaßnahmen in der Sozialverwaltung und eine soziale Staffelung anzustreben. Nur unseriöse Populisten versprechen derzeit Ausweitungen im Sozialbereich.
In vielen Bereichen hat sich der Wohlfahrtsstaat von einem Instrumentarium zur Absicherung der Risikogruppen zu einem Verteilungsstaat, von dem gerade auch die Reicheren profitieren, gewandelt. Die soziale Staffelung von Transferleistungen ist daher ein Beitrag zur Gerechtigkeit. Die Verstärkung des Prinzips von Sachleistung statt Geldleistung würde nicht nur mehr Gerechtigkeit, sondern auch mehr Arbeitsplätze bringen und ist daher wünschenswert.
Männer haben höhere Pensionen als Frauen, besser Ausgebildete höhere als schlechter Ausgebildete, die Inanspruchnahme von diversen Unterstützungen, Befreiungen und ähnlichem mehr hängt heute vielfach vom Informationsstand der Bezieher ab. Wir Sozialdemokraten müssen dafür sorgen, daß diese Ungerechtigkeiten ein Ende finden. Wir treten dafür ein, daß es Solidarität zwischen der Erwerbsgeneration und Jungen wie Alten gibt.
Die Ungleichheit, die es während der Erwerbsarbeitszeit gibt, potenziert, also verstärkt sich deutlich im Alter, nicht nur im Hinblick auf Pensionseinkommen, auch in bezug auf Wohnraum, Pflege und soziale Integration. Wir müssen daher dafür eintreten, daß Ungleichheiten in allen Lebensphasen ausgeglichen werden.
Eine österreichische Eigenart ist die Unterschiedlichkeit der Pensionssysteme. Von den Arbeitern, Angestellten, Bauern, Selbständigen bis hin

zu den Beamten gibt es unterschiedlich hohe Deckungsquoten, und damit sind unterschiedlich hohe Zuschüsse des Staates notwendig. Daher ist eine Harmonisierung der Pensionssysteme unumgänglich. Politik hat aber auch die Aufgabe, Probleme anzusprechen, die vordergründig unbequem sind. Gerade bei der Versorgung der älteren Generation geht es darum, möglichst rasch das Problem des Pensionssystems zu lösen, um wieder Vertrauen in das Staats- und Sozialwesen herzustellen und den sozialdemokratischen Grundwerten Gerechtigkeit und Solidarität zu entsprechen.
Die Gleichberechtigung zwischen Mann und Frau ist heute gesellschaftlich weitgehend akzeptiert, während die Alltagsrealität zurückbleibt. Für die österreichische Sozialdemokratie, die immer Garantin für eine menschliche und sozial gerechte Modernisierung unserer Gesellschaft war, ist die rechtliche und faktische Gleichstellung von Mann und Frau ein ganz zentrales Element der Politik. Wir wissen, daß die Sozialdemokratie in den letzten Jahrzehnten zahlreiche Verbesserungen für die soziale, rechtliche und wirtschaftliche Situation der Frauen erreicht hat und werden uns weiterhin für Fortschritte einsetzen.
Frauen sind dabei, im beruflichen Bereich nachzuziehen. Immer öfter, aber noch immer nicht oft genug, gelingt es ihnen heute, auch in höhere Positionen aufzusteigen. Gleichberechtigung für Frauen in der Arbeitswelt ist aber noch nicht erreicht. Die Gleichberechtigung im Familienalltag steht ebenfalls noch aus. Frauen haben die überwiegende Last der familiären Tätigkeit zu tragen, mit dem durchschnittlichen Zeitaufwand einer Vollbeschäftigung, oft zusätzlich zur eigenen Berufstätigkeit. Unter Diskriminierungen leiden aber auch noch immer die alleinstehende Frau und die Alleinerzieherin.
Daher müssen die gesellschaftlichen Rahmenbedingungen so gestaltet werden, daß Frauen wie Männer ökonomisch selbständig sind. Vor allem auch deshalb, weil sich das soziale Umfeld verändert hat und eine Partnerschaft kein ökonomisches und soziales Sicherheitsnetz für die Frau mehr darstellt. Deshalb ist für die Frau auch eine von der Partnerschaft unabhängige Existenzsicherung zu erreichen. Daher müssen den Eltern Kinderbetreuungseinrichtungen zur Verfügung stehen, die auf die Bedürfnisse der Arbeitswelt und Freizeit abgestimmt sind.
Die sozialdemokratische Forderung nach Chancengleichheit und Geschlechterdemokratie ist aber nur dann glaubwürdig, wenn wir diese Werte auch in den eigenen Reihen verwirklichen. Wir können und wollen in unserer politischen Arbeit nicht auf die Talente und Fähigkeiten der

Frauen verzichten und müssen Frauen Mut machen, in die Politik einzusteigen, indem wir alle Möglichkeiten ergreifen, die es ihnen erlauben, sich einzubringen und Verantwortung zu übernehmen.
Aktive Beschäftigungspolitik und aktive Sozialpolitik verlangen einen leistungsfähigen und effizienten Staat. Wir müssen vom Prinzip des Hoheitsstaates abgehen. Die Bürger erwarten heute zu Recht mehr Service und mehr Dienstleistung von einem modernen Staatswesen.
Da der Staat aus Steuergeldern finanziert wird, muß er seine Leistungen an die Bedürfnisse des Steuerzahlers anpassen. Eine moderne Gesellschaft erfordert ein modernes Staatswesen, das den differenzierten Bedürfnissen der heutigen Gesellschaft Rechnung trägt. Serviceeinrichtungen statt Ämter, Leistungen statt Obrigkeitsdenken, transparente Verwaltungsabläufe statt bürokratischer Undurchschaubarkeit sind die Schlagworte, mit denen eine Verwaltungsreform zusammengefaßt werden kann.
Neue zusätzliche Aufgaben des Staates können nicht immer durch neue Steuern finanziert werden, vor allem, weil die Abgabenquote heute bereits vielen zu hoch erscheint. Wir müssen daher konsequent analysieren, welche Aufgaben der Staat unter den neuen gesellschaftlichen Voraussetzungen noch erfüllen muß und welche Aufgaben von der Wirtschaft, also dem freien Markt, übernommen werden können. Dadurch werden Leistungskapazitäten frei, die für zusätzliche Aufgaben des Staates aufgrund veränderter Gesellschaftsverhältnisse notwendig sind. Das Ziel dabei ist nicht einfach „weniger Staat". Es geht vielmehr um einen effizienten, leistungsfähigen Staat, dessen Ressourcen nicht vergeudet werden, sondern zielgerichtet dort eingesetzt werden, wo ein starker Staat gebraucht wird: im Gesundheitswesen, bei der Sicherheit, bei der Bildung.
Im Rahmen des staatlichen Reformprozesses müssen wir uns auch die Frage stellen, für welche Tätigkeiten das historisch gewachsene öffentlich-rechtliche Dienstverhältnis noch seine Berechtigung hat, da bei einer allgemeinen Harmonisierung des Pensionsrechtes auch noch über eine Harmonisierung des Arbeitnehmerbegriffs diskutiert werden muß. Es ist nämlich nicht einzusehen, daß es in einer modernen Gesellschaft drei verschiedene Dienstrechte gibt, das der Arbeiter, der Angestellten und der Beamten.
Die geänderten Anforderungen in der Arbeitswelt verlangen von jedem ein lebenslanges Lernen. Der Übergang zum lebensbegleitenden Lernen erfordert die Öffnung von Schulen und Universitäten für die Erwachsenenbildung. Es muß zur Selbstverständlichkeit werden, daß Phasen der Ausbildung und Phasen der Arbeit mehrmals im Leben wechseln und

damit eine völlig neue Verteilung der Gesamtbildungszeit entsteht. Dazu gehört auch der Anspruch auf Bildungsfreistellung. Damit können wir dem globalen Standortwettbewerb und dem damit verbundenen Lohndruck nach unten entgegenwirken. Die Verbesserung der Qualifikation ist unsere einzige wirksame Waffe in dieser Auseinandersetzung.
Eine hohe Mobilität ist heute Voraussetzung für ein gut funktionierendes Wirtschaftsleben und für eine Freizeitgesellschaft, wie wir sie heute kennen. Um die Zerstörung der Umwelt durch den weiteren Ausbau der Verkehrsinfrastruktur zu ungunsten des Lebensraum der Menschen zu verhindern, muß eine genaue Erfassung der Kosten der einzelnen Verkehrsträgern erfolgen. Kostenwahrheit ist die Voraussetzung für einen zukünftigen umweltfreundlichen Verkehr.

INTERNATIONAL

Die wirtschaftliche Globalisierung muß Hand in Hand mit einer globalen Ausweitung moderner demokratischer Staatswesen gehen. Eine demokratische Verfassung, Sozialstaatlichkeit und Marktwirtschaft müssen die Voraussetzung sein, um an der wirtschaftlichen Globalisierung im internationalen System voll partizipieren zu können. Sozialdemokraten können die Globalisierung nur mit einer gleichzeitigen Demokratisierung akzeptieren. Die beste Friedenssicherung ist daher die Förderung und der Ausbau multinationaler demokratischer Systeme. Die UNO muß bei dieser Entwicklung eine zentrale Rolle einnehmen, da ihr bereits heute fast alle Staaten der Erde angehören. Es geht dabei darum, das politische Primat in der internationalen Politik zurückzugewinnen, um Gemeinwohl-Interessen, die alle Nationen und Völker gleichermaßen haben, wie gerechte Verteilung der Ressourcen, soziale Standards, Umweltschutz und die Menschenrechte, weltweit durchzusetzen und zu sichern. Politische Regelungsinstrumente sind dabei militärischen vorzuziehen und militärische Instrumente sind politischen Entscheidungsgremien unterzuordnen. Die internationale Dimension der Politik war immer ein sozialdemokratisches Anliegen. Führende Sozialdemokraten wie Brandt, Kreisky, Palme und Brundtland haben schon vor Jahren auf die wachsende Interdependenz und die Defizite im gegenwärtigen internationalen System aufmerksam gemacht und Lösungsvorschläge erarbeitet. Die Bruno-Kreisky-Kommission für Beschäftigungspolitik in Europa hat umfassende Vorschläge unterbreitet, wie die große Arbeitslosigkeit bekämpft werden kann. Die von Gro Harlem Brundtland geleitete „Weltkommission für Umwelt und Entwicklung“ hat erstmals das Konzept einer „dauerhaften Entwicklung“ in die internationale Umweltdiskussion eingebracht. Dieses Konzept wurde auf der UNCED-Konferenz in Rio di Janeiro im Juni 1992 als Leitlinie für die weltweite Entwicklung angenommen.

Die vom Entwicklungsprogramm der Vereinten Nationen jährlich publizierten Studien über die menschliche Entwicklung belegen, daß sich zwischen den 50er und den 90er Jahren die Lage in den Ländern des Südens zum Großteil verschlechtert hat. Das Einkommensverhältnis zwischen dem ärmsten und dem reichsten Fünftel der Weltbevölkerung betrug Anfang der sechziger Jahre eins zu dreißig. In den neunziger Jahren beträgt es eins zu sechzig!

Wohlhabende erdölexportierende Staaten und die „newly industrializing countries“ entfernen sich immer mehr von den armen und ärmsten Ländern des marginalisierten Teils der Welt, während sich im erweiterten Norden drei wirtschaftliche Großräume abzeichnen – die NAFTA, EU und der „Pacific Rim“. Gegenwärtig ist nicht abzusehen, wer von den dreien in dieser zukünftigen Auseinandersetzung über die besten Karten verfügt und wie und ob eine ständig wachsende materielle Produktion im weltweiten Maßstab ökologisch und sozial überhaupt verkraftbar ist.

Während sich die Bereiche Wirtschaft, Technologie und Ökologie immer mehr globalisieren, bleibt die politische und soziale Ebene der Gesellschaft fragmentiert. Auch in den Industriegesellschaften zeigen sich in jüngerer Zeit deutlich Tendenzen zu einer Verschärfung der sozialen Ungleichheit. Armut mit all ihren negativen Folgen wie gesellschaftliche Destabilisierung, die Ausbeutung von Menschen, vor allem von Frauen und Kindern, die Übernutzung ökologischer Systeme im globalen Maßstab, sind nicht rückläufig, sondern ganz im Gegenteil in vielen Regionen der dritten Welt weiter im Vormarsch.

Die wohlhabenden Staaten, zu denen Österreich als drittreichstes EU-Land zweifellos zählt, haben die Pflicht und Schuldigkeit, eine sinnvolle und effektive Entwicklungspolitik zu betreiben. Wobei eines klar ist: Der internationale Handel muß in einen entwicklungspolitischen Zusammenhang gestellt werden. Wird dies unterlassen, sind die strukturellen Benachteiligungen von Entwicklungsländern nicht auszugleichen. Im Kampf um Weltmarktanteile finden sich die wirtschaftlich Schwachen fast immer auf der Seite der Verlierer.

Wenn wir uns auf den „Kampf der Kulturen", wie Samuel Huntington ihn beschreibt, einlassen, statt im Rahmen einer internationalen Politik das Nord-Süd-Gefälle zu entschärfen und umweltverträgliche Entwicklungspolitik voranzutreiben, dann wird es niemandem gelingen, die Flut der hoffnungslosen Flüchtlinge aufzuhalten. Die Konsequenzen dieser Entwicklung müssen dann alle tragen.

Daher glauben Sozialdemokraten nicht an den Frieden durch Waffen, sondern vertrauen auf eine gemeinsame Entwicklung. Unter Verantwortung der UNO muß mit einem schrittweisen völligen Abbau der Atomwaffen begonnen und die Produktion neuer Atomwaffen verboten werden. Eine atomwaffenfreie Welt im neuen Jahrtausend ist ein sozialdemokratisches Ziel.

EUROPA

Österreichs Sozialdemokraten sind grundsätzlich für die Erweiterung der Europäischen Union. Sie liegt nicht nur im Interesse der Beitrittskandidaten, sie ist auch Interesse der derzeitigen EU-Mitgliedstaaten, sowohl aus wirtschaftlichen, als auch aus politischen Gründen. Denn Sozialdemokraten wollen keine neue Teilung Europas in wirtschaftlich schwache und starke Staaten, wir wollen aber andererseits auch keine Festung Europa, die den Rest der Welt ausgrenzt. Als Voraussetzung dafür müssen wir unseren östlichen Nachbarstaaten ihre eigene Wirtschaftsentwicklung ermöglichen und sie unterstützen.

Österreich ist jenes Land, das unmittelbarer als viele andere alle daraus folgenden positiven, aber auch negativen Effekte spüren wird. Daher muß das Verhandlungsergebnis auch mit den neuen Beitrittskandidaten die österreichischen Interessen berücksichtigen. Die Volkswirtschaften der Beitrittskandidaten müssen zum Zeitpunkt des vollen Beitritts ein mit der EU vergleichbares wirtschaftliches Niveau erreicht haben. Wo dies nur sehr langfristig möglich ist, sind entsprechende Übergangsfristen, etwa im Bereich des freien Personenverkehrs, in die Beitrittsvereinbarung aufzunehmen.

Aber Sozialdemokraten dürfen die Europäische Union nicht nur an wirtschaftlichen Vorteilen, Fördertöpfen und Zahlungsströmen messen. Die europäische Integration in all ihren Facetten ist ein großartiges zukunftsorientiertes Friedensprojekt. Sozialdemokraten wollen kein Europa der

Konzerne und der neuen sozialen Trennlinien. Ein sozialdemokratisches Europa ist ein Europa des Friedens und der sozialen Gerechtigkeit!

Ein Thema, das allen unter den Nägeln brennt, ist die Wirtschafts- und Währungsunion. Die Zukunft Europas hängt wesentlich vom Gelingen der Währungsunion ab. Den größten Nutzen bringt sie dann, wenn – bei Einhaltung der Konvergenzkriterien – möglichst viele Mitgliedsstaaten daran teilnehmen können.

Wir stehen vor einer historischen Weggabelung im europäischen Integrationsprozeß. Je näher der geplante Starttermin der gemeinsamen europäischen Währung rückt, desto mehr liefern sich Befürworter und Gegner verbale Gefechte. Beide Seiten berufen sich dabei auf prominente Ökonomen, von denen die wenigsten die Sinnhaftigkeit der Währungsunion bezweifeln, allerdings Zeitplan und Kriterien unterschiedlich beurteilen. Der Euro ist ein politisches Projekt, dessen Umsetzung den europäischen Integrationsprozeß unumkehrbar macht. Wer die blutige Geschichte Europas kennt, der kann ermessen, welch ungeheurer zivilisatorischer Fortschritt das Projekt der europäischen Integration ist. Mit der Währungsunion wird die Einigung Europas einen riesigen Schritt vorwärts machen. Dies aus zwei Gründen: Erstens fördert der Euro das europäische Bewußtsein. Ein einheitlicher EU-Paß, die Freiheiten des Binnenmarktes und die Unionsbürgerschaft sind doch nur abstrakte Symbole eines vereinten Europa. Der Euro ist ein konkretes, faßbares Symbol, das es möglich macht, in den EU-Staaten in gleicher Währung zu zahlen. Das vielbeschworene Europa der Bürger wird zum ersten Mal durch den Euro zur täglichen Realität. Und außerdem ist der Euro der Motor für die weitere politische Integration Europas, die für die zukünftigen gesellschaftspolitischen Herausforderungen unumgänglich ist.

Die Beschäftigungspolitik ist endlich auch zu einem europäischen Thema geworden. Das ist zweifellos ein großer Erfolg der europäischen Sozialdemokratie. Ohne den ständigen Kampf der sozialdemokratischen Regierungsmitglieder hätten die konservativen Vertreter nie zugestimmt, daß dies ein Thema in der Europäischen Regierungskonferenz geworden wäre.

Auch die Harmonisierung der Steuersysteme ist ein wichtiges Ziel, um einen Steuerwettlauf in Europa, der teilweise zwischen den Staaten bereits heute stattfindet, zu verhindern. Es wird um die immer knapper werdenden Investitionsmittel ein unerbittlicher Kampf geführt, der mit niedrigen Steuer-, Sozial-, Arbeits-, und Umweltstandards gewonnen werden soll. Um

diese Entwicklung zu verhindern, muß der Maastricht-Vertrag zukünftig ergänzt werden.
Ein Beschäftigungskapitel im EU-Vertrag schafft noch keine Beschäftigung in Europa. Dies ist aber entscheidend, denn es ist die notwendige Voraussetzung für eine zukünftige gemeinsame europäische Beschäftigungspolitik. Nur eine Kombination von regionalen und nationalstaatlichen Maßnahmen mit einer engeren Kooperation zwischen den europäischen Staaten kann die wirtschaftliche Dynamik in Europa erhöhen, die Arbeitslosigkeit senken und das europäische Modell des Wohlfahrtsstaates sichern.
Kann die Sozialdemokratie eine Kraft der Modernisierung sein, ohne ihre Forderungen progressiv und fortschrittlich zu präsentieren? Gerade in Zeiten, in denen das ökonomisch monetaristische Element so sehr in den Vordergrund rückt, muß sozialdemokratische Politik Gesellschafts- und Kulturpolitik im umfassenden Sinne sein.
Wir sind auf dem Weg ins neue Jahrtausend mit großen Herausforderungen konfrontiert. Wirtschaftliche Globalisierung ist nur ein Aspekt in einer ganzen Kette von Beziehungen, in der die Staaten der Welt über ihre nationalen Grenzen hinweg zunehmend voneinander abhängig und auf das Engste miteinander verflochten sind. Aufgrund der globalen Interdependenz ist die internationale Zusammenarbeit für Sozialdemokraten in einem höheren Ausmaß erforderlich, als dies bislang der Fall war. Das gemeinsame Erarbeiten und Abstimmen von konkreten Programmen und Projekten in den sozialdemokratischen Parteien Europas ist die Voraussetzung für die zukünftige Durchsetzung sozialdemokratischer Konzepte. Koordination von Ideen und gemeinsamen Vorgangsweisen zwischen den einzelnen nationalen sozialistischen und sozialdemokratischen Parteien, und, sofern sie in ihren Regierungen vertreten sind, auch mit den nationalen Regierungen und in der Folge mit der EU-Kommission, ist daher unbedingt notwendig. Der SPE kommt daher zukünftig verstärkte Bedeutung zu. Denken und Handeln in internationalen Zusammenhängen muß für unsere praktische politische Arbeit selbstverständlich sein. Die europäische Sozialdemokratie ist vorbereitet, die Herausforderungen des neuen Jahrtausends anzunehmen und wird weiterhin die führende politische Kraft in Europa sein.

Wim KOK

FÜR EINE MODERNE SOZIALDEMOKRATIE: NEUE HERAUSFORDERUNGEN, NEUE AUFGABEN, NEUE WEGE DER ZUSAMMENARBEIT

RÜCKBLICK

Heutzutage hört man oft die Klage, daß es nur mehr so wenig Utopien gibt, daß die inspirierende Kraft des Glaubens an eine andere und bessere Welt, der die Generationen vor uns beseelt haben soll, jetzt fehlt. Das ist für mich kein Grund zu Entmutigung oder Desillusionierung. Im Gegenteil. Die Welt bewohnbar und das Leben lebenswert zu machen ist Auftrag für jede Generation (...)."

Ich möchte nicht ganz ausschließen, daß Sie annehmen, dies sei ein Text von mir. Damit kein Mißverständnis entsteht: Ich identifiziere mich zur Gänze damit, gesprochen hat diesen Text jedoch mein 1987 verstorbener Vorgänger Joop den Uyl. Ein mehr als vierzig Jahre altes Zitat, aus dem Jahre 1956, um genau zu sein.

In der Person Den Uyls widerspiegelt sich das Dilemma, das unsere Bewegung seit ihrer Gründung begleitet hat: die Spannung zwischen Traum und Tat, Ideal und Wirklichkeit, Ideal und Ideologie. Ich behaupte hier, daß jemandem, der seine Normen, seine Interpretation der Wirklichkeit ausschließlich aus dem Bestehenden ableitet, die Fähigkeit fehlt, die Wirklichkeit zu beeinflussen. Wer umgekehrt die bestehende Wirklichkeit ausschließlich als ein unbequemes Faktum sieht, das eigentlich nicht existieren dürfte – und daher innerhalb kürzester Zeit einem nicht-gekannten Ideal Platz zu machen hat – ordnet Mensch und Gesellschaft dem Imperativ des Traumes unter.

Die Spannungen in der sozialdemokratischen Bewegung, die hin und wieder zu einem wirklichen Streit, manchmal zu einer Abspaltung führen, werden aus zwei Quellen gespeist.
Zuallererst ist da die Ambition, eine breite Volksbewegung zu sein, in der Menschen mit unterschiedlichem Hintergrund und unterschiedlicher gesellschaftlicher Position eine bessere Gesellschaft im Auge haben.
Zweitens bricht die Quelle der Radikalität mit voller Kraft hervor. Die Existenz eines konkurrierenden politischen Systems in nächster Nähe – des Kommunismus –, der behauptete, aus derselben Quelle zu schöpfen, übte auf viele eine starke Anziehungskraft aus. Dieses System zwang die Länder der westlichen Welt zu einer engen Zusammenarbeit (NATO, EGKS, EWG). In unserer Bewegung ist der Antikommunismus für manche eine Selbstverständlichkeit, für andere ein Glaube. Wieder andere – namentlich im linken Flügel – wollten vor allem die Gesprächsbasis erhalten.
Rückblickend muß – kurz zusammengefaßt – festgestellt werden, daß sich die Sozialdemokratie als politische Bewegung ideologisch zu bescheiden positioniert hat. Der Charme des „reinen" Standpunktes bringt Den Uyl dazu, sich – in seinem ständigen Dialog mit den Linken innerhalb und außerhalb der PvdA – nicht ohne Ironie, einen „sündigen Reformisten" zu nennen. Bei mir selbst hat sich – sicherlich unter dem Einfluß einer langjährigen Erfahrung in der Gewerkschaft – eine handfeste Besorgnis und Bedachtsamkeit gegenüber „Radikalen mit reinen Standpunkten" entwikkelt, fast wie eine zweite Natur.
Eines unserer prominenten Mitglieder umschreibt 1982 die Situation folgendermaßen: „Sozialdemokraten scheinen schwer an einem gewissen Schuldgefühl zu tragen, welches dem Gedanken entspringt, daß trotz aller Erfolge der eigenen Politik die Sozialdemokraten den Sozialismus doch nicht verwirklichen konnten. Sei es unter dem Eindruck erlittener Niederlagen oder nicht, man zweifelt ziemlich regelmäßig an der Richtigkeit des eigenen Kurses." Sozialdemokraten abgestempelt als die Schwächlinge des Sozialismus.
Besonders einschneidend erweist sich der Fall des Kommunismus, des einzigen weltweit konkurrierenden politischen Systems, das für die auf dem Prinzip der Freiheit beruhenden Staaten und die in Freiheit zusammenarbeitenden Staatensysteme eine Bedrohung darstellte. Viele Nationen, nationale Gemeinschaften in der ehemaligen kommunistischen Welt kommen mit dem bloßen Schrecken davon und suchen mühsam die Grenzen der neu

erworbenen Freiheit. Auch anderswo in der Welt ist ein Prozess der „Demokratisierung" in Gang gekommen (unter anderem in Lateinamerika). Nationenbildung, Nationalismus, Bürgerkriege, ethnische Gegensätze und auch friedliche Übergänge zu mehr Demokratie bestimmen das Bild einer turbulenten Welt. Die Macht ist abhanden gekommen; das westliche Bündnis unter der Leitung der Vereinigten Staaten versucht seine neue Funktion in den vielen Konflikten zu definieren, die die Welt nach dem Fall der Mauer gekannt hat. Unter dem Motto der neugewonnenen Freiheit und der sich entfaltenden Demokratie wachsen wirtschaftliche Arbeitsgemeinschaften (Blöcke) und bekommt der Weltfreihandel freie Bahn.

Eine weitere Folge des Sturzes des Kommunismus ist der reduzierte Glaube an fundierte Vorstellungen darüber, wie die Gesellschaft idealerweise auszusehen hat und welcher Menschentyp dazu paßt. Wir nennen das: Ideologien. Alles, was nur nach der Erkenntnis „riecht", daß die Gesellschaft gehörig beeinflußt, ja sogar geplant werden kann, sitzt sehr rasch auf der Anklagebank überholter, verwerflicher Ideen. Sofern hier auf allumfassende Machbarkeitsansprüche in bezug auf Mensch und Gesellschaft verzichtet wird – oder auf alle anderen Erkenntnisse, die sich auf diesem Gebiet für überlegen erklären oder halten – ist von einer befreienden Errungenschaft die Rede. Sollte die Ankündigung des „Endes der Ideologien" jedoch auch der Behauptung dienen, *die* Gesellschaft sei nicht oder beeinflußbar, distanziere ich mich davon. Eine solche Argumentation ist einfach in Widerspruch mit der Erfahrungstatsache und der Erkenntnis, daß die Politik (die Behörden) in vielen Bereichen des Lebens einen großen Einfluß ausübt und dringend notwendig ist.

Wahr ist allerdings, daß sich – anders als nach den Ölkrisen (1973, 1979) – in der Welt eine grundlegende Änderung in den politisch-gesellschaftlichen Verhältnissen vollzieht. Der Kommunismus als Weltmacht ist verschwunden. Nach dem 9. November 1989 kann erst zu Recht behauptet werden: Diese Zeit kommt nie wieder.

Richtlinie für den Weltbürger von heute ist die Ablehnung der totalitären Ansprüche dogmatischer Systeme, auch wenn die „Verwestlichung" des Lebenstiles in der ganzen Welt in vielen Ländern eine fundamentalistische Gegenströmung hervorgerufen hat.

Es ist klar, daß die weltweiten Änderungen, die sich so knapp vor unserer Haustür abgespielt haben, auch die politisch-gesellschaftlichen Verhältnisse im eigenen Land stark beeinflussen. Die größere Anziehungskraft des liberalen Gedankenguts war damals deutlich wahrnehmbar. Für

Parteien, darunter die sozialdemokratische, die eine stärker ideologisch gefärbte Vergangenheit mit sich tragen, wurde es schwieriger. Es ist kein Grund vorhanden, damit übereilte Schlußfolgerungen zu verbinden. Die alte Ideologie erweist sich als unfähig, eine wirkungsvolle Antwort auf die Schlüsselfragen unserer Zeit zu geben. Das Abschütteln ideologischer Federn ist für eine politische Partei wie die unsere nicht nur ein Problem, es ist in bestimmter Hinsicht auch eine befreiende Erfahrung. Dieser Prozeß ist nahezu abgeschlossen. Wir haben uns mit noch mehr Kraft und Überzeugung auf den Inhalt der Probleme zu stürzen, mit denen die Menschen in unserer Gesellschaft konfrontiert werden.

EINE MODERNE SOZIALDEMOKRATIE

Der Wegfall vertrauter Rahmenbedingungen, international (Globalisierung) und im eigenen Land – ob es sich nun um politische Parteien, traditionelle Formen des Zusammenlebens, die Kirche, lebenslange Jobgarantien usw. handelt – führt in breiten Schichten der Bevölkerung zu einem Gefühl der Unsicherheit. Fast jeder erlebt Abhängigkeit – oder muß mit dieser Möglichkeit rechnen. Das gilt auch für die hinsichtlich Umfang und Bedeutung so entscheidende, verwundbare gesellschaftliche Mitte, den Bauch der Nation. Das ist die wachsende Gruppe derer, die man früher Mittelgruppen nannte.

Es ist zweifellos ein wachsendes Bedürfnis vorhanden, der Gesellschaft ein Gefühl von Richtung, von Sinngebung mitzugeben. Zerteilung und Zerbröckelung rufen Gegenbewegungen hervor, die darauf abzielen, den Bürger wieder in die öffentliche Sache einzubeziehen, ihm bei der Verwaltung und Interpretation des öffentlichen Bereichs eine neue Verantwortung zu übertragen. Hier liegt für Politiker und politische Parteien, die auf diesem Gebiet Begeisterung hervorzurufen wissen und Autorität erwerben können, eine Aufgabe par excellence.

Es fällt heutzutage nicht mehr auf, wenn jemand das Ende bestehender politischer Parteien in Aussicht stellt. Es gibt tatsächlich vieles, das in diese Richtung deutet. Die Zahl der Mitglieder von politischen Parteien geht seit Jahren stark zurück – einige „geschlossene“ Parteien außer Acht gelassen – , Versammlungen werden weniger gut besucht, und das Anwerben von Menschen für politische Organe findet in einer kulturell und sozial viel zu limitierten Gruppe statt.

Ohne diese bedrängte Lage beschönigen zu wollen, verweise ich darauf, daß politische Parteien oder Bewegungen – abgesehen von der Formgebung – Ausdruck der Erkenntnis sind, daß die Gesellschaft durch organisierte menschliche Intervention beeinflußt werden kann. Die Sozialdemokratie ist – als echtes Kind der Aufklärung – eine Bewegung par excellence, die bestehende gesellschaftliche Verhältnisse ändern wollte und auch tatsächlich geändert hat. Es war dazu aber mehr erforderlich als nur diese Erkenntnis.

Erforderlich war auch – Armut allein ist zu wenig – eine beginnende Industrialisierung, die die Menschen zusammenführte und damit für den Organisationsprozeß zugänglich machte. Erforderlich war weiters eine anfänglich zarte demokratische Konstellation, die es ermöglichte, daß Menschen sich organisierten, auch wenn es viel Widerstand gab. Von großem Nutzen für die Verbreiterung der organisatorischen Kraft der Bewegung waren nicht nur die Verpflichtung zum Unterricht, sondern auch einfache, aber nicht unwichtige Maßnahmen zur Förderung von Sicherheit und Gesundheit.

Die kollektive Willensbildung – genährt durch bestimmte Vorstellungen von Gerechtigkeit und zivilisierten Formen des Zusammenlebens – zeigte ihre Fähigkeit, das Gesicht einer Gesellschaft drastisch zu ändern. Mit dem allgemeinen Wahlrecht ging die Sozialdemokratie weiter ihren Weg, durch die und mit den Institutionen. Ist und bleibt der Sozialstaat – mit all seinen Mängeln und Erstarrungen – nicht die schönste Leistung dieser menschlichen und organisierten Willensbildung?

Wer den Sozialstaat seinem Kern nach charakterisieren möchte – und gleichzeitig den Schlüssel zu seinem Erhalt überreichen will – landet schließlich bei einem prekären Verhältnis zwischen Rechten und Pflichten der Bürger untereinander, das einer guten Kontrolle bedarf. Außerdem steht und fällt der Sozialstaat mit der Fähigkeit, die Verbindung, eine Konvergenz, zwischen Zukunftsausrichtung von Einzelperson *und* Gesellschaft herzustellen, was durch eine Sicherstellung (soziale Sicherheit) ermöglicht werden soll, die das Schicksal möglichst fernhält.

Eine zweite grundlegende Erkenntnis – die mit der Sozialdemokratie verbunden bleiben muß – ist die Tatsache, daß jede einigermaßen umfangreiche und komplizierte Gesellschaft – auch in ihrer demokratischen Variante – notwendigerweise Ungleichheiten schafft, die – ohne Korrektur – unerwünschte Beziehungen zwischen den Menschen *und* innerhalb der Gesellschaft mit sich bringen. Auch die geordnete Freiheit eines demokratischen

Systems kann nicht ohne Machtzentren funktionieren – die fast schon per definitionem durch die Kurzsichtigkeit für die Nöte des Volks, um es mal etwas altmodisch zu formulieren, bedroht werden. Die auch mit den besten Maßnahmen noch verbleibenden großen Unterschiede in Fähigkeiten und Fertigkeiten von Menschen finden ihren Niederschlag in den durch Mangel gekennzeichneten Unterschieden in Einkünften und anderen Vorrechten. Und die Best-Ausgestatteten finden wieder am besten ihren Weg durch die Einrichtungen und Arrangements, die in einem (Sozial-)Staat im Prinzip jedem Bürger zur Verfügung stehen oder gestellt werden.

Der endgültige Abschied von der Auffassung, daß es eine in getrennten gesellschaftlichen Gruppierungen erkennbare Zweiteilung zwischen Arbeit(ern) und Kapital(isten) gäbe, hat die Tatsache klar zutage gebracht, daß die gesellschaftliche Mitte das Herz der Gesellschaft vertritt. Ich will damit sagen, – und dieser Meinung bin ich als ehemaliger Gewerkschafter schon sehr lange – daß die Sozialdemokratie ohne Sympathie bei und solidarische Unterstützung aus diesen Mittelgruppen als Volksbewegung keine Zukunft hat. Für den Erhalt und die Erneuerung eines auf Gerechtigkeit, Solidarität und Eigeninteresse gerichteten Systems ist die Mitarbeit von Bürgern in dieser breiten gesellschaftlichen Mitte von entscheidender Bedeutung.

Gerade die erhöhte Verletzlichkeit der Gruppen, die sich im breiten Mittelfeld der Gesellschaft bewegen, macht sie zugänglich für viele politische Optionen, ganz sicher aber auch für die der Sozialdemokratie: aufgeklärt, demokratisch, solidarisch aus Eigeninteresse und aus ideellen Überlegungen. Die Sozialdemokratie muß sehr wohl eine Brücke zur Mitte schlagen, sie kann nicht anders, darf aber auch nicht anders wollen. Sie war als breite Volksbewegung – hinsichtlich Ambitionen – noch nie so aktuell.

Das führt mich zur Beziehung zur meist gut organisierten Mitte. Das Pflegen guter Beziehungen mit dieser Mitte ist von großer Bedeutung, aber immer in Kombination mit genügend Distanz. Interessensgruppen gehen ja – fast per definitionem – nie an der Spitze bei Veränderungen, die ihre eigenen Interessen betreffen. Auch hier ist das richtige Maß geboten. Die in der Vergangenheit zu große Verflechtung von Politik und gesellschaftlichem Mittelfeld hat in den letzten Jahren den Ruf nach dem Primat der Politik laut werden lassen. Wenn damit gemeint wird, daß die Politik eine eigene, klar zu argumentierende Verantwortlichkeit hat, kann ich das vollkommen akzeptieren. Sollte der Begriff – was auch festgestellt werden kann – auf eine Abneigung gegen dieses Mittelfeld verweisen, entfremdet man sich der gesellschaftlichen Wirklichkeit, die als soziale Demokratie gesehen werden muß.

DIE INTERNATIONALE DIMENSION

Heutzutage läßt sich die Erkenntnis nicht mehr leugnen, daß die Internationalisierung von Wirtschaft, Kommunikation, Mobilität der Menschen, Kultur und Lebensstil die Sozialdemokratie in ihrem Innersten trifft. Waren die internationale Orientierung und Solidarität früher nach außen gerichtet – und im übrigen nicht sehr erfolgreich und häufig unverbindlich –, so ist die internationale Dimension heute durch die Eindringlichkeit und Massivität des internationalen Verkehrs ein mehr oder weniger integraler Bestandteil der nationalen Gesellschaft geworden. Internationalismus ist kein Luxus mehr, sondern unvermeidlich.

Allerdings ist festzuhalten, daß es jetzt, wo die Marktwirtschaft weltweiten Charakter erhält, auffällt, wie groß die Unterschiede untereinander sind, auch zwischen bereits gefestigten marktwirtschaftlichen Systemen. Umfang und Charakter von sozialen Garantien, wirtschaftlicher Struktur und Unternehmenskultur klaffen weit auseinander. Nicht nur zwischen den Vereinigten Staaten, Japan und Deutschland zum Beispiel, sondern auch zwischen den Ländern in der Europäischen Union. Politische Alternativen, die Rolle des Staates und traditionelle Beziehungen zwischen den Sozialpartnern haben einen großen Einfluß. Die Politik des Staates ist ausschlaggebend dafür, Chancen zu nützen und Änderungen in sozial akzeptable Bahnen zu lenken.

Diese internationale Dimension hat den Spielraum des Nationalstaates in den letzten fünfundzwanzig Jahren erheblich eingeschränkt.

Damit möchte ich nicht die These verteidigen, daß der Nationalstaat nun unwichtig sei. Im Gegenteil. Gerade die internationale Zusammenarbeit zwingt uns dazu, zu erwägen, was wirklich einer internationalen Regelung bedarf oder was besser in nationalem Verband gemacht werden kann. Internationale Zusammenarbeit – nicht zuletzt zwischen Gleichgesinnten in bezug auf demokratischen Stil und politische Inhalte – kann dazu führen, daß der internationale Charakter von Problemen, die sich innerhalb nationaler Grenzen abspielen, erkannt werden, wie z. B. Armut, Arbeitslosigkeit, Sicherheit und Probleme der sozialen Integration in den Städten. Eine solche Internationalisierung von Problemen kann den Spielraum für die eigene Politik eines Landes sogar vergrößern, beziehungsweise ein Ansporn dazu sein, eine solche Politik auf die Beine zu stellen.

Internationale Zusammenarbeit ist daher mehr und mehr erforderlich. Sie bestimmt das politische, wirtschaftliche und Handelsklima für die Teilnehmer am internationalen Verkehr. Den in buchstäblichem Sinne grenzüberschreitenden Fragen wie Weltklima, Migration zwischen weniger und mehr entwickelten Ländern und Stabilität in verschiedenen Regionen kann ausschließlich durch intensiveres internationales Auftreten die Stirn geboten werden.

Wir werden uns gemeinsam mehr um jene Teile der Welt kümmern müssen, die aus eigener Kraft keinen Anschluß an die Weltwirtschaft finden können. Bevölkerungs- und Umweltprobleme sind häufig mit Unterentwicklung verbunden.

Mit diesen Erkenntnissen, diesem Gepäck hat eine modernisierte Sozialdemokratie ihren Weg zu finden und für die Zukunft bzw. in der Zukunft abzustecken. Dabei merke ich an, daß die Form der Partei mir weniger wichtig erscheint als das Mobilisieren von genügend Menschen für das Gedankengut der Sozialdemokratie, die von den obengenannten Erkenntnissen auszugehen hat. Nicht als nicht-beeinflußbare oder nicht-zu-diskutierende Erkenntnisse, sondern als Ausgangspunkt für eine Konfrontation mit Idealen, die – trotz ihrer Einfachheit – in einer von hemmungsloser Freiheit erfüllten Gesellschaft schwierig genug aufrechtzuerhalten sind.

DIE EUROPÄISCHE UNION

Die zunehmende gegenseitige Abhängigkeit von Staaten und nationalen Gemeinschaften – und die damit zusammenhängende wachsende Mobilität von Menschen und Dienstleistungen – macht eine aktive internationale Positionierung unserer Bewegung unentbehrlich und auch wünschenswert. Wer nicht auf kurzfristige Erfolge aus ist und ein Auge dafür hat, was in den vergangenen Jahrzehnten durch internationale Zusammenarbeit zustandegebracht wurde, muß feststellen, daß Gleichgültigkeit, fehlendes Engagement und Resignation im Abnehmen sind. Die internationale Völkergemeinschaft – in ihren unterschiedlichen Erscheinungsformen – kann sich den großen Ereignissen und Entwicklungen in dieser Welt nicht mehr entziehen. Eine aufmerksame Haltung in internationalen Foren – allen voran in der Europäischen Union und den Vereinten Nationen – ermöglicht es eher, ein selbstbewußtes nationales Gefühl mit einer auf internationale Stabilität ausgerichteten Politik zu verbinden.

Zugespitzt auf die europäische Politik möchte ich für die Zukunft folgende Ausgangspunkte und Richtungen anbieten. Ich mache dies vor dem Hintergrund der Feststellung, daß Europa – durch Zerbröckelung, Verlust an Basis und wachsenden Patriotismus – in eine „Schlechtwetterzone" geraten ist. Grund genug dafür, daß die unten angeführten Auffassungen – auch wenn sie wegen der Kürze sehr technisch klingen mögen – in den kommenden Jahren große Anstrengungen erfordern werden. Kurz zusammengefaßt geht es um folgendes:

- Das überzeugte Festhalten an der Wirtschafts- und Währungsunion, einschließlich der Beitrittsbedingungen und des Datums des Inkrafttretens (1999), weil die WWU den Integrationsprozeß unumkehrbar macht, als Erweiterung des Maastrichter Vertrages (1991).
- Das weitgehende Beibehalten der im Weißbuch von Jacques Delors festgelegten sozialwirtschaftlichen Politik, bei der die Zielsetzungen eines ehrgeizigen Beschäftigungsplanes eine Reihe von Maßnahmen beinhalten, die von (permanenten) Schulungseinrichtungen bis zur Vergrößerung der Flexibilität und Dezentralisierung in den Arbeitsverhältnissen usw. reichen.
- Die Überwachung des guten Funktionierens des Binnenmarktes, weil damit die besten Bedingungen geschaffen werden, um der Konkurrenz aus anderen Teilen der Welt die Stirn zu bieten. Das bedeutet also nicht die Zuweisung neuer Befugnisse an Brüssel, sondern die Vergrößerung der Schlagfertigkeit und die Sicherung des Zusammenhangs. Schlagfertig bedeutet unter anderem eine aktive, effiziente Europäische Kommission, eine Verbesserung des Zusammenspiels zwischen dem Ministerrat und dem Europäischen Parlament. Und nicht zu vergessen: Das, was besser auf nationaler Ebene gemacht werden kann, muß den Mitgliedstaaten überlassen werden (Subsidiarität). Mit Zusammenhang ist – unter Anerkennung der Notwendigkeit einer gewissen Differenzierung und Flexibilität – der Beibehalt einer minimalen Einheit gemeint. Ein Europa à la carte, bei dem die Mitgliedstaaten ständig unterschiedliche Zielsetzungen handhaben, ist inakzeptabel.

• Die Notwendigkeit einer glaubwürdigen Innen- und Sicherheitspolitik, bei der die Bürger Vertrauen in die Fähigkeit der EU bekommen, die äußere Sicherheit zu gewährleisten.
• Die Dringlichkeit der Zusammenarbeit auf dem Gebiet der Justiz und des Binnenlandes zur Überwachung und zum Schutz der Integrität des demokratischen Rechtsstaates. Das bedeutet: mehr Anwendung der EU-eigenen Verfahren (Europäische Kommission, Europäischer Gerichtshof).
• Einem Europa der Bürger (von dem wir noch weit entfernt sind) nützt die Erkenntnis, daß eine, auch in europäischem Verband, größere Betonung der städtischen Gesellschaften – in denen 80% der europäischen Bürger leben – die Basis für eine europäische Zusammenarbeit stark verbessern könnte.
• Last but not least: die Erweiterung. Wir stehen in den kommenden zehn Jahren vor der Aufgabe, die Wiedervereinigung Europas dadurch zu vollenden, daß namentlich die mittel- und osteuropäischen Länder in das Haus Europa aufgenommen werden. Das bedeutendste Verdienst der Europäischen Gemeinschaft und der Union von heute sind Frieden und Sicherheit zwischen ehemaligen Feinden. Nach der deutschen Wiedervereinigung stehen wir jetzt vor der entscheidenden Aufgabe, Europa zu vereinen.

Übersetzung aus dem Niederländischen von Madeleine Hofecker

Milan KUCAN

ERWARTUNGEN AN DIE EUROPÄISCHE INTEGRATION UND DIE GEMEINSAME EUROPÄISCHE ZUKUNFT

Jubiläen, festliche Begehungen und das Feiern von wichtigen Ereignissen aus dem Leben eines Menschen, von Einzelnen, politischen Parteien, Gemeinschaften, Völkern, Staaten, Erdteilen und der ganzen Menschheit stellen einen nicht wegzudenkenden Teil der Selbstbegründung der menschlichen Existenz in der ganzen bisherigen menschlichen Geschichte dar. Allerdings bekommen Jubiläen durch die Jahrtausendwende eine neue Bedeutung wegen des universellen Echos, auch wegen der prometheischen Eingenommenheit des Menschen von der Zukunft. Erinnerungen an die Vergangenheit stehen in der Regel in der Funktion unserer Zukunftsvorstellungen, die sich auf die Erfahrungen des Vergangenen stützen.

Auch um den Erdteil Europa steht es heute anders als ehedem. Diese endgültige Andersartigkeit entstand als Möglichkeit nach dem Jahre 1989, also nach dem Fall der Berliner Mauer und nach der Wende in den Ländern des sogenannten real existierenden Sozialismus. Es darf nicht übersehen werden, daß in den letzten Jahren Schlüsselerinnerungen an europäisches Geschehen im letzten Jahrhundert geballt vorkommen, insbesondere die an den Ersten und Zweiten Weltkrieg gebundenen. Dem fünfzigjährigen Jubiläum des Endes des Zweiten Weltkrieges und allem, was früher und später kam, kommt in diesem Erinnerungen zweifellos eine zentrale Rolle zu. Ich darf daran erinnern, daß der Sieg der demokratischen Alliierten über den Totalitarismus des Nationalsozialismus und Faschismus in erster Linie durch das entscheidende militärische Eingreifen der Vereinigten Staaten möglich geworden war, die so schon zum zweiten Mal in der unruhigen Geschichte des 20. Jahrhunderts Europa ein Ende des Krieges und die Herrschaft des Friedens gesichert haben. Wie dem auch sei, jedenfalls war es ein Frieden, der im durch den Irrsinn und die Greuel der nazistischen und faschistischen Ideologie entfesselten Sturm unerreichbar schien. Mit dem Marshallplan wurde dann von den Vereinigten Staaten der wirtschaftliche Wiederaufbau des zerstörten Europas angeregt. Leider nur der westeuropäischen Länder, denn damals war schon der berüchtigte Eiserne Vorhang gefallen und die Hilfe wurde wegen der ideologischen und politischen Abkapselung der stalinistischen Herrschaftsstrukturen von den osteuropäischen Ländern zurückgewiesen. Die Folgen sind bekannt. Sie machen Europa noch heute zu schaffen und das wird sich offensichtlich in der Zukunft nicht ändern. Gerade deshalb müssen sich unsere Überlegungen der europäischen Zukunft zuwenden, die jetzt, vor der Jahrtausendwende, Gelegenheit bekommen hat für eine ganz Europa umfassende Versöhnung und damit auch für die Verwirklichung einer freien, in sozialer Stabilität, kompetitiver Zusammenarbeit im gemeinsamen Wirtschaftsraum, der Achtung der Menschenrechte und anderer Werte der euroamerikanschen demokratischen Überlieferung verankerten Gemeinschaft europäischer Staaten.

Nie bisher in der menschlichen Geschichte der Kontinente war die Welt voneinander so abhängig und so miteinander verbunden, wie sie es heute ist. Ein Vergleich des menschlichen Lebens zu Beginn des ersten Jahrtausends unserer Zeitrechnung und der Veränderungen, zu denen es im zweiten Jahrtausend gekommen ist, ergibt einen riesigen Unterschied und eine außerordentliche Entwicklung, insbesondere eine wirtschaftliche, technologische und informationsmäßige. Nicht zu übersehen ist dabei die unauslotbare Neuerung, die durch das originäre Christentum mit seinem Paradigma der Gleichheit der Menschen vor der höchsten Idee, vor Gott, in die Welt der Menschen gebracht worden ist. Dieses Muster hat zwei Jahrtausende lang viele einzelne Menschen und Völker, etliche soziale Utopien und Bewegungen für die soziale Gerechtigkeit inspiriert. Aus geschichtlichen Gründen konnte es allerdings nicht universell werden und in der Welt einen engeren Zusammenschluß bewirken. Bis zum Zweiten Weltkrieg blieb die Welt der Menschen eine Summe von verschiedenen selbstgenügsamen Welten, die ihre eigenen und abgekapselten Leben lebten, gemäß der eigenen geistigen kulturellen und politischen Überlieferung. Das gilt auch für Europa, das allerdings besonders in den letzten Jahrhunderten des zweiten Jahrtausends eine richtige Entwicklungsexplosion erlebt hat und in erster Linie durch die Entdeckung von neuen Welten und technologische Erfindungen zum Entwicklungsgenerator der immer enger zusammenrückenden Welt geworden ist. Die Welt lebte im Zeichen des Eurozentrismus mit allen positiven und negativen Auswirkungen der europäischen Präsenz in anderen Erdteilen. Die Zeit des Eurozentrismus ist nun endgültig vorbei. Die Welt ist multipolar geworden. Definitiv zu Ende ist die europäische politische, wirtschaftliche, kulturelle und geistige Vorherrschaft aus der zweiten Hälfte dieses Jahrtausends. Und das ist für Europa eine neue Herausforderung und eine neue Chance. Die Forderung nach gründlichen Überlegungen zu seiner Zukunft ist heute ultimativ geworden.

Die Multipolarität ist ein neuer Funktionsmodus der menschlichen Welt aller Erdteile in gegenseitiger Abhängigkeit. Neben Europa, das trotz der physischen Beseitigung des eisernen Vorhangs noch immer auf verschiedene Weisen geteilt geblieben ist, haben sich in der Welt neue Zentren der Macht herausgebildet, der politischen und wirtschaftlichen, finanziellen und geistigen, die zugleich auch Entwicklungszentren sind und Veränderungen der menschlichen Zivilisation generieren. Dadurch werden neue zu beantwortende Fragen aufgeworfen. Ich würde – mit einiger Vereinfachung – die Annahme wagen, daß sich der Menschheit als zentrales Dilemma die Frage aufdrängt: ob sie die Multipolarität als Möglichkeit für eine konkurrierende Zusammenarbeit zwischen größeren starken Entwicklungszentren auf der Basis von zivilisationsmäßig überzeugenden Regeln nutzen und damit eine optimale sinergische Wirkung dieses Wettbewerbs wird erzielen können, oder ob es zulassen wird, daß dieser Wettbewerb zu mehr oder weniger gewaltsamen Versuchen einzelner Zentren ausartet, die Vorherrschaft über andere zu erlangen, auch mit militärischer Gewalt. Oder mit anderen Worten: ob die Zukunft in der Unterordnung von einigen Teilen der Welt liegen kann, im Zeichen von egoistischen Vorteilen anderer, stärkerer und höher entwickelter Teile, oder ob sie in einer auf der Gleichberechtigung der Interessen und gegenseitiger Achtung begründeten Zusammenarbeit liegen wird, in einem Zusammenwachsen der Welt und Menschheit. Um der gemeinsamen Vorteile und einer freundlichen gemeinsamen Zukunft willen. Einst wurde bonum communae (das gemeinsame Wohl) nur auf der Ebene eines Landes definiert. Was auch für die Frage der sozialen Stabilität gilt. Heute sind das allgemeine Wohl, die soziale Stabilität und das ökologische Gleichgewicht über Staatsgrenzen hinweg ein Problem der ganzen Welt.

Immer klarer zeichnet sich in diesen Weiten und Weglosigkeiten der heutigen Welt die Verantwortung Europas ab, der europäischen Staaten, der europäischen politischen Elite und aller, denen das gemeinsame europäische Haus als einzige produktive Möglichkeit am Herzen liegt. In Europa gibt es etliche Europas, sei es als Folge von alten, sei es als Ankündigung von neuen Teilungen. Mit dieser Wahrheit wird die Erkenntnis konfrontiert, daß nur ein vereintes Europa, nur ein Europa der Zusammenarbeit imstande sein wird, mit anderen Entwicklungszentren der Welt erfolgreich in den Wettbewerb zu treten und zusammenzuarbeiten. Diese grundlegende europäische Selbstüberlegung ist ohne die Berücksichtigung von aus einer langen Geschichte europäischer Konflikte erwachsenen Erkenntnissen nicht möglich. Ohne ein unbelastetes Begreifen dieser Geschichte ist Europa, ein Kontinent, wo eine ganze Reihe von offenen Rechnungen zwischen einander ausschließenden Völkern und ihren Staaten oder zwischen einander ausschließenden Ententen und mehr oder weniger dauerhaften Bündnissen, zwischen ideologischen Blocks, ständig Anlaß für die Politik der Gewalt gegeben hat, nicht zu begreifen. Man kann nur hoffen, daß sich das, was angesehene Männer der europäischen Politik wiederholt gesagt haben, bewahrheiten möge, nämlich daß in Berlin im Jahre 1989 die seit 1914 andauernde Zeit der Auseinandersetzungen und Teilungen zu Ende gegangen ist. Das könnte zutreffen, doch nur mit einem Vorbehalt: wenn Europa als ganzes imstande ist, einen Zusammenschluß und eine Zusammenarbeit zu erreichen, wie es Westeuropa in den Jahren seit dem Zweiten Weltkrieg gelungen ist, als es auf die lange blutige Geschichte der Herstellung und Zerstörung des Gleichgewichts der Macht und Furcht, von Zerstörungen, auf das vergossene Blut und die Tränen von Millionen von Europäern und Amerikanern mit Zusammenarbeit reagiert hat. In der kurzen Zeitspanne nach dem zweiten Weltkrieg brachte Westeuropa genug politische Weisheit zustande, um sich bei allen kleinen und großen Schwierigkeiten von der Hand des Todes abzuwenden, die sich nach dem Leben ausstreckte. Europa trat aus seiner Vergangenheit heraus.
Es handelte so aus der Erkenntnis heraus, daß gerade die Zusammenarbeit die einzige Alternative darstellt, die eine Rückkehr zur alten Politik

des Kräftegleichgewichts, zur Hegemonie der Großmächte und ähnlichen „erlösenden" Mustern, die zu guter Letzt immer zu Kriegen und davor oft zu staatlichem oder ideologischem Totalitarismus ausgeartet sind, hemmen oder gar verhindern könnte. Heute stellt sich die europäische Alternative in kontinentalen Ausmaßen dar. Es gilt, sich klar zu bekennen, entweder zur Rückkehr zum überkommenen europäischen System des Kräftegleichgewichts, oder zu einer entschlossenen Fortsetzung des Weges des engeren Zusammenschlusses des Kontinents, mit der allmählichen, aber keineswegs diskriminatorischen Einbindung aller Staaten, die das wünschen, in die Europäischen Union und die NATO. Derzeit wartet Mitteleuropa im Warteraum, derjenige Teil des Kontinents, der durch die Teilungen am stärksten in Mitleidenschaft gezogen worden ist, auch zivilisationsmäßig. Es gilt entweder die europäischen Einrichtungen zu wählen oder neue Konflikte, eine neue Hegemonie von ausgewählten Staaten zu riskieren. Vorrang haben muß die Zusammenarbeit aller und nicht ein Kampf um Interessensphären. Es geht darum, was wir als unsere Zukunft sehen. Entweder ein Europa mit selbstgenügsamen nationalen Strukturen, mit einer Vorherrschaft der Großmächte nach dem Vorbild des 19. Jahrhunderts, oder ein integriertes Europa des 21. Jahrhunderts. Eine todgeweihte Selbstgenügsamkeit ist in einer Welt, die einem globalen Dorf ähnelt, nur zu überwinden, wenn dem europäischen Provinzialismus ein europäischer Globalismus entgegengesetzt wird. Wenn Europa nicht zusammengeschlossen, geteilt oder sogar im gegenseitigen Clinch sein sollte, wird in einer von neuen Zentren des expansiven und dynamischen Wachstums geprägten Welt der ganze Kontinent zur Marginalisierung verdammt sein, auch diejenigen Staaten, die heute einen bedeutenden Faktor in der Wirtschaft und dem politischen Leben der Welt darstellen.

Die europäischen politischen Verhältnisse nach dem Jahre 1989 stehen im Zeichen der *Errichtung von neuen Nationalstaaten* nach dem Zerfall der Sowjetunion, von Jugoslawien und der Tschechoslowakei. So ist der Prozeß einer verspäteten politischen Emanzipation einiger europäischer Völker, auch des slowenischen, mehr oder weniger abgeschlossen. Die neuentstandenen Nationalstaaten könnten angesichts der weltweiten Integration als reiner Anachronismus, als in den Rahmen des verwerflichen negativen Nationalismus gehörig betrachtet werden. Daß das eine nicht zu akzeptierende Vereinfachung ist, wird heute von jeder ernsthaften historiographischen, soziologischen oder politischen Analyse anerkannt.

Es trifft allerdings zu, daß durch die neue Landkarte europäischer Staaten die überkommenen Vorstellungen politischer Eliten der stärksten europäischen Staaten über die Wege der Erhaltung der Friedens auf dem Kontinent und über Beziehungen zwischen großen und kleinen Staaten in mancher Hinsicht erschüttert worden ist. Der blutige vierjährige Krieg auf dem Boden des zerfallenen jugoslawischen Staates hat allen Illusionen dieser Art erfolgreich den Garaus gemacht. Nach jahrzehntelanger Dämmerung lebte die geistigkulturelle Gemeinschaft von Mitteleuropa als Zustand des Geistes und der politischen Reife wieder auf und bewies, daß sie imstande ist, auch zugunsten des sich integrierenden Europas neue positive und bindende Anreize zu schaffen.

Eine direkt eruptive *Entfaltung der politischen Demokratie* im edelsten Sinne des Wortes und im Geiste der positiven europäischen und amerikanischen politischen Überlieferung ist ein neuentstandenes Zeichen der Zeit nach dem Jahre 1989. Noch nie bisher in der neueren europäischen Geschichte konnten die Grundsätze der französischen Revolution 1789 – Freiheit, Gleichheit und Bruderschaft – voll zum Tragen kommen. Das ist eine große Chance, die es nicht zu verpassen gilt. Das Mehrparteiensystem, die Freiheit der Rede und des öffentlichen Auftretens und der allgemeine Druck in Richtung der Achtung der Menschenrechte und der menschlichen Würde, auch durch soziale Sicherheit, hat bisher noch nie eine solche Hochblüte erlebt wie nach dem Zerfall der europäischen ideologischen Teilungen. Der gegenwärtige Zustand des europäischen Geistes ist ein Beleg dafür, daß im Feld der politischen Überzeugungen des europäischen Menschen wenigstens drei politische Parteienoptionen der Entwicklung tief verwurzelt sind: die christdemokratische, die liberale und die sozialdemokratische. Es leuchtet ein, daß im Zusammenhang der eigenen nationalen, politischen und geschichtlichen Überlieferung in einzelnen Ländern diese Optionen unterschiedliche Namen und inhaltliche Ausprägungen haben. Und natürlich unterschiedlichen Erfolg haben bei Wahlen, bei der Übernahme der Verantwortung für die Leitung und Verwaltung des Staates und bei der Artikulation von Programmen der Abänderung von alleuropäischen Einrichtungen, die den rechtlichen und politischen Rahmen des vereinten Europas bilden sollten.
Ungeachtet aller unterschiedlicher Schwerpunkte ist allerdings den gegenwärtigen politischen Verwaltern von Europa die Überzeugung gemeinsam, daß die europäischen politischen und sicherheitsmäßigen Einrichtungen,

vornehmlich die NATO und EU, reformbedürftig sind. Ich bin überzeugt, daß diese Notwendigkeit nicht nur oder in erster Linie mit der weiteren Erweiterung dieser Mechanismen verbunden ist, sondern auch mit dem inneren sozialwirtschaftlichen Geisteszustand. Eine Kernfrage ist die zunehmende Arbeitslosigkeit in der EU als ganzer und in jedem Mitgliedland gesondert. Als würde sich der Sozialstaat oder der soziale Wohlstandstaat in einer unlösbaren Krise befinden, die neben einer verhängnisvollen Arbeitslosigkeit, die in Nationalökonomien inzwischen zum Fixpunkt geworden ist, insbesondere in der Sackgasse der staatlich unterhaltenen Sozial-, Gesundheits- und Versorgungssysteme zum Ausdruck kommen. Die sozialdemokratische politische Option und gewissermaßen auch christdemokratische Vorstellungen von einer gesellschaftlichen Gerechtigkeit machen eine schwere geschichtliche Prüfung sowohl in traditionellen westlichen demokratischen Ländern als auch in den sogenannten Transitionsländern mit. Zu denen auch Slowenien gehört.

Der Staat Slowenien ist ein Teil von Mitteleuropa. Das kürzliche (im Juni 1997) Treffen von acht Staatspräsidenten – von Deutschland, Italien, Österreich, Polen, Slowakei, Slowenien, Tschechien und Ungarn – hat zumindest zwei Dinge klargestellt. Daß Mitteleuropa nicht nur ein geographischer Begriff ist, daß vielmehr nach dem Fall des Eisernen Vorhanges in seinem Raum die gemeinsamen, für diese besondere, eigenständige kulturelle und geistige Gemeinschaft typischen Werte wieder auflebten. Die gemeinsamen Merkmale dieses Raumes basieren auf der positiven Überlieferung des Eintretens für die Erneuerung der geistigen Werte wie Gleichberechtigung, gegenseitige Achtung, die Anerkennung der Unterschiedlichkeit, Toleranz und Dialog, ein ähnliches oder das gleiche geschichtliche Schicksal, der Palimpsestcharakter der Kulturen dieser Völker und der Wunsch, durch die Offenheit des Bürgerstaates und der Herstellung eines produktiven Verhältnisses zwischen den beiden die Ausschließlichkeit des Nationalstaates zu überwinden. Mitteleuropa möchte nicht mehr ein politisches Zwischenfeld zwischen West- und Osteuropa bilden. Schon jetzt will es in die europäischen Einrichtungen und die NATO voll eingebunden sein. Ein zusammengerücktes Europa ist in der Natur seiner Werte gegeben, es ist seine Zukunft, deshalb möchte Mitteleuropa mit seiner Erfahrung und seinen Ideen die Zukunft des vereinten Europas mitprägen. Irgendeinen aus Mitteleuropa vor der Tür der EU oder der NATO stehen zu lassen, heißt, daß die europäischen Teilungen aufrechterhalten oder erneuert werden. Oder daß sich der europäischen Westen ein wenig mehr in Richtung Osten ausweitet. Die Festlegung von Mitteleuropa oder seiner Einzelteile als eine Art Zwischenraum wäre unentschuldbar, nicht nur wegen der großen Hoffnungen und Anstrengungen der besagten Völker nach den strukturellen politischen Veränderungen in den Jahren 1989 und 1990. Die mitteleuropäischen Völker haben mit aufrichtigen Erwartungen und der Verwirklichung von Veränderungen den Panzer des totalitären Systems gesprengt, sowohl desjenigen, in das sie während des Zweiten Weltkrieges erbarmungslos gezwängt worden sind, als auch desjenigen, an das sie nach Kriegsende festgeschmiedet worden sind. Deshalb möchten sie auch nach 1990 nicht zum Tummelplatz von verschiedenen politischen und insbesondere wirtschaftlich-finanziellen Eliten ausarten, die nur ihren eigenen Nutzen sehen. Geduldig, doch beharrlich, auch über Niederlagen, setzen diese Staaten politische, wirtschaftliche, sicherheitsmäßige und andere Reformen durch, um so mit westeuropäischen Ländern mit einer langen demokratischen Tradition kompatibel zu werden. Auch deshalb erwarten sie mit Recht volles Verständnis für ihre verschiedensten Schwierigkeiten. Veränderungen sind nicht über Nacht zu vollbringen, denn die zivilisatorische Kluft, die in fünfzig Jahren des Lebens innerhalb einer anderen Denktradition entstandene gedankliche Diskrepanz ist größer, als es beim Fall der Berliner Mauer den Anschein hatte. Veränderungen fordern eine Zeit und die verständnisvolle Hand der Zusammenarbeit, insbesondere in der Beurteilung von oft sehr widersprüchlichen sozialen Konflikten, zu denen es durch die Einführung der Marktwirtschaft und die Abschaffung von unberechtigten, doch tief verwurzelten sozialen Privilegien aus dem früheren System kommt. Es kommt auf die moralische Unterstützung, auf die psychologische Motivierung für diese Staaten an. So wie in Zeit der Marschallplanhilfe sind sie auch heute noch wichtiger als die materielle Hilfe. Gewissermaßen kommt das auch in den Reaktionen auf die Entscheidung über die sehr restriktive Erweiterung der NATO zum Tragen.

Europa reagiert auf die Herausforderungen des postkommunistischen Zeitalters sehr langsam. Dringend notwendig ist eine klarer erkennbare Verschiebung von der Politik der Vermeidung von Konflikten zur Politik des Engagements, zu einer partnerschaftlichen Zusammenarbeit. Für die heutige EU ist es deshalb wichtig, die Schicksalhaftigkeit der Frage, ob wir in Zukunft ein Europa haben werden oder zwei oder vielleicht sogar drei, zu begreifen. Für die Zukunft von Europa ist die Vereinbarkeit ihres westlichen, entwickelten Teiles und des östlichen, unterentwickelten Teiles ausschlaggebend. Heute ist es offensichtlich, daß von den im Osten stattgefundenenen Veränderungen ganz Europa beeinflußt wird. Ihre Tiefe, ihr Umfang haben nicht nur den Osten, sondern auch den Westen überrascht. Der Westen müßte die Staaten von Mittel- und Osteuropa in den Bestrebungen um die eigene Zukunft als Partner, wenn auch als schwächere, behandeln. Diese Staaten werden begreifen, daß sie nicht nur für ihre eigene Entwicklung verantwortlich sind, sondern auch für die Stabilität des gesamten Kontinents. So wie die Mitgliedstaaten der EU ihre strategische Position beizubehalten suchen und dementsprechend nach Antworten für eine weitere räumliche Ausweitung der EU suchen, so suchen die mittel- und osteuropäischen Staaten, die sich eine möglichst baldige Einbindung in die EU zum Ziel gesetzt haben, nach Entwicklungskonzepten, die diesem Ziel entsprechen sollen.

Beide müßten sich dabei der Tatsache bewußt sein, daß die Umstrukturierung eine weltweite Erscheinung ist. Sie ist nicht nur auf einen einzelnen Staat begrenzt, nicht nur auf West-, Ost- oder Mitteleuropa. Der wichtigste Grund für eine so umfangreiche Umstrukturierung ist das Verschwinden der Grenzen von lokalen Märkten. Staaten müssen ihre Wirtschaften den neuen Weltrealitäten anpassen. Die Einsicht, daß die Umstrukturierung eine weltweite Erscheinung ist, läßt uns jedoch unweigerlich zur anfänglichen Frage nach der notwendigen Vereinbarkeit von Ost- bzw. Mitteleuropa zurückkehren bzw. der notwendigen Überbrückung der Entwicklungskluft zwischen den Wirtschaften im Übergang und den Wirtschaften der entwikkelten Staaten. Nur Engagement und Partnerschaft können eine Brücke zwischen den einen und anderen Staaten schlagen, eine Brücke zur Erweiterung des Kernes demokratischer Staaten mit effektiven Wirtschaften. Es ist an der Europäischen Union, diese Herausforderung anzunehmen und sie für eine strategische Einreihung von Europa unter die wirtschaftlichen Großmächte der Welt zur Jahrtausendwende zu nutzen.

In der kurzen Zeitspanne von nur fünf Jahren hat Europa, das heißt wir alle, zwei Extreme erlebt: den Optimismus des Freudentanzes vor dem Brandenburger Tor und die Greuel des Krieges in Bosnien und Herzegowina. Wir dürfen nicht übersehen, daß auch der Krieg auf dem Boden des ehemaligen Jugoslawiens erst mit dem effektiven Durchgriff der Vereinigten Staaten und der Militärs der NATO und mit Dayton beendet werden konnte. Amerikanische Truppen waren schon zum dritten Mal im 20. Jahrhundert in Europa im Einsatz. Wir erleben eine nicht ganz erklärliche Verzögerung, auch unterschiedliche Behandlung bei der Konzipierung der europäischen Sicherheit, einer neuen europäischen Ordnung, eines neuen europäischen Hauses, um nur einige Paradigmen, Ausdrücke der Begeisterung aus den Jahren zu erwähnen, als der Kontinent auf bestem Wege zu sein schien, der eigenen fünfhundertjährigen Geschichte der Teilungen zu entrinnen. Wir haben wirklich auch die deutsch-tschechische Versöhnung erlebt, den Beginn der Konsensfindung zwischen Italien und Slowenien, die Einladung zum NATO-Beitritt an Tschechien, Polen und Ungarn, die Vereinbarung zwischen der NATO und Rußland und andere positive Anzeichen dieser neuen Ideen. Doch gilt es nicht zu vergessen, daß im Balkanraum, insbesondere in Bosnien und Herzegowina, noch immer ein Zustand zwischen Krieg und Frieden herrscht und daß keineswegs mit Sicherheit vorherzusehen ist, was im nächsten Sommer geschehen wird, wenn die amerikanischen Einheiten abziehen. Sind die anderen europäischen Länder auf diese Veränderungen wirklich vorbereitet, oder leben einige euriopäische Staatsmänner noch immer in der Überzeugung, daß die Balkankonflikte niedergehalten oder sogar zu isolieren sind, daß man außerhalb der großen europäischen Staaten immer wieder nach Sündenböcken suchen könne.

Wir sollten deshalb vor uns selbst zugeben, daß wir von einem Europa als Heimat der Heimaten aller Bürger der europäischen Länder, des ganzen Reichtums der nationalen, politischen und geistigen Vielfalt der Bevölkerung unseres Kontinents noch weit entfernt sind. Ist ein Europa als Heimat freier Menschen, von gleichberechtigten und gleich verantwortlichen Völkern wirklich nur Utopie? Ist ein Europa von national geprägten und offenen Bürgerstaaten mit dem Wunsch nach Zusammenarbeit, Integration und dem gemeinsamen Projekt eines stabilen und sicheren, sozial gerechten Kontinents nur ein nicht zu verwirklichender Traum? Ich möchte glauben können, daß dem nicht so ist, daß alle Mühen, uns einem solchen Europa möglichst bald zu nähern, sich auszahlen werden. Die in diesem Jahr zu fassenden Entscheidungen über die Erweiterung der NATO und der Europäischen Union und der Ausgang der Entwicklungen im Raum von Südosteuropa im nächsten Jahr werden zeigen, ob solche Hoffnungen berechtigt sind.

Oskar LAFONTAINE

HERAUSFORDERUNG AN DIE SOZIALDEMOKRATIE: DER GLOBALISIERUNG EINE SOZIALE RICHTUNG GEBEN

Das Tempo, mit dem sich die Wirtschaft in den letzten Jahren verändert und internationalisiert hat, ist so groß, daß darin eine neue Qualität gesehen werden kann. Die Konsequenz davon ist, daß es in der politischen und ökonomischen Diskussion unserer Zeit einen zentralen Begriff gibt, an dem sich viel Phantasie, aber auch viel Streit entzündet. Ich meine den Begriff der Globalisierung. Mit diesem Wort verbinden sich große Hoffnungen, aber auch viele Ängste. Hoffnung auf wachsenden Wohlstand und neue, zukunftssichere Arbeitsplätze, zugleich aber auch Angst vor Arbeitslosigkeit und sozialem Abstieg

Mein Eindruck von dieser Debatte ist, daß die Globalisierung bisher weder von der ökonomischen Theorie noch von der praktischen Politik hinreichend klar analysiert worden ist. Schon gar nicht ist zu erkennen, daß die gegenwärtige Politik aus den neuen Herausforderungen, die sich durch technische und ökonomische Entwicklungen ergeben, die richtigen Schlußfolgerungen gezogen hätte.

Was also ist Globalisierung? Und welche Konsequenzen ergeben sich aus der Globalisierung für eine sozialdemokratische Politik auf nationaler und internationaler Ebene?

Ich will versuchen, auf diese Fragen eine Antwort zu geben.

Durch die Internationalisierung der Wirtschaft hat sich die Mobilität von Waren und Dienstleistungen sowie von Wissen und Kapital deutlich erhöht. Globalisierung heißt im Kern nichts anderes als die Herstellung eines umfassenden Weltmarktes. Globalisierte Märkte mit einer weltweiten Mobilität von Waren und Dienstleistungen, von Wissen und Kapital, die zur Folge haben, daß sich der Wettbewerb der Unternehmen immer weiter verschärft. Die neuen Freiheiten globaler Märkte kommen vor allem den global operierenden Konzernen zugute. Es wundert wenig, daß ihre wirtschaftliche Macht und auch ihr politischer Einfluß immer mehr wachsen. Die Elemente dieses globalisierten Marktes lassen sich konkret benennen. Das ist z. B. die Europäische Union. Nach ihrer Erweiterung auf 15 Staaten mit 370 Millionen Menschen ist sie weltweit zum größten Binnenmarkt geworden.

Frühere Entwicklungsländer und Schwellenländer treten heute mehr und mehr als hochleistungsfähige Wettbewerber auf. Nach dem Vorbild des europäischen Binnenmarktes entstehen weltweit neue regionale Wirtschaftsräume, wie zum Beispiel die NAFTA-Region mit den USA, Kanada und Mexiko. Begleitet und befördert wird diese Globalisierung durch den Abbau der Handelsbarrieren im Rahmen des neuen Welthandelsabkommens. Hinzu kommt die rasante Entwicklung der Informations- und Kommunikationstechnologien, die ebenfalls zur Globalisierung beigetragen hat. Informationen werden mehr und mehr digitalisiert und über Datenautobahnen geschickt. Das ermöglicht einen nie gekannten Austausch des Wissens. Dadurch erreicht auch der Faktor Arbeit zunehmend eine neue Mobilität, die bisher nicht für möglich gehalten wurde.

Durch die neuen Informations- und Kommunikationstechnologien hat sich auch weltweit ein einheitlicher Finanzmarkt herausgebildet, der dem anlagewilligen Kapital keinerlei Schranken mehr auferlegt. Täglich werden zwischen den Börsen der Welt Summen bewegt, die doppelt so hoch sind wie die Währungsreserven aller Zentralbanken.

Globalisierung hat den Aktionsrahmen für anlagesuchendes Kapital erweitert. Über die Frage, in welchem Land neue Produktionsanlagen, Forschungseinrichtungen oder Verwaltungszentren angesiedelt werden, entscheidet immer weniger die nationale Herkunft. Standortfragen werden zunehmend danach entschieden, in welchem Staat die einzelne Investition für das Gesamtunternehmen den größten Gewinn abwirft.

Das alles zusammen ist es, was gemeinhin als Globalisierung bezeichnet wird.

Die politische Frage lautet nun: Ist diese Globalisierung als Chance oder als ein Risiko zu begreifen? Und welche Schlußfolgerung muß die Politik daraus ziehen?

Aus meiner Sicht und aus der Sicht der deutschen Sozialdemokratie überwiegen die Chancen. Wir haben immer die positive Wirkung des freien Handels betont. Das gilt auch im Zeitalter globalisierter Märkte. Die weltweite internationale Arbeitsteilung bietet die Chance, den Wohlstand der Völker zu mehren und jedem seinen gerechten Anteil am ökonomischen und technischen Fortschritt zu geben.

Ich spreche ausdrücklich von den Chancen der Globalisierung und nicht von der Zwangsläufigkeit oder dem Automatismus. Denn ob die Chancen der Globalisierung tatsächlich genutzt werden und wem sie letztlich zugutekommen, hängt nicht zuletzt auch davon ab, welche Antworten die Wirtschaftspolitik auf diese neuen Entwicklungen sowohl auf nationaler als auch auf internationaler Ebene gibt.

Die gegenwärtige Wirtschaftspolitik krankt aber daran, daß ihr der Begriff des Wettbewerbs nicht klar ist. Bei ihrer sogenannten Standortpolitik bringt sie immer wieder den Wettbewerb der Unternehmen und den Wettbewerb der Staaten durcheinander. Die Folgen sind schwerwiegende wirtschaftspolitische Fehler. Um aus der Globalisierung die richtigen Schlußfolgerungen für ein wirtschaftspolitisches Handeln ziehen zu können, müssen diese beiden Formen des Wettbewerbs klar unterschieden werden.

In einer Marktwirtschaft, auch wenn sie globalisiert ist, werden Wohlstand und technischer Fortschritt, Wachstum und Beschäftigung nicht durch den Staat vorangebracht, sondern vor allem durch den Markt, genauer gesagt, durch den Wettbewerb der privaten Unternehmen. Wir sind für den Leistungs- und Ideenwettbewerb der Unternehmen. Auf nationaler wie auf internationaler Ebene sollte alles unternommen werden, um einen funktionsfähigen Wettbewerb sicherzustellen.

Neben diesem Wettbewerb der Unternehmen gibt es den sogenannten Standortwettbewerb der Nationalstaaten. Bei diesem Wettbewerb versuchen die Staaten, Kapital und Arbeitsplätze im eigenen Lande zu halten oder ins eigene Land zu holen. Dabei spricht unter ökonomischen und politischen Gesichtspunkten nichts gegen einen Leistungswettbewerb um die internationale Effizienz der Staatsverwaltung, um das beste Bildungssystem, die innovativste Forschungslandschaft, oder um die leistungsfähigste öffentliche Infrastruktur. Denn all das schafft mehr Wohlstand und verbessert die Lebensbedingungen der Menschen.

Problematisch dagegen ist das, was man einen Abwertungswettlauf der Nationalstaaten nennen könnte. Um Kapital und Arbeitsplätze im Land zu halten oder ins eigene Land zu holen, werden in den Industriestaaten

Reallöhne, Unternehmenssteuern und Sozialstandards immer weiter nach unten getrieben, und der Umweltschutz wird in sträflicher Weise vernachlässigt. Für die weniger entwickelten Staaten bedeutet dies: Ihre Chance, im Rahmen der wirtschaftlichen Entwicklung ihre sozialen und ökologischen Standards zu verbessern, wird geringer. Diese traditionelle Wirtschaftspolitik weist einen merkwürdigen Widerspruch auf: Während sich die Wirtschaft immer stärker internationalisiert, fällt die Politik zurück in altes nationalstaatliches Denken. Auf Globalisierung der Märkte reagiert sie mit einer Renationalisierung der Politik. Ich nenne das eine verhängnisvolle, realwirtschaftliche Abwärtsspirale, an deren Ende es keine Gewinner geben wird, sondern nur Verlierer.

Der realwirtschaftliche Abwertungswettlauf der Nationalstaaten ist ökonomisch und politisch gesehen ein Irrweg. Denn dieser Wettlauf verzerrt und stört den internationalen Leistungswettbewerb der Unternehmen. Er führt zu rezessiven Entwicklungen, wachsender Arbeitslosigkeit und steigender Staatsverschuldung. Er verhindert eine optimale Allokation der Ressourcen. Er untergräbt die ökonomischen, sozialen und ökologischen Grundlagen unserer Gesellschaft.

So haben wir als Sozialdemokraten eindrucksvoll die Fehlentwicklungen analysiert, zu denen etwa der internationale Steuersenkungswettlauf im Bereich der Unternehmenssteuern führt. Zu einer immer stärkeren Verschiebung der Steuer- und Abgabenlast auf den Faktor Arbeit, zu einer Schwächung der Massenkaufkraft und damit der Binnennachfrage, zu einem Anstieg der Arbeitslosigkeit, zu höherer Staatsverschuldung, zu hohen Realzinsen, zu weniger Investitionen und damit zu noch mehr Arbeitslosigkeit und noch höherer Staatsverschuldung. All das können wir in Deutschland ebenso wie in Europa und der ganzen Welt beobachten.

Auch die Politik des Lohndrucks ist ökonomisch gesehen ein Irrweg, denn die Senkung der Reallöhne schwächt die Binnennachfrage, fördert rezessive Tendenzen und verstärkt den Zwang, immer mehr exportieren zu müssen. Wenn alle Industrieländer nach der gleichen Philosophie handeln, dann kann diese Rechnung aber schon nach der einfachen Zahlenmechanik nicht mehr aufgehen. Es ist unmöglich, daß alle Staaten gleichzeitig Exportüberschüsse erzielen, denn der Export des einen Landes ist immer der Import des anderen. Und die Summe der Leistungsbilanzen aller am Welthandel beteiligten Länder ist notwendigerweise immer Null. Deshalb kann die Rechnung mit einer durch staatliches Dumping geförderten aggressiven Exportpolitik nicht aufgehen.

Der realwirtschaftliche Abwertungswettlauf der Nationalstaaten ist keineswegs die zwangsläufige Folge der Globalisierung. Er ist das Ergebnis falscher politischer Weichenstellungen. Und diese Weichenstellungen können korrigiert werden.

Es bleibt festzustellen: dic gegenwärtige Standortdebatte ist interessenpolitisch überzeichnet. Um es noch klarer zu sagen: die konservative Standortdiskussion ist eine Art Interessenpolitik.

Das genau ist der politische Kern der gegenwärtigen wirtschaftspolitischen Debattc. Dic Angst der Menschen vor Arbeitslosigkeit und sozialem Abstieg wird instrumentalisiert für eine Umverteilungspolitik zu Lasten der großen Mehrheit der Bevölkerung. Damit erweist sich konservative Standortpolitik als reine Ideologie. Eine Politik für die Mehrheit der Bevölkerung ist das jedenfalls nicht. Mein Eindruck ist, daß dies den Menschen auch mehr und mehr bewußt wird.

Das Fazit der bisherigen Ausführungen heißt: mit dem gegenwärtigen realwirtschaftlichen Abwertungswettlauf der Nationalstaaten sind die Herausforderungen der Globalisierung nicht zu meistern. Der sogenannte Standortwettbewerb der konservativen Wirtschaftspolitik wird den Bedingungen der neuen Weltwirtschaft und der internationalen Solidarität zwischen den reichen Industrieländern und den Ländern, die sich auf dem industriellen Entwicklungspfad befinden, nicht gerecht. Die Antwort auf die Globalisierung der Märkte kann nicht in einer Renationalisierung der Politik liegen, sie liegt aber auch nicht in der Errichtung protektionistischer Barrieren.

Die richtige Antwort auf die Internationalisierung der Wirtschaft kann nur heißen: Bessere internationale Zusammenarbeit, denn ebenso wie im nationalen Rahmen muß auch für die internationalen Wirtschaftsbeziehungen gelten: Der Markt braucht einen politisch gesetzten Ordnungsrahmen.

Ich verweise auf die Geschichte Europas: Als die lokale und regionale Wirtschaft des letzten Jahrhunderts immer mehr über die Grenzen deutscher Kleinstaaterei hinauswuchs, kam es zur Bildung des deutschen Zollvereins und schließlich zur Gründung des deutschen Reiches. Und als in diesem Jahrhundert die Wirtschaft an die Grenzen des Nationalstaates stieß und sich immer stärker europäisch orientierte, kam es zur Schaffung des europäischen Binnenmarktes und zum Aufbau der Europäischen Union. In beiden Fällen, die sich in ähnlicher Weise auch in anderen Weltregionen nachvollziehen lassen, wurde dafür gesorgt, daß die expandierende

Wirtschaft den politischen Ordnungsrahmen bekam, der dem immer größer werdenden Aktionsradius der Unternehmen entspricht.
Es liegt daher in der historischen und ökonomischen Logik, wenn jetzt – im Zeitalter der Globalisierung – ein neuer politischer Ordnungsrahmen geschaffen wird, der der zunehmenden Internationalisierung der Wirtschaft angemessen ist: Die globalisierte Weltwirtschaft braucht eine neue Weltwirtschaftsordnung.
Die soziale und ökologische Marktwirtschaft ist auch das politische Koordinatensystem der Europäischen Union. Die Sozialdemokraten plädieren dafür, dieses Modell der Marktwirtschaft mit sozialer und ökologischer Verantwortung jetzt auch zur Geschäftsgrundlage für eine neue Weltwirtschaftsordnung zu machen. Die Effizienz des Marktes muß kombiniert werden mit sozialem Ausgleich und mit moralischer Verantwortung für kommende Generationen, denn ich kann keinen überzeugenden Grund dafür erkennen, warum diese wirtschaftspolitische Wertentscheidung nicht grundsätzlich auch auf den großen Markt der Weltwirtschaft übertragbar sein sollte. Damit können die besten Voraussetzungen geschaffen werden für den Leistungs- und Ideenwettbewerb der Unternehmen und für einen fairen Handel, der allen Beteiligten nutzt. Für eine Kapitulation der Politik gibt es keinen Grund.
Es ist richtig, daß mit der Globalisierung die nationalen Handlungsspielräume kleiner geworden sind. Gleichzeitig gibt es aber neue Handlungsmöglichkeiten auf der internationalen Ebene, wie zum Beispiel internationale Vereinbarungen im Rahmen supranationaler Einrichtungen. Diese Einrichtungen sind vorhanden. Ich nenne die Europäische Union, die G-7, die OECD, den Internationalen Währungsfonds und die Welthandelsorganisation WTO.
Es gibt auch bereits ganz konkrete Projekte, die wichtige Bausteine einer neuen Weltwirtschaftsordnung sein können: So fordert die EU-Kommission innerhalb der EU, und darüber hinaus auch für die gesamte OECD, eine Steuerharmonisierung mit der Einführung effektiver Mindeststeuersätze im Bereich der Unternehmenssteuern und der Kapitalertragsteuern. Damit will die Kommission dem schädlichen Steuersenkungswettlauf der Nationalstaaten entgegenwirken. Die Sozialdemokraten unterstützen diese Initiative der EU-Kommission.
Ein Blick auf die Zahlen zeigt beispielhaft, daß die Klagen über die angeblich zu hohe Unternehmenssteuerbelastung so nicht haltbar sind. Tatsächlich zahlen viele Unternehmen viel weniger Steuern als es dem Ge-

genwert der öffentlichen Leistungen entspricht, die der Staat den Unternehmen zur Verfügung stellt.
Durch effektive Mindeststeuersätze muß dafür gesorgt werden, daß nach dem steuerpolitischen Äquivalenzprinzip staatliche Leistung und private Gegenleistung wieder besser übereinstimmen.
Nun wird immer wieder gesagt, diese Überlegungen seien zwar im Prinzip richtig. Sie seien aber unrealistisch, weil ihre Umsetzung die Zustimmung anderer Staaten voraussetzt.
Dazu verweise ich zunächst noch einmal darauf, daß es hier nicht um eine unverbindliche Idee weltfremder Idealisten geht, sondern um einen offiziellen Vorschlag der Kommission der Europäischen Union. Die Globalisierung darf nicht zu einer Erosion der sozialen Sicherungssysteme führen. Das ist nicht zuletzt auch ein Gebot ökonomischer Vernunft. Denn die Menschen brauchen soziale Sicherheit, wenn *die* ökonomischen Risiken eingegangen werden sollen, ohne die wirtschaftlicher und technologischer Fortschritt nicht möglich ist.
Wir brauchen verbindliche Normen für die Staatengemeinschaft, die die elementaren Rechte der Arbeitnehmer festschreiben, um Sozialdumping und Ausbeutung zu unterbinden.
Deshalb unterstützen die deutschen Sozialdemokraten die Initiative der US-Regierung für *weltweite soziale Mindeststandards.* Für die WTO-Konferenz 1997 hat die amerikanische Regierung einen Katalog sozialer Kernrechte vorgelegt: Dazu gehören die Vereinigungsfreiheit, die Tarifautonomie, das Verbot der Zwangsarbeit, die Beseitigung aller „ausbeuterischen Formen der Kinderarbeit" und die Nichtdiskriminierung bei Einstellung und Beschäftigung der Arbeitnehmer. Diese grundlegenden Arbeitsrechte und Sozialstandards entsprechen fundamentalen Menschenrechten.
Wir brauchen eine bessere *internationale Koordinierung der Wirtschafts-, Finanz- und Geldpolitiken.* Diese Koordinierung ist unverzichtbar, wenn es zu einer Stabilisierung des Weltwährungssystems und zu mehr Wachstum und Beschäftigung kommen soll.
Wenn die globale Beschäftigungskrise überwunden werden soll, dann brauchen wir eine *internationale Wachstumsoffensive.* Dazu gehört, daß die nationalen Zentralbanken in enger Abstimmung mit den Finanzpolitiken der beteiligten Staaten alle Zinssenkungsspielräume ausschöpfen.
Ich will einen weiteren Bereich nennen, bei dem es zu einer besseren internationalen Zusammenarbeit keine vernünftige Alternative gibt: Die *Umweltpolitik.* Ich nenne nur die Stichworte Ozonloch und Tschernobyl.

Globale Umweltprobleme lassen sich nur durch globale Anstrengungen lösen. Es ist unsere politische Verantwortung gegenüber den heute Lebenden und unsere moralische Verpflichtung gegenüber kommenden Generationen, alles zu unternehmen, um die natürlichen Lebensgrundlagen unserer Erde zu bewahren.

Weil es immer wieder zu Mißverständnissen kommt, will ich hier eines ganz deutlich betonen. Dieses Konzept der internationalen Zusammenarbeit ersetzt nicht die nationale Politik. Die Aufgabe, das eigene Haus in Ordnung zu bringen, wird einem von keiner supranationalen Organisation abgenommen. Hier ist die nationale Politik selbst in der Pflicht.

Aus deutscher Sicht kann man sagen, daß die neue internationale Arbeitsteilung die wirtschaftlichen Strukturen der Industrieländer verändern wird. Arbeitsintensive Produktionen, die dem internationalen Wettbewerb ausgesetzt sind, werden immer mehr in Länder mit niedrigeren Lohnkosten abwandern.

Es darf nicht verkannt werden, daß die Internationalisierung der Wirtschaft zunehmend auch Länder außerhalb Nordamerikas, Europas und Ostasiens betrifft. In diesem Zusammenhang macht sich in den industrialisierten Ländern sehr oft ein Gefühl der Beunruhigung breit. Diese Beunruhigung läßt jedoch viele dynamische Faktoren außer acht: die weitere Entwicklung von Technik und Produktivität in den Industrieländern und nicht zuletzt auch die ökonomischen und sozialen Entwicklungen, die in den Niedriglohnländern selbst im Zuge ihrer wirtschaftlichen Entwicklung eintreten werden.

Gerade für die Bundesrepublik mit einer traditionell starken Investitionsgüterindustrie ist der Aufholprozeß der sich entwickelnden Staaten eine große Chance. Eine Abschottung gegenüber diesen Staaten ist jedenfalls keine Lösung. In dem Maße, wie sich diese Länder in den Weltmarkt integrieren, werden sie auch immer mehr zu verläßlichen Partnern internationaler Zusammenarbeit werden. Diese Perspektive zeigt nur, daß der aufgezeigte internationale Ordnungsrahmen schrittweise immer mehr Partner umfassen wird.

Wenn die neuen großen Chancen der Globalisierung genutzt werden sollen, dann brauchen wir neues Denken in der Politik, aber vor allem in der Wirtschaftspolitik. Wir brauchen eine bessere internationale Zusammenarbeit der Politik, die an die Stelle von Resignation, Sozialdumping und Protektionismus tritt. Damit können wir den verhängnisvollen realwirtschaftlichen Abwertungswettlauf der Nationalstaaten überwinden.

Ich bin davon überzeugt: Im Zeitalter der Globalisierung ist unser sozialdemokratisches Konzept der Modernisierung, der Gerechtigkeit und der internationalen Zusammenarbeit die einzig erfolgversprechende Politik.

Vassos LYSSARIDES

IN SEARCH OF NEW SOLUTIONS

"If I had the sophisticated knowledge that I have today,
I would not present the Theory of Relativity."
(Einstein)

At a time when geographical boundaries tend to blur; at a time when communications and telecommunications diminish the relevance of distances and bring together cultures and tendencies; at a time when the technological developments dictate a new approach to social structures and working hours; at a time when the globalisation of capital and, to a lesser degree, of labour markets and technological diffusion bypass national economies and deprive national budgets of funds needed for social services; at a time when we witness a globalisation and interdependence of markets, whereas the international solidarity lacks behind; at a time when monetarism acquires a new dimension and marketforces are overvalued: in such a time we need a clearer definition of our ideology; we need to give a clear vision to the average person and, in our case, to the average European citizen.

It is not by coincidence that the European citizen shows an anaemic interest in the process of unification, though when such an interest is manifested, it does turn in our direction.

Do we have a concrete macro-proposal? It is true that no can theory offer complete and permanent solutions to problems and that constant revisions are necessary for a constantly changing world.

But what kind of solutions do we offer for the problems which Europe is currently facing?
And how do our proposals differ from those of the conservatives, and how can the European citizen notice this difference?
We have defined certain priorities. Solidarity and prosperity, both at the national and the international level, which means narrowing the technology gap and the inequitable distribution of capital both internationally and on the national level as well as the participation of all citizens in the benefits of development and cultural opportunities; democracy, which means a defeat of national injustice and anti-social terrorism, protection of the environment and the quality of life, employment, peace and eradication of the sources of injustice as well as the projection of Europe as a moral force.
In order to project a new European and international order we have to apply a global, and not a selective, implementation of principles. We have to be convincing that we are truly the protectors of human, group and national rights everywhere. To reach this goal we need a common foreign and defence policy. This is a necessity dictated not only on the basis of moral principles (which we must admit play a non-significant role in world developments) but also in order to protect our own action, as no issue can be regarded as isolated any longer.
We have to admit that we are still a long way from surpassing narrow national interests; while forging a united Europe, we continually witness outbursts of narrow nationalistic approaches which are often based on a sense of lacking security.
We need to create conditions of security not only into the economic sphere, but also with regard to culture and the preservation of the national identity. This, though it sounds paradoxical, may finally lead to a true European identity.
The prospect of a Europe serving as a moral force cannot be realized unless we establish a practical European code of behaviour. In a world of cynical approaches, this may sound naive and out of reach, yet this is the only way to safeguard our own security and welfare.
A new socio-economic model is still being formulated. We still fail or are hesitant to question the uncontrolled market forces which marginalise nations and groups within the national entity and which handicap the absorption of technological developments without causing problems.
If the communist regimes failed to do so because of their hydrocephalic central planning, the neo-liberal approach proves inadequate as it is un-

prepared to accept necessary social changes, especially the adaptation of working hours.

The question of unemployment is a testing point. Unemployment cannot be defeated without radically restructuring working hours, raising of the standards of the underdeveloped regions of the world, implementing common economic policy, and raising educational standards to meet the new challenges. At present these reform initiatives are handicapped by the non-homogeneity of the policies pursued by Europe's governments, yet we must offer them as a vision in a truly united Europe.

Regarding the establishment of peace, it should not escape us that this cannot be achieved without resolving existing regional problems. Turning a blind eye on such problems will undermine our credibility. Avoiding the implementation of practical measures against foreign intervention, occupation, and threats of the use of violence will destabilise not only the countries involved, but all our efforts to secure peace.

It is impossible to even crudely tackle the problems of socialism in such a short essay. I conclude by saying that inspite of the difficulties we face, we offer the only possible way out of the deadlock and the problems of the contemporary world.

It is obvious that both the growth rate necessary to ensure the quality of life, and the transfer of labour to more sophisticated spheres require measures that a profit-oriented neo-liberal regime cannot adopt. We are focusing on full profitable employment, but we also insist on safeguarding low unemployment and welfare benefits as a necessary measure of solidarity on the part of the employed. On the other hand, if the real wage growth is not proportional to productivity improvements, we will face an even more inequitable distribution of national income. A uniform European attitude regarding economic policies is a prerequisite, though even this will face the difficulties arising from the fact that other important economic centres (US, Japan) hold different attitudes. It is also obvious that the protection of the environment requires practical solidarity measures for those regions of the world which face undernourishment and are thus unable to protect the environment and to sustain environmental protection attitudes.

In order to control technologies rather than being controlled by them (to use Delors' expression), we have to adapt social structures and working-hours in a way that enables us to absorb technology for the benefit of many.

We need to show that we aim to establish a truly new Europe and a new world order based on solidarity and the readiness to evolve the social structures so that they can fruitfully absorb the technological developments. Simple, effective solutions need to be found for oversophisticated established orders.

Pierre MAUROY

DIE SOZIALISTISCHE INTERNATIONALE AUF DEM WEG ZUR ERNEUERUNG

Zu Anfang meines Beitrages möchte ich meine Wertschätzung aussprechen für die großen Leistungen der SPÖ in den über hundert Jahren seit ihrer Gründung und für all jenes, das sie für die Festigung der Demokratie in ihrem Land und international getan hat.
Nach dem Ende des Zweiten Weltkrieges hatte die neue Führung der SPÖ, befreit aus den Konzentrationslagern und Gefängnissen der Nationalsozialisten, den gemeinsamen Willen, das Land und die österreichische Nation wiederaufzubauen. Erstmals in Europa wurde eine große politische Koalition gebildet. Diese „Demokratie des Grundkonsenses" war ein entscheidender Faktor für die Stabilität des staatlichen Systems, und zwar auf nationaler Ebene im Wiederaufbauprozeß des Landes ebenso wie international bei der Unterzeichnung des Staatsvertrages von 1955, der den Abzug der Alliierten aus Österreich brachte. In den 50er Jahren war sie eine der stabilsten Formen von politischer Koalitionsregierung aller westlichen Demokratien.
Wenn ich auf die bedeutende Rolle hinweise, die die SPÖ in der Geschichte der Sozialdemokratie und insbesondere in der Sozialistischen Internationale gespielt hat, dann kann ich nicht umhin, an die ersten gemeinsamen sozialistischen Kämpfe in Europa zu erinnern; an Bruno Pittermann als ehemaligen Präsidenten der Sozialistischen Internationale (IX. Kongreß im September 1964), der sich der Herausarbeitung der Unterschiede zwischen demokratischem Sozialismus und Kommunismus widmete. Unver-

gessen bleibt auch das Wirken seines Nachfolgers an der Spitze der SPÖ (ab 1967), Bruno Kreisky, der über Jahrzehnte die Botschaft der Sozialisten verkörpert und ihr eine reelle Bedeutung verliehen hat. Er hat den neuen Prioritäten der europäischen Sozialisten in der Zeit der „Entspannung" Rechnung getragen, sie zum Ausdruck gebracht und den Sozialismus zu einer neuen Vision von der Demokratie in den Ländern der Dritten Welt hingeführt. Im Nahen Osten war Kreisky der Architekt einer Politik der Versöhnung zwischen der europäischen Sozialdemokratie und der arabischen Welt.

In jüngerer Zeit, ab 1987, führte Franz Vranitzky als Bundeskanzler Österreich in die Europäische Union, indem er die SPÖ und ihre Wähler von den Vorteilen der Zugehörigkeit zu dieser politischen Union überzeugte, und zwar trotz des langjährigen Prinzips der Neutralität, die aus dem Kräftespiel des Kalten Krieges entstanden war.

Die Geschichte der SPÖ ist also untrennbar mit jener der Sozialistischen Internationale verbunden.

Ich überlasse es den Geschichtsschreibern der europäischen Arbeiterbewegung, sich näher mit der Entwicklung Eurer Organisation zu befassen. Allerdings möchte ich mit Euch die Hoffnungen und Herausforderungen teilen, auf die die Sozialistische Internationale und mit ihr die SPÖ Anworten finden muß, um die Gegenwart so zu bewältigen, daß daraus eine demokratische und soziale Zukunft entstehen kann.

DER DEMOKRATISCHE SOZIALISMUS – EIN ZENTRALER WERT DES 20. JAHRHUNDERTS

An der Schwelle zum 21. Jahrhundert, angesichts dessen, was die in einem weitreichenden Wandlungsprozeß befindliche Welt heute bewegt, hat vor allem die Sozialdemokratie dank ihrer Werte und ihrer politischen Kraft die Fähigkeit, angemessene und zukunftsorientierte Anworten zu finden.

Die letzten zehn Jahre waren weltweit von tiefgreifenden politischen Umbrüchen gekennzeichnet. Diese neue Situation und die Vielzahl an Herausforderungen lassen eine neue Welt entstehen, die die Sozialistische Internationale sowohl hinsichtlich politischer Inhalte und geographischer Verankerung als auch hinsichtlich ihrer Stärke und Unterstützung durch die Wähler auf den Plan ruft.

Mit dem Fall des Kommunismus ist die Bedeutung einer starke Präsenz der Sozialistischen Internationale und ihrer Auffassungen in Europa angesichts des Verlustes ideologischer Anhaltspunkte deutlicher geworden. Die Entwicklung in diesem Jahrhundert hat viele Ausweglosigkeiten entstehen lassen, die zu überwinden die internationale Arbeiterbewegung aber letztendlich die Kraft gefunden hat. Ich denke an den Kommunismus und an seinen Irrweg, den Stalinismus, an den aggressiven Nationalismus, der oft Kriege provoziert, an den Kolonialismus, etc..

Der Sozialismus bleibt weltweit eine Ideologie, die dazu berufen ist, die Werte von sozialer Gerechtigkeit, Solidarität und nicht zuletzt die Hoffnung auf ein besseres Leben in einer menschlicheren Gesellschaft zu vertreten. Die Sozialdemokraten haben die Verantwortung, nicht nur die Auswüchse dieser Welt, in der der Liberalismus herrscht und unkontrolliert regiert, abzulehnen, sondern darüber hinausgehend neue gemeinsame und internationale Antworten zu finden, die den Weg für eine demokratische und soziale Zukunft bereiten.

Es reicht nicht aus zu erkennen, daß sich die Welt verändert. Gerade wir können sie nicht so akzeptieren, wie sie ist. Angesichts der Globalisierung von wirtschaftlichen und politischen Problemen wollen wir über die Sozialistische Internationale und in dem Bestreben, unsere Prinzipien und Werte zu verteidigen, konkrete Maßnahmen entwickeln gegen Ungleichheiten in Einkommen, Wissen, Informationszugang oder im Gesundheitsbereich zwischen Menschen in den einzelnen Ländern, auf kontinentaler und auf globaler Ebene.

Gegenüber der totalen Verherrlichung des Marktes, dem wir uns nach Ansicht zahlreicher führender Politiker verschreiben sollen, bildet die Sozialistische Internationale einen Schutzwall, sodaß wir uns eines Tages nicht mehr zwischen Markt oder Demokratie entscheiden müssen.

Im Gegensatz zur „pax americana“, wie von F. Fukuyama vorgeschlagen, ist das Ende der Geschichte nicht eingetreten, und jene, die die Internationale des Kapitalismus gesungen haben, haben sich offensichtlich geirrt. Man braucht nur an das Wiedererstarken nationalistischer Tendenzen in Zentraleuropa und Afrika zu denken, um abschätzen zu können, auf welch tönernen Füßen der Übergang zur Demokratie steht. Man muß sich bewußt sein, daß die Demokratie mehr und mehr eine Ursache und nicht die Folge von Entwicklung ist.

Eine Analyse des Zweigespanns Demokratie – Entwicklung führt über die Einsicht, daß demokratische Systeme auf unserem Planeten nach wie vor in der Minderzahl sind. Aus diesem Grund sind wir Sozialisten – vereint in der Sozialistischen Internationale – die einzige politische Kraft, die die Völker versöhnen und auf die gewaltige Sehnsucht der Bürger dieser Welt, in Freiheit zu leben, antworten kann.

Dazu kommt, daß die politische Ausgangsposition für Europa noch selten, vielleicht noch nie so günstig war wie heute. Seit 1995 haben sechs der letzten sieben Parlamentswahlen Erfolge für die Sozialdemokratie gebracht; in zwölf von fünfzehn Mitgliedstaaten der Europäischen Union sind Mitgliedsparteien der SI führende Regierungskraft oder gehören der Regierung an. Die Wahlsiege unserer sozialdemokratischen Freunde in Europa geben mir Anlaß zur Hoffnung auf ein künftiges „großes europäisches Haus", auf ein künftiges politisches Europa des sozialen Fortschritts. Wir sind in ein neues Zeitalter eingetreten, das auf der Globalisierung der Wirtschaft begründet ist. Die Krise, die wir durchleben, darf nicht einfach mit der Globalisierung und dem europäischem Integrationsprozeß erklärt werden. Europa und die Globalisierungsprozesse können wir sehr wohl beeinflussen. Die Konservativen wollen glauben machen, daß die Sozialdemokratie in der Krise steckt. Nein, keineswegs. In Wahrheit ist es das gesamte liberale Wirtschaftssystem, das in der Krise steckt. Ob wir in der Regierung sind oder in Opposition – unsere Aufgabe war und ist es, die Krise in den Griff zu bekommen, und wir werden niemals aufgeben, solange wir auf kontinentaler und globaler Ebene gemeinsam agieren können. Das Anhalten der Krise hat uns gezwungen, uns selbst neue Fragen zu stellen und schneller als vorhersehbar an einer Weiterentwicklung des sozialdemokratischen Modells zu arbeiten.

Es obliegt uns, die Kämpfe zu definieren, die wir morgen zu führen haben. Das Beispiel des europäischen Integrationsprozesses ist bezeichnend für das, was uns erwartet: Denn ein soziales Europa wird nicht von selbst entstehen. Die verschiedenen europäischen Unternehmerverbände und -lobbys werden versuchen, unsere politischen und sozialen Ambitionen zurückzudrängen. Deshalb müssen die sozialdemokratischen Parteien der Sozialistischen Internationale mit klaren Zielen und unbeirrbarer Entschlossenheit auftreten.

Zahlreiche Probleme allgemeinerer Natur, die aber ebenso bedeutend sind, wie etwa Umwelt- oder Migrationsfragen und der Kampf gegen organisiertes Verbrechen, mobilisieren uns und gehören zu den großen zu bewältigenden Herausforderungen der Zivilisation im nächsten Jahrhundert. Die Grenzen, die unseren nationalen politischen Strategien gesetzt sind, lassen uns die Notwendigkeit dieses Laboratoriums für Ideen und Initiativen, das die Sozialistische Internationale ist, erkennen. Um all die komplexen Probleme zu meistern, hat sich die Sozialistische Internationale als Forum für gemeinsames Nachdenken und für dringend zu führende Debatten, wie wir den aktuellen Herausforderungen begegnen sollen, drei große Ziele gesetzt, die auf eine umfassende Reform ausgerichtet sind und die SI zum echten Wegbereiter der Zukunft der Sozialdemokratie machen sollen.

DIE ZUKUNFT DER SOZIALDEMOKRATIE ENTSTEHT ÜBER DIE ERNEUERUNG DER SI

Alle Welt kennt unsere Organisation, aber paradoxerweise stellt man sich viele Fragen über ihre Funktion und ihren Nutzen ...
Man kann der Sozialistischen Internationale die Rolle einer transnationalen Partei aller Sozialdemokraten der Welt zuschreiben, in der zwar nicht Programme erarbeitet, aber Debatten geführt werden, in der keine Einzelpersonen sondern nationale Parteien Mitglieder sind und entscheiden, und in der sich das Entstehen einer Identität über die Entwicklung gemeinsamer Symbole ausdrückt.
Die Sozialistische Internationale ist weder ein straff organisierter Verband, der seinen Mitgliedern Richtlinien aufzwingt, noch ist sie ein geschlossener „Klub" für politische Treffen. Unsere Organisation ist eine politische Vereinigung, deren oberstes Ziel das Eintreten für die Entwicklung der Demokratie überall und für alle ist. Eine Vereinigung, wo Sozialisten aus allen Teilen der Welt, egal ob sie in der Regierung oder in Opposition sind, über ihre Hoffnungen und gesellschaftlichen Projekte diskutieren können. Unsere Organisation hat in der internationalen Politik eine besondere Verantwortung, indem sie all jenen zur Seite steht, die für die Werte der Demokratie und des Friedens kämpfen.
Die Sozialistische Internationale ist schlicht und einfach die erste politische Kraft der Welt. Keine andere ideologische Organisation hat eine Struktur und eine Reichweite, die der ihren gleichkommt. Über 140 Parteien und Organisationen gehören ihr an, mehr als zwanzig Parteien erwarten ihre Aufnahme beim nächsten, dem XXI., Kongreß, um gemeinsam zu kämpfen – nicht gegen den Prozeß der Globalisierung, sondern gegen die Art und Weise, wie sich dieser „Fortschritt" gestaltet.

Deshalb habe ich beim XX. Kongreß in New York erstens vorgeschlagen, daß wir uns auf offensivere Weise unseren politischen Prioritäten widmen: dem Kampf gegen alle bestehenden Totalitarismen; der Umgestaltung des internationalen Währungssystems, um wirksam die Probleme der Spekulation und der Senkung von Zinssätzen bewältigen zu können; der Umwandlung der G8 in eine Organisation, in der alle fünf Kontinente vertreten sind (C5), als Plattform einer echten wirtschaftlichen Debatte, die auf eine ausgeglichene Entwicklung abzielt; der Aufnahme von Sozialklauseln in internationale Verträge als Absichtserklärung, Prinzipien wie die Freiheit der Gewerkschaften und das Verbot der Ausbeutung überall zu wahren; der Reform des UN-Sicherheitsrates; der Einrichtung eines ständigen internationalen Strafgerichtshofes, wodurch Kriegsverbrechern egal welchen Ranges deutlich gemacht werden soll, daß sie der internationalen Gemeinschaft Rechenschaft abzulegen haben.

Das zweite Ziel ist es, die geographische Ausweitung fortzusetzen, um die Sozialistische Internationale noch universeller zu machen, als sie es bereits ist, und zwar indem wir die Linke in Regionen wie der ehemaligen Sowjetunion, im Fernen Osten aber auch im südlichen Afrika und, nicht zu vergessen, in Lateinamerika und im Nahen Osten dabei unterstützen, ihren Umstrukturierungsprozeß abzuschließen.

Das dritte Ziel ist es, unseren ideologischen Zusammenhalt besser zu gewährleisten, indem wir präzise und strenge Kriterien festlegen, deren Erfüllung Voraussetzung für eine Mitgliedschaft in unserer Organisation ist, und indem wir ferner in unseren Gremien und durch unsere Vorgangsweise für die Einhaltung dieser Kriterien sorgen. Die historische und politische Vielfalt der Parteien, die der Sozialistischen Internationale angehören, ist eines der Reichtümer unserer Organisation, wodurch sie die Kraft hat, ihren Kampf fortzusetzen.

Diese Überlegungen, die auf den Erfahrungen meiner bisherigen Amtszeit und auf an mich herangetragenen Vorschlägen beruhen, sollen noch weiter vertieft und gemeinsam diskutiert werden, um dann rasch in die Praxis umgesetzt zu werden.

Teilweise haben wir damit schon begonnen, wie etwa mit dem „Europäischen Forum für Demokratie und Solidarität", dessen Vorsitz Heinz Fischer führt, und das eine effiziente Koordination zwischen den Parteien und politischen Stiftungen und eine gemeinsame Definition politischer Ziele ermöglicht; oder mit den „Round-tables des Präsidenten", die im Herzen unserer sozialistischen Familie neue Ideen entstehen lassen; weiters indem wir die Beziehungen mit internationalen Gewerkschaftsorganisationen stärken, aber auch durch die Einsetzung eines zusätzlichen SI-Komitees, des elften, das sich Problemstellungen auf lokaler Ebene und Fragen der gesellschaftlichen Entwicklung in Städten widmet und dem Kommunalpolitiker angehören, die Träger und Verfechter des „Sozialismus im Alltagsleben“ sind.

Diese tiefgreifende Erneuerung der Sozialistischen Internationale, mit der wir gemeinsam begonnen haben, müssen wir fortführen, damit wir die Zukunft der Sozialdemokratie gestalten und darauf stolz sein können.

Übersetzung aus dem Französischen von Susanne Gaugl

Achille OCCHETTO

DIE LINKE IN EUROPA, ARBEIT UND REFORM DES WOHLFAHRTSSTAATES

Die Siege der Linken in Frankreich und in Großbritannien im Frühling dieses Jahres bestätigen eine politische Tendenz, die etwa Mitte der neunziger Jahre eingesetzt hat. In der heute so beliebten Sprache des Sports könnten wir sie, wie andere vor uns auch, die „Revanche" der Linken nennen. Die Revanche, die nun auf die historischen Siege der neoliberalen Rechten folgt. Ich denke hier an Reagan, an Frau Thatcher, an die große Privatisierungswelle der achtziger Jahre.

Daß die Situation heute eine völlig andere ist, daran besteht kein Zweifel. Beim EU-Gipfel zum Abschluß der Regierungskonferenz in Amsterdam, bei dem die Reform der Verträge von Maastricht im Zentrum stand, waren immerhin dreizehn der fünfzehn Regierungsvertreter der Europäischen Union Exponenten der Linken, einer Linken in ihren verschiedensten Ausprägungen.

Und auch außerhalb der Grenzen der Europäische Union, in den zentral- und osteuropäischen Staaten, stößt man überall auf Spuren eben dieser Tendenz. So hatte etwa die Niederlage Walesas und der Sieg der Linken in Polen in dieser Hinsicht großen Symbolcharakter.

Jene, die vorausgesagt haben, daß auf den Fall der totalitären, an die Sowjetunion gebundenen sozialistischen Regime in den ehemaligen Comecon-Ländern eine historische „Bestrafung" der Linken von fünfzig oder mehr Jahren folgen würde, mögen eine durchaus nachvollziehbare These aufgestellt haben – doch sie hat sich als völlig falsch erwiesen. Die

Wirklichkeit stellt sich viel komplexer dar. Selbst in Albanien, jenem Land, das die Erfahrung des Regimes eines Enver Hoxja durchgemacht hat, schenkten die Wähler ihr Vertrauen neuerlich der Sozialistischen Partei. Auch die beiden Wahlsiege Clintons scheinen sich in dieses allgemeine Bild der Reaktion auf die „Liberale Revolution“ der achtziger Jahre einzufügen. Doch darf eine politische Analyse nicht nur die Differenzen innerhalb eines solchen Prozesses registrieren; sie muß auch dessen Konturen und politische Tragweite genau zu erkennen wissen.

Und so will ich diese Gelegenheit für eine politische Reflexion über die Stärken und Schwächen dieser Linken des ausgehenden Jahrhunderts nützen. Ich will mich damit auseinandersetzen, welche politische Forderung im Wahlverhalten der europäischen Bürger enthalten ist, die gerade der Linken ihr Vertrauen geschenkt haben und schenken; und ich will schließlich herausfinden, ob es zwischen der politischen Forderung der Bürger und der Realität der Parteien, der Programme, der Institutionen der Linken eine Verbindung, ob es wesentliche Punkte der Übereinstimmung gibt.

Mit anderen Worten, ich möchte Überlegungen zu den „Antworten“ anstellen, die die Linke auf die Erwartungen der Bürger/Wähler geben kann. In diesen Überlegungen werde ich auf mein Land und auf Europa eingehen und mich auf zwei Probleme konzentrieren, die, wie ich glaube, von zentraler Bedeutung sind: die Arbeit und die Reform des Wohlfahrtsstaates. Die Schaffung der Europäischen Union ist meiner Meinung nach das wichtigste Projekt der zweiten Hälfte dieses Jahrhunderts. Der Kampf gegen die Arbeitslosigkeit und die Reform staatlicher Maßnahmen zum Schutz der Bürger sind hingegen zwei Knoten, welche die Linke offensichtlich noch nicht zu lösen vermag.

DIE DISKONTINUITÄT DES JAHRES 1989

1989 war die Kommunistische Partei Italiens (PCI) trotz des vorangegangenen tendenziell negativen Jahrzehnts, in dem ihre Wählerschaft, ihre Mitglieder sowie ihre Fähigkeit, die öffentliche Meinung zu beeinflussen, merklich abgenommen hatten, die weitaus stärkste kommunistische Partei der westlichen Welt. Als Erbin einer großen politischen und kulturellen Tradition, mit ihrer klar definierten und anerkannten Eigenständigkeit und

Autonomie gegenüber den anderen kommunistischen Parteien, spielte die PCI ihre Rolle in der italienischen und internationalen politischen Arena scheinbar ohne große Erschütterungen. Und dennoch, an der Wurzel funktionierte etwas nicht.

Die PCI hatte den Beginn der großen Reformen Gorbatschows als Befreiung empfunden. Endlich stand die große Reform des „Realsozialismus" auf der Tagesordnung. Der *absolute* Wert der Freiheit und Demokratie, gemeinsam mit Gerechtigkeit und Gleichheit Grundwert des Sozialismus, stand im Mittelpunkt des Versuchs, eine der starrsten und autoritärsten Diktaturen unseres Jahrhunderts, die sich doch auf den Sozialismus berief, auf friedliche Weise zu verändern.

Bei meinen Begegnungen mit Gorbatschow in jener Zeit teilte ich mit dem letzten Sekretär der KPdSU die Idee von einer positiven „Herausforderung", die der fehlgegangenen Geschichte des Sozialismus entgegengestellt werden sollte, von der „Anstrengung", die nötig sein würde, um mit den starren Denkmustern der Linken zur Zeit des Kalten Krieges ebenso zu brechen wie mit dem Schematismus, der Selbstisolation.

Wenn man heute vom Erbe des kalten Krieges spricht, von den Überresten einer Zeit der Konfrontation zwischen den beiden Supermächten, vergißt man allzu oft, daß es nur einer komplexen politischen Dynamik, die das Bewußtsein, die Erwartungen von Millionen Menschen aufzurütteln vermochte, zu verdanken ist, wenn dieser Mechanismus entschärft werden konnte. Noch einmal möchte ich daran erinnern, daß nur die Demokratie, der von Gorbatschow und seiner Führungsmannschaft eingeschlagene demokratische Weg einen friedlichen Übergang ermöglicht und eine Tragödie verhindert haben.

Ein Prozeß hatte begonnen, der bekanntlich durch den Putschversuch in Rußland, den in den Ereignissen vom Tien-an-Men-Platz kulminierenden Studentenaufstand in China und durch den Fall der Berliner Mauer einen revolutionären Verlauf genommen hat.

Vor diesem Hintergrund entschloß sich die PCI zur politischen „Wende", aus der, nach zwei Kongressen und einer Spaltung, die *Demokratische Partei der Linken (PDS)* hervorgehen sollte. Wir ließen alles hinter uns und wagten den Neubeginn. Der Fall der Mauer stellte das Ende einer ganzen Epoche dar, ja das Ende eines ganz bestimmten Verständnisses von Politik, politischen Lagern und Parteien. Damals begriff ich, und zwar noch vor dem endgültigen Zerfall der Sowjetunion, daß sich nicht nur im Osten, sondern auch im Westen alles verändern würde.

Die Wahl des Namens unserer neuen Gruppierung war Ausdruck einer politischen Einschätzung der Realität und der Entwicklung des demokratischen Sozialismus und der europäischen Linken. Grundgedanke dieser Einschätzung war, daß die Krise von 1989, der Zusammenbruch des Realsozialismus, auch eine Krise der Sozialdemokratie auslösen und damit die bereits begonnenen Prozesse der Neudefinierung beschleunigen würde. Es war dies eine sehr umstrittene Einschätzung, doch die Ereignisse der darauffolgenden Zeit sollten sie im wesentlichen bestätigen. Man denke nur an die Turbulenzen beim letzten Kongreß der deutschen SPD. Der dramatische Wechsel an der Spitze brachte die Krise der Linken an den Tag. Die Suche nach der Identität, die Frage nach dem Programm. Die Schwierigkeit, einen fixen Bezugspunkt zu finden, einen breiten Konsens in einer Gesellschaft, die immer weniger produziert und immer mehr Dienstleistungen anbietet, die immer ungleicher und immer komplexer wird.

Nicht nur die SPD scheiterte bei dem Versuch, Kohl das Kanzleramt zu entreißen, nicht nur die französische Linke mußte in den letzten Jahren der Präsidentschaft Mitterands die Regierung erst an Balladur und später an Juppé abgeben. Die Sozialistische Partei Italiens wiederum wurde vom Korruptionsskandal „Mani pulite" schwer erschüttert und schließlich ausgelöscht.

Doch auch jenseits der Geschicke der verschiedenen linken Formationen Europas konnte man eine generelle Unfähigkeit feststellen, der politischen Zwickmühle zu entkommen, in der sich der europäische Sozialismus zu Beginn der neunziger Jahre befand.

Auf der einen Seite war da der Sturz des Kommunismus, der jede theoretische Ableitung des Marxismus delegitimiert hatte: den kollektiven Besitz der Produktionsmittel, den regelnden Eingriff des Staates in die Wirtschaft, die zentrale Bedeutung der Arbeit in der Definition der sozialen Beziehungen, den Wert und die Rolle der traditionellen Protagonisten des europäischen Sozialismus, der Gewerkschaften, Genossenschaften und Verbände.

Auf der anderen Seite drängten die Ideen und Praktiken des Liberalismus, der mit Hammerschlägen das Gebäude des traditionellen Sozialsystems zerstörte. Er zeigte dessen unerträgliche Last und Ineffizienz auf sowie die Gefahr, daß eine Gesellschaft, die auf diesem System beharrte, bald marginalisiert und nicht mehr wettbewerbsfähig sein könnte.

DIE ERSTEN SCHRITTE DER PDS

Und so darf nicht überraschen, wenn die Geburt der neuen politischen Formation der italienischen Linken von wiederholten Vorwürfen und Kritiken begleitet war, man wolle einen unbestimmten und abstrakten „dritten Weg“ gehen und die Tatsache des historischen Sieges der sozialdemokratischen über die kommunistische Option nicht wirklich anerkennen. Es war offensichtlich, daß die Krise des Kommunismus und die Schwierigkeiten der Sozialdemokratie nicht auf eine Stufe gestellt werden konnten und durften.

Die PDS-Führung hatte damals den Mut, diese Bemerkung sei mir erlaubt, mit ihrer Linie in die Sozialistische Internationale einzutreten. Mit Bescheidenheit aber auch mit Stolz vertrat sie ihre Überzeugung, daß die historische Erfahrung des Kommunismus zwar am Ende war, daß aber auch eine tiefgreifende Veränderung innerhalb der Sozialdemokratie zu erfolgen hatte.

Die einzige Möglichkeit, den wesentlichen Kern der besten Tradition der Linken Italiens und Europas zu bewahren, das unschätzbare Vermögen aus gemeinsamen Kämpfen, sozialen Errungenschaften, kulturellen und menschlichen Erfahrungen nicht zu verlieren, bestand für uns damals in einer Akzentuierung des Übergangs, in einem „Neubeginn“, einer neuen Maxime unseres Handelns, einem neuen *„set of values“*, wie Blair sagen würde.

Natürlich war uns bewußt, daß wir eine Partei und keine politisch-philosophische Akademie gegründet hatten, und wir wußten, daß es konkrete, genau abgesteckte Ziele sind, die jene Menschen, die sich einer politischen Kraft zugehörig fühlen, verbinden.

Der Schutz der Arbeit, die Reform des Staates und der Institutionen für eine neue Ära der republikanischen Ordnung, die europäische Option, die völlige Wiederherstellung der Bürgerrechte und damit der Kampf gegen die organisierte Kriminalität und ihre Verbindungen zur Politik, der Umweltschutz – das waren die Stützpfeiler unserer Politik.

Die traditionellen ideologischen Bezüge hatten wir aufgegeben. Die allgemeine Krise der Politik bestärkte uns in unserer Idee von der „Wende“ als Revolution der Anschauungen, als Paradigmenwechsel, als ein neuer Standpunkt auch in geistiger Hinsicht. Kurz gesagt, eine kritische Revision des Verhältnisses zwischen Mittel und Zweck war nötig geworden. Eben weil im Realsozialismus die wahllose Anwendung freiheitsbeschränkender Mittel zu einer Verzerrung und schließlich zur Zerstörung der großen sozialistischen Ziele geführt hatte.

Es war kein Zufall, wenn die „Wende" auch ein Erlangen der Freiheit als universeller Wert, ja als Bedingung für die Gleichheit selbst bedeutete. Der Sozialismus selbst wurde nicht mehr als geschlossenes System gesehen, sondern als demokratische Grenze in ständiger Bewegung. Eine bewegliche, fortschreitende Grenze, die neue Gebiete, neue Bereiche oder Sphären der menschlichen Erfahrung befreit und zivilisiert.

In diesem Kontext entdeckten wir die zentrale Bedeutung der Ethik wieder, die *Grenzen der Politik* und der Parteien selbst. Wir waren der Meinung, daß auch eine umfassende Reform der Politik stattfinden mußte. Unser Leitbild war die Hypothese einer offenen, sich ständig weiterentwickelnden Partei, die, einem Magneten gleich, die neuen Ansätze und Erwartungen, die sich in der vielgestaltigen Welt der demokratischen Linken bildeten, anzog und in sich aufnahm.

So sollte die Linke schließlich innerhalb einer größeren demokratischen Koalition wiederaufleben, wiedererstehen, sich neu definieren. Damit legten wir den Grundstein für die Bildung des *Ulivo*. Gemeint ist natürlich die Koalition, nicht das Wahlbündnis der Parteien. Wir hatten die *„kopernikanische Wende"* in der Politik eingeleitet, indem wir die Programme, die Ziele und die Reformpläne in den Mittelpunkt unseres Weltbildes stellten.

Um mit der „Ersten Republik", wie wir sie nannten, abzurechnen, die von der unbeschränkten und unkontrollierten Macht der Parteien dominiert war, von einer gewaltigen Ohnmacht der Bürger gegenüber der Parteienherrschaft; um eine neue Ära einzuleiten, in der die politische Stabilität, die Effizienz der Regierungsarbeit mit einer direkteren demokratischen Mitwirkung und einer Vereinfachung des Systems einhergeht, gründeten wir eine breite Bewegung für ein Mehrheitswahlsystem, das, wenn auch mit Einschränkungen, in Richtung einer „bipolaren" Zusammensetzung der Parteienlandschaft führen sollte.

Um dies zu erreichen war ein politisches Erdbeben in Form der Volksabstimmung von 1993 nötig, die einige der Grundpfeiler der „Parteienrepublik" zum Einstürzen brachte. Die Reform des politischen Systems Italiens hatte begonnen, und die neue Partei der Linken hatte, trotz innerer Widersprüche und Kontraste, einen entscheidenden Beitrag dazu geleistet.

Eine Laune der Geschichte wollte, daß bei den Wahlen 1994 das Bündnis der Rechten, bestehend aus Berlusconi und der neugegründeten

Forza Italia, der norditalienischen *Lega Nord* und den süditalienischen Postfaschisten der *Alleanza Nazionale*, sich als „Erneuerer“ des politischen Systems darstellte, während einige der Partner des linken Bündnisses von den Wählern als Fortsetzung der verpönten Vergangenheit betrachtet wurden. Die Erben der Christdemokraten wollten kein Bündnis eingehen, da sie noch die Utopie einer nicht realisierbaren Wiedergeburt des Zentrums verfolgten, und bewirkten damit den Wahlsieg der Mitte-rechts-Koalition, des *Polo della Libertà* unter Führung des TV-Magnaten Silvio Berlusconi.

Es handelte sich ganz offensichtlich um einen kurzlebigen Sieg, in dem bereits die Zeituhr der Selbstzerstörung tickte; um das Ergebnis eines geschickten Wahlkampfs und politischer Schläue, das aber einer hartnäkkigen politischen Opposition auf lange Sicht nicht standgehalten hätte.

Die italienische Politik trat in eine verworrene und regressive Phase ein. Anstatt die theoretische und politische Erneuerung weiterzuverfolgen und zu vertiefen, die Bildung einer neuen politischen Formation zu vollenden, zog man es vor, in den sicheren Schutz der Apparate zurückzukehren, zum System der Absprachen zwischen den alten, wieder legitimierten Parteien. Aber immerhin, das Wahlbündnis, das den Sieg der Rechten ermöglicht hatte, zerbrach.

Mit einem geschickt vorbereiteten Wahlsieg, der ebenso bedeutend war wie jener der Rechten 1994, aber mit umgekehrten Vorzeichen, übernahm die italienische Linke mit dem Wahlbündnis *l'Ulivo* und der entscheidenden Unterstützung der Altkommunisten von *Rifondazione Comunista* die Regierung des Landes. Von wesentlicher Bedeutung beim Übergang vom Wahlerfolg der Rechten zu jenem des Mitte-links-Bündnisses war allerdings das Verhalten der *Lega Nord*. Sie war es, die zuerst Berlusconi unterstützte, später die Mehrheit zum Einstürzen brachte und schließlich den Sieg des *Ulivo* ermöglichte.

Wenn ich hier noch einmal den Weg nachvollzogen habe, den die einzige linke Partei Europas zurückgelegt hat, die den Mut hatte, sich selbst in Frage zu stellen und die Gründung einer neuen Formation zu wagen, so wollte ich damit zeigen, daß auch der Weg der Reform und der Erneuerung voller Rückschläge und Widersprüche ist. Das Beispiel Italiens zeigt, so glaube ich, daß es noch offene, ungeklärte Fragen bezüglich der Richtung gibt, in die sich die Erneuerung der linken Kräfte bewegen soll.

DER BRUCH IN DER POLITIK

Bei verschiedenen Gelegenheiten, in Europa, im Europäischen Parlament, in der von ständigen Turbulenzen begleiteten italienischen Politik, habe ich so etwas wie einen „Bruch“ in der Politik wahrgenommen, oder besser gesagt zwischen der Politik und der Realität der Menschen, der Gesellschaft. Ein Bruch in einer Politik, die nicht mehr in der Lage ist, eine direkte Beziehung zu den Erwartungen, den Bedürfnissen, den Hoffnungen und Träumen der Bürger herzustellen, zu ihren Interessen, zu den Wünschen und Zielen der neuen sozialen Gruppen.

Kaum jemand beherrscht noch diese schwierige Fertigkeit, die einerseits Berechnung und Überlegung erfordert, andererseits einen Instinkt für die tatsächliche Entwicklung der Kräfte. Mit einem Wort, kaum jemand beherrscht noch die Kunst der Politik.

Ich habe gesehen, wie sich auch innerhalb der Linken eine Art von „technokratischem Neosophismus“ durchsetzte, der die Idee der Wirtschaft als Wissenschaft der gesellschaftlichen Realität akzeptiert und für sich beansprucht, der die Politik hingegen als ein Nebenprodukt ansieht, als reines Mittel zur Suche nach Konsens. Und zuweilen auch nur als Mittel zum schnellen Erfolg, zum Sieg um des Siegens willen.

Den Bruch in der Politik erkennt man an dem hohen Maß der Selbstbezogenheit, an der Gleichgültigkeit, die an den Tag gelegt wird, wenn man auf die logischen Widersprüche der vertretenen Thesen und selbst auf die offensichtlichsten Widersprüche der Wirklichkeit hinweist.

Wie soll man das Schweigen, die Gleichgültigkeit gegenüber den in Delors' „Weißbuch“ enthaltenen Maßnahmen für Beschäftigung und technologische Entwicklung erklären, wie sollte man die Unfähigkeit, einen Kampf gegen die nichterfolgte Durchführung dieser Maßnahmen zu organisieren erklären, wenn nicht mit einem bereits erfolgten Bruch in der Politik?

Es gibt bereits achtzehn Millionen Arbeitslose. Mit diesem Widerspruch sind wir Tag für Tag konfrontiert. Auf der anderen Seite haben wir es mit dem Neosophismus der Technokraten zu tun, den neuen Söldnerführern unserer Zeit.

Und hier zeichnet sich in aller Deutlichkeit jene Illusion ab, die eine historische Niederlage der europäischen Linken zur Folge habe könnte: Die Illusion, daß die Politik nur eine „Technik“ zur Erlangung von Macht ist, daß die einzige Aufgabe des Politikers in der klugen Zusammenstellung

einer Mannschaft von ausgezeichneten Söldnerführern, im Aufbau eines gewinnenden Medienimages, in der Erstellung eines beruhigenden Programms und noch ein paar zusätzlichen Tricks besteht.
Aus dieser Illusion entsteht, in Italien wie in Europa, die Versuchung, zu imitieren; die Tendenz, zur Mitte abzudriften, woran im Grunde nichts auszusetzen wäre, würde man nicht versuchen, sie in unerträglicher Heuchelei mit politischen Kategorien wie *links* und *sozialistisch* zu verschleiern.
Es führt kein Weg daran vorbei. Wir alle haben die Pflicht, dem Ausdruck *links* eine neue Bedeutung zu geben. Dabei haben wir uns den Herausforderungen des Forschens in bisher unergründeten Bereichen zu stellen.
Die Heuchelei der falschen Antworten, ob sie nun eine unmögliche Rückkehr zu alten Sicherheiten verheißen oder offen die theoretischen Grundsätze des Gegners übernehmen, schadet nur. Der schlimmste Schaden entsteht, wenn die Hoffnung und das Vertrauen in das politische Handeln zerstört werden.

DIE GRÜNDE DER NEOLIBERALEN REVOLUTION

Ich habe keine Gelegenheit verabsäumt, die Dominanz des monetaristischen und liberalistischen Gedankens zu kritisieren, mich dagegen zu wehren und aufzulehnen. Zu den wohl unangenehmsten und unerträglichsten Erscheinungen unserer Zeit gehört die anmaßende Aufgeblasenheit, mit der politische Dilettanten und professionelle Betrüger wirtschaftstheoretische Hypothesen als absolute Wahrheiten verkaufen.
Ich denke, daß wir mit ganzer Kraft gegen diese allgemeine Verklärung des Ökonomismus ankämpfen müssen, die Kritikfähigkeit und Denkvermögen aushöhlt. Die europäische Linke hat aus nächster Nähe erlebt, welch dramatische Folgen dogmatischer Ökonomismus, das Aufgeben von kritischen Positionen, von Vorsicht und Vernunft haben kann.
Es wurden in unserem Jahrhundert gewaltige Fehler, ja Verbrechen im Namen von falschen Theoremen begangen. Viele Faktoren haben dazu beigetragen, die Wirtschaft in diesem Jahrhundert zur einzigen Sozialwissenschaft beziehungsweise zur exaktesten, objektivsten der Sozialwissenschaften zu machen. Daran war die angelsächsische Kultur maßgeblich beteiligt. Sie war es, die diese Hegemonie bewirkt hat. Die Gesetze der gesellschaftlichen Phänomene zu finden, so wie die Naturgesetze gefunden wurden – das ist die trügerische Ambition des ökonomistischen

Denkens. Unter Einbeziehung eines vulgarisierten dialektischen Materialismus möchte die Wirtschaft, in ihrer vereinfachten Auslegung, die Naturgesetze des sozialen Lebens repräsentieren.
All dem muß sich eine authentische Linke entgegenzustellen wissen. Um die Komplexität des Wirklichen aufzuzeigen. Um nicht neuerlich den stummen Schemata des mechanischen Materialismus zu verfallen.
So wie es in der heutigen Linken eine Tendenz zur Imitation, zum Rollentausch, zur unkritischen Übernahme der gegnerischen Thesen gibt, so ist es leider auch gang und gebe, Urteile auszusprechen, zu kriminalisieren, sich den Argumenten des anderen zu verschließen. Intoleranz und Rhetorik – zwei Laster der Linken, die das Verständnis der Wirklichkeit behindern.
Freilich muß man festzustellen, daß von der Präsidentschaft Reagans bis zur Abwahl John Majors in Großbritannien einige wesentliche und teilweise auch positive Dinge passiert sind. Die Vereinigten Staaten haben eine der schwersten Krisen der Nachkriegszeit überwunden, in der sie, geplagt von der technologischen Vorherrschaft Asiens und Japans, jede politische und wirtschaftliche Handlungsfähigkeit verloren hatten. Die Wiedererlangung der politischen und wirtschaftlichen Handlungsfähigkeit führte zum Zusammenbruch des Realsozialismus (man erinnere sich nur, was der Reagan'sche „Krieg der Sterne“ für die UdSSR bedeutete). Großbritannien und die Vereinigten Staaten weisen heute die niedrigste Arbeitslosenrate und das höchste Wirtschaftswachstum der westlichen Welt auf und sind Vorreiter auf den Gebieten Innovation und Forschung.
Die relative Liberalisierung des Handels, die GATT-Abkommen und der neue liberale „Zeitgeist“ haben zu einer Erscheinung geführt, die wir – im Bewußtsein, daß solche Ausdrücke äußerst problematisch sind – nur als Erschließung von „Entwicklungsregionen“ bezeichnen können. Wenn die chinesische Wirtschaft seit vielen Jahren zweistellige Wachstumszahlen vorweisen kann, dann ist dies einzig und allein der Vitalität einer kollektivistischen und technokratischen Spielart des Kapitalismus zuzuschreiben.
Der Investitionsfluß vom Norden in den Süden (wobei die Empfänger im Verhältnis zur Gesamtzahl der Länder, in denen Armut und Unterentwicklung herrschen, eine zahlenmäßig winzige Gruppe sind) hat sich in wenigen Jahren verdoppelt und beträgt nun das Zweifache der gesamten öffentlichen Zuwendungen für Entwicklungshilfe.
Wir wissen freilich sehr genau, daß ein Anwachsen des Bruttonationalprodukts nicht gleichbedeutend mit einem Anwachsen des Wohlstands ist, daß ein Produktionsanstieg nicht automatisch den Reichtum vermehrt.

Und es ist überflüssig, festzustellen, daß all dies auch Leid, Ungleichheit, möglicherweise riesige Schäden für die einzelnen Menschen, die Umwelt, die Kultur ganzer Völker mit sich gebracht hat. Dennoch wäre es ein schwerer Fehler, nicht zuzugeben, daß keines dieser Ergebnisse hätte erzielt werden können, wenn die liberalistische Politik eines Reagan und einer Thatcher nicht auf eine breite Zustimmung der Bevölkerung gestoßen wäre.

Ein breiter Konsens kann aber nur dort entstehen und sich entwickeln, wo es um *Werte* und nicht um *Interessen* geht. Von diesem Gesichtspunkt aus betrachtet, ist die von der Linken üblicherweise gegebene Darstellung der kapitalistischen Konsensherstellung nicht korrekt und irreführend.

Man denke nur an das Phänomen Thatcher: Die Inflation wurde unter Kontrolle gebracht, indem man die Nachfrage drastisch verringerte bis die Massenarbeitslosigkeit so groß war, daß die Lohninflation gestoppt werden konnte (ähnliche Maßnahmen hat nun die Mitte-links-Regierung in Italien ergriffen, um die Maastricht-Kriterien zu erreichen). Dennoch hat die breite Zustimmung nicht nur der Mittelschicht und des städtischen Bürgertums, sondern auch der weniger wohlhabenden Schichten zur längsten Tory-Ära der jüngeren Geschichte Großbritanniens geführt. Aber können wir wirklich annehmen, daß die Interessen der Privatisierungsbefürworter die Grundlage für eine solche politische Stabilität schaffen konnten?

Ich glaube es nicht. Viel eher meine ich, daß zu Beginn der achtziger Jahre einige Grundpfeiler der Linken eingestürzt, daß einige Grundbegriffe wie Staat, Arbeit und Politik in eine tiefe Krise geraten sind.

So sehr ich auch nachdenke, ich finde keine andere Erklärung von führenden Politikern jener Jahre, die die Philosophie des letzten Jahrzehnts so klar, so treffend und so erschütternd zum Ausdruck bringt wie der provokante Ausspruch Frau Thatchers: „*Die Gesellschaft existiert nicht.*"

Das würde eine epistemologische Umkehr bedeuten: Nur das Individuum wäre wirklich. Das Handeln in einem Geflecht von Beziehungen, die Veränderung der Natur und der Welt hätten nur in bezug auf das Individuum und seine Freiheit Bedeutung. Die Öffentlichkeit, der Staat, die Gesellschaft wären so nichts weiter als eine Abstraktion, eine Fessel, der wahre Ursprung des sozialistischen Irrglaubens, der nur unnütze Kosten und Schmarotzertum verursacht.

Die Verantwortlichkeit, die Macht und die Freiheit lägen also beim Individuum, nicht bei der Gesellschaft. Entgegen der Auffassung der Linken wäre es so nicht die Arbeit, in der sich der Mensch als soziales Wesen findet. Die Arbeit wäre somit im Grunde ein Vertrag. Ein frei verhandelbarer Vertrag zwischen Rechtssubjekten, die des Staates in seiner Rolle als Notar nicht bedürfen.

Wahrscheinlich hat der Kapitalismus einmal mehr den Ursprung seines Erfolges, seiner unwiderstehlichen Antriebskraft in der Vorstellung vom Menschen, der „faber fortunae suae“ (allein seines Glückes Schmied) ist, gefunden – in der Auffassung, daß die unbedingte Freiheit in der Freiheit des Handelns, die das Risiko nicht scheut, liege. Bei einem Seminar in Rom hat Amartya Sen kürzlich darauf hingewiesen, wie sehr die Linke gewohnt sei, das Individuum als Objekt und nicht als Subjekt, einen freien Träger seiner Verantwortlichkeit, zu betrachten.

Vielleicht könnte eine genaue Analyse der Gründe des großen Erfolges der Rechten uns den richtigen Weg weisen: welche „Monopole“ wir der Rechten in keinem Fall mehr überlassen dürfen, welche bislang unbetretbaren Wege wir einzuschlagen und welcher Mittel wir uns dabei zu bedienen haben.

DIE LINKE: DIE WELT RETTEN, UM SICH SELBST ZU RETTEN

Die Krise des zu Ende gehenden sozialdemokratischen Jahrhunderts hinterläßt ein Vakuum, das von der neoliberalistischen Offensive aufgefüllt wird. Eine Antwort auf diese Offensive kann nicht in einer unkoordinierten Bekämpfung einzelner Symptome bestehen. Man muß wieder lernen, in großen Zusammenhängen zu denken. Die Linke kann sich nicht selbst retten, wenn sie sich nicht zuallererst vornimmt, die Welt zu retten. Sie muß die Notwendigkeit einer echten geistigen Revolution erkennen, die sie in die Lage versetzt, die Frage nach ihrem Inhalt und ihren Zielen zu stellen. Eines steht fest: Die Überwindung der neoliberalistischen Offensive ist unmöglich, wenn man sich allein auf die alten linken Ideen beruft. Die Frage einer notwendigen Modifikation des Entwicklungsmodells steht sicher im Widerspruch zu einigen relevanten Aspekten des traditionellen progressiven Denkens, nicht aber zu dessen Grundwerten, die meiner Meinung nach bis zum heutigen Tag weder im Westen noch im Osten verwirklicht wurden.

Dies war und ist der Grund für die Notwendigkeit eines Neubeginns, einer Erneuerung der gesamten Linken. Die Ursachen, die zum Schiffbruch der Linken geführt haben, sind klar erkennbar. Die Globalisierung der Wirtschaft und der sinkende Einfluß der Nationalstaaten auf die Wirtschaft haben den nationalen Keynesianismus und die alte Reformpolitik in eine Krise getrieben. Und nicht allein: So mancher Sieg der Linken hat eine harte Reaktion der „neuen Rechten“ provoziert, die sich in der politischen Szene Europas nicht nur als einfacher Schatten der Vergangenheit präsentiert.

Während sich die neokonservative Offensive der neuen, durch die Krise des Wohlfahrtsstaates verursachten Widersprüche bedenkenlos bediente, sah sich die Linke gezwungen, entweder den Verlockungen des Neoliberalismus nachzugeben oder an der „korporativen“ Vorstellung einer fest gefügten gesellschaftlichen Basis festzuhalten. Doch weder den *neoliberalen* noch den *konservativen* Linken gelang es, sich von der etatistischen, auf dem Wachstum der Produktion beruhenden Vision der Industriegesellschaften zu lösen. Daraus ergibt sich die Notwendigkeit einer umfassenden kulturellen und programmatischen Erneuerung aller progressiven Kräfte auf der Welt.

Die konservative Offensive wurde glaubwürdig durch die hypertrophe Bürokratie der Politik des Sozialstaates gefunden; jener Degeneration, die vor allem auf die Anbiederung an den Konsumismus zurückzuführen war. Gleichzeitig haben tiefgreifende Umgestaltungen einige Überzeugungen, die Teil der linken Kultur waren, auf eine harte Probe gestellt.

Seit das traditionelle Wachstumsdogma erstmals in Frage gestellt worden war, wurde man sich mehr und mehr bewußt, daß allein ein Anstieg der Produktion nicht ausreichend ist, um Reichtum und Wohlstand eines Landes zu bestimmen und zu messen. Zur selben Zeit wurde klar, daß auch ein ständiges Wachstum nicht zur Vollbeschäftigung führte. Grund war die Tatsache, daß nur einige wenige Nutzen aus der technologischen Revolution zogen. Auch die Idee, daß eine Ausweitung der staatlichen Intervention etwas an sich Positives sei, verlor an Überzeugungskraft.

Aber gerade diese neuen Tatsachen enthalten meiner Meinung nach auch neue Möglichkeiten für die Linke von heute. Wenn die Linke innerhalb des Systems an ihre Grenzen stößt, so ist das ein Beweis dafür, daß unser derzeitiges System eben Probleme hervorbringt, die sie nicht so einfach zu lösen vermag.

Doch darf sich die Linke nicht nur darauf beschränken, eine Art verkürzten Vergleich zwischen Wirklichkeit und Utopie zu ziehen. Zwischen Wirklichkeit und einem zur Gänze von außen aufgesetzten Modell. Die Linke hat sich ganz einfach als Antwort auf die neuen Widersprüche zu profilieren. Auf die tatsächliche Entwicklung, auf soziale, wirtschaftliche und kulturelle Veränderungen. Die Botschaft der Linken muß über den begrenzten Horizont der ökonomistischen, industrialistischen Gesellschaft hinausgehen und die gesellschaftliche und ökologische Transformation der Industriegesellschaft vorantreiben.

Sicher, um als Einzelne vorwärts zu kommen, müssen wir kollektiv handeln, müssen wir die allzu enge Sichtweise des Individualismus verlassen. Die Rückbesinnung auf das Individuum, auf seine reale Freiheit, kann sich nur innerhalb neuer sozialer Horizonte vollziehen.

Die durch neue Technologien bedingte Arbeitslosigkeit stellt uns vor das enorme Problem einer Reorganisation der menschlichen Gemeinschaft, der Beziehungen innerhalb und außerhalb der Produktion. Der Zauberlehrling hat die Voraussetzungen für seine eigene Zerstörung geschaffen. Vielleicht – und dies ist ein neuer Aspekt, der trotz des traditionellen Optimismus der Progressiven ernst genommen werden sollte – für die Zerstörung der Linken.

Seine bedeutendste Errungenschaften – die Wissenschaft und die Technik – tragen jedoch in sich die Möglichkeit einer Rettung und einer Weiterentwicklung der menschlichen Gesellschaft. Kurz vor dem Jahr Zweitausend kann Modernität nur bedeuten, eine demokratische Kontrolle über die Technologien, vor allem die Informationstechnologien, auszuüben und sie ihrem Ziel, dem Menschen und seiner Würde, entsprechend einzusetzen. Gerade das Verhältnis zur Technik kann kein statisches sein.

Die tatsächliche Modernität besteht in dieser Epoche der Geschichte des Menschen in der Fähigkeit, eine übergeordnete Technologie zu entwickeln, die in der Lage sein muß, die menschliche, ökologische und soziale Kompatibilität sämtlicher Technologien zu überprüfen, die Art ihrer Anwendung und die Ziele, denen sie dienen. Diese immense Herausforderung setzt keinen Stillstand der Entwicklung voraus, im Gegenteil: Sie erfordert eine Potenzierung der wissenschaftlichen und technischen Entwicklung, die darin besteht, der Wissenschaft neue Ziele, neue Konzepte zu geben. Kein Entwicklungsstillstand also, sondern eine Potenzierung und qualitative Erneuerung der demokratischen Strukturen. Die ständige Weiterentwicklung der Demokratie in bislang unbekannte Sphären – das ist die moderne Form der sozialistischen Idee. Und das ist keine Kleinigkeit.

Gerade dieses Erfordernis beweist, wie obsolet die Polemik zwischen Liberalismus und Etatismus ist. Eine Polemik, die das Verständnis für

Sozialisierungsmaßnahmen abhanden kommen läßt und zur selben Zeit die Sicht auf die neuen Probleme verstellt, die durch die Privatisierungen in den osteuropäischen Ökonomien aufgeworfen wurden.
Wenn es wirklich gelingt, die Ideologien des Kollektivismus und des Liberalismus zu überwinden, dann wird in diesem Zusammenhang, so meine ich, klar, daß das eigentlich Problem darin besteht, liberale Elemente in die großen Sozialisierungsprozesse und sozialistische Elemente in die Privatisierungsprozesse einzubringen. Und wenn wir die Wahlergebnisse in einigen osteuropäischen Ländern objektiv und außerhalb der üblichen Schemata analysieren, so stoßen wir hier auf dasselbe Signal.
Im Westen sollte ein erneuertes liberales Bewußtsein, das allerdings innerhalb der Dialektik der Sozialisierung wirkt, uns dazu bringen, nicht nur für das Kollektive zu stehen. Wir müssen dafür sorgen, daß auch genug Raum für die Individualität der neuen Arbeitsbedingungen des intellektuellen Großstadtmenschen vorhanden ist. Zentrales Thema eines neuen linken Programms könnte also die Schaffung einer Gesellschaft sein, die fähig ist, alle Möglichkeiten des Individuums zu fördern. Ich meine damit die tatsächliche Freiheit. Sozialität und Individualität, nicht Liberalismus.
Das könnte die Basis für eine Wiedergeburt der Linken sein. Was bleibt, ist das eigentliche Drama des europäischen Sozialismus.
Die wichtigste Neuerung in diesem Zusammenhang besteht darin, daß viele sozialistische Parteien sich über die historischen Grenzen des sozialdemokratischen Jahrhunderts hinweggesetzt haben. Dazu sind jedoch einige Überlegungen anzustellen.
Die wichtigste: Zwischen der Ebene der traditionellen Werte und jener der Modernität bestehen fühlbare Unvereinbarkeiten, die nur dann gelöst werden können, wenn die Modernität selbst einer kritischen Diskussion unterzogen wird.
Um ehrlich zu sein, auch im Zuge der internen Debatte der europäischen Sozialdemokratie tritt der Kontrast zwischen dem materiellen und quantitativen Wachstum unseres Zeitalters und der neuen geistigen Armut, den Ängsten, Unsicherheiten, Zweifeln, der ungleichen Verteilung von Macht und Wissen und Möglichkeiten deutlich zutage. Gerade deshalb muß ich klar aussprechen, daß „mein Sozialismus", um einen Ausdruck zu verwenden, der Tony Blair lieb ist, nach einer stärkeren Verbindung zwischen der Ebene der Werte und der Wiederherstellung der sozialen Beziehungen verlangt. Wo sowohl das Zusammensein, also die Sozialität, als auch die Individualität verschiedene Bedeutungen annehmen, und zwar in bezug

auf das wesentliche Ziel einer wirklich offenen Gesellschaft. Eine wirklich offene Gesellschaft steht aber auch der Kritik an so manchen Dogmen, an unumstößlichen Gewißheiten offen gegenüber. „Mein Sozialismus" ist ehrlich beeindruckt vom *set of values*, von einer klaren Werteordnung; er verspürt allerdings angesichts der vermeintlichen ewigen Gültigkeit bestimmter Grundpfeiler, auf denen der Status quo beruht, auch den Drang aufzubegehren.

Unser Wertesystem muß ständig angepaßt, in eine Beziehung zu einer kritischen Analyse der Lebens- und Arbeitsbedingungen gesetzt werden. Wenn ich den Markt akzeptiere, dann möchte ich in diesen Markt auch meine Meinung zu einigen Grundsätzen, die als unumstößlich gelten, einbringen.

Es handelt sich hier um eine Debatte, die in ganz Europa geführt wird, Italien ausgenommen: Hier streitet man sich darum, wer die besseren Karten für die ehrenvolle Aufnahme in die liberal-demokratische Gesellschaft hat. Außerhalb unserer Grenzen allerdings wird die Polemik rund um die *pensée unique* mit aller Heftigkeit geführt. *Le Monde* spricht offen von einem modernen Dogmatismus, der uns von den großen wirtschaftlichen und monetären Institutionen aufgezwungen wird. Die Wirtschaft besiegt die Politik. Und im Namen des Realismus und des Pragmatismus kehren wir zu einer primitiveren Form der Gesellschaft zurück. Die Türen zum Niemandsland der Technik werden geöffnet. Und wir lassen verstört eine ohrenbetäubende Litanei von Schlagwörtern über uns ergehen, die wie Mahnungen, wie Fürbitten erbarmungslos aufeinanderfolgen. Und alle stimmen ein: Markt, Konkurrenz, Wettbewerbsfähigkeit, freier Warenaustausch und Modernisierung ... und natürlich „weniger Staat".

Eine neue sozialistische, oder einfacher gesagt linke Kultur muß sich hier ganz einfach auflehnen, kann nicht anstehen, einen „Ideenwettkampf" gegen einen immer breiteren ideologischen Konsens zu eröffnen, der von den Medien unterstützt und von der gesamten Politik, egal ob rechts oder links, wie ein Rosenkranz nachgebetet wird. Der „Einheitsgedanke", der den monetären Erfordernissen nicht nur eine vorübergehende, von anderen qualitativen Faktoren beeinflußte, sondern eine absolute Priorität einräumt, stellt mittlerweile eine katastrophale Behinderung für eine Wiedergeburt des gemeinsamen linken Denkens dar. Eines gemeinsamen Denkens, möchte ich fast sagen, das wir, wenn wir es mit der Konstruktion eines gemeinsamen Europas wirklich ernst meinen, nötig haben wie die Luft zum Atmen.

DIE FALLE DER EUROPÄISCHEN EINIGUNG

Es wäre völlig falsch, zu behaupten, daß das politische Projekt Europa einfach und allein die Philosophie des Liberalismus widerspiegle. Wir haben es hier mit einem sehr viel komplexeren politischen „Produkt“ zu tun. Gewiß, einige monetaristische Prinzipien wurden der Wirtschaftspolitik der Gemeinschaft zugrundegelegt und finden sich nicht nur im Stabilitätspakt zur Schaffung der Währungsunion wieder, sondern bestimmen auch das Verhalten einiger der wichtigsten Zentralbanken der Mitgliedsländer. Die antiinflatorische Politik bildet ohne Frage einen wesentlichen Eckpfeiler der europäischen Wirtschaft.

Wie schon mehrmals im Laufe dieses Jahrhunderts folgt auf rigorose antiinflatorische Maßnahmen eine Massenarbeitslosigket. Es war also vorhersehbar. Die niedrigen Gehälter, eine logische Folge der hohen Arbeitslosigkeit, steigern die Wettbewerbsfähigkeit der billig hergestellten Güter; bis vor kurzer Zeit führte diese höhere Wettbewerbsfähigkeit zu einer Expansion und kurbelte die Inflation wieder an.

Derzeit aber gehen die Arbeitslosenraten nicht zurück, im Gegenteil, in vielen Fällen steigen sie weiter.

Gewiß, die Versuchung, es den Amerikanern gleichzutun, ist groß. Die Ergebnisse, die in Großbritannien auf wirtschaftlicher Ebene, aber auch auf der noch weitreichenderen und signifikanteren Ebene der gesellschaftlichen Entwicklung erzielt wurden, fordern das restliche Europa heraus. Der Preis, der dafür zu zahlen ist: die Auflösung des Sozialstaates. Jeder für sich, das Kapital für alle. Die Schwierigkeiten der Linken, diese Einstellung zu teilen, sind offensichtlich.

Die Linke stellt die monetaristischen Prinzipien, welche die Wirtschaftspolitik der Europäischen Union regeln, nicht in Frage. Der Kampf gegen die Inflation scheint auf allgemeine Zustimmung zu stoßen. Die einzige von allen Seiten empfohlene und vom Hausverstand des neuen „liberalistischen Einheitsgedankens“ geradezu aufgedrängte Maßnahme ist die Verringerung der öffentlichen Ausgaben, und zwar in ihrer klassischen Form: der Kürzung der Sozialausgaben. Und so befinden wir uns in der unerfreulichen Situation, für die Verwirklichung einer Europäischen Union, die in Wahrheit mit der Wirtschafts- und Währungsunion ident ist, nie dagewesene Arbeitslosenraten, ein extrem schwaches Wachstum (sofern es sich nicht, wie in einigen Ländern, um eine regelrechte Rezession handelt) und starke Einschnitte beim Sozialsystem als eine Selbstverständlichkeit hinnehmen zu müssen.

Nun, ich glaube, daß jene Wähler, die in den letzten Jahren in verschiedenen Ländern Europas für die Linke gestimmt haben, einen Ausweg aus dieser Einbahnstraße fordern. Sie fordern von der Linken, einen anderen Weg zu finden, um das Ziel eines großen gemeinsamen, friedlichen und zivilisierten Raums zu erreichen, in dem die Bedürfnisse des Menschen mehr zählen als jene der Wirtschaft, in dem Reichtum nicht nur am Bruttonationalprodukt gemessen wird und in dem das harmonische Zusammenleben der Menschen mit der Natur, die sie umgibt, ebensoviel wert ist wie das Wirtschaftswachstum.

Mit einem Wort, ich glaube, daß die Linke den Auftrag erhalten hat, etwas *zu ändern*, und nicht in einer gemäßigteren Form dasselbe zu tun wie die anderen auch. Den Auftrag, die Krise zu *lösen*, die Strukturen der Gesellschaft, des Marktes, der demokratischen Einrichtungen zu erneuern und zu reformieren. Sollte diese Annahme zutreffen, so würden jene linken Parteiführer das größte Risiko eingehen, die die Stimmen der Mittelschicht und der traditionell gemäßigten und eher konservativen Wähler als Aufforderung interpretieren, sich anzugleichen, zu einem reinen „Image“ zu werden, Ideen und Ideologien über Bord zu werfen, mit einem Wort, „Mitte“ zu werden.

Es stimmt allerdings auch, daß die Wahlentscheidung für die Linke wohl kaum mit einer Rückbesinnung auf die traditionellen ideologischen Werte zu tun hat. Kann sein, daß ein Teil der Wähler Nostalgie nach einer fast verschwundenen Welt verspürt; nach der Welt der Solidarität zwischen den Arbeitenden, der geistigen Verbundenheit zwischen Menschen, die an eine Utopie, an den ethischen Grundsatz der Gleichheit glauben. Der wichtigste Grund für eine neuerliche Unterstützung der Linken in Europa ist, so glaube ich, in einem Bedürfnis nach „Selbstverteidigung“ zu finden, nach Schutz vor einem Weltbild, das alles auf die Wirtschaft und im wirtschaftlichen Kampf wiederum alles auf den Mechanizismus der Darwin'schen Auslese reduziert. Die Menschen suchen Schutz vor der Gewalt und der Entfremdung in unserer Gesellschaft, sie fürchten den Verlust von Zielen und Gewißheiten, den Identitätsverlust.

Dieser Auftrag der europäischen Bürger während der letzten Jahre stellt die Linke vor eine absolut neue Herausforderung. Diese Herausforderung nicht zu erkennen und anzunehmen würde bedeuten, Europa einer neuen Rechten zu überlassen, die sich mit großer Wahrscheinlichkeit nicht an das *fair play* jener Rechten, die wir kennen, halten wird – weil sie es sich nicht erlauben kann. Viel eher werden wir Zeugen eines gewaltigen Ansturms von rechten Kräften nach Art der Lega sein, die die staatliche Ordnung und die allgemein anerkannten Solidaritätskriterien über den Haufen werfen und die traditionellen Formen von Politik und Parteien ernsthaft in Frage stellen werden.

Das wird dann passieren, wenn sich die Widersprüche bereits deutlich verschärft haben und die Hoffnung, sie durch Konsens, in sozialer Harmonie zu lösen, bereits enttäuscht worden sind. Die Internationalisierung der wirtschaftlichen Konkurrenz wird natürlich weiter fortschreiten und die Situation verschärfen.

Wir dürfen daher nicht in die Falle derjenigen gehen, die behaupten, daß es gleichgültig sei, ob Rechts oder Links regiere, da ohnehin die Zentralbanken das Sagen hätten. Wenn die Linke eine solche Banalität akzeptiert, unterschreibt sie damit das eigene Todesurteil. Es kann gut sein, daß sie es mit bislang unbekannten Gegnern aufnehmen muß. Die Herausforderung ist sehr konkret. Es reicht nicht, sich auf die Notwendigkeit einer Innovation zu berufen. Neue, gangbare Wege müssen gefunden werden. Es reicht nicht, sich über die 18 Millionen Arbeitslosen zu empören, die eine Politik der Eindämmung der Staatsschulden zu verantworten hat. Man muß eine Möglichkeit finden, Wachstum und Stabilität miteinander zu vereinbaren, den wirtschaftlichen Wettbewerb und das zivile Zusammenleben. Sich nur über die Vorherrschaft der Wirtschaft zu ereifern, ist nicht genug. Die Linke hat die Aufgabe, die Politik *wiederzufinden*. Ist die Politik erst einmal wiederentdeckt, wird sie auch ihre natürliche Vorherrschaft ohne Schwierigkeiten wiedererlangen. Die Politik wiederzufinden, bedeutet heute aber, die alte Politik, die alte Form der Parteien hinter sich zu lassen.

Die Politik in der heutigen Situation im Projekt Europa „wiederzufinden" ist selbstverständlich kein einfaches Unterfangen. Wir dürfen nicht so tun, als wüßten wir nicht, daß das gesamte Gebäude der europäischen Einigung nach den Vorgaben Jean Monnets errichtet wurde, denen zufolge man nur ein mittelfristiges, konsensfähiges Ziel braucht und einen Zeitplan, um es zu erreichen. Es ist dies die induktive Methode, derzufolge man den Gesamtplan zu Beginn der Arbeiten nicht preisgibt und statt dessen heimlich, still und leise Stockwerk für Stockwerk, Ziegelstein für Ziegelstein, Prozedur für Prozedur – mit einem Wort auf bürokratischem Wege – einen Wolkenkratzer errichtet.

Ich habe bei verschiedenen Gelegenheiten erwähnt, daß ich in diesem Zusammenhang Altiero Spinelli den Vorzug gebe, wenn er sagt: „An erster Stelle die Politik." Auch ich bin dafür, auf ein konkretes Ziel hinzuarbeiten, so hochgesteckt es auch sein mag. War es nicht Weber, der gesagt hat, daß man, wenn man nicht nach dem Unmöglichen strebt, nicht einmal das Mögliche erreichen kann?

Das Ziel der Europäische Einheitswährung liegt direkt vor uns. Wir alle wissen, daß es nicht nur einen wirtschaftlichen Fixpunkt sondern auch eine wesentliche Etappe in der Schaffung eines geeinten Europas darstellt. Eine einzige Währung für alle fünfzehn Mitgliedstaaten – die politische Bedeutung ist evident. Mit jedem Tag wird uns allerdings bewußter, wie riskant und unzulänglich die Methode ist, mit der dieses Ziel erreicht werden soll. Das politische Defizit, das uns in den vorangehenden Phasen der Europäischen Einigung groß aber doch noch erträglich erschien, wird nun zusehends unüberwindbar. Die Widersprüche unseres Handelns lähmen uns.

Eine Währung ohne Staat. Wir haben es mit einem Gebilde aus Institutionen zu tun, die zwar die politische Zusammensetzung der Parlamente der einzelnen Mitgliedstaaten widerspiegeln, aber – als weltweit einziges Beispiel für ein in freier Wahl gewähltes Parlament – keine Gesetzgebungsgewalt besitzen. Während man eifrig daran arbeitet, das so symbolhafte Ziel der gemeinsamen Währung zu verwirklichen, werden etwa in der gemeinsamen Verteidigungs- und Außenpolitik kaum Fortschritte erzielt. Man läßt damit völlig außer acht, daß jedes Wesen, ob biologisch oder politisch, sich *auch* durch seine Beziehung zum *anderen*, zur Außenwelt definiert.

Es gibt sehr konkrete Gründe, weshalb die europäische Linke eine schnelle Veränderung dieses Zustands auf die Tagesordnung setzen sollte. So halte ich es etwa für unverständlich, daß sich die Linke nicht für eine effiziente Friedenspolitik in jenen Gebieten einsetzt, die noch von tiefen und gefährlichen Klüften durchzogen sind: Bosnien, Albanien, Mazedonien, und ganz allgemein der gesamte Balkan. Eine konsequente Friedens- und Wachstumspolitik in diesen Gebieten muß sich auf alle Möglichkeiten einer europäischen Außenpolitik stützen können. Die bereits laufenden Programme zur wirtschaftlichen Hilfe und technischen Unterstützung werden wohl nicht ausreichend sein. Die Osterweiterung der Union ist eine weise und mutige Entscheidung, die aber ohne eine Reform der Entscheidungsmechanismen im Rat, im Parlament und in der Kommission wirkungslos bleiben wird. Auch glaube ich, daß die Verteidigung Europas nicht einfach an eine erweiterte NATO delegiert werden darf.

Auf diesen kurzen Überblick über die wachsenden Probleme, auf die die Union auf ihrem Weg zur Einheitswährung stößt, möchte ich ein paar Anregungen und Vorschläge folgen lassen.
Ich glaube, daß es heute vernünftig und auch möglich wäre, bei der Errichtung des gemeinsamen Hauses Europa die Ansätze Monnets und Spinellis miteinander zu verbinden. Mit anderen Worten, ich denke, daß anhand von bestimmten, genau definierten Zielen ein *neuer Weg* gefunden werden muß, der endlich auch der politischen Bedeutung eines geeinten Europas Rechnung trägt. Anhand von klaren Zielen, die von den europäischen Bürgern mitgetragen werden, die den „Bauarbeiten" einen neuen Impuls zu geben vermögen.

DIE ARBEIT UND DIE REFORM DES SOZIALSTAATES

Ich habe schon mehrmals die Meinung geäußert, daß der wahre Prüfstein der europäischen Linken die Arbeit sein wird. Das Thema Arbeit steht im Mittelpunkt der wichtigsten Herausforderungen: der politischen Analyse, der Erneuerung, der politischen Initiative. Da der Mensch im heutigen Europa die Arbeit nicht nur als Mittel zur Erzielung eines Einkommens, also als Mittel zum Überleben betrachtet, sondern als wichtigstes Mittel zur Bestimmung der eigenen Identität in der Gesellschaft, haben viele relevante Fragen in verschiedensten Bereichen dieses Thema zum Gegenstand.
Wir müssen vor allen Dingen Unterscheidungen treffen können. Wir müssen apokalyptischen Szenarien und voreiligen Schlußfolgerungen, die das *Ende der Arbeit*, den Zusammenbruch der Industriegesellschaft verkünden, mit Skepsis begegnen. Die Skepsis darf uns allerdings auch nicht blind für die qualitativen Veränderungen machen, die sich in der Wirtschaft, aber auch in den gesellschaftlichen Wertvorstellungen vollzogen haben.
Angesichts der europäischen Arbeitslosenzahlen kann man nicht umhin, an die durch die *technologische Entwicklung* bedingten Umwälzungen in der verarbeitenden Industrie zu denken. Wer nicht innerhalb der letzten zehn Jahre eine Fabrik von innen gesehen hat, kann sich keine Vorstellung davon machen, was sich tatsächlich verändert hat. Ich glaube, man kann durchaus behaupten, daß mittlerweile ganze Produktionszweige automatisiert wurden und der Mensch nur noch in beschränktem

Maße, bei der Überwachung der Herstellungsprozesse zum Einsatz kommt. Das Ende der Fabriksarbeit kündigt sich an. Das Ende einer fest verwurzelten Kultur, die erst den Grundstein für die eigentliche Kultur der Linken gelegt hat. So geht auch der persönliche Bezug zum Werkstück verloren, das Gefühl, den Rohstoff verändern, ihm seinen Stempel aufdrücken zu können.

Wenn Geschichte, wie Marx es ausdrückte, wirklich nichts anderes ist als die Verwirklichung des Menschen durch seine Arbeit, dann hat die Geschichte einen anderen Verlauf genommen. Oder sie zwingt uns, dem Wort Arbeit eine völlig andere Bedeutung zu geben.

Der Kapitalismus geht in Richtung einer Verherrlichung des Reichtums, einer Folge der Finanzprodukte, der abstraktesten Waren, die man sich vorstellen kann, die mit Arbeit kaum noch etwas zu tun haben. Das ist die Realität des heutigen Kapitalismus, der zudem einer, wie es so schön heißt, „Globalisierung" unterliegt, dessen Markt also die internationalen Datennetze, die Informationskultur sind.

Wie sollen wir auf diese Situation reagieren? Wie den Übergang bewältigen? Was kann die Politik hier tun? Ich möchte mich hier auf ein paar Überlegungen zu drei Themen beschränken: die *Flexibilität der Arbeit,* das *Grundeinkommen* für alle Bürger und die *Wirtschaftsdemokratie.*

Die Notwendigkeit einer höheren Flexibilität und deren Berücksichtigung in den Kollektivverträgen wird im Rahmen der italienischen Debatte über die Reform der Arbeit und des Sozialsystems viel diskutiert. Man spricht von der Flexibilität der Löhne, aber auch von geographischer Flexibilität. So erwarten die Unternehmer von den Arbeitern, daß diese mehr Bereitschaft zeigen, eben dorthin zu gehen, wo es Arbeit gibt. Ich möchte hier nicht auf gewisse Autoren eingehen, die eine totale Flexibilität – in der Ausbildung, der Anpassungsfähigkeit an verschiedenste Beschäftigungen – postulieren. Sie prophezeien nicht nur das Ende des fixen Arbeitsplatzes, jenes Mythos einer bäuerlichen Gesellschaft, die nach dem Zweiten Weltkrieg in die Städte gegangen ist, sondern auch das Ende der Berufsausbildung im klassischen Sinn. In der Debatte zwischen Gewerkschaft und Unternehmerverbänden geht es vor allem um die Flexibilität der Löhne. Der Lohn sollte also, je nach Betriebsergebnis und geographischer Lage der Produktionsstätte, variieren.

Es ist dies eine ernste und auch heikle Debatte. Wenn wir den Standpunkt akzeptieren, daß die Arbeit einzig ein Produktionsfaktor ist, dessen Wert vom Verhältnis von Angebot und Nachfrage, also von den

Gesetzen des Marktes bestimmt wird, dann ist die Flexibilität wohl unvermeidbar. Doch das darf, so glaube ich, nicht der Standpunkt einer Linken sein. Und es geht hier auch nicht um Modernität oder Bewahrung traditioneller Systeme.

Ich sehe natürlich alle Vorteile, welche die Einführung einer gewissen Flexibilität der Löhne für die Vollbeschäftigungspolitik mit sich bringt. Einige wichtige Vorschläge für die Lösung dieses Problems können in einem der letzten Werke von James Meade nachgelesen werden, den fünfzehn Thesen *„Für eine gerechte Wirtschaft, Vollbeschäftigung und stabilen Geldwert“*, das der Borrie-Kommission für soziale Gerechtigkeit vorgelegt wurde. Die Lösung sieht eine Flexibilität der Gehälter in Verbindung mit einer Beteiligung des Arbeiters vor, der Anleihen am Gesellschaftskapital erwirbt. Der Lohn des Arbeiters setzt sich in diesem Fall aus zwei verschiedenen Teilen zusammen: Der erste Teil entspricht dem herkömmlichen Lohn, der von den Gewerkschaften in den Kollektivverträgen ausgehandelt wird und selbstverständlich nicht von den Betriebsergebnissen abhängt. Der zweite, variable Teil besteht aus den *Dividenden*, welche das Unternehmen auf der Grundlage des erzielten Unternehmensgewinns auszahlt und der natürlich je nach Betriebsergebnis variiert. Die Arbeiter, die im Besitz dieser – nicht börsenfähigen – Aktien sind, stellen die Hälfte der Aufsichtsratsmitglieder, die übrigen Aktionäre die andere Hälfte.

Ich habe dieses Beispiel angesprochen, weil ich zeigen möchte, daß es Modelle gibt, die über den alten Zwiespalt zwischen Staat und Markt hinausgehen. Das Besondere an Meades Vorschlag besteht, unabhängig von seiner konkreten Realisierbarkeit, im Aufzeigen eines völlig neuen, von alten Vorurteilen freien Gedankens. Vom Vorurteil des Etatismus. Aber, und mir sei erlaubt, das offen auszusprechen, auch vom Vorurteil des Liberalismus. Damit entsteht eine dynamische Wechselbeziehung zwischen dem Öffentlichen und dem Privaten, die wieder das Thema der Sozialisierung oder besser der möglichen Formen der Sozialisierungen aufwirft und die weit über den Gegensatz zwischen Markt und Staat hinausgeht.

Ich bin schon seit einiger Zeit der Meinung, daß die Losung „mehr Markt und weniger Staat“ überwunden werden könnte, würde man nur Formen der Zusammenarbeit zwischen Öffentlichem und Privatem finden. Hier ist die Phantasie gefordert.

Bei einer Gesellschaftsform wie der eben beschriebenen (die im übrigen viel mit den so erfolgreichen amerikanischen ESOP gemeinsam hat) herrscht meiner Meinung nach ein Gleichgewicht zwischen dem Risiko, das der Arbeiter auf sich nimmt, und der neuen partnerschaftlichen Eigentumsaufteilung. Flexibler Lohn in Verbindung mit einem Anteil am Unternehmen.

Ein zweites Thema, mit dem sich die europäische Linke und speziell die italienische auseinandersetzen sollte, ist die Einführung beziehungsweise, dort wo es schon existiert, die Reformierung eines *Grundeinkommens,* eines garantierten Mindesteinkommens für alle Bürger. Es handelt sich dabei um eine sehr schwierige politische Entscheidung, denn sowohl die Argumente dafür als auch jene dagegen sind gleichermaßen überzeugend. Dagegen sprechen natürlich die gewaltigen Ausgaben für die Auszahlung eines Grundeinkommens, das hoch genug ist, um ein menschenwürdiges Leben zu ermöglichen. Aber es gibt auch einige sehr plausible Gründe, die dafür sprechen. So stellt ein allgemeines Grundeinkommen das wirkungsvollste und nächstliegende Mittel der Einkommensverteilung dar. Und eine solche ist um so nötiger, je wichtiger Technologie und Wissenschaft als Produktionsfaktoren werden. Darüber hinaus ist ein Mindesteinkommen auch die Voraussetzung dafür, daß ein Mensch etwas unternehmen kann, eine selbständige Tätigkeit, allein oder mit anderen, beginnen kann. Damit wird dem Kapitalisten das exklusivste aller Monopole genommen: das Risiko. Nur wenn man weiß, daß das Risiko nicht so groß ist, daß es das Überleben gefährden könnte, wird man es auch auf sich nehmen.
Die Auszahlung eines Mindesteinkommens würde so auf lange Sicht zu einem Anstieg der Zahl von Unternehmern führen, was sich wiederum nur positiv auf den Wettbewerb und in weiterer Folge auf die Produktion und die Verteilung des Reichtums auswirken kann. Es läge also nahe, bei der Einführung der Europäischen Einheitswährung auch die Auszahlung eines *Mindesteinkommens für alle Bürger* zu fordern.
Davon abhalten kann uns einzig die Tatsache, daß die Union noch nicht die rechtlichen Möglichkeiten hat, selbständig Steuern einzuführen. Ebensowenig ist sie in der Lage, auf andere Art und Weise in den Markt einzugreifen, um die dafür nötigen beträchtlichen Summen freizumachen. Ein weiterer Grund ist, daß die Europäische Union tatsächlich noch aus vielen verschiedenen Ökonomien und Gesellschaftssystemen besteht, weshalb die nötigen Steuern zur Aufbringung des Mindesteinkommens die verschiedenen Staaten auch verschieden belasten würde.

Aber gerade hier werden die Anforderungen an ein politisch geeintes, demokratisches Europa mit seiner Entscheidungsgewalt konkret: Wir brauchen in verschiedenen Bereichen eine weitgehende Angleichung, eine einheitliche Gesetzgebung. Andernfalls könnten die in einem Land durchgeführten Reformen in einem anderen Land als unfairer Wettbewerb empfunden werden.
Es gibt zwei wesentliche Punkte, die Gegenstand einer gesamteuropäischen, von der Linken und den Gewerkschaften veranlaßten Debatte sein sollten: Der erste Punkt betrifft die steuerliche Harmonisierung im Hinblick auf die Erzielung der gesellschaftlichen und wirtschaftlichen Gleichheit. Der zweite Punkt hingegen betrifft den gemeinsamen, europaweiten Kampf aller Arbeiter für eine *Arbeitszeitverkürzung* im Rahmen einer demokratisch verstandenen Flexibilisierung.

Das letzte Thema, das ich in diesem Zusammenhang erörtern wollte, ist die *Wirtschaftsdemokratie*. Ich bin überzeugt, daß die Daseinsberechtigung einer neuen europäischen Linken in unserer Fähigkeit liegt, Gleichberechtigung und Freiheit in Einklang zu bringen. Die alte Gleichheitsforderung des Sozialismus und Kommunismus, die Besitz und Profit für ethisch nicht vertretbar hielt, muß durch ein neues Wertesystem ersetzt werden, das Mechanizismus und Ökonomismus überwindet und die wahren Grundlagen der neuen Gleichheit erkennt.
In der italienischen politischen Debatte hat man versucht, auf die Gegensätzlichkeit von *Sozialstaat der Garantien* einerseits und *Sozialstaat der Chancen* andererseits hinzuweisen. Dieser Gegensatz, so meine ich, ist logisch nicht nachvollziehbar. Mir ist aber auch klar, daß die Entscheidung für eine Politik, welche das ehrgeizige Ziel der Schaffung gleicher Bedingungen für alle Bürger verfolgt, sicher keine leichte ist. Als ich meine Präferenz für ein Modell erklärte, das Flexibilität der Löhne in Form einer Beteiligung am Eigentum vorsieht, habe ich damit auch einen Weg genannt, der in Richtung einer Eigentumsdemokratie (*ownership's democracy)* im Sinne Rawls' und Meades geht.
Die Beteiligung am Eigentum kann auf verschiedene Weise erfolgen. Es ist nicht nötig, sich auf eine Form festzulegen, wir haben eine Vielzahl an Möglichkeiten zur Verfügung. Die Idee der Sozialisierung – die nichts mit Etatismus zu tun hat – kann durch verschiedenste Arten der Zusammenarbeit und Partnerschaft realisiert werden. Wenn allerdings Eigentum und Reichtum weiterhin durch Erbschaft konzentriert und weitergegeben

werden, verletzt dies nicht nur eines der Grundprinzipien des Kapitalismus selbst, es werden auch die Grundpfeiler einer Politik der Gleichheit unterminiert.

SCHLUSSFOLGERUNGEN

Mit diesen Betrachtungen wollte ich einige jener Punkte herausarbeiten, die im Mittelpunkt unserer so notwendigen Zukunftsdebatte stehen müssen. Ich glaube, daß der Erfolg oder Mißerfolg des Projekts Europa in diesem Augenblick in den Händen der Linken liegt. Der Vertrauensvorschuß, den wir erhalten haben, gilt nicht unbegrenzt. Wir müssen den Bürgern nun zu verstehen geben, daß wir den Ruf nach Veränderung, nach gerechten Reformen wohl verstanden haben.

Wir als Anführer einer großen politischen Bewegung, die das letzte Jahrhundert dieses Milleniums entscheidend geprägt hat, müssen neuerlich den Aufbruch wagen, auf der Suche nach neuen Voraussetzungen für ein ziviles Leben in der Gemeinschaft, für ein Zusammenleben, das die Bürgerrechte und die Freiheit des einzelnen respektiert.

Um eine Antwort auf die Frage zu geben, welche Bedeutung die Linke heute hat, müssen wir uns auf die vordringlichen Themen konzentrieren: auf die Neuverteilung der Arbeit und die Verkürzung der Arbeitszeit, auf nachhaltiges Wachstum, auf den Übergang vom *welfare state* zur *welfare society* Meiner Meinung nach kann die Antwort einer linken Partei auf ein reales Problem wie es die Abschaffung der staatlichen Sozialleistungen ist nicht der zweideutige Begriff der *Chancengleichheit* sein. Nein, die Antwort der Linken muß in einer neuen Definition der *Rechte*, nicht der Chancen bestehen.

Dies erfordert allerdings eine Abkehr von den rein formalen *Chancen* im Sinne des Liberalismus, wo alle, vom Schwächsten bis zum Stärksten, am selben Ausgangspunkt stehen, zu den konkreten Chancen innerhalb einer linken Kultur, einer Kultur der tatsächlichen Freiheit, innerhalb einer Aufwertung der Bürgerrechte, die zuweilen auch Eingriffe zugunsten derjenigen, die weniger Chancen haben, erfordert. Zugunsten derjenigen, die den harten Kampf des Lebens mit einem Handicap antreten.

Es ist dies nicht ein bloßes Spielen mit Begriffen, denn mit den Begriffen ändern sich auch die Strategie, die Bündnisse, die politischen Möglichkeiten. Deshalb dürfen wir die Effizienz nicht den Rechten überlassen. Die Effizienz muß ein Ziel der Linken sein. Eine Effizienz, die allerdings nichts mit der Vorstellung zu tun hat, daß, um schmarotzerische Anwandlungen einiger zu eliminieren, die allgemeinen Rechte jedes Bürgers beschnitten gehören.

Ich sage das hier, weil die Intelligenz oder Schlauheit der großen Bündnisse nicht ausreicht. Es kommt jetzt darauf an, ein Projekt vorzuweisen, ein Projekt, das eine Grenze zwischen Rechts und Links zieht. Das bedeutet aber auch, sich erneut in Frage zu stellen, sich mit den in der Gesellschaft entstehenden Spannungen, dem Drama der soziale Dimension der Staatsverschuldung auseinanderzusetzen, Themen, die zur Zeit kaum Gegenstand unserer Debatte sind.

Man muß sich dem Liberalismus auch auf kultureller Ebene widersetzen. Man muß dem Wort Freiheit seine ganze Bedeutung wiedergeben: die Bedeutung der tatsächlichen Befreiung, der Schaffung einer wirklichen Gleichheit.

Das ist die neue Linke, die wir brauchen.

Übersetzung aus dem Italienischen von Maria-Anna Blaha

Józef OLEKSY

DIE SOZIALDEMOKRATIE UND DIE ZUKUNFT EUROPAS

Am Ende des 20. Jahrhunderts befinden wir uns in einer völlig neuen globalen und regionalen Lage. Gegenwärtig rücken in der europäischen Politik zwei Prozesse in den Vordergrund, die die nähere und weitere Zukunft bestimmen werden.

Erstens erleben wird einen Prozeß kontinentaler Integration. Man sollte hierbei betonen, daß diese Integration eine freiwillige ist, die eine kulturelle Vielfältigkeit berücksichtigt. In seiner ganzen Geschichte hatte Europa noch nie so eine Chance. Die große Aufgabe für unser Generation ist es nun, diese Chance zu nutzen.

Der zweite Prozeß ist eine deutliche Zunahme der Wahlunterstützung für die Parteien der demokratischen Linken. Die Parlamente und die Regierungen der dominierenden Mehrheit der europäischen Länder nehmen seit den letzten Jahren immer mehr eine „rosarote" Farbe an. Das heißt, daß die Frage nach der Zukunft Europas vor allem an die Sozialdemokratie adressiert ist, und die Sozialdemokratie muß auf diese Fragen antworten können. Auf der Suche nach einer Antwort sollte man auf einige Elemente sein Hauptaugenmerk richten.

Vor allem kehrt die Frage nach der *europäischen Identität* wieder. Die globalen Prozesse des Jahrhundertendes verlangen eine Neubestimmung der „Idee Europas". Das Europa der christlichen Ritter, der Eroberer und der Entdecker, der Philosophen und Ingenieure des Dampf- und Elektrizitätsjahrhunderts ist vorbei. Wir wissen, daß Europa nicht mehr das ist, was es im Mittelalter, zur Zeit der Aufklärung oder noch im letzten Jahrhundert war. Nachdem die ehemaligen Formen der politischen und ideologischen Integration verloren sind, nachdem die Expansionswelle verebbt ist, die Kolonien und überseeischen Territorien eingebüßt sind, nachdem die politische Dominanz im globalen Maßstab verloren ist – müssen wir neu auf die Rolle und die Zukunft unserer Zivilisation schauen.

Man weiß, daß die äußeren Zivilisationszentren in Asien und Amerika an Stärke gewinnen. In den postkolonialen Ländern jedoch sind große Probleme zu bewältigen. Europa wird „kleiner" in den demographischen und wirtschaftlichen Kategorien, aber die europäische Lebensart ist immer noch lebendig und die europäischen Werte sind immer noch breit akzeptiert. Die Industrialisierung, die Achtung des Verstandes und des Wissens sowie die Vorbilder der bürgerlichen Gesellschaft mit ihren Vorstellungen von Parlamentarismus, Freiheit, Gleichheit und Duldung – sind weiterhin die Exportideen Europas. In immer stärkerem Maße werden jedoch die europäischen Probleme und Sorgen mit der Integration und Koordinierung des Handels, dem Anstieg der Arbeitslosigkeit, der Untergrabung der institutionellen Autoritäten, der Umweltverschmutzung, dem Anwachsen von Widersprüchen und Konflikten, den Prozessen der Alienation (Entfremdung) und der Desintegration von gesellschaftlichen Bindungen wahrgenommen. Diese Intensivierung gesellschaftlicher Probleme rief die Wende zur Sozialdemokratie herbei, die seit langem schon die Grundsätze des freien Marktes mit moralischer Sensibilität für die gesellschaftlichen Probleme zu vereinigen sucht. Deswegen verbindet man mit den sozialdemokratischen Programmen traditionell:

- die Entwicklung von bürgerlichen Freiheiten und Vorrechten,
- das Bekenntnis zu den Grundsätzen des wirtschaftlichen und politischen Wettbewerbs,
- den Ausbau des Sozialhilfesystems,
- die Sorge um Steigerung der Lebensqualität.

Das bedeutet, daß die Sozialdemokratie bei ihrer Tätigkeit für die Integration Europas zugleich zielgerichtet auf eine *Modernisierung der kapitalistischen europäischen Gesellschaften* zustrebt. Meiner Ansicht nach dürfen die Modernisierungsaufgaben und die Problemlösungen der Gesellschaft keine ausschließliche Domäne des Staates sein. *Die Entwicklung einer kommunalen Selbstverwaltung* hilft uns, die Herausforderungen der

Zukunft zu erfüllen, und ist deshalb eine der Hauptrichtungen unseres Handelns. Aus diesem Grund verbinden wir die Hoffnungen auf eine Vollmitgliedschaft Polens in den europäischen politischen und wirtschaftlichen Strukturen mit dem Streben nach einer Steigerung der Kraft und der Möglichkeit von Aktivitäten lokaler Gemeinschaften. In Polen muß noch viel in dieser Frage getan werden, was man unschwer bei einem Vergleich mit den Ländern der Europäischen Union erkennt.

Die lokalen Gemeinschaften in Europa sind sehr differenziert, sowohl nach der Größe als auch nach der Bevölkerungsanzahl in jedem Lande. Die territoriale Selbstverwaltung ist grundsätzlich in drei Ebenen organisiert, und zwar in Regionen (Länder, Gemeinschaften), in Landkreise (Provinzen, Departements) und schließlich in Gemeinden. So ähnlich ist es in Deutschland, Belgien, Spanien, Frankreich und in Italien. Eine Ausnahme bildet Großbritannien, wo es nur zwei Stufen der Selbstverwaltung (Grafschaft und Distrikt) gibt.

In Polen existieren bekanntermaßen zwei Ebenen einer territorialen Landesteilung, aber nur eine von ihnen entspricht der Selbstverwaltungsidee, weshalb man nur von einer kommunalen Ebene – der Gemeinde – sprechen kann. Die Besiedlungsstruktur der 2.419 Gemeinden in Polen stellt sich wie folgt dar:

bis 7.000 Einwohner	45 %
von 7.000 bis 15.000 Einwohner	35 %
von 15.000 bis 40.000 Einwohner	14 %
von 40.000 bis 150.000 Einwohner	4 %
über 150.000 Einwohner	1 %

Die Kompetenzen der lokalen Gemeinschaften begrenzen sich meistens auf Funktionen der Wasserzulieferung, Abfallentsorgung, Instandsetzung von Straßen, Gesundheitsschutz, Bildungswesen und Kultur.

Ein charakteristisches Merkmal ist dabei die Vielfältigkeit von Rechtsbefugnissen der Gemeinden und höheren Selbstverwaltungsebenen, die meistens von:

- der Zahl der Einwohner in der Gemeinschaft,
- der historischen Tradition des Gebietes abhängen (in Deutschland existieren in verschiedenen Bundesländern andere Befugnisse für die Gemeinden, einschließlich anderer Wahlverfahren zu den Räten und des Bürgermeisters).

Die Kompetenzen der Gemeinschaften unterliegen auch öfters Änderungen im Zusammenhang mit den andauernden Reformprozessen der kommunalen Organisation der Gesellschaft in Europa. Außer in Großbritannien, das eine Zeit der Begrenzung kommunaler Rechtsbefugnisse und eine Tendenz zur grundsätzlichen Zentralisierung der Macht erlebt, dominiert in den Ländern der Europäischen Union ein Prozeß der Regionalisierung. Das hat seine Widerspiegelung in neuen, juristischen Lösungen gefunden, die mit der Übertragung einer größeren Selbständigkeit an die Regionen verbunden sind. In Frankreich ist dies im Jahre 1982, in Belgien stufenweise 1970, 1980 und in den Verfassungsvorschriften von 1988, in Spanien 1978 und in Italien erst 1990 geschehen, als man ein Gesetz über lokale Autonomie verabschiedete. Gemeinsam mit der Zunahme der Befugnisse der Regionen und der Gemeinden in allen Staaten beobachtet man eine Ausweitung der Kontrolle der Staatsorgane über die Subventionsfinanzierung der weisungsgebundenen Aufgaben der Gemeinden, Landkreise und Regionen.

Die Kompetenzen der Gemeinden in Polen sind, insbesondere nachdem das Parlament ein Gesetz über Großstädte verabschiedet hat, ähnlich wie die in anderen Ländern gefundenen Lösungen. In dieser Hinsicht weicht unser Land nicht von den europäischen Standards ab.

Anders ist es mit dem Finanzwesen der Gemeinden. Die kommunale Selbstverwaltungsreform in Polen hat noch keine befriedigenden Lösungen gebracht. Einerseits sind die Rechtsmechanismen immer noch nicht so präzise, daß die Gemeinden mit dem Übernehmen von neuen weisungsfreien Aufgaben gleichzeitig auch die dazu gehörigen Finanzmittel gesichert haben, und andererseits läßt die Wirtschaftslage Polens den Gemeinden noch keine Möglichkeit, alle wichtigen Probleme auf einem von den Einwohnern erwarteten Niveau zu lösen.

Man kann einige Daten aus dem Finanzwesen der Gemeinden in Deutschland und Polen vergleichen, um herauszufinden, wie die einzelnen Steuern aufgeteilt sind.

1) Die Einkommenssteuern physischer Personen:

Deutschland		Polen	
Staat	42,5 %	Staat	85 %
Bundesland	42,5 %	–	
Gemeinde	15 %	Gemeinde	15 %

2) Grundabgabe:

Deutschland		Polen	
Gemeinde	100 %	Gemeinde	100 %

3) Lokale Gewinnsteuer:

Deutschland		Polen	
Staat	18,25 %	–	
Bundesland	18,25 %	–	
Gemeinde	63,5 %	–	

4) Einkommenssteuern juristischer Personen:

Deutschland		Polen	
–		Staat	95 %
–		Gemeinde	5 %

Der Unterschied ist entscheidend für die selbständige Finanzierung der Gemeinden. Bei anderen Fragen in den europäischen Ländern gibt es große Unterschiede, oft eine Zentralredistribution durch Subventionen. Polen ist in diesen Finanzaspekten nah dem Durchschnitt. Hier seien zum Vergleich einige Daten angeführt:

Anteil der lokalen Steuern am Gemeindeeinkommen

Deutschland	20 %
Frankreich	41 %
Großbritannien	33 %
Italien	8 %
Polen (am Beispiel der Stadt Posen)	16 %

Anteil der Grundsteuer an den gesamten lokalen Steuern:

Deutschland	21 %
Belgien	46 %
Großbritannien	100 %
Polen (am Beispiel der Stadt Posen)	72 %

Ein Vergleich der Situation der territorialen Selbstverwaltung in Posen und in der Europäischen Union läßt erkennen, daß

a) in Europa ein Dreistufenmodell der kommunalen Selbstverwaltung dominiert und in Polen man bis zum jetzigen Zeitpunkt nur eine Ebene geschaffen hat – die Gemeindeebene; es fehlen noch eine mittlere Stufe (z. B. Landkreise) und eine regionale Ebene (die existierenden Wojwodschaften haben keine kommunalen Befugnisse);

b) in Europa seit mehr als 20 Jahren ein Prozeß der Regionalisierung und der Kompetenzvergrößerung lokaler Gemeinschaften andauert, in Polen jedoch der Regionalisierungsprozeß auf der Diskussionsebene stehengeblieben ist und die weitere Kompetenzenausbreitung der kommunalen Selbstverwaltung ohne die mittleren Glieder einzuberufen leider nicht möglich ist, weil diese Kompetenzen übergemeindliche Aufgaben betreffen;
c) der Hauptunterschied in der finanziellen Selbständigkeit der polnischen und europäischen Gemeinden (z. B. der deutschen) sowie in anderen Anteilen der Gemeinden an der Gewinnsteuer der Wirtschaftssubjekte liegt.

Die Schaffung der Europäischen Union, die mit einer Modernisierung der europäischen Gesellschaften verbunden ist, bedeutet eine Subjektivierung der Bürger, einen Bedeutungszuwachs der lokalen Gemeinschaften und eine Vergrößerung ihrer finanziellen Selbständigkeit sowie eine Regionalisierung. Die polnische Gesellschaft nimmt an diesem Prozeß teil und dies in vielerlei Hinsicht mit Erfolg.

RESÜMEE

Die Tätigkeit der Sozialdemokratie in Polen konzentriert sich, so wie viele andere europäische sozialdemokratische Parteien auch, auf die Bestimmung der gesellschaftlichen und wirtschaftlichen Modernisierungsaufgaben sowie auf die Bestimmung der Methoden, mit denen man das erreichen will.
Bei der Modernisierung der Gesellschaft kann man die vier folgenden Ziele als besonders wesentlich erachten:

1) Streben nach Entwicklung der Subjektivierung der Bürger und der lokalen Gesellschaften;
2) Schutz der Arbeitswürde in all ihren Aspekten; es ist wahr, daß wir keine Partei einer einzigen Gesellschaftsgruppe sind, wir adressieren unser Programm vielmehr an alle ähnlich Denkenden. Darüber hinaus sollten wir uns bereit finden, uns mit Sorgsamkeit um die Arbeitnehmerwürde zu kümmern, indem wir ihre entsprechenden rechtlichen, ökonomischen und moralischen Ausmaße sichern;

3) Streben nach Chancengleichheit der Jugend. Das ist zum einen ein elementares Zeichen des linken Gedankens und zum anderen ermöglicht sie vor allem auch eine rationelle Ausnutzung des Schaffungspotentials einer Gesellschaft;
4) Realisierung der Idee des Sozialstaates, der sich besonders um ältere und behinderte Menschen kümmert, sich für die Familien einsetzt und eine Frauenrechte sowie die Stellung der Frau schützende Politik verwirklicht.

Bei der Schaffung einer neuen Wirtschaftsordnung streben wir nach:

- Gleichheit aller Wirtschaftssubjekte hinsichtlich ihrer rechtlichen Regelungen und Klarheit der Regeln;
- Konkurrenzfähigkeit auf dem Markt, jedoch mit staatlichen Interventionen, die von einer globalen Wertung der Wirtschaftslage ausgehen;
- Entwicklung antibürokratischer, rechtlich-ökonomischer Mechanismen, weil zusammen mit einigen Lösungen der Marktwirtschaft eine neue Version des Bürokratismus auftritt.

Die Ziele der Sozialdemokratie sind selbstverständlich mit einer ernsthaften Betrachtung der Grundsätze parlamentarischer Demokratie verbunden. Das bedeutet ein Streben nach Schaffung einer politischen Einheit und die Gewinnung einer stabilen Wahlunterstützung.
Das ist besonders wichtig, um den historischen Herausforderungen entgegenzutreten. Noch niemals zuvor war die Zukunft Europas in einem so großen Ausmaß abhängig von den programmatischen Gedanken und erfolgreichen Taten der Sozialdemokraten.
Ein vereinigtes Europa hat große Entwicklungschancen. Nicht alle jedoch verstehen die Tatsache, daß – bevor das Schiff „Neues Vereinigtes Europa" in eine optimistische Zukunft hineinfährt – auf uns große Probleme warten, die mit dem Bau dieses Schiffes und der Finanzierung der Baukosten zusammenhängen. Ich glaube, daß die sozialdemokratischen Parteien zu den konstruktiven, entschlossenen und erfolgreichen Kräften gehören werden, die die Grundlage für die Entwicklung Europas im neuen Jahrtausend bilden werden.
Der gegenwärtige Anstieg des Einflusses der Sozialdemokratie in Europa darf jedoch nicht nur zu einem simplen Optimismus führen. Es gibt keine eindeutige Antwort auf die Frage, ob die Parteien der demokratischen Linken programmatisch und politisch für eine langfristige Lenkung des

Schicksals Europas bereit sind. Es ist nicht schwer, die Schwächen der prognostischen Gedanken in unserem Programm zu erkennen. Das ist, möglicherweise, ein Effekt der Niederlage, die die Futurologie im Wechsel der 80er zu den 90er Jahren erlitten hat. Wie man weiß, hat keiner den Bereich sowie das Tempo der Zersplitterung des Sowjetblocks vorhergesehen, was auch ein Schock für die westeuropäischen Sozialdemokraten gewesen war. Dazu kam, daß einige mit Ängsten auf die schnelle Umwandlung in Osteuropa reagierten. Sie schafften die Psychose einer belagerten Festung. Zum Glück haben sich jedoch die meisten Befürchtungen (z. B. daß auf den Gebieten des ehemaligen Ostblocks eine Zeit innerer Kämpfe und der Destabilisierung anfangen und es zu einer Massenmigrationswelle kommen wird) als unwahr herausgestellt.
Nach einigen Jahren gibt es immer noch das dringende Bedürfnis nach Wiederaufleben eines prognostischen Gedankens, aber in Gestalt von freien, futurologischen Visionen der Zukunft. Es geht hier eher um die Bestimmung der langfristigen, pragmatischen Ziele, die auf eine koordinierte Weise Politik betreiben läßt. Wir müssen Antworten auf die Frage ausarbeiten, was wir in den nächsten 15–20 Jahren in der europäischen Wirtschaft, den politischen Strukturen, Kultur, Bildungswesen, Wissenschaft, Gesundheitswesen, Sozialfürsorge etc. erreichen (verändern, reformieren, abschaffen) wollen.
Ich weiß, daß es nicht einfach ist, solch ein realistisches Programm zu schaffen, das in die Zukunft weist. Das erfordert eine Anstrengung großer Kollektive von Menschen, Wissenschaftlern, Politikern sowie Menschen verschiedener Professionen und Lebenswelten. Bei der Ausarbeitung solcher Prognosen sehe ich jedoch eine große Chance dafür, daß sich die sozialdemokratischen Parteien einen Einfluß auf die Zukunft Europas sichern werden. Das ist zugleich eine Chance, Opportunismus zu verhindern und kurzsichtige Partikularismen in der europäischen, sozialistischen Bewegung zu besiegen.
Die sozialdemokratischen Parteien in Mittel- und Osteuropa, die Parteien aus den Reformländern, empfinden ein besonderes Bedürfnis nach einer rationalen, pragmatischen Vision des zukünftigen Europas.
Am Rande will ich das Problem der Glaubwürdigkeit sog. „postkommunistischer" Parteien erwähnen. In den ersten Jahren der Transition mußten die jungen Parteien des demokratischen Sozialismus, wie auch die Sozialdemokratie Polens, ihre Glaubwürdigkeit mit historischen Argumenten beweisen. Wir haben damals gesagt, daß die Meinung falsch ist, daß

die Transition in Polen (und nicht nur dort) ausschließlich der Verdienst der Opposition oder der rechten Kräfte sei. Wir haben daran erinnert, daß es in den Kreisen der Regierungsparteien in den damaligen sozialistischen Ländern große Gruppierungen von Reformatoren gab, die inständig nach Demokratie, politischem Pluralismus und friedlicher Wende der politischen Ordnung gestrebt haben. Aus den reformatorischen Gruppen sind in Mittel- und Osteuropa die gegenwärtigen Sozialdemokratien gewachsen. Diese Parteien gehören somit recht und billig zu den Mitschöpfern der politischen Transition im Ostblock.

Seit einigen Jahren erfordert die Frage nach der Glaubwürdigkeit der „postkommunistischen" Parteien keine Widerrufung der historischen Bewertung. Das Argument der Praxis entscheidet. Durch ihre Regierungstätigkeit haben die Parteien in Polen und in vielen anderen Ländern bewiesen, daß sie mit den sozialdemokratischen Idealen verbunden sind, daß sie aufrichtig nach Respektierung der Grundsätze des freien Marktes, der bürgerlichen Freiheiten und der parlamentarischen Demokratie streben.

Deswegen kann heute – nach den Jahren der Erfahrung – die Wiederkehr der Glaubwürdigkeitsfragen der sog. „postkommunistischen" Sozialdemokratie Osteuropas die Erscheinung entweder einer rechten Blindheit oder eines Mangels an politischen Kompetenzen sein.

Genau die Parteien aus den Transitionsländern müssen dringend die *osteuropäischen Dilemma* lösen, welche in Polen fast jeden Bereich des gesellschaftlichen Lebens betreffen. Es entstehen Fragen nach einer sozialdemokratischen Perspektive in Eigentums-, Industrie-, Agrar-, Sozialhilfe-, Form und Inhalt der Bildungs-, Kulturinstitutionen und Rechtsprechungssphäre etc. Die Parole der Integration der „postkommunistischen" Länder in Europa soll eine klare Antwort auf die Frage begleiten: Welches Europa haben sie zum Ziel?

Die Entwicklung der sozialdemokratischen, prognostischen Gedanken läßt notdürftige, kurzsichtige und falsche Bewertungen des europäischen Integrationsprozesses bewältigen.

Polen, Ungarn, Tschechien, die Slowakei, Bulgarien, Rumänien und andere Staaten stehen vor der Tür europäischer Organisationen. Sie sind jedoch keine Bittsteller, die auf einen einseitigen Nutzen warten.

Derjenige, der vorausschauend denken kann, versteht, daß der Beitrag der osteuropäischen Länder zur europäischen Sicherheit und Wohlfahrt kaum zu überschätzen ist. Aus der Perspektive des nächsten Jahrzehnts werden alle Europäer die Auswirkungen dieser Faktoren empfinden:

- Auflösung der Bedrohung eines innermilitärischen Konflikts und eines Anstiegs der Militärmacht Europas,
- Senkung des Rüstungsniveaus,
- Öffnung neuer Absatzmärkte für Waren und Dienstleistungen,
- freier Kapitalverkehr,
- neue Arbeitsmärkte und neue Arbeitskraftressourcen,
- Auswirkung neuer Impulse durch die kulturelle Vielfalt und den neuen zivilisatorischen Ansporn.

Noch vor einigen Dutzend Jahren wurde Europa von Schwäche und sogar von nuklearer Selbstzerstörung als Ergebnis des Konflikts zweier Systeme bedroht. Heute zeichnet sich dank der Integrationsperspektive die Zukunft verhältnismäßig optimistisch ab. Eine einstimmige Zusammenarbeit der Sozialdemokraten unseres Kontinents kann nun dazu führen, daß – wie in der Mythologie – Europa wieder auf den Stier steigt.

Michel ROCARD

DOES SOCIAL DEMOCRACY HAVE A FUTURE?

Do social democratic parties have a future? This is a loaded question, to which there is no evident answer. If one is to be found, it will have to be based on analyses of the changes which are at work in our present civilisation.

What is social democracy? It is a combination of three elements.
The first is a historical movement, nearly a century and a half old. The second is an international coalition of political parties (more than 140 today) called the Socialist International, among which a dozen are currently leading their countries, half a dozen are participating on a minority basis in coalition governments, and about ten others which held the responsibility of governing their countries in the last decades. The identifying criteria are somewhat more precise in industrial countries than in the others, though parties in developing countries are now a majority inside the SI. In formerly "Third World" countries membership means a more open attitude and more courageous policies in terms of human rights, pluralistic democracy and freedom of the press than is usually the case in such countries. It must be noted that the SI is by no means a structured organisation. It does not give orders to its member parties, it is only a club, producing seminars and debates, and promoting some possible basis of common culture.

The third element is a theoretical corpus, a set of doctrinal principles which roughly design the key features of the contemporary political programs of the parties belonging to the SI.

It is difficult to produce a reliable evaluation of the membership statistics of the political parties composing the SI. Membership is neither measured in the same way, nor is it verified. A rough estimate of the membership would be about one hundred million. This might appear insignificant in a world of some 5.5 billion inhabitants, but this constitutes the largest coalition of political forces worldwide, and probably by far. The Christian Democrat International is a second, though, much smaller international organisation.

Inside the SI, the fifteen social democratic parties of the countries that belong to the European Union together have formed the "Party of European Socialists". This organisation has an executive, takes decisions which are formally binding on the member parties, and is represented by the largest group in the European Parliament. It is composed of about 220 members, who vote generally in the frame of a collective discipline.

Such is the present landscape of social democracy. It is not negligible. Some of the countries in which it has been in power for the longest time have produced societies which are among the least inegalitarian, have the best welfare systems, the lowest level of unemployment, and are frequently the best managed. Norway, Sweden, Finland, Denmark, Austria, are all examples of such social democratic societies. Furthermore Spain, in the building of a successful and harmonious democracy, after 35 years of fascism, owes much to her king, but much to her social democracy too.

A final characteristic, probably the most important for the future, is a common attitude towards peace and war or, more precisely, towards peace-making. In the Middle East as in South Africa, for instance, many leaders of the SI have devoted much time over the last decades to creating personal links with rebellion leaders, in an attempt to steer them towards adopting democratic procedures and life, to convince them that often negotiations produce better results than war, and to convincing local governments in these countries that possible partners do exist. South Africa is probably the country in which these efforts have been most significant and most successful. The Nobel peace prize has honoured this behaviour in the cases of Yitzhak Rabin and Shimon Peres, and of Oscar Arias, who did the same work in Central America. The same culture of peace explains the successful negotiations and the stability that followed in New Caledonia eight years ago.

The important question that remains is: Can social democracy with its significant mobilisation of people and its generous, though imprecise, project for our societies survive, develop and even gain influence in the next century? There are strong doubts. Still my answer is "yes if". But the "ifs" are numerous and significant.

To understand the current context it is necessary to glance briefly at the ideological history of social democracy.

The socialist movement was born in Europe in the first half of the 19th century in the form of a protest against the initial cruelty of the capitalist system. This protest had moral reasons and led to action in two directions. One aimed to protect the workers against the violence of the system. Consumption co-operatives, mutual funds, co-operative job-seeking centres, etc. were the first forms of social democratic practice, long before the birth of trade-unions. The second sought to create small communities, isolated from the general economic system. These communities, living according to collectivist principles, were supposed to represent the embryo of a future non-capitalist society. The "New Harmony" community founded in Indiana/USA around 1820 by Robert Owen, was an example of such a community, as were the "Phalansteres" created by Charles Fourier in France. In a way, the Israeli Kibbutzim are a late expression of this movement.

But then came Karl Marx, who created the first "International Association of Workers". He produced a pseudo-rational explanation of the evils of capitalism, attributing its social cruelty to the fact that the ownership of all means of production and of exchange in this system belonged to private persons, the capitalists. The International came to have one central demand: the ownership of capital goods.

However, in Europe, as well as in the United States, the first socialist or social democratic activists and leaders were very active in struggling for human rights, public liberties, association and union rights, universal suffrage, freedom of the press, etc. So, when in 1917 and 1918, the Socialist International (the second one in fact, the first had collapsed) had to decide whether it should support the Russian revolution provoked by one of its leaders, Lenin, and by the party fraction he led (the majority of the "Russian Social Democratic Workers Party", the word "Bolshevik" meaning majoritarian), it decided that it would not. The reason for this refusal was that the sacrifice of liberty was too heavy a price to pay for the Proletarian Revolution.

With this decision the Socialist International confirmed that democratic and constitutional liberties were a fundamental aspect of social democratic programs. It did not, however, decide on this occasion to reject the objectives of generalised public property of the means of production and of exchange. On the contrary, it insisted on the fact that this vision remained the final objective of social democracy. In France, the only country in which the majority of the local socialist party decided to found a communist Party, Léon Blum, defending the "old house" and in fact a non-authoritarian vision of social transformation, still referred to "proletarian dictatorship" in 1920.

This explains why all the social democratic parties had to adapt to local conditions and develop according to their own rhythm. The same move led some social democratic parties to reject the principle of public ownership of production and exchange goods, to reject the concept of an administered economy, to accept that a free society needs a market economy, and that social democratic politics consists of correcting the unfairness of the market, protecting the income of the poor and disadvantaged people, and building the basis of a welfare program.

The Swedish social democrats were the first to adopt such a program. They did so in 1932, which permitted them to govern continuously for 44 years. They are still in power. The other Scandinavian parties followed this path before the Second World War. It took longer for the rest of Europe to adopt the policies of the Scandinavian social democrats.

The German social democrats decided to move in this direction in a conflict-heavy "doctrine Congress" in 1959 at Bad Godesberg. The Austrians, Belgians, and Dutch did it more progressively, but roughly during the same period.

It has been more difficult to achieve this change in Latin Europe. The Spaniards were the only ones to adopt it by a solemn vote, on the occasion of a party crises brought about by Felipe González precisely to provoke this result. González said "we have to decide whether we are Marxists or not; I am not" and won the party leadership in 1979. He then won the elections and governed his country a few years later, remaining in power for twelve years.

Things were more difficult in other major parties. The French socialists won a presidential election in 1981 on the basis of a broad program of nationalisations, which they accomplished with less harm than was feared but less well than they had expected.

The move began shortly afterwards under the pressure of the economic constraints that the government faced, particularly the deterioration of the balance of payments.

In Italy, local circumstances explain why the country's socialist party broke up though it had largely begun the necessary change. It is undoubtedly the Italian Communist Party which conducted the most astonishing reflection on modern society, turned to a market-oriented vision of economy, changed its name into "Democratic Party of the Left", at the price of a split in which it lost a quarter (some three hundred thousand persons) of its members, and now governs, as the key party in Italy's the governing coalition.

In the British Labour Party, Clause Four of the constitution, which called for public ownership of essential capital goods was abandoned only in 1996 under Tony Blair's leadership. And Blair won the 1997 elections with a landslide.

Things have sorted themselves out since then. Though the conservative forces, and many political commentators, have a vested interest in presenting the social democratic forces and parties as archaic, collectivist, devoted to planned economy, etc. it is clear today that the social democratic project aims for a society of solidarity in a market economy. It might be less clear in the Third World's parties, which all have their particular history, but the direction is generally the same.

Most of these evolutions took place during the period of splendour and power of the communist dictatorship in Russia (150 million inhabitants) and through Russia in the Soviet Union of Socialist Republics (an additional 100 millions). For the free developed countries ("The Free World") two-thirds of the 20th century were devoted to dealing with the threat represented by the aggressive posture and the very considerable military force of the Soviet Union.

For socialist and social democratic forces in the West, this entailed two major consequences:

The first was the very high price paid for semantic confusion. The attempt made by the communist dictatorship to describe itself as a "socialist" society intended clearly to monopolise the term and to disqualify any effort to create more social justice in market economies which could call itself socialist or even social democratic. We have not finished paying the political price of this confusion in terms of dilution and lack of visibility of the project, however radically different it might be, and in spite of the fact that in all the countries the communists successively conquered, the socialists and social democrats were the first to be imprisoned long before the capitalists or right-wing politicians!

The second was that in the large alliance which finally won the 45 years long Cold War, the socialist, labour, and social democratic forces were in such a minority position that they could not really exploit their participation and illustrate their political project on the global scene. They could only achieve a welfare state that performed well in a few small countries.

Market forces seem then to have won the Cold War, established the market system throughout the world, and convinced all Third World countries that there is no future outside of this open system. Francis Fukuyama has even concluded that this development has resulted in "the end of history". Fukuyama's analysis has to be questioned, and for good reasons.

It is undoubtedly true that social democratic forces – this last term is finally the most adequate to describe and include this rainbow collection of parties – have been in a purely defensive posture for the last two or three decades. An international policy which is more concerned with disarmament and peace than with repression, a democratic policy which tries to halt the lowering of salaries and the dismantling of social welfare programs and struggles against poverty with more convincing results than in purely liberal countries such as the United States or Great Britain – these are the principal and most visible reminders of the one and a half century old social democratic ambition.

But this position is weakening everywhere as the welfare state is increasingly called into question, wealth and poverty become more concentrated, and everywhere social democrats, where they govern, diminish budgets deficits, organise the reduction of social guarantees and discover that poverty also grows under their leadership. The efficiency of the social democratic vision is less and less evident in the present globalised world, with the brutal competitiveness that is implied by such a world.

Is the story finished though? I am far from sure. The world is unified in terms of trade, competition and now even production. But there is no world regulator. Concerning its capacity to call Africa and most of Latin America to development, concerning the dangerous environment challenges we face, concerning the volatility of currencies and the fragility of the financial system, concerning criminal activities – which involve 10 % of world production according to estimates UN organisations –, and concerning the preservation of peace in many regions, the planet is in great disorder.

Reflecting on these issues and preparing solutions is a critical task of the period. It is impressive to see how large the contribution of social democrats grappling with these issues is.

Willy Brandt, the former Chancellor of Germany who pursued "Ostpolitik" in the hope that this policy would prepare the way to a peaceful outcome of the Cold War, led the United Nations Commission which produced the report on North-South relations which still is the framework for any initiative in this field.

Gro Harlem Brundtland, the former Prime Minister of Norway, has performed a similar task, chairing a United Nations Commission to reconcile the free enterprise productive system with the necessary protection of the environment. Her concept of sustainable development is now accepted and utilised everywhere.

Furthermore, the most proving reflection on the world system and on the reform of the United Nations organisation is probably contained in the report "Our Global Neighbourhood" published in 1995, at the request of the Secretary General of the United Nations by a Commission in which half a dozen important social democrats played an important role, including the co-chairman, former Swedish Prime Minister Ingvar Carlsson.

The world is rapidly changing, and the previous social democratic project might not fit the new conditions, but at least the social democratic forces are at the forefront of the efforts aimed at building an acceptable new world.

We also need to be aware that the contemporary capitalist system has its own contradictions and malfunctioning aspects. Over the last two decades, a very gradual evolution has transformed the structures and daily conduct of capitalism. Movements of capital and financial assets are now totally free to circulate over nearly the whole planet, except for a few authoritarian countries, of which being the People's Republic of China is the biggest. Financial orders travel at the speed of light, foreign investment is more and more free in most countries. As a result of all this, companies are quickly and powerfully concentrating. A handful of them produce now 20 % of the world's wealth. This evolution has been accompanied, if not provoked, by a change in the nature of power inside the companies. Power is no longer in the hands of producers or industrialists, instead it is now held almost entirely by financiers.

The criteria of management are no longer the same. Any industrialist, even one who is particularly ferocious in dealing with social issues, knows that the key to his profit-making capacity and to the preservation of this capacity for the coming years lies in the technique, the control of a process, the collective know-how possessed by his staff. He knows that his company is a complex mixture of people, research results, equipments, know-how and financial assets.

No financier will be as clearly aware of this. For a financier a company is exclusively a sum of assets, forced each year to produce the biggest possible profit. Research is therefore not an immediate necessity and can be curtailed. People have no other value than their immediate profit-making capacity. "Long term" is no longer a preoccupation. In this atmosphere, a qualified staff is not considered a key element of the company. Most of them have therefore lost any sort of "esprit d'entreprise", as the French say.

There are macro-economic consequences of all this. In the past twenty years, the average salary in real terms has diminished by 14 % in the United States. Poverty in the same country has increased to 19 % of the population, approaching 60 million persons. If jobs have been created for millions, the share of very low salaries among them has grown, too. During these same twenty years, the American gross national product has grown roughly by half, but 60 % of this enormous new wealth has been accumulated by only 1 % of America's citizens, as U.S. Labor Secretary Robert Reich has noted in fitting board of trade statistics. Under conservative governments, Britain has followed the same path, and poverty there now encompasses 14 million people, more than 20 % of the total population.

The evolution in this direction is less significant in continental Europe because the social welfare system offers a stronger cushion. But the direction of developments is the same and the results are beginning to show. There are now more than 3.5 millions unemployed persons in France; another 4 million are underemployed. Germany resisted longer, but over the last three years engaged in a very fast process of job transfers, redundancies and fast growing poverty.

In fact, the system seems to have forgotten its history. It began with enormous disequilibrium, the growth of wealth being not balanced by the growth of consumption and of purchasing power. Karl Marx made the prognosis that it would explode. It nearly did. Two world wars, the conditions of the second being created by the nature of the issue of the first, and a mega-crisis in-between are a heavy burden to bear.

Three organising thoughts have contributed to stabilising the system. One is Keynes', describing the rules of financial stability. The second is Beverdidge's, describing the social welfare system as global demand preserving or cycle correcting. And the third is Henry Ford's, who described his own practice as a global conduct: "I pay my workers so that they can buy my cars."

Contemporary capitalism is forgetting all this. The world financial arena is filled with potential disequilibrium. The constant growth of poverty promotes violence and increases the threat to security. Moreover, countries in which a growing percentage – today more than 20 % – of the active population is drowned in poverty do not contribute to global demand. As a result, growth slows down even more.

The United States is relatively protected from all these developments because they have no external monetary constraint. But the rest of the developed world is in this situation. All this does not lead to a prognosis of peaceful and harmonious development in the future. The 21st century begins dangerously. These tendencies have to be corrected if we want to preserve our civilisation and the social cohesion of our societies. In my judgement there is no other force worldwide than social democracy to achieve these objectives. Will it be capable of analysing the situation correctly, provoking a sufficient convergence among all national parties, influencing governments to give the European Union enough institutional authority to be the main lever for such a worldwide action? The answer is not clear.

These are the "ifs" which I had announced earlier on.

But the need is evident and the task clearly defined. The objective is closely linked to the symbols and values inherited from the past. Throughout the world, new civic action is increasingly taking the form of non-profit associations and NGOs of various kinds. But these are not as well organised as the social democratic network.

It is not certain that social democratic forces can change quickly enough, modernise their thinking, and establish the convergence of their national projects to consolidate democracy and preserve it from the excesses of the market. If they do not, they will fail and disappear – and our civilisation will be poorer and more violent. If they do, and if they can organise around them an alliance of all progressive forces (unions, parties, NGOs) present in the civil society, we could then once again promise to our children a better society in the future.

Iwan RYBKIN

DIE ZUKUNFT RUSSLANDS WIRD HEUTE GEBOREN

Eine Heimat hat jedes Volk – Rußland haben nur wir." schrieb vor vielen Jahrzehnten der wunderbare russische Denker Fedotjow. Für mich sind dies nicht nur Worte, die mit der Treffsicherheit eines Aphorismus das ethische und staatliche Verhältnis zur Wirklichkeit in eine prägnante Kurzform gießen, sondern es ist auch ein Aufruf, Verantwortung zu übernehmen, eine Erinnerung daran, daß wir verpflichtet sind, die Vorgänge aus dem Blickwinkel der Interessen des Vaterlandes und seines Volkes zu betrachten.

Das moderne Rußland ist in Bewegung. Aus dem bunten Kaleidoskop der Ereignisse zeichnen sich immer deutlicher einige grundlegende Tendenzen ab, die von der Entstehung einer konstruktiven Basis zeugen. Entsprechend der russischen Verfassung wird das Rechtssystem ausgearbeitet und eine Basis für das ordentliche Funktionieren der föderativen Organe geschaffen. Die Ecksteine für die Marktwirtschaft auf juristischer Ebene sind bereits gelegt. Die Umstrukturierung der russischen Föderation begann bereits ganz konkret – nicht auf dem Papier oder in leeren Worten. Die Basis dafür stellt der demokratische Föderalismus dar, bei dem keine Rückkehr zum Einheitsstaat möglich ist, der Rußland aber auch nicht spaltet.

Das zwanzigste Jahrhundert brachte Rußland eine ganze Reihe von Krisen. So finden wir auch am Ende des Jahrhunderts auf politischer, sozialwirtschaftlicher und kulturell-ethischer Ebene eine Situation vor, die widersprüchlich und komplex ist. Auf jeden Fall wird es nicht leicht sein, aus der tiefen Grube, in die wir infolge von in der Vergangenheit und Gegenwart gemachten Fehlern fielen, wieder herauszuklettern. Auch die Tatsache, daß die heutigen Politiker keine Möglichkeit auslassen, politisches Kapital aus Versprechungen zu schlagen, denen zufolge „alles auf der Stelle" in Ordnung gebracht werden soll, zeigt nur, wie tief die Erwartungen der Bevölkerung bezüglich der Reformen enttäuscht werden. Auf politischer Ebene ist immer noch ein Mangel an Einigkeit über den Weg, der das Land aus der Krise führen soll, festzustellen. In der Zwischenzeit fordert die unversöhnliche (kommunistische) Opposition, die ihren Einfluß während der Krankheit des Präsidenten festigte und offen mit dieser spekulierte, die Exekutivmacht auf, zurückzutreten und verwikkelt sie in Lösungsversuche zahlreicher einzelner Probleme, anstatt der Gesellschaft tatsächlich ein langfristiges Programm zur Sanierung der Volkswirtschaft, zur Festigung der Leitung des Landes und zu einer starken Sozialpolitik vorzuschlagen.

Ein reiches, in vielem einzigartiges Land wurde in jüngster Vergangenheit in die Knie gezwungen und wir löffeln nun jene Suppe aus, die jahrzehntelang gekocht wurde. Wir häuften riesige Berge von Waffen an, die die Bevölkerung des gesamten Erdballs viele Male auslöschen könnten – und nun geben wir Unsummen dafür aus, diese schon veralteten Waffen zu vernichten – möglichst auf umweltverträgliche und kostengünstige Weise. Dieses schwere Los fiel uns, unserer Generation zu. Das sind Tränen, die die Welt nicht sieht. Und Leute, die uns nicht Prügel, sondern ganze Baumstämme vor die Füße werfen, handeln nach dem Motto „Je schlechter, desto besser". Warum? Eben deshalb, weil meist gerade sie an der Situation schuld sind, in der sich das Land befindet.

Obwohl Rußland etwas mehr als die Hälfte des Territoriums der ehemaligen UdSSR einnimmt, produziert es heute weniger als 30 % von dessen Inlandsprodukt und 20 % der Industrieproduktion. Das Volumen der russischen Produktion beträgt insgesamt nur 2 % der weltweiten Produktion. Besorgniserregend sind die negativen Strukturverschiebungen in der Industrie, die eine Verringerung der russischen wirtschaftlichen Effizienz und der Möglichkeiten für eine solide Entwicklung mit dem Schwerpunkt auf dem inländischen Potential anzeigen. Die Fabriken erneuern ihre Ausrüstung praktisch nicht. Die Abhängigkeit von den ausländischen Märkten wird immer größer. Der Export im Verhältnis zum Bruttoinlandsprodukt beträgt 20 %, was höher ist als die entsprechenden Daten aus den USA, Japan und Indien.

Die Einengung der Steuerbasis, die Verringerung des Einkommensanteils des Budgets bringt mit sich, daß die staatlichen Ausgaben niemals bezahlt werden können, was aber für die Aufrechterhaltung des staatlichen Lebens äußerst notwendig wäre. Das Damoklesschwert einer Massenarbeitslosigkeit hängt ständig über dem Staat. In einigen Regionen erreicht die Arbeitslosigkeit bereits besorgniserregende Ausmaße.

Auch um die demographische Situation steht es nicht zum Besten. Die Verschlechterung des Gesundheitszustandes, die niedrige Geburten- und die hohe Sterberate vor dem drohenden Hintergrund eines Generationenwechsels – all dies kann zu schwerwiegenden sozialen Folgen führen. Bei dieser Frage müssen alle Gesundheitsinstitutionen an einem Strang ziehen, unabhängig von ihrer nationalen Zugehörigkeit und politischen Färbung.

Gleichzeitig sollte die Situation nicht unnötig dramatisiert werden. Die eine oder andere Bedrohung für die nationalen Interessen existiert, wenn auch in viel geringerem Maße, auch in relativ wohlhabenden Wirtsschaftssystemen. Wichtig ist es, diese Gefahren zu kennen und – dies ist die Hauptsache – entsprechende wirtschaftspolitische Maßnahmen und Mechanismen auszuarbeiten, um die wirtschaftliche Sicherheit aufrechtzuerhalten.

Aus dieser allgegenwärtigen Krise kommen wir nun langsam, aber sicher heraus. Die Umstrukturierung der Wirtschaft muß auf vielfältigen Ebenen durchgeführt werden und mit der Anerkennung jeglicher Form des Eigentums und einer Änderung der Ansichten über unser Leben einhergehen. Und das bei allen – beim Wirtschaftsfachmann ebenso wie beim Polizisten. Denn viele versuchen immer noch, die neue Lebensqualität nach alten Maßstäben zu beurteilen – und das ist sehr gefährlich.

Ungeachtet aller Probleme, Schwierigkeiten und Nichtauszahlung von Löhnen, die in der russischen Wirtschaft existieren, gibt es Grundvoraussetzungen, die es ermöglichen, die Aufgabe des Wiederaufbaus der Produktion und eine Verringerung der Inflationsgeschwindigkeit in Angriff zu nehmen. Der Begriff „Hyperinflation" ist bereits aus den täglichen Schlagzeilen verschwunden. Die monatlichen Preissteigerungen im Land sind um das 25-fache niedriger als im Vergleichszeitraum von vor eineinhalb bis zwei Jahren. Die durchschnittliche Monatsinflation fiel im Mai 1997 auf ein Prozent und wird in Zukunft noch niedriger sein. Heute existiert ein stabiles Finanzsystem im Land, niemand zweifelt mehr am Rubel und seinen Zukunftsaussichten. Auf eben dieser Basis können eine ganze

Reihe von äußerst notwendigen Umstrukturierungsmaßnahmen durchgeführt werden, die für das kommende Halbjahr vorgesehen wurden, damit 1988 das erste Jahr ein russisches Wirtschaftswachstum stattfindet.
Die außenpolitische Situation ist nicht so angespannt und dramatisch, wie die innenpolitische. Hier gibt es Anzeichen, daß Rußland langsam aber sicher zu einer eigenständigen Souveränitätspolitik findet, die unter dem Zeichen der Priorität der nationalen Interessen und der Sicherheit steht. Das Land ordnet sich nach und nach in die politischen, wirtschaftlichen und militärischen Strukturen Europas und der restlichen Welt ein. Eine nicht zu unterschätzende Bedeutung kommt dabei dem Beitritt Rußlands in den Europarat und der Unterzeichnung des Grundlagenvertrages zwischen Rußland und der NATO am 27. Mai 1997 zu. Die Union zwischen Rußland und Weißrußland halte ich für die Demokratie und die Sicherheit in Europa für unverzichtbar.
Gleichzeitig zeugen einzelne politische Aktionen und Aussagen von Politikern in Bezug auf Rußland nach wie vor von Unüberlegtheit. Obwohl sie lautstark eine Unterstützung der Demokratie in Rußland proklamieren, spielen sie von Zeit zu Zeit praktisch unseren „Hurra-Patrioten" und Radikalen in die Hände, indem sie eine Selbstisolierung von dem am meisten entwickelten Teil der Welt fordern. Damit fördern einige führende Persönlichkeiten in der demokratischen Welt im Westen nicht nur ein Stärkung der unversöhnlichen Opposition in unserem Land, sondern auch eine Verunglimpfung und negative Einstellung gegenüber den demokratischen Werten der westlichen Welt bei der Bevölkerung. Hoch lebe die alte Zeit!?
Viele stellen sich heute eine Frage: Ist Rußland in seiner Wirtschaftskrise schon am kritischen Punkt angelangt? Ich denke, ja. Aber im Unterschied zu den unversöhnlichen Opponenten der Regierung und des Präsidenten ziehe ich daraus andere Schlüsse. Behaupten die „Schwarzmaler" und Ultrapatrioten, daß der Zerfall des Landes, eine fast kolonieartige Abhängigkeit, Kälte, Hunger und ähnliche Alpträume schon kurz bevorstünden, so denke ich bei all meiner kritischen Haltung gegenüber den gegenwärtigen Ereignissen, daß auf die Krise des Landes nicht dessen Tod, sondern eine stetige und umfassende Erholung folgt.
Ja, die Situtation ist nicht einfach. Doch im Land passiert nicht nur Negatives, sondern auch das Positive macht große Fortschritte, was an einem Anstieg des Unternehmertums, besonders der Klein- und Mittelbetriebe zu bemerken ist. Auf allen Ebenen ist eine Verjüngung der Führungskräfte

in der Regierung festzustellen. Anzeichen für eine Verstärkung der Rolle der normativrechtlichen Basis bei der Lösung sozialer und menschlicher Probleme werden sichtbar und ein gerichtlicher Mechanismus zum Schutz von Bürgerrechten beginnt zu funktionieren.

Das sind die Keimlinge des Neuen. Sie sind es, die wir schützen und großziehen müssen. Mit Geduld und Beharrlichkeit. Davon ausgehend, zeichnen sich auch die Aufgaben für die nüchtern denkende Mehrheit der Gesellschaft für die nächste Zukunft ab. Kurz gefaßt kann man sie folgendermaßen darstellen: Die Reformen müssen, auch wenn sie langsam und widersprüchlich sind, in Staat und Gesellschaft Fuß fassen. Ich bin fest davon überzeugt, daß keinerlei gegenwärtige Schwierigkeiten und Probleme in unserer Geschichte in der Lage sind, die bereits erreichten Errungenschaften auf unserem Weg zu einem demokratischen Sozialstaat zunichte zu machen.

Es ist klar, daß ohne eine festes soziales Netz, ohne eine entschiedene Hinwendung zu einer Betonung der Rechte und Freiheiten des Menschen, ohne eine Verbesserung der Lebensqualität der Demokratie in Rußland schwere Zeiten bevorstehen. Eine solche Wende darf nicht nur von „oben", sondern muß auch von „unten" herbeigeführt werden, und zwar sowohl mit Hilfe einer Verstärkung der Verteilerfunktion des Staates als auch über Gruppen, die Druck machen. Eine der Aufgaben besteht in der Organisation und Suche nach geeigneten Formen eines in ordentlichen Bahnen ablaufenden, solidarischen Druckes auf alle Ebenen der Macht, sowohl auf die Regierenden als auch auf die Inhaber von Eigentum. Es geht darum, eine größere Beteiligung und Mitwirkung der Arbeiter und Bürger an der Leitung der Produktion, der Erlangung von Eigentum, dem Schutz sozialer Rechte und bei der gerechten Aufteilung des Gewinns und der Unterstützungen aus dem Staatshaushalt zu erreichen.

Im Land wurden bei weitem noch nicht alle Ressourcen und Möglichkeiten für eine Entwicklung ausgeschöpft. Auf dieser Ebene kommt den Regionen eine besondere Rolle zu. Für mich steht außer Zweifel, daß die Zukunft Rußlands von den Regionen in Gemeinschaftsarbeit gestaltet werden wird.

Bei der Bevölkerung des gesamten Landes ist ein Stimmungswandel nach links zu bemerken. Die kommunistische Partei Rußlands versucht, diese Tendenz ausschließlich für sich zu nutzen. Dabei bedarf die mit links sympathisierende Bevölkerung keiner Rückkehr zur Vergangenheit, sondern anderer politischer Kräfte, anderer politischer Persönlichkeiten. Die

Aufgabe der russischen Sozialisten besteht darin, der Erwartung der Menschen zu entsprechen. Es ist wichtig, diese Tendenz nicht vorübergehen zu lassen und der Gesellschaft ein realistisches Programm für Änderungen vorzulegen, die Ordnung, Gerechtigkeit und eine ehrliche Sozialpolitik mit sich bringen.
Die Völker Rußlands sind der sozialen Spannungen, Putsche, Verschwörungen, Kriege und Revolutionen überdrüssig. In der Gesellschaft gibt es eine echte Vielfalt auf wirtschaftlichem, politischem, ideellem und religiösem Gebiet. Keine einzige politische Strömung, keine einzige politische Gruppe vertritt ganz Rußland, hat die Mehrheit und somit das Recht, im Namen des ganzen Volkes zu sprechen. Die Härte des Augenblicks, den das Land durchlebt, der Umfang der sich vor ihm auftuenden Probleme ist so groß, daß sie nicht von einer sozialpolitischen Kraft oder auf der Grundlage einer ideellen Strömung allein gelöst werden können.

Als Basis für gemeinsame Aktionen eines breiten Spektrums verschiedener Kräfte der Gesellschaft, die für ein starkes, demokratisches Rußland eintreten, könnten folgende Grundvoraussetzungen dienen:

- eine effiziente, vielfältige Wirtschaft
- der Aufbau einer bürgerlichen Gesellschaft
- ein demokratischer Sozial- und Rechtsstaat
- eine konstitutionelle Föderation aus gleichberechtigten und über weitestgehende Vollmachten verfügenden Mitgliedern, den Regionen Rußlands
- eine Neubelebung und Verbreiterung des intellektuellen Reichtums des Landes und ein Schutz seiner, von vielen Nationen getragenen Kultur
- soziale Gerechtigkeit und staatliche Unterstützung der heranwachsenden Generation, der Jugend, der Kriegs- und Arbeitsinvaliden und aller sozial Schwachen
- Gesetzmäßigkeit und Rechtsordnung, zuverlässiger Schutz des Lebens, der Würde und des Vermögens der Bürger
- ziviler Frieden und Verhinderung von Gewaltanwendung bei der Lösung gesellschaftlicher Probleme
- ein würdiger Platz für Rußland in der Staatengemeinschaft, Aufbau zuverlässiger Verteidigungs- und Sicherheitssysteme

Diese Grundvoraussetzungen existieren in verschiedenen Entwicklungsstufen in den Programmen vieler verschiedener politischer und gesell-

schaftlicher Organisationen und Vereinigungen. Sie wurden auf einer Reihe von Sitzungen des Politischen Konsultativen Rates vor dem Präsidenten der Russischen Föderation diskutiert und fanden Unterstützung.
Natürlich setzt das Zustandekommen eines gesellschaftlichen Konsenses eine weitere Vertiefung des Dialogs zwischen allen einflußreichen gesellschaftlichen Kräften voraus, zwischen den Arbeitnehmern und Arbeitgebern, zwischen dem Zentrum und den Regionen, zwischen der Macht und der Opposition, dem Staat und der sich heranbildenden bürgerlichen Gesellschaft. Im Zuge dieses Dialogs kann und muß in erster Linie über eine Suche nach Lösungen für die nicht aufschiebbaren wirtschaftlichen Probleme auf der Basis von Absprachen zwischen dem Präsidenten, der Regierung, dem Parlament, den Gewerkschaften, den Vertretern von Unternehmerverbänden und anderen Kräften, die daran interessiert sind, stattfinden; die Beilegung anwachsender sozialer Konflikte mittels konkreter Abmachungen über gegenseitige Verpflichtungen der Organe der staatlichen Gewalt und den Arbeitnehmervertretungen bei Fragen über die Durchführung der Wirtschaftspolitik; die Beilegung ethnischer und nationaler Konflikte.
Und ein weiteres Problem existiert, das keinen Aufschub duldet. Einigkeit und Stabilität innerhalb der Gesellschaft sind nicht zu verwirklichen, solange nicht Einigkeit und Stabilität innerhalb der politischen Elite herrschen. Genau von der Lösung dieser Frage hängt im Augenblick in höchstem Maße das Zustandekommen einer gesellschaftlich annehmbaren Situation ab. Denn Aufstände „von unten", die auch den Präsidenten und die Regierung „hinwegfegen" könnten und die an allen Straßenecken in Form von Initiativgruppen in Erscheinung treten und von irgend jemandem dann auch in die staatliche Duma getragen werden, wird es in nächster Zeit nicht geben. Einigkeit muß innerhalb der Elite erreicht werden. In den so genannten entwickelten Ländern nahm die politische Elite schon längst einen korporativen Charakter an. Zusammenstöße sind möglich, aber die Traditionen des Establishments – sich den Spielregeln entsprechend zu verhalten – werden im Großen und Ganzen beachtet. Diese korporative Grundlage einer sich in Rußland herausbildenden, beständigen politischen Elite könnte von verschiedenen Strömungen sowohl von rechts als auch von links getragen werden. Der Zusammenschluß der sich um sie gruppierenden Kräfte, die an einer Stabilität und einem Aufblühen Rußlands interessiert sind, ist sehr wohl möglich. Dafür ist die Ausarbeitung einer flexibleren taktischen Linie notwendig, die

imstande ist, Vertreter der verschiedenen Strömungen der politischen Mitte in den Zentrismus zu integrieren. Ein wohlbekanntes Beispiel: In Ungarn regieren die Sozialdemokraten (57 % der Wählerstimmen) gemeinsam mit den Liberalen (15 %).

Im Falle einer schwachen bürgerlichen Gesellschaft resultiert der politische Kurs im heutigen Rußland aus einem Kampf, der sich zwischen den verschiedenen Interessensgruppen innerhalb der Elite abspielt und in dem Kräftegleichheit herrscht und bei dem dem Präsidenten die entscheidende Rolle bei der Beschlußfassung zukommt. Diese entscheidende Rolle des Präsidenten auf der Basis von in der Verfassung verankerten Vollmachten und die Anwendung des diesen innewohnenden Mechanismus der „Zügelung und des Gegengewichts" wurde geschaffen, um eine Übermächtigkeit der einen oder anderen Persönlichkeit oder Gruppierung und einen Selbstzweck der Macht zu verhindern.

Heute ist es überlebensnotwendig, den Entwicklungen nicht in allzu hohem Maße freie Zügel zu lassen. Inwiefern? Am klügsten wäre es, sich um den Präsidenten zu scharen, ihm Vertrauen bezüglich seines politischen Kurses auszusprechen und sogar im Fall grundlegender personeller Veränderungen in der Regierung mit konstruktiven Handlungen die Realisierung dieses Kurses zu ermöglichen.

Im Land bildete sich im Großen und Ganzen eine Marktinfrastruktur heraus. Sie ist eine sichere Grundlage für weitere Reformen, in deren Zuge die rechtliche Basis für eine Marktwirtschaft gelegt werden kann. Die Inflation ist beträchtlich verringert, es sind alle Voraussetzungen für eine Stabilisierung der Produktion gegeben, der Verbrauchermarkt ist annähernd gesättigt, und die Grundlage für ein demokratisches Rußland ist gelegt. Auf intellektueller Ebene wirkt das Prinzip des Pluralismus, das ungeheure Initiativpotential der Bevölkerung ist befreit.

Auf Basis all dessen entstand eine soziale Säule zur Unterstützung des weiteren Kurses zur Fortsetzung der Reformierung Rußlands. Getragen wird sie von Menschen im Bank- und im Finanzbereich, im Handel und Dienstleistungssektor, von den Arbeitern der rohstoffverarbeitenden Industrie und des Exportes, vor allem dem Öl- und Gassektor, von den Vertretern der Klein- und Mittelbetriebe, den Leitern der privatisierten Industrie, der Spitze des Beamtentums in den Republiken und Regionen, der Spitze der künstlerischen und technischen Intelligenz und der Jugend – all sie passen sich den Bedingungen des Marktes an. Die zweite Runde der Wahlen zur staatlichen Duma, die Regionalwahlen für die Gouverneure und besonders

die Präsidentenwahlen 1996 zeigten deutlich, wie bedeutend die Ausdehnung die sozialen Basis der Reformen ist.
Allerdings dürfen andere Schichten, besonders solche, die sozial in Bedrängnis geraten sind, nicht vergessen werden. Hier sind vor allem die wissenschaftlich-technische Intelligenz und die Jugend insgesamt zu nennen. Denn gerade sie waren es, die Vertreter des intellektuellen Bereichs, die in den ausgehenden 80er und beginnenden 90er Jahren für den Präsidenten nicht nur die breite Basis für dessen Reformen darstellten, sondern auch in hohem Maße die Wiederwahl von Jelzin für eine zweite Amtszeit als Präsident ermöglichten.
Der intellektuelle Bereich spiegelt teilweise das wider, was sich im wirtschaftlichen Sektor abspielt. Und da in der Wirtschaft alle Säulen, auf die man sich bisher stützte, brechen, kann man auch im intellektuellen Bereich eine tiefe Krise feststellen. Aber auch aus dieser Krise beginnen wir uns langsam herauszuarbeiten.
Diese schwierigen Prozesse, die in unserem Leben vor sich gehen, spielen sich vor allem in unserer Seele und unserem Geist ab. Das tut am meisten weh, weil es nicht für jeden Menschen einfach ist, sein gut geordnetes, wenn auch etwas ins Stocken geratenes Leben, wie er es bisher lebte, völlig neu zu überdenken. Das gilt für den hochrangigen Politiker ebenso wie für den Menschen, der auf dem Feld oder auf der Werkbank arbeitet.
Das Schlimmste ist, daß Menschen auf der Bildfläche aufgetaucht sind, die bereit sind, jahrhundertealte Stützen unserer Kultur, die sich im Laufe von mehreren hundert, ja sogar tausend Jahren bildeten und die unser ganzer Stolz waren, zu zerstören. Unsere Literatur und unsere Kunst sind auf der ganzen Welt anerkannt. Menschen aus allen Ländern haben höchste Achtung vor unserem geistigem Kapital. Auch daran müssen wir uns erinnern und dürfen nicht in eine völlige Abwertung verfallen. Denn gerade geistige Werte und Bildung stellen die Basis für eine demokratische und freie Lebensweise dar. In totalitären Regimen sind diese geistigen Werte und Bildung nicht gefragt. Nur ein freie und demokratische Gesellschaft bedarf eines hohen Bildungsniveaus ihrer Mitglieder. Thomas Jefferson, einer der Gründer der Vereinigten Staaten von Amerika, sagte einmal: Ein ungebildetes Volk wird niemals und nirgends frei sein.
Ein Mangel an Bildung und somit fehlende Qualifikation und Kompetenz führen zu Entschlüssen und Projekten, die der Wirtschaft, der Politik und der Kunst einen nicht wiedergutzumachenden, materiellen wie nicht

materiellen Schaden zufügen, was heißt, daß dies in letzter Konsequenz eine Bedrohung der nationalen Sicherheit darstellt. Bei einem Fehlen geistiger Werte beginnt Unwissenheit aufzublühen und zu herrschen, und in einer unwissenden Gesellschaft funktioniert nicht einmal irgend ein Gesetz einer progressiven Entwicklung.
Unser Volk reagiert äußerst empfindlich auf soziale Ungerechtigkeit und verschwenderische Verwendung jener Gaben und riesigen Ressourcen, mit denen Gott und die Natur Rußland beschenkten. Vieler Dinge bedarf es nicht. Wichtig ist nur, daß die Menschen ein, wenn auch zu Beginn kleines, so doch spürbares Ergebnis feststellen können. Aber gerade dieses Anstreben von Ergebnissen von Handlungen läßt bei Behörden und Organen auf allen Ebenen zu wünschen übrig. Die oberste Macht zieht es vor, sich hinter dem Rücken des Präsidenten zu verstecken. Im Zentrum wird die Schuld auf die Regionen geschoben – in den Regionen auf das Zentrum.
Die Situation muß grundlegend geändert werden. Wir brauchen keine wunderbaren Versprechungen einer besseren Zukunft, sondern eine Realisierung von Schritten zum Besseren heute, hier und jetzt. Dies wurde in der Botschaft des Präsidenten der Russischen Föderation an die Föderationsversammlung im März 1997 deutlich ausgedrückt. Einigen führenden Persönlichkeiten fehlt es nicht nur an einem deutlich deklarierten, sondern auch zur sofortigen Umsetzung bereiten politischem Willen. Dabei geht es nicht um den Willen einer einzelnen, wenn auch noch so hochstehenden, souveränen Persönlichkeit. Es dreht sich vielmehr um eine gemeinsam erarbeitete Willensäußerung, die, wenn sie auch nicht in allem ausnahmslos solidarisch ist (das wäre Utopie), so doch im Großen und Ganzen einen Kompromiß darstellt – das wäre wundervoll für unser Heimatland. Fruchtlose Diskussionen der Art „wer ist wichtiger" oder „mehr links-mehr rechts" sollten endlich aufhören. Sind wir denn dieser Sinnlosigkeit solcher Gedanken und Aktionen nicht endlich überdrüssig? Wie sollte man hier nicht mit Karl Marx sprechen, daß heute ein richtiger praktischer Schritt wichtiger ist als ein Dutzend der genialsten Programme? Dabei bedeutete ein Schritt in Richtung Einigkeit die Gesundung der krankenden nationalen Wirtschaft, des gesellschaftlichen Bewußtseins und eine Wiedererlangung der Rußland zukommenden außenpolitischen Rolle eine Supermacht. Lebt Rußland, so werden auch wir leben. Genau in dieser Richtung ist der bürgerliche Frieden und die Einigung zu suchen und zu finden.

Die innere Bereitschaft der Gesellschaft zu eben dieser Fragestellung ist vorhanden. Es ist Zeit, gemeinsam die Probleme anzugehen und zwar nicht mit Glacéhandschuhen, sondern mit Fäusten. Dann werden wir, davon bin ich überzeugt, die Wand von Verbrechen und Korruption, von Nichtbezahlung und Verschuldung durchstoßen und aus der gesamten Misere herauskommen, die uns daran hindert, dem gemeinsam festgesetzten Ziel näher zu kommen und den mit vereinten Kräften gefundenen Weg der Entwicklung zu gehen.
In genau diesem Sinne handelt die Sozialistische Partei Rußlands (SPR). Sie wurde im April 1996 gegründet. Im Augenblick hat sie Mitgliedsorganisationen in allen Regionen Rußlands und zählt mehr als fünfzigtausend Mitglieder. In der SPR sind Bürger vertreten, die auf freiwilliger Basis für einen Aufschwung Rußlands, für die Verwirklichung von Freiheit und Gleichheit, für soziale Gerechtigkeit und Solidarität in diesem Land eintreten. Das Motto der SPR lautet: „Über Aufbau, Arbeit und Solidarität zur Sozialdemokratie und einem Aufschwung Rußlands!" Die politische Doktrin der Partei stützt sich auf die Ideen der Gründerväter des humanistischen Gedankentums, die Traditionen des Patriotismus, der Demokratie und des Sozialismus sowie auf den historischen Weg des Landes von der Rus, dem ersten Kiewer Reich, bis zu unseren Tagen. Die SPR zählt sich zu den linken und Mitte-links Parteien der Russischen Föderation. Auf internationaler Ebene arbeitet die SPR mit Parteien zusammen, die der Sozialistischen Internationale angehören, sowie mit allen Kämpfern für die Ideen der sozialen Gerechtigkeit, der Freiheit und der Demokratie. Im Moment ist die SPR die einzige Partei unter den sozialistischen oder sozialdemokratisch orientierten Parteien Rußlands, die ein ernsthafter Kandidat für die Aufnahme als Vollmitglied in die Sozialistische Internationale ist. Ich vertrat die SPR auf dem XX. Kongreß der Sozialistischen Internationale im September 1996 in New York.
Dies waren in Kurzform die Ideen- und Organisationsstrukturen der Politik der Einigkeit. Ihre Vorteile sind meiner Meinung nach folgende: Möglichkeit der Teilnahme an Verhandlungen mit einem breitestmöglichen Spektrum jener politischen Kräfte, die in der Gesellschaft Unterstützung finden; Wendigkeit bei der Beratung über Probleme im Falle eines Konfliktes; Möglichkeit einer umfassenden Betrachtung von Fragen; Mithilfe bei der Lösung der unaufschiebbaren wirtschaftlichen Probleme auf Basis von vielfältigen Formen des Eigentums und Wirtschaftsführung bei der regulativen Rolle des Staates; Unterstützung bei der

Bildung des Rechtsstaates, Schutz der persönlichen Rechte, Durchführung eines kompromißlosen Kampfes gegen das Verbrechertum; Ausgeglichenheit der Beziehungen zwischen dem Zentrum und den regionalen Machtorganen; Entwicklung einer lokalen Selbstverwaltung.

Ich bin davon überzeugt, daß es einen Ausweg aus dieser Krise nur dann gibt, wenn die grundlegenden politischen Kräfte des modernen Rußland durch gegenseitige Zugeständnisse und Kompromisse zu einer Einigung finden. Die Geschichte gibt uns die seltene Chance, Rußland auf den Weg des Friedens und der Einigkeit zu führen. Von uns hängt es ab, ob wir diese Chance nützen.

Übersetzung aus dem Russischen von Isolde Schmitt

Rudolf SCHARPING

EUROPA – EINE KRAFTVOLLE VISION FÜR DAS 21. JAHRHUNDERT

DER AMSTERDAMER VERTRAG

Das erste Halbjahr 1997 war für die weitere Entwicklung unseres Kontinents von entscheidender Bedeutung. Mit dem Vertrag von Amsterdam wurden die Grundlagen für die weitere Integration Europas, für die Erweiterung der Europäischen Union und für die sozialen, wirtschaftlichen und finanziellen Beziehungen in Europa gelegt.

Das positivste Signal des Treffens von Amsterdam ist die Aufnahme eines Beschäftigungskapitels in den Vertrag. Erst durch den Druck sozialdemokratisch geführter EU-Mitgliedstaaten wurde die Bekämpfung der Massenarbeitslosigkeit als gemeinsame Aufgabe der Europäischen Union und ihrer Mitgliedstaaten im Vertrag von Amsterdam verankert. Damit wurde ein wichtiger Durchbruch erreicht. Bereits der Maastricht-Vertrag verpflichtet die Europäische Union auf ein hohes Beschäftigungsniveau. Diese Verpflichtung ist bisher nicht ausreichend wahrgenommen worden. Durch die neuen Vertragsbestimmungen werden die Möglichkeiten zur Bekämpfung der Arbeitslosigkeit erheblich verstärkt und ausgeweitet. Die Europäische Union hat endlich auch eine beschäftigungspolitische Dimension bekommen.

Mit der Entschließung zur Beschäftigungspolitik ist es gelungen, den „Pakt für Stabilität und Wachstum" zu ergänzen. Diese Entscheidung verpflichtet die Mitgliedstaaten, die Wirtschaftspolitik stärker zu koordinieren. Die

Entschließung über Wachstum und Beschäftigung enthält verstärkte Bestimmungen zur Ausrichtung und Koordinierung der Wirtschaftspolitik der Mitgliedstaaten. Damit wird eine Verknüpfung zwischen dieser Entschließung und den neuen Bestimmungen zur Beschäftigungspolitik im Vertrag erreicht. Das ist ein Erfolg der europäischen Sozialdemokratie.

Wir erwarten, daß die Regierungen die Beschlüsse zur Beschäftigungspolitik schnell umsetzen und mit Blick auf den im Oktober 1997 in Luxemburg stattfindenden Beschäftigungsgipfel Vorschläge für eine gemeinsame Initiative der Europäischen Union zur Beschäftigung machen. Die Rahmenbedingungen müssen auf Wachstum und Beschäftigung ausgerichtet werden. Dabei geht es um eine gemeinsame, beschäftigungsfördernde Steuerpolitik, um die Konzentration der Mittel aus den Strukturfonds auf die Bekämpfung der Arbeitslosigkeit. Zwischen den EU-Staaten sollen Schritte zur Entlastung des Faktors Arbeit verabredet werden, etwa durch eine abgestimmte Aktion zur Senkung der Lohnnebenkosten. Die noch immer nicht umgesetzten Empfehlungen des Weißbuches zu Wachstum und Beschäftigung von Jacques Delors sollten endlich aufgegriffen werden. Wichtige Infrastrukturmaßnahmen, zum Beispiel die Pläne für die gesamteuropäischen Verkehrsverbindungen, müssen durch eine Anschubfinanzierung und durch Weiterfinanzierung über die Europäische Investitionsbank verwirklicht werden. Die EIB soll zukünftig auch über den Europäischen Investitionsfonds Eigenkapitalersatz für innovative Betriebe bereitstellen und Zukunftstechnologieprojekte kleiner und mittlerer Unternehmen unterstützen. Der vorhandene EU-Haushalt muß insgesamt einen Schwerpunkt bei Forschung und Technologie setzen und auf mehr Beschäftigung orientiert werden.

Mit der Überführung des Sozialprotokolls von Maastricht in den neuen Vertrag wird die Rechtsgrundlage für soziale Mindeststandards in allen Mitgliedstaaten der Europäischen Union gelegt. Auch die Europäische Sozialcharta und die Gemeinschaftscharta der sozialen Grundrechte sind nun Teil des Vertrages. Dies war eine unserer zentralen Forderungen, die bisher durch den Maastricht-Vertrag nicht erfüllt werden konnten.

Wir begrüßen, daß das Prinzip der nachhaltigen Entwicklung in der Präambel als Leitprinzip der EU-Politik verankert wurde. In der Umweltpolitik sind einige Fortschritte zu verzeichnen. Die Europäische Union muß zukünftig bei allen Maßnahmen ein hohes Maß an Umweltschutz und die Verbesserung der Qualität der Umwelt sicherstellen. Die Chancen einer ökologischen Modernisierung für die gemeinsame europäische Kultur und

die wirtschaftliche Leistungsfähigkeit sind nur unzureichend erkannt. Hier besteht noch weiterer Reformbedarf. Eine gemeinsame Aktion zum Einstieg in die ökologische Steuerreform kann einen großen Modernisierungsschub und Neuinvestitionen in Energieeffizienz auslösen.
Die europäische Sozialdemokratie begrüßt nachdrücklich, daß durch den Abschluß des Amsterdamer Gipfels auch die Voraussetzungen dafür geschaffen wurden, daß die Beitrittsverhandlungen mit mittel- und osteuropäischen Staaten zum vorgesehenen Zeitpunkt aufgenommen werden. Der Amsterdamer Vertrag macht die Europäische Union noch nicht erweiterungsfähig. Es muß und wird ein Amsterdam II geben, noch bevor die ersten Staaten Ost- und Mitteleuropas der Europäischen Union beitreten.
Die Mitentscheidungsrechte des Europäischen Parlaments wurden erweitert. Neu sind Mitentscheidungsrechte in den Bereichen Beschäftigung, Gesundheitswesen, allgemeine Grundsätze der Transparenz, Betrugsbekämpfung, Zusammenarbeit im Zollwesen, Statistik und bei Datenschutz. Darüber hinaus werden weitere Bereiche, wie z. B. Verkehrspolitik, soziale Sicherheit für Wanderarbeitnehmer, Umwelt und Entwicklungszusammenarbeit, die bisher unter andere Verfahren fielen, in das Mitentscheidungsverfahren überführt.
Durch die Ausweitung des Mitentscheidungsverfahrens wurde für diese Bereiche die Gleichstellung des Europäischen Parlaments im Gesetzgebungsverfahren mit dem Rat erreicht. Die Reduzierung und Vereinfachung der Gesetzgebungsverfahren ermöglichen eine größere Transparenz. Dies ist ein großer Fortschritt.
Die weitere Stärkung des Europäischen Parlaments, eine Verbesserung der Entscheidungs- und Zuständigkeitsstrukturen sowie eine Vereinfachung der Gesetzgebungsprozeduren mit dem Ziel größerer Transparenz können zur positiven Gestaltung Europas beitragen und verbinden Menschen mit dem Zukunftsprojekt Europa. Die europäische Sozialdemokratie setzt sich dafür ein, daß Mehrheitsentscheidungen im Ministerrat ausgeweitet werden und in allen Feldern, in denen die Mehrheitsentscheidungen angewandt werden, das Europäische Parlament das volle Mitentscheidungsrecht erhält.
Wir stellen mit Befriedigung fest, daß durch den Amsterdamer Vertrag nationale Fördermaßnahmen zur Gleichstellung der Frauen im Arbeitsleben beibehalten und auch neue Maßnahmen beschlossen werden können. Wir Sozialdemokraten bedauern, daß sich die europäischen Staats- und Regierungschefs nicht darauf geeinigt haben, dem Europäischen Parlament

und den nationalen Parlamenten den Auftrag zur Ausarbeitung einer europäischen Grundrechtscharta zu erteilen. Mit einem solchen Auftrag wäre eine wichtige Etappe eingeleitet worden, die bisherige Wirtschaftsgemeinschaft auf eine Wertegemeinschaft hin zu entwickeln, die autonome Selbstverwirklichung und solidarische Verantwortung verbindet.
Aus einem Europa der Beschäftigungskrise muß wieder ein Europa der Beschäftigungschancen werden. Ein sozialdemokratisches Konzept zur Behauptung im globalen Wettbewerb und als Antwort auf den dramatischen Strukturwandel umfaßt die Verzahnung kohärenter EU-weiter und nationaler Beschäftigungspolitiken in Verbindung mit einer wirksamen Politik der Wettbewerbs- und Chancengleichheit statt eines ruinösen Wettlaufs um Standortvorteile, der unter dem Strich nur mit einem Fiasko für alle Beteiligten und mit wachsenden Trends zur Renationalisierung in Europa enden kann. Um im globalen Wettbewerb bestehen zu können und gegenüber den wirtschaftlich potenten regionalen Handelsblöcken konkurrenzfähig zu bleiben, bedarf es zur Selbstbehauptung Europas eines politischen Pakts zur Herstellung sozialer und gesellschaftlicher Stabilität. Was wir dazu brauchen, ist vor allem mehr gemeinsames politisches Handeln.

DIE EUROPÄISCHE SOZIALDEMOKRATIE

Die Sozialdemokratische Partei Europas (SPE) ist die größte politische Familie der Europäischen Union. Ihre Mitglieder tragen in der Mehrzahl der EU-Mitgliedsstaaten Regierungsverantwortung und stellen Regierungschefs. In drei weiteren Staaten sind Sozialdemokraten an der Regierung beteiligt. 9 von 21 Mitgliedern der EU-Kommission kommen aus ihren Reihen. Die parlamentarische Fraktion der SPE ist die größte Fraktion im Europäischen Parlament.
Wir hatten uns in den letzten zweieinhalb Jahren vorgenommen, zunächst das Vertrauen untereinander zu entwickeln, die Kooperation auszubauen, die Zusammenarbeit zu stärken, damit wir gemeinsam agieren im Europäischen Parlament, in der Europäischen Kommission, auf der Ebene der europäischen Ministerräte. Wir haben viel erreicht. Die SPE ist heute mehr als ein loser Parteienbund, wenn auch noch keine europäische Partei im klassischen Sinn. Sie ist auf einem guten Weg zu einer maßgeblichen handlungsfähigen politischen Kraft in Europa. Die europäi-

sche Sozialdemokratie wird den Kurs der Europäischen Union bestimmen. Politische Bedeutung und Einflußnahme in Europa gewinnen wir aus der Regierungsverantwortung in den Mitgliedstaaten der Union und aus der intensiven Zusammenarbeit auf der Ebene der Regierungschefs und Parteivorsitzenden sowie auf der Ebene der jeweiligen Fachminister. Das Europäische Parlament ist die parlamentarische Ebene zur Vertretung der gemeinsamen sozialdemokratischen Politik. Auf allen diesen Ebenen wird die Politik in Europa koordiniert, werden gemeinsame Initiativen verabredet und strategische Orientierungen erörtert und vorbereitet. So hatte der von Franz Vranitzky verfaßte Bericht „Zur Sozialverträglichkeit der Wirtschafts- und Währungsunion" nachhaltigen Einfluß auf die Formulierung unserer gemeinsamen sozialdemokratischen Positionen in Wirtschafts- und Währungsfragen. Die vom ehemaligen Präsidenten der Europäischen Kommission, Jacques Delors, geleitete Arbeitsgruppe hat für den SPE-Kongreß in Malmö einen Bericht vorgelegt, der unter dem Titel „Überlegungen und Vorschläge für ein neues Entwicklungsmodell" grundlegende Vorschläge für die Weiterentwicklung der Europäischen Union unterbreitet, damit unser Kontinent die Chancen des weltweiten Wettbewerbs wahrnehmen und die Herausforderungen bestehen kann. Ich meine, nur so ist es möglich, sozialdemokratisches Profil aufzubauen und in der Wirklichkeit voranzukommen.

Überall stehen wir vor den gleichen Herausforderungen: Arbeitsplätze fördern, Wettbewerbsfähigkeit stärken, Wachstum wieder ermöglichen, und zwar nachhaltiges Wachstum, das die Umwelt schützt und den künftigen Generationen eine lebenswerte Zukunft ermöglicht; Bildung und Weiterbildung ausbauen, die Wirtschafts- und Währungsunion durchsetzen, und zwar vollständig als Wirtschafts- und Währungsunion, nicht alleine als ein fiskalisches, als ein monetaristisches Manöver. Wir wissen, dazu ist vieles notwendig. Eine auf Wachstum orientierte Politik, eine intelligente Organisation der Arbeit, die Verkürzung der Arbeitszeiten, die Erneuerung der Solidarität in den Gesellschaften.

Im Kern geht es der SPE um die Bewahrung und Weiterentwicklung des europäischen Zivilisationsmodells – gründend im Humanismus, in der Aufklärung und in den historischen Erfahrungen – mit seinem einzigartigen Konzept, das wirtschaftliche Kraft, soziale Verantwortung und politische Freiheit verknüpft. Freiheit und Würde des Einzelnen finden in der Europäischen Union eine feste Grundlage, ergänzt im friedlichen Zusammenleben der Völker.

Unter den Bedingungen einer sich vertiefenden Weltwirtschaft und Weltrisikogesellschaft will die SPE das europäische Leistungsvermögen mobilisieren und zur Geltung bringen, damit sich Europa politisch, wirtschaftlich und kulturell in der Welt von morgen behaupten kann. Wir wollen die kluge Balance wirtschaftlicher Stärke, sozialer Stabilität und politischer Freiheit, die den Kern der europäischen Zivilisation bildet, für die Zukunft stärken.
Unser Kontinent hat aus den Katastrophen zweier Weltkriege und aus seinen Idealen – aus der Französischen Revolution, aus der europäischen Aufklärung, aus der Arbeiterbewegung, aus dem Kampf um Freiheit zunächst in seinen westlichen Teilen, den richtigen Schluß gezogen. Zur Jahrhundertwende, 55 Jahre nach dem Ende des Zweiten Weltkrieges und 10 Jahre nach der, wie ich hoffe, endgültigen Überwindung seiner Folgen, wollen wir ein kraftvolles, ein einiges und dem sozialen wie dem äußeren Frieden verpflichtetes Europa gestalten. Wer diese großen Dimensionen der europäischen Entwicklung im Auge behält, der wird Europa nicht den Diplomaten, den Bürokraten und schon gar nicht den populistischen Schwätzern von rechts überlassen.

DIE SELBSTBEHAUPTUNG EUROPAS

Ein wesentliches Instrument gegen beschäftigungsgefährdende, wettbewerbsverzerrende Währungsspekulationen und -schwankungen wird die Europäische Wirtschafts- und Währungsunion sein. Durch die im Maastricht-Vertrag festgehaltenen Konvergenzkriterien ist viel für die Währungsstabilität in den Mitgliedstaaten der Europäischen Union erreicht worden. Der durch den Maastricht-Vertrag eingeleitete Konvergenzprozeß hat zu einer stark verbesserten Preisstabilität in vielen Ländern der Europäischen Union geführt. Das Zinsniveau hat sich in ähnlich positiver Form entwickelt. Ebenso sind heute die Wechselkurse zwischen vielen EU-Mitgliedstaaten in einem hohen Maß stabil. Hinsichtlich der monetären Kriterien ist inzwischen eine weitgehende Konvergenz zwischen einer ganzen Reihe von EU-Mitgliedstaaten erreicht worden.
Die Europäische Wirtschafts- und Währungsunion allein kann keine neuen Arbeitsplätze bewirken, sehr wohl aber den Abbau vorhandener Arbeitsplätze aufhalten. Sie ist ein Instrument gegen Währungsspekulationen und Währungsschwankungen, und diese sind in hohem Maß für den Verlust

von Arbeitsplätzen verantwortlich. Die Wirtschafts- und Währungsunion ist eine Chance für gerechtere Weltwährungsbeziehungen. Damit sinkt die einseitige Abhängigkeit der Teilnehmerländer von den geldwirtschaftlichen Entwicklungen der anderen Welthandelsregionen. Die Europäische Wirtschafts- und Währungsunion ist ein Instrument zur europäischen Selbstbehauptung.
Fragen des Binnenmarktes und der Europäischen Währungsunion werden wichtig bleiben auch mit Blick auf Umwelt und Entwicklung. Wenn wir in Europa allerdings einen stabilen und starken gemeinsamen europäischen Währungsraum auf Dauer sicherstellen wollen, dann reicht es nicht aus, sich auf die Währungsunion zu beschränken. Dann muß diese Währungsunion begleitet werden durch eine gemeinsame europäische Wirtschaft-, Finanz- und Steuerpolitik, durch einen wirksamen Pakt für Wachstum und Beschäftigung.
Die Selbstbehauptung Europas hängt auch von seiner Fähigkeit ab, weltpolitische Gestaltungskraft zu entwickeln, indem Europa in den internationalen Organisationen und bei multilateralen Vereinbarungen mit einer zunehmend einheitlichen, gemeinsamen Stimme spricht. Wenn richtig ist, daß unter den Bedingungen wachsender Globalisierung und wachsender Interdependenz die Entwicklung internationaler Steuerungselemente für die zivilisierte Qualität des Fortschritts unabdingbar ist, dann müssen diese gestärkt werden. Das gilt für die Vereinten Nationen, das gilt für andere internationale Organisationen, das gilt auch für regionale Zusammenschlüsse, wie das beispielsweise in dem Bericht über Global Governance von Ingvar Carlsson und Shridath Ramphal vorgeschlagen worden ist.

UNSERE FÜNF PRIORITÄTEN

Zum Leben erweckt wird Europa durch praktische Politik mit positiven Folgen für die Menschen. Seit Jahren haben Regierungsvertreter der Mitgliedsparteien und die SPE darauf hingewiesen, daß Fortschritte in der europäischen Integration mit der Schaffung neuer Arbeitsplätze und der wirksamen Bekämpfung der Massenarbeitslosigkeit sowie der Sicherung der Ausbildung in der Europäischen Union eng verbunden sind. Jetzt muß dringend eine Balance zwischen der Vollendung des Binnenmarktes, der Währungsunion und der bisher nur unzureichend entwickelten Politischen Union erreicht werden.

Ich will mit Blick auf die Integration Europas fünf Prioritäten nennen, an denen sich unsere Politik orientiert:

Wir wollen ein Europa der Bürgerinnen und Bürger;
wir wollen ein Europa des nachhaltigen Wachstums;
wir wollen ein Europa des sozialen Friedens;
wir wollen ein Europa der inneren Sicherheit,
und wir wollen ein Europa, das seinen Nachbarn und der Welt zu einer friedlichen Entwicklung verhilft.

Zu dem ersten Punkt, einem Europa der Bürgerinnen und Bürger. Wir wollen durch eine Charta der europäischen Bürgerrechte deutlich machen, daß wir Europa nicht nur als einen wirtschaftlich zusammenwachsenden Kontinent verstehen. Wir stellen die weitere Entwicklung Europas bewußt in die Tradition der Aufklärung und unseres Verständnisses von freiheitlichen Menschenrechten.

Die Faszination der europäischen Idee kommt nicht aus der Kleinmünzerei einer monetaristischen Politik; sie entspringt der Überzeugung, daß unser Kontinent der Freiheit verpflichtet ist. Ein Katalog der menschlichen, der bürgerlichen, der sozialen Rechte könnte für die Faszination des europäischen Projekts, für seine Glaubwürdigkeit gute Wirkungen entfalten. Er könnte beispielsweise die Verpflichtung postulieren, wirtschaftliche Kraft, soziale Rechte – einschließlich gleicher Rechte der Frauen – und Schutz der Lebensgrundlagen für die Zukunft miteinander zu verbinden.

An den Beginn der neuen Etappe der europäischen Integration gehört die Diskussion einer Charta der Bürgerrechte, in der Bürger- und Menschenrechte, die sozialen Grundrechte, ein weitgefaßtes Diskriminierungsverbot und die Gleichstellung der Geschlechter verbindlich festgeschrieben wird, gehört die Stärkung des Europäischen Parlaments und der europäischen Institutionen. Ein Mehr an Demokratie ist auch ein Weniger an Bürokratie.

Meine zweite Priorität für Europa ist nachhaltiges Wachstum. Die Europäische Union muß eine aktive Rolle bei der Bekämpfung der Arbeitslosigkeit und der Steigerung wirtschaftlichen Wachstums übernehmen. Nur so werden wir die Überzeugung der Bürgerinnen und Bürger erreichen können. Der Wettlauf um niedrige Unternehmenssteuern zwischen den EU-Mitgliedstaaten muß endlich beendet werden. Die EU-Kommission hat auf die zurückgehenden Staatseinnahmen im Bereich der Unternehmenssteuern hingewiesen. Wer diesen Zusammenhang verkennt, höhlt die

Steuergrundlage der Mitgliedsstaaten aus. Deshalb brauchen wir gemeinsame Mindestregelungen, insbesondere bei den Unternehmenssteuern und bei der Besteuerung von Kapitalerträgen.
Zum europäischen Modell des Zusammenlebens gehören jedoch nicht nur Wettbewerbsfähigkeit, Innovation und eine starke Währung, sondern auch stabile soziale Beziehungen. Auf Dauer werden wir stabiles Geld in Europa nur mit einer stabilen Wirtschaft und stabilen sozialen Beziehungen erreichen. Globaler Wettbewerb darf nicht als Vorwand für innergesellschaftliche Konfrontation genutzt und mißbraucht werden. Wir werben dafür, ihn als notwendigen Ausgangspunkt zur Neuformulierung eines sozialen Grundkonsenses in Europa zu begreifen.
Wenn wir auf das historische Erbe und auf die Leistungen Europas zurückschauen und wenn wir Europa eine Zukunft geben wollen, dann müssen wir den sozialen Frieden neu befestigen. Im westlichen Europa haben sozialdemokratisches und gewerkschaftliches Engagement maßgeblich zur Verwirklichung des sozialen Rechtsstaates beigetragen, dessen Grundidee der soziale Schutz der einzelnen, die Garantie bürgerlicher Freiheitsrechte und die soziale Prägung des marktwirtschaftlich orientierten Wirtschaftssystems ist. Ein verläßlicher Sozialstaat sichert die für Reformanstrengungen notwendigen individuellen und gesellschaftlichen Handlungsspielräume.
Soziale Stabilität ist Wettbewerbs- und Produktionsfaktor zugleich. Wer will, daß dieses Modell erhalten, gefestigt und weiterentwickelt wird und daß das europäische Haus in Zukunft wetterfest ist, der braucht diese Kombination aus wirtschaftlichem Wachstum, Respekt vor den natürlichen Lebensgrundlagen und vor sozialen Beziehungen. Die fortschreitende Globalisierung wollen wir als Chance begreifen, und die in der Sozialdemokratie tief verwurzelte Tradition des Internationalismus als eine Möglichkeit zur Gestaltung dieser Entwicklung.
Arbeit und Ausbildung sind die ökonomischen Grundlagen für den sozialen Zusammenhalt innerhalb der Europäischen Union. Alle gemeinsam haben ein Ziel, nämlich sozialen Zusammenhalt, Rücksichtnahme, Toleranz zu stärken. Wir wissen, sozialer Friede in den Staaten ist auch Voraussetzung dafür, mit Minderheiten tolerant umzugehen. Auf der üblen Grundlage der Arbeitslosigkeit und des geschwächten sozialen Zusammenhalts dürfen nicht die alten europäischen Gespenster wieder erwachen: Nationalismus, Fremdenfeindlichkeit, Haß auf die Minderheiten. Das müssen wir verhindern.

In einem sozialen Stabilitätspakt müssen sich die Mitgliedsländer verpflichten, kein Dumping bei sozialen Sicherungssystemen zu praktizieren. Dazu könnten die europäischen Mitgliedsstaaten Bandbreiten bei den Sozialleistungsquoten festlegen, die sich nach dem jeweiligen wirtschaftlichen Entwicklungsstand richten. Weder einheitliche Rente noch einheitliche Arbeitslosenversicherung oder Krankenversicherung können dabei die Ziele sein.

Einer Politik des Sozialdumpings könnte auf diese Weise ein Riegel vorgeschoben werden, schwächer entwickelten Volkswirtschaften würden durch diese Form sozialpolitischer Regulierung ökonomisch nicht überfordert werden. Im Zuge des ökonomischen Aufholprozesses schwächer entwickelter Länder können sich die Sozialleistungsquoten innerhalb der EU annähern.

Um zu verhindern, daß sich Länder durch eine Politik des Lohndumpings Wettbewerbsvorteile verschaffen, ist eine weitere Koordinierung der Tarifpolitik auf EU-Ebene erforderlich. Hier ist vor allem die europäische Gewerkschaftsbewegung gefragt, die ihre Bemühungen um den Aufbau europäischer Strukturen erheblich intensiviert.

Die Europäische Union ist ein Raum von großer kultureller, sprachlicher, politischer, historischer, gesellschaftlicher und wirtschaftlicher Vielfalt, geeint durch gemeinsame Werte wie soziale Demokratie und Gerechtigkeit, lebenswerte Umwelt, politische und kulturelle Freiheit. Sie stehen mit auf dem Spiel, wenn die EU ihre ökonomische Stärke in den weltweiten wirtschaftlichen Beziehungen nicht durch neue Instrumente der Zusammenarbeit und der transnationalen Kooperation zur Wohlstands- und Beschäftigungssicherung in die Waagschale wirft.

Die vierte Priorität heißt: Schutz der Freiheit und Sicherheit für unsere Bürgerinnen und Bürger. Eine gemeinsame Bekämpfung international organisierter Verbrechen ist nach unserer gemeinsamen Auffassung ein wesentlicher, gleichberechtigter Bestandteil sozialdemokratischer Europapolitik.

Das Wichtigste neben Freiheit ist ein Europa des Friedens. Die Dringlichkeit einer gemeinsamen Außen- und Sicherheitspolitik ist erschrekkend bei der jugoslawischen Katastrophe deutlich geworden. Die Mängel in der europäischen Sicherheitspolitik, die Gefahren des Rückfalls in eine nationalistisch definierte Außenpolitik sind im Umgang mit dem ehemaligen Jugoslawien und den Nachfolge-Staaten überdeutlich geworden.

Die europäische Sozialdemokratie befürwortet die Erweiterung der Union. Die Europäische Union mit ihren 15 Mitgliedstaaten ist kein exclusiver Klub. Sie ist das Instrument für alle Europäer, die gemeinsamen Interessen zu bündeln und die gemeinsame Zukunft zu bauen. Die Integration, die Vertiefung der europäischen Zusammenarbeit, ist die Voraussetzung für die Erweiterung der Europäischen Union. Die Erweiterung der Europäischen Union ist die Vollendung des europäischen Gedankens. Mittelosteuropa, den südeuropäischen Staaten, und den sonstigen Staaten, in denen Freiheitsbewegungen kommunistische Regime beseitigt haben, würden wir ins Gesicht schlagen, wenn wir die Erweiterung der Europäischen Union oder der NATO nicht vollziehen wollten. Diese Verhandlungen über die Erweiterung der Union entscheiden über unsere Zukunft und über die Überwindung der Folgen von Diktatur, Faschismus und Krieg in Europa. Erst mit der Erweiterung können wir wirklich von Europa reden, wenn wir von der Europäischen Union sprechen. Wir wissen, beide Erweiterungsprozesse werden weder zeitlich noch territorial parallel verlaufen. Beide Erweiterungsprozesse exportieren Stabilität in unser aller Interesse anstelle von Instabilität.

Eine reformierte Europäische Union wird Wohlstand und soziale Sicherheit für alle bringen, politische Stabilität garantieren, dauerhaft Frieden sichern, beispielhaft zum Nord-Süd-Ausgleich beitragen und sich zu einem nachahmenswerten Demokratie- und Zukunftsmodell entwickeln, das auf Vielfalt und Zusammenarbeit aufbaut und eines Tages in die Vereinigten Staaten von Europa mündet.
Unser Kontinent braucht für das 21. Jahrhundert eine kraftvolle Vision, die Menschen bewegt und überzeugt, die bürokratische Erstarrung überwindet, die Kleinmut verwandelt in Mut und neue Hoffnung. Dieser Vision fühlt sich die europäische Sozialdemokratie verpflichtet. Wir müssen aber wissen: Ohne politische Aktion bleiben Visionen bloß Illusionen.

Kostas SIMITIS

ZWÖLF HERAUSFORDERUNGEN AN SOZIALISTEN UND SOZIALDEMOKRATEN

In einer Welt, die sich in derart dramatischer Geschwindigkeit verändert, verträgt sich Unbeweglichkeit nicht mit Politik. Wir sind mit neuen Problemen konfrontiert, werden in den Sog einer neuen Dynamik gezogen. Folglich brauchen wir neue Ideen, neue Handlungsformen, eine neue Vorstellung von der Rolle der Politik. Das ist es, was den Horizont für den Dialog über das Zusammenwirken von Sozialisten und Sozialdemokraten eröffnet.

Die progressiven Kräfte scheinen in ganz Europa gezwungen, sich zu entscheiden: zwischen einem pragmatischen Realismus, der nicht mit Ideologien und Wertvorstellungen überfrachtet ist und einer Rhetorik der Visionen, die im Gestern verhaftet bleibt und sich weigert, die Veränderungen um uns herum wahrzunehmen. Sie scheinen also zwischen dem Heute und dem Gestern in der Falle zu sitzen. Diesen Teufelskreis müssen wir durchbrechen. Wir müssen das Gestern abstreifen und über das Heute hinauswachsen. Wir müssen das Morgen erobern.

Der Dialog über die strategische Allianz zwischen Sozialisten und Sozialdemokraten kann also nicht einer traditionellen politischen Verhandlung gleichkommen. Er wird wohl eher einer Aufklärungsmission auf einem neuen politischen Kontinent ähneln. Indem wir die neuen Grenzen politischen Handelns erforschen, werden auch wir selbst uns verändern. Die Beziehung der Politik zur Gesellschaft wird sich verändern, eine neue Beziehung der Repräsentation und des Vertrauens errungen werden.

Ende des vergangenen Jahrhunderts hat die damals junge sozialistische Bewegung die veraltete politische Bühne Europas in Aufruhr gebracht und erneuert. Zum Ende dieses Jahrhunderts darf das regenerierende Wagnis, das den Kräften des Sozialismus zuzuschreiben ist, an Intensität, erneuernder Intention und Inspiration nicht zurückstehen.

Griechenland ist gemeinsam mit dem übrigen Europa in eine historische Bahn radikaler Veränderungen eingetreten und zwar unter dem Druck der Entwicklungen und der Entfaltung einer Dynamik, die sich in den letzten Jahrzehnten gezeigt und in den letzten Jahren unseres Jahrhunderts intensiviert haben. Die erste und wohl stärkste Dynamik ist die der Globalisierung der Wirtschaft. Deren Charakteristika: die immer umfassendere Liberalisierung des Verkehrs von Kapital, Waren, Dienstleistungen und im Bereich der Wirtschaft agierender natürlicher und juristischer Personen. Die immer zwingender werdende Notwendigkeit zur Stabilisierung der Volkswirtschaften, ihrer Kursangleichung untereinander, ihrer Konvergenz. Es ergibt sich eine neue Realität mit immer weniger Wirtschaftsgrenzen, mit weniger Protektionismus; eine Realität, die von der Zielvorstellung bestimmt wird, Konkurrenzfähigkeit zu verbessern, neue Technologien breiter anzuwenden, Wissen zu vertiefen.

Eine andere Dynamik erwächst daraus, daß sich die Zentren der Einflußnahme und Beschlußfassung innerhalb und außerhalb der nationalen Grenzen aufsplittern. Das zentralistische politische System wird dezentralisiert, das nationale internationalisiert. Die Entscheidungszentren, die Entwicklungen ausschlaggebend beeinflussen können, werden zahlreicher. Gleichzeitig vermehren sich die Probleme, deren Bekämpfung nur dann möglich oder effektiv ist, wenn dazu mehrere Entscheidungszentren beitragen. Die tiefere Verankerung von Institutionen zur übernationalen Zusammenarbeit wird immer zwingender, ebenso wie die effektivere Ausübung von Politik seitens internationaler Organisationen und die Verflechtung aller mit allen zur Lösung der schwerwiegendsten Probleme, mit denen breitere geographische, politische und wirtschaftliche Einheiten konfrontiert sind.

Eine dritte Dynamik schließlich – die vergleichsweise jüngste – ergibt sich daraus, daß alle versuchen, auf die neue Realität, die sich herausbildet, Einfluß zu nehmen und sie zu definieren. Überall werden Pläne zur Anpassung entwickelt und umgesetzt, Strategien ausgearbeitet; von jedem in der Absicht, seine langfristigen Interessen und seine Position innerhalb der neuen Realität zu sichern.

In vielen Ländern gestaltet sich die Suche nach neuen Gleichgewichten schmerzhaft oder sogar gefährlich. Die Probleme der Umverteilung des Reichtums stellen sich ständig neu indem sie ihr Erscheinungsbild verändern. Die Überwindung traditioneller Produktionsstrukturen bewirkt in der Wirtschaft bei nicht rechtzeitiger Anpassung Arbeitslosigkeit, neue soziale Probleme. Der Sozialstaat schrumpft, mal als Ergebnis bewußt getroffener Entscheidungen, mal mangels Ressourcen oder aufgrund der Ausweglosigkeiten, die dem Konstrukt des Sozialstaates selbst immanent sind. Der Markt wird mystifiziert, der Staat verurteilt und beide Haltungen führen in die Sackgasse. In wieder anderen Ländern hat der Zusammenbruch der Bipolarität bestehende Sicherheitsmechanismen und Friedensgarantien mitgerissen. Er hat neue Probleme aufgezeigt oder Intentionen verschärft, die den Frieden und die Stabilität bedrohen, die Menschenrechte verletzen. Eine Rückkehr in die Vergangenheit des Nationalismus und der Xenophobie zeichnet sich ab. Die Gesellschaft der Bürger bleibt weiterhin unerreicht.

Mit der Dynamik für eine Definition des Morgen geht Hoffnung einher, aber auch Unsicherheit. Es geht damit der lebhafte, konstruktive Wille einher, die Herausforderungen anzunehmen, unsere Möglichkeiten zu maximieren, die Gelegenheiten, die sich bieten, zu nutzen. Es geht damit aber auch die Verschanzung hinter dem Gestern einher und jede Art von konservativer Politik, die die Lösung der Probleme blockiert.

Auf einer zweiten Ebene zeichnen sich in den letzten beiden Jahrzehnten zwei entscheidende Entwicklungen ab, die in den jeweiligen lokalen oder nationalen Gesellschaften ihre eigenen Merkmale herausbilden. Im Zuge der ersten Entwicklung emanzipieren und verstärken sich schrittweise soziale Kräfte, tritt eine neue Gesellschaft hervor. Im Zuge der zweiten zersplittert allmählich das kollektive Bewußtsein in den modernen Gesellschaften, entfernen sich diese von traditioneller Kollektivität. Parallel zu beiden Entwicklungen erweist sich die Politik der Regierungen als unfähig, die modernen Fragen der Gesellschaften Europas überzeugend zu beantworten und deren Probleme effektiv zu lösen.

Daß neoliberalistische Auffassungen in Europa – wenn auch nur zeitweise – die Oberhand gewonnen haben, war ausschlaggebend dafür, daß sich die Probleme der Völker Europas in besonderer Schärfe formierten und in Erscheinung traten, ausschlaggebend dafür, daß den wesentlichen dynamischen Prozessen, die die Entwicklungen beeinflußt haben und noch beeinflussen, häufig eine spezifische ideologisch-politische Färbung verliehen wurde und größtenteils noch verliehen wird. Angesichts dieser Realität ist die sozialistische Auffassung und Position in kritischen Momenten, bei kritischen Entscheidungen entweder von den Entwicklungen überholt oder besiegt worden – oder sie konnte nicht als lebensfähige und effektive Regierungsperspektive für das Land, für den gesamten Fortschritt der Gesellschaft überzeugen.

Die Völker Europas sehen sich heute in großem Ausmaß mit Problemen konfrontiert, die allen gemein sind, während oft auch die für die jeweiligen lokalen Gesellschaften spezifischen Probleme weiterbestehen. Die progressiven sozialistischen und sozialdemokratischen Kräfte müssen sich neu strukturieren, sich zusammenschließen, überzeugen und die Entwicklungen in eine bestimmte Richtung gezielt beeinflussen.

Wir müssen die Herausforderungen von heute annehmen und diese betreffen:

Erstens

Den moralisch-politischen Inhalt der Politik und des gesellschaftlichen Handelns, die Werte, mit denen wir Optionen, Beschlüsse, Realisierungen und Praktiken beleuchten. Die Werte der Demokratie und des gegenseitigen Respekts der Bürger, der Solidarität und sozialen Gerechtigkeit, der persönlichen Freiheit und der Chancengleichheit zur konstruktiven Entwicklung jedes Einzelnen, des substantiellen politischen und gesellschaftlichen sozialen Dialogs. Auf der Basis dieser Werte müssen wir unsere neue Kollektivität aufbauen, eine neue Qualität der Kultur und sozialen Kohärenz.

Wir müssen begreifen, daß es zu unserer internationalen und innenpolitischen Anpassung an die neue Realität, dazu, die mit dieser Anpassung einhergehenden Herausforderungen erfolgreich anzunehmen, nicht ausreicht, den Problemen nur technisch besser zu begegnen, sie besser zu verwalten. Die Probleme sind nicht einfach nur technischer Natur, sie sind in erster Linie moralisch und politisch. Entscheidend ist, daß wir die neue Kollektivität gestalten. Forderungen innerhalb eines gesellschaftlichen Ganzen zu stellen, das sich durch Kollektivität auszeichnet, trennt die Bürger nicht, sondern eint sie vielmehr langfristig. Denn diese Forderungen müssen dann in einem Geist der Mitverantwortung und Achtung der Freiheit und der Individualität jedes Einzelnen bei der Gestaltung seines Lebens erhoben werden. Bei völliger Negierung des anderen kann Solidarität nicht eingeklagt werden. Solidarität sind wir nur im Namen einer

Kollektivität zu verlangen legitimiert, die einen wirklichen und generalisierten gegenseitigen Respekt der Bürger zum Bestandteil hat.
Die Demokratie ist verankert. Aber ist sie auch vervollständigt? Es hat sich ein Kreis geschlossen, in dem Forderungen negativen Charakters vorherrschten: Verlangt wurde nach der Aufhebung schreiender Unfreiheit und Isolation, nach der Abschaffung schwerwiegender Behinderungen der Demokratie. Demokratie aber erschöpft sich nicht in der Aufhebung von Unfreiheiten, sondern hat vielmehr auch positive Inhalte. Sie ist eine vorwärts gerichtete Bewegung, ein System von Optionen für Werte, von Zielsetzungen und der Entwicklung von Perspektiven zur Gestaltung einer starken Gesellschaft. Es ist ein System, das allen Bürgern als Individuen und Mitgliedern der Gemeinschaft gestattet, unter Bedingungen zusammenzuleben, die es jedem gleichermaßen erlauben, sein Leben autonom und konstruktiv zu gestalten.
Die Herausforderung der neuen Epoche besteht darin, daß wir die Art und Weise überdenken müssen, mit der wir Probleme demokratischer Legitimation und Transparenz, die Gefahren der Schwächung institutionalisierter Demokratie aufs Neue wahrnehmen und ihnen begegnen. Die neue Kollektivität wird dann wirklich die Demokratie als eines ihrer wesentlichen und untrennbaren Elemente beinhalten, wenn es uns gelingt, ständig davon zu überzeugen, daß sie sich immer stärker auf die Bereiche politischen und sozialen Handelns ausweitet, daß sie sich nicht nur in Institutionen und Verfahren erschöpft, sondern sich durch individuelle und kollektive Verhaltensweisen zieht, daß sie nicht den Ordnungskräften vorbehalten bleibt, sondern Anliegen der Bürger ist. Wir wollen eine Demokratie in wachsamer Aufmerksamkeit, wird sie doch heute nicht von Panzern, sondern von Passivität und Ichbezogenheit bedroht.

Zweitens

Die konstruktive Beziehung zwischen der Gesellschaft und dem Staat. Die Wahrung der individuellen und sozialen Rechte ist ebenso selbstverständlich wie auch unerschütterlich damit verbunden, den Pflichten gegenüber dem gesellschaftlichen Ganzen nachzukommen. Dem Staat fällt eine dirigierende und koordinierende Rolle zu. Dennoch richtet sich die staatliche Aktivität nicht darauf, die Zielvorstellungen, von denen individuelles und kollektives Handeln innerhalb der Gesellschaft inspiriert sein muß, von oben vorzugeben, sondern darauf, die Bedingungen zu sichern und die Verfahren zu festigen, die allen gleiche Chancen und Möglichkeiten einräumen, ihr Leben in individuellem und kollektivem Handeln frei und konstruktiv zu gestalten. Dazu sind mehr politische Strategien erforderlich, die sich auf den Menschen konzentrieren, auf das Individuum, auf den Bürger, die zur gesellschaftlichen Kohärenz, zur individuellen Unterstützung beitragen. Alle Bürger müssen das Gefühl teilen, daß sie zu einer Gesellschaft der Bürger, zu einem Ganzen gehören, das sich vorrangig auf den gegenseitigen Respekt und die gemeinsame Verantwortung stützt und daß die Rolle des Staates die des Organisators der Freiheit ist.

Drittens

Die Beziehung der Wirtschaft zum Staat und die Auffassung von einem ausgewogenen Schutz sowohl der individuellen Initiative als auch der Werte der Kollektivität. Was ist die Rolle des Staates, was die Funktion des Marktes?

Einige Gedanken: Die Privatinitiative ist es nicht nur als Ausdruck der Persönlichkeitsentwicklung wert, geschützt zu werden, sondern auch als Antrieb für den Entwicklungsprozeß der Wirtschaft. Die Privatinitiative bedarf der Richtlinien, der Kontrolle und der Ergänzung. Der Staat greift nicht ein, um den Markt zu ersetzen, sondern um die grundsätzlichen Richtlinien der Wirtschaft zu entwerfen und Mißbrauch auf Kosten des Interesses der Allgemeinheit abzuwenden, um autonome öffentliche Dienstleistungsbetriebe in Bereichen zu schaffen, in denen das Unternehmerinteresse zur Herstellung von Gütern, die für alle gleich unabkömmlich sind, als Motiv nicht ausreicht.

Ebenso wichtig, wie die Bandbreite der Aktivitäten zu begrenzen, ist es, deren Funktionsregeln festzulegen. Welche Regeln maximieren den Nutzen für das gesellschaftliche Ganze ? Ein kritischer Punkt: die Umverteilungsfunktionen des Staates und wo verlaufen deren Grenzen in der modernen Wirtschaft. Mit welcher Politik können wir den Problemen der Verteilung des Reichtums begegnen. Und schließlich – der Fortschritt von Wissenschaft und Technologie ist nicht nur kontinuierlich mit vorwiegend entwicklungsorientierten Aktivitäten verflochten, sondern auch mit einer Politik, die sich in einer Arena entwickelt und realisiert, die die Gesellschaft (selbst) ist, die schwächsten Schichten, diejenigen, denen soziale Isolation droht.

Viertens

Sozialen Ungleichheiten zu begegnen und die Institutionen sozialer Solidarität neu zu gestalten. Soziale Ungleichheiten sind für uns alle degradierend

und deren Aufhebung eine Frage kollektiver Verantwortung. Wir müssen unsere Anstrengungen darauf konzentrieren, die sozial schwachen Schichten nach dem Kriterium der tatsächlichen Bedürftigkeit zu stärken, darauf, differenzierte Maßnahmen mit sehr viel spezifischeren Zielen zu treffen. Vorrangiges Ziel zur Aufhebung von Ungleichheiten muß sein, gleiche Chancen und Möglichkeiten zu schaffen, statt Güter direkt zu verteilen. Wir müssen die Produktivität derer beleben, die der Unterstützung bedürfen, aber auch ihre Verantwortung gegenüber dem gesellschaftlichen Ganzen als die andere Seite der Medaille ihrer sozialen Rechte betonen.
Der alte Sozialstaat war sogar in seiner besten Form immer mit dem Stigma behaftet, Abhängigkeiten zu schaffen oder zu kultivieren. Unter den modernen wirtschaftlichen Bedingungen werden die Kosten des Sozialstaates in seiner heutigen Form zu einer Last, die Probleme schafft. Die Lösung muß gesucht werden, indem der Aufwand des Sozialstaates dahingehend neu organisiert wird, keine Abhängigkeitsverhältnisse zu protektionieren, sondern Bedingungen zur produktiven Integration in die Wirtschaftstätigkeit zu schaffen. Das bedeutet, weniger Schwergewicht auf Ausgaben zur Unterstützung bei Notfällen und sehr viel größeres auf die Ausgaben für Ausbildung, für Ausrüstung und Vorbereitung zur ergiebigen Beteiligung an der Wirtschaftstätigkeit zu legen, was auch Förderung der Selbstbeschäftigung beinhaltet.
Unbeantwortet bleibt in der Praxis die Frage der Gleichheit der Geschlechter, trotz der institutionellen Garantien. Auch hier brauchen wir eher elementaren Gesinnungswandel als Begünstigungsklauseln.

Fünftens

Die Bekämpfung der Arbeitslosigkeit. Transformation und Anpassung der Wirtschaft, Modernisierung der Infrastruktur und Investitionen geben Antwort auf einen Aspekt. Wir brauchen aber darüberhinaus auch eine konkrete und positive Beschäftigungspolitik, eine Politik, die sich auch aus einem übernationalen Rahmen ergibt und die notwendigen Mittel und Ressourcen entsprechend bindet.
Die neuen Technologien müssen dazu genutzt werden, die Fähigkeit des Berufstätigen zur Beschäftigung zu stärken, sich anzupassen, neue Arbeit zu finden. Die ständige Fortbildung muß zu einer zentralen Politik des Staates, der sozialen Träger, der Sozialpartner, zum Anliegen einer dezentralisierten Verwaltung erhoben werden. Wir müssen gleichzeitig die Unterstützung der Arbeitslosen an deren Verpflichtung knüpfen, sozial

aktiv zu sein. Wir müssen die Schaffung eines dritten Bereichs prüfen, in dem diejenigen ihren Dienst an der Allgemeinheit leisten, die auf dem Arbeitsmarkt keine Beschäftigung finden oder nicht in Fortbildungsprogramme eingegliedert werden können.

Sechstens
Das Ausbildungswesen und die Kultur. Wir müssen dem Gedanken Ausdruck verleihen, daß Ausbildung und Kultur in direkter Verbindung zu den Werten stehen, die unserem Leben Sinn geben, die sich sowohl auf unsere Persönlichkeitsentwicklung wie auf die Herausbildung unserer kollektiven Identität beziehen. Mit besonderem Verantwortungsgefühl müssen wir beleuchten, welche sozialen Vorbilder wir befürworten, projizieren, reproduzieren.
Wir sind der Meinung, daß Ausbildung ein öffentliches Gut ist, für das der Staat Sorge zu tragen hat, ohne aber das Bildungswesen zu bevormunden. Letzteres hat nicht nur zum Ziel, wirtschaftlich nützliches Wissen zu produzieren, sondern auch, kritischen Geist zu verankern und die jungen Leute zu bilden, es zielt auf deren Entwicklung zu reifen, selbständigen und verantwortungsbewußten Personen.
Die Werte, die (leuchtend) tradiert werden müssen, bestimmt nicht der Staat, sondern die Gesellschaft als Raum des freien Gedankenaustauschs. Dasselbe gilt auch für die Kulturgüter, die vorzuschreiben nicht Sache des Staates ist, die aber auch nicht dem Markt überlassen bleiben, dessen einziges Kriterium ist, „was er verkauft“. Der Staat muß dem künstlerischen Schaffen Freiheit zugestehen, gleichzeitig aber auch die Avantgarde und die anspruchsvollen Formen der Kunst und Kreativität fördern.

Siebtens
Die Globalisierung der Wirtschaft, die in Verbindung mit der neuen technologischen Revolution weite Horizonte für die Produktion materieller Güter und vor allem für die Eingliederung der Völker der Dritten Welt in den modernen Wirtschaftsraum eröffnet. Wir müssen uns unter gegenseitigem Entgegenkommen zwischen der Ersten und Dritten Welt unbedingt neuen Konsummodellen annähern, die sich weniger an persönlicher materieller Habgier orientieren als an einer ökonomischeren kollektiven Befriedigung bestimmter Bedürfnisse, mit Respekt vor der Umwelt und den kommenden Generationen.

Achtens
Effektive Politik und Aktion zum Umweltschutz. Die gesteigerte Sensibilität der Völker für die Notwendigkeit des Umweltschutzes wie auch die immer größer werdende diesbezügliche Mobilisierung der Wissenschaftler eröffnet die Perspektive, eine breitere soziale Allianz eingehen zu können. Wirtschaftliche Entwicklung und Umweltschutz stürzen sogar Gesellschaften kleineren Maßstabs in ein ständiges Dilemma, aus dem nur ein ehrlicher sozialer Dialog ohne Scheuklappen führen kann.

Neuntens
Die Beziehung politischer Träger, besonders der Parteien, zur Gesellschaft. Zwingend ist die Notwendigkeit, wieder eine substantielle Beziehung der Repräsentation aufzubauen, der wechselseitigen Funktion politischer Kreativität. Es ist zwingend, Machtmechanismen zu Vorreitern ideologischen Ausdrucks im politischen und sozialen Dialogs umzuformen. Es ist zwingend, die Glaubwürdigkeit politischen Handelns ständig zu bestätigen, unter Beweis zu stellen. Es ist zwingend, diese Träger mit den anderen sozialen Bewegungen gleichberechtigt zu verknüpfen.

Zehntens
Die Beziehung der Staaten und der nationalen Gesellschaften untereinander in einer Welt, die sich auf Prinzipien von Gerechtigkeit und Zusammenarbeit gründet, in einer Welt, die multikulturelle Realität nicht nur duldet, sondern auch respektiert, in einer Welt, in der internationale Organisationen und übernationale Zusammenarbeit eine unausweichliche Notwendigkeit ausmachen. Es bedarf einer geordneten Mobilisierung auf internationaler Ebene, um die Stärkeren den Regeln sozialer Gerechtigkeit zu unterwerfen. Einer Mobilisierung, deren politischer Diskurs und deren Handeln den Frieden, die Stabilität und die Errungenschaften einer Kultur in den Mittelpunkt stellen, die keinen Raum für Xenophobie läßt, die Nationalismus, schleichenden Rassismus, gesetzwidrige Diskriminierungen ablehnt.

Elftens
Die tiefgreifende internationale Neustrukturierung unserer politischen Kräfte, unserer politischen Thesen und verfügbaren Mittel, um Strategien und Aktionen für das Europa des nächsten Jahrhunderts umfassender zu planen. Die Sozialistische Internationale, die Eurosozialisten, die

sozialistische Fraktion im Europäischen Parlament, andere verwandte Gruppierungen, bilaterale oder multilaterale Initiativen aller, die von diesen Überlegungen geeint und von diesen Zielen geleitet werden, müssen sich dynamisch in die vorderste Front der Initiatoren einreihen. Sie müssen einen wirklichen Zusammenschluß der geistigen und sozialen Kräfte anführen, heute in Europa, morgen darüberhinaus, und so zu einem entscheidenden Mitgestalter der weltpolitischen Entwicklungen werden. Eine besonders kritische Frage: die Einflußnahme auf die institutionelle Strukturierung und Funktion der übernationalen und internationalen Entscheidungszentren, vor allem der UNO, der NATO, der Europäischen Union, der WEU und der OSZE, die sich heute an einem entscheidenden Wendepunkt ihrer Weiterentwicklung befinden.
Es bedarf einer koordinierten und gemeinsamen Anstrengung, um die moderne Dynamik der Entwicklungen positiv durch die Inhalte zu bestimmen, die Mängel und Entbehrungen jeder Art in den modernen Gesellschaften ausgleichen; die die Wunden des Neoliberalismus heilen. Wir werden die Gesellschaften der Unsicherheit und der Angst in Gesellschaften der Hoffnung und der Kreativität verwandeln.

Zwölftens
Besonders für die griechische Realität die Suche nach einem ehrlichen politischen Dialog und nach Formen gemeinsamen Handelns innerhalb der Gesellschaft, weit entfernt von kurzsichtigem Gewinnstreben, weit entfernt von Populismus und Demagogie oder Wahlopportunismus. Es gilt, Frontalzusammenstöße, die anderen Epochen angehören und zu Lasten der Gesellschaft selbst, im Endeffekt zu Lasten der Schwächsten gehen, abzulehnen. Wir müssen dem Begriff des Patriotismus moderne Inhalte verleihen, die sich auf die Grundwerte und Grundprinzipien des Sozialismus gründen und deren Kriterium das sein muß, was Griechenland heute stark werden läßt.

Ein Programm wie das oben dargelegte ist in der Lage, die Politik wieder an die erste Stelle des gesellschaftlichen Interesses zu rücken. Der Ökonomismus des alten sozialistischen Denkens – der Glaube, daß die Befreiung der Produktionskräfte ausreiche, damit sich daraus fast automatisch eine neue, menschlichere Gesellschaft ergebe – kann den Anforderungen unserer Zeit nicht mehr genügen. Die Wirtschaft verselbständigt sich, bereitet eine neue Produktivitätswelle vor, die möglicherweise soziale Beziehungen zerstören kann, aber auch fähig ist, eine Basis für gesellschaftliche Beziehungen höherer Qualität zu bieten. Was von beidem eintritt, hängt von politischen Auseinandersetzungen und neuen Formen des Kampfes ab.

Die PASOK hat über zwanzig Jahre lang mit ihren Positionen und ihrem politischen Handeln den Kurs dieses Landes mitbestimmt. Angesichts der neuen Herausforderungen zum Ende unseres Jahrhunderts kann es kein Dilemma bei der Entscheidung geben, nicht für Griechenland, nicht für die Völker Europas. Wir müssen den Herausforderungen mit Vorschlägen, Initiativen, mit Kooperation positiv entsprechen, wenn wir auf der Bühne des politischen Handelns und der politischen Kreativität vorne bleiben wollen, wenn wir entscheidend auf die Entwicklungen in unserem Land, in unserer Gesellschaft Einfluß nehmen wollen.

In diese Richtung geht nicht nur die PASOK. Da sind auch andere politische Kräfte, breitere soziale Allianzen, die über die Etikettierung von Parteien und über politische Standortbestimmungen hinaus die tatsächlichen, langfristigen Interessen der griechischen Gesellschaft und dieses Landes in angesichts der Herausforderungen unserer Zeit richtigen Optionen sehen. Wir tragen die Verantwortung, ihnen allen zu entsprechen.

Die sozialistische Bewegung war deswegen lebendig und hat Großes geleistet, weil sie die Fähigkeit besaß, den aktuellen Besitzstand zu überholen, indem sie immer den Erfordernissen des Heute und des Morgen Vorrang eingeräumt hat. Laßt uns dies erneut anstreben.

Javier SOLANA

A NEW NATO FOR A NEW EUROPE

INTRODUCTION: TOWARDS A NEW SECURITY ORDER

Creating a new European peace order is a long-term task, a task that requires patience and consistency. Sometimes, however, there are moments when quantum leaps become possible – moments where the circumstances enable us to make dramatic progress. I am convinced that future observers will look back at 1997 as having been such a year. This was the year that marked the 50th anniversary of the Marshall Plan, which set Europe on a new path of dynamic evolution. It is appropriate that 1997 is the year when the contours of a new security order finally became visible, and some of its key elements were put into place. It was the year in which the Atlantic Alliance concluded a landmark Founding Act on cooperation with Russia. And it was also the year in which NATO re-invented itself.

Clearly, much remains to be done yet; there is always the danger of mistaking movement for progress. Europe remains a continent in flux. But I detect a sense of direction and purpose which was briefly lost with the eruption of the Balkan conflict in 1991. That conflict – its very outbreak as well as the initial international reaction to it – had significantly shattered the optimism of the early 1990s, when the Charter of Paris had articulated a new security architecture for a new Europe based on "interlocking institutions".

THE CHALLENGE OF BOSNIA

The conflict in Bosnia was a challenge for the institutions, and to the international community as a whole. It revealed significant weaknesses in the system of international cooperation. The will to cooperate was real, but the means to do so were inadequate. The OSCE did not have the political cohesion to act resolutely as a conflict manager. The EU was just starting to develop its common foreign and security policy. NATO had the means to act, but no political mandate. The UN could deliver the mandate, but not all of the necessary means. The conflict had raised the very pertinent question of how seriously the international community took the rhetoric of a new Europe, whole, free and at peace.

The deployment of the international Implementation Force (IFOR) in December 1995 provided the most emphatic answer to all these questions. This NATO-led operation was a true "first". It represented a unique international coalition for peace, including soldiers from more than 30 countries. IFOR was a major feat of military planning and skill. It also had a much wider significance. Incorporating a sizeable Russian contribution, it also killed the notion of NATO and Russia being forever locked in an adversarial posture. And it demonstrated the continued validity of a well-oiled multinational political-military structure such as NATO.

More than that, the international presence in Bosnia-Herzegovina also created in practice a working system of "interlocking institutions". For the peace-building process which emerged in Bosnia rests on mutual reliance, rather than competition, among institutions.

IFOR and its successor SFOR (Stabilisation Force) have coordinated closely with the many other institutions currently rebuilding Bosnia. Without the secure environment provided by NATO and its Partners, the OSCE could not have organised democratic elections. Without IFOR and SFOR, the economic and political reconstruction efforts led by the EU, the UN and many non-governmental organisations could not have started. In Bosnia, we have thus witnessed the emergence of a system based on the synergy of institutions, rather than hierarchy. It is a strong example for the rest of Europe. And it demonstrates that the institutional learning curve is not necessarily a steep one.

THE MADRID SUMMIT: THE ARCHITECTURE TAKES SHAPE

With help from NATO, the project of a new European security architecture has been put back on track after the Balkan conflict had derailed it. But NATO's role should not be seen in mere military terms. It goes beyond Bosnia and is more than that of a "fire brigade" ready to put out fires which have gotten out of control. NATO's primary purpose is to create the conditions of long-term European stability.

In the new security environment, the main focus of the "architecture" must be to provide the framework for lasting political, economic and military stability. This can only be achieved if the processes of Atlantic partnership, European integration, and broader Euro-Atlantic cooperation move towards one another. This, in turn, means that the key institutions of European security must reach beyond their traditional narrow understanding of their respective roles and instead become catalysts for broader political processes. Of course we must be capable of dealing more effectively with crises such as that in Bosnia. But we should also be striving to make such conflicts less and less possible.

So the real "test case" for NATO's future relevance is this: can the Alliance make a sensible contribution to those key political processes which can create Euro-Atlantic stability? Can it facilitate the coherent evolution of the transatlantic link and the European integration process? Can it contribute to the development of a stable Russia and a stable Ukraine? Can it contribute to the forging of a new relationship with our neighbours from the Southern Mediterranean shores? And, finally, can the Atlantic Alliance help ensure that a future architecture has the means not only to react to crises but in fact to prevent them?

The July 1997 Summit in Madrid made clear that the answer to these questions is indeed "yes". The decisions and initiatives it generated not only explain why NATO is still of crucial value for the whole Euro-Atlantic area, but also why its role is broader and more political today than ever before.

OPENING NATO

NATO's contribution to the "widening" of European integration is immediate and direct. It consists in opening NATO itself to the accession of new members. To this end, NATO Heads of State and Government decided in

Madrid to invite the Czech Republic, Hungary and Poland to begin accession talks with NATO. The goal is to sign the Protocol of Accession at the time of the Ministerial meetings in December 1997 and to see the ratification process completed in time for membership to become effective by the 50th anniversary of the Washington Treaty in April 1999. During the period leading to accession, the Alliance will involve invited countries, to the greatest extent possible and where appropriate, in Alliance activities, to ensure that they are best prepared to undertake the responsibilities and obligations of membership in an enlarged Alliance.

The Madrid decision was not taken overnight. It represented the culmination of several years of intensive preparations. Although there was never any doubt as to NATO's moral obligation to open up to the new democracies, it was equally undisputed that extending NATO membership to countries from Central and Eastern Europe could not take place in isolation from Europe's wider security. NATO's enlargement was therefore never approached as a quick institutional fix to a pressing security problem, but as a long-range contribution to the fostering of wider aims: inspiring a sense of confidence in the new democracies, facilitating their democratic reforms, and also gently persuading them to strive for good-neighbourly relations.

This reasoning has proved correct. NATO's commitment to accept new members started to have a positive effect even before the first invitations were issued at Madrid. With the incentive of joining the West, many countries in Central and Eastern Europe have entrenched democratic reforms at home and settled longstanding bilateral disputes abroad. Hungary, Romania, Slovakia, Poland, Ukraine, the Baltic States, Russia and others have concluded agreements settling long unresolved differences. Such progress has been made because the Alliance, at the right time, gave the signal that it was ready to open up.

These are not mere political "spinoffs" of NATO's enlargement pledge. They reflect the emphasis NATO has placed on such issues as good-neighbourly relations and democratic control of military forces in the preparation for membership. The project of NATO's enlargement is therefore less about expanding a traditional military Alliance, but of widening a European, indeed Atlantic, civic space. The postwar experience in Western Europe suggests that political and economic progress and security integration are closely linked. Once their security is taken care of, countries can devote themselves with more confidence to their longer-term evolution. And a responsible military, firmly embedded in our democratic societies, is part and parcel of that civic space, as are military structures that are transparent, defensive, and multinational. These are eminently political achievements we want to preserve and promote. Madrid ensured that these achievements will in fact not only be preserved, but extended.

It is within the very logic of NATO's enlargement being a process rather than an "event", that the possibility of other states joining the Alliance must be maintained. Accordingly, NATO Heads of State and Government at Madrid gave a strong signal that NATO will remain open to further accessions. The Alliance will continue to welcome new members in a position to further the principles of the Treaty and contribute to security in the North Atlantic area. The Alliance expects to extend further invitations in coming years. To give substance to this commitment, NATO will maintain an active relationship with all those who wish to join.

With regard to future invitations, no European democratic country whose admission would fulfill the objectives of the Treaty will be excluded from consideration for future membership. Heads of State took account of the positive developments towards democracy and the rule of law in a number of southeastern European countries, especially Romania and Slovenia. At Madrid, there was a specific recognition of the need to build greater stability, security and regional cooperation in the countries of southeast Europe, and in promoting their increasing integration into the Euro-Atlantic community. At the same time, there was a recognition of the progress achieved towards greater stability and cooperation by the states in the Baltic region which are also aspiring members. The whole process will be reviewed at the next Summit in 1999.

This pledge to maintain an open door to the admission of additional Alliance members in the future removes the concerns that some had voiced in the run-up to the Summit, namely that NATO would close its doors after the first invitations had been issued. On the contrary, Heads of State and Government made it clear that the process would continue, and that this was a commitment we had every intention of fulfilling.

TOWARD A EUROPEAN SECURITY AND DEFENCE IDENTITY

The Madrid Summit also demonstrated that NATO has a key contribution to make to the "deepening" of the European integration process. For four decades, NATO's relationship with "Europe" was mainly seen as a passive and indirect one: NATO provided the protective umbrella for a Western Europe moving towards economic and, eventually, political union. NATO's role was therefore one of relieving the Europeans from thinking about security in a purely European context, and of easing the burden of security as they developed and strengthened their economies. The success story of European integration, therefore, owes a lot to the transatlantic security framework. Today, however, with a European Union aspiring to develop a distinct Common Foreign and Security Policy, and with a United States more conscious of the price tag of internationalism, NATO's role can no longer be passive, simply taking hard security questions off the Europeans' agenda. As the European Allies are seeking to develop a European Security and Defence Identity (ESDI), the old division of labour, where NATO took care of European security, while the European institutions focused mainly on economic integration, no longer reflects transatlantic realities.

Accordingly, the development of a European Security and Defence Identity within the Alliance has been given increased priority in recent years. In practical terms, this means creating the capabilities and procedures which would facilitate possible operations led by the WEU. Thus, the aim is to improve the European operational capacity, without duplicating what we already have in NATO. If we can achieve such a separable, but not separate, European operational capability in the future, it should be possible, if so decided by the North Atlantic Council, for a European component of the larger structure to act in a crisis.

At Madrid, we welcomed the substantial progress made on the development of the command structure which would feature European command arrangements within it. Essential elements of the new command structure have been identified and would form the basis for future work. For example, a Deputy Strategic Commander will be appointed with the specific responsibility for creating a European operational capacity within NATO. As a result of these changes, the new NATO will be more in line with the political, economic and military realities of the late 1990s and beyond.

A NEW PARTNERSHIP WITH RUSSIA

Perhaps the most crucial political variable on the road to Madrid was the question of NATO-Russian relations. Since the end of the East-West divide,

NATO has been striving for constructively engaging Russia in its cooperative outreach. The rationale was clear: helping Russia to find its rightful place in the emerging European security architecture. With a cooperative Russia, most of the pressing security problems in and beyond Europe can be managed, indeed solved – be they nuclear proliferation, regional conflicts, or conventional arms sales.

Before this year, however, the NATO-Russia relationship had problems getting off the ground. Many in Russia still viewed NATO as an anti-Russian Alliance, and interpreted NATO's enlargement process as an attempt to isolate Russia from Europe. Indeed, even many observers in the West felt that, so long as the Alliance continued with its enlargement process, NATO-Russia relations would remain problematic. Their idea was that somehow we had to "choose" between NATO enlargement and Russia. NATO consistently rejected this false notion of choice. European security requires both: a larger NATO and a strong NATO-Russia relationship.

On May 27, 1997, in Paris, NATO and Russia signed the NATO-Russia Founding Act which put their relationship on a new basis. By signing the Founding Act, both NATO and Russia demonstrated that a zero-sum mentality has no place in today's security situation.

Developing the document had not been easy. It took time – four months – and persistence to negotiate the outcome. What clinched the deal was that, in the final analysis, the Russians appreciated that engagement with NATO presented a real chance and a new opportunity. They understood that NATO would not pose a threat to them; indeed what we had to offer was a historic opening for Russia to define its role in Europe in a positive way. Russia is a member of the OSCE and the Council of Europe and has close links with the European Union and the G 7/8. To keep a distance from NATO would have been contrary to the logic of a new and democratic Russia engaging fully in the new Europe.

What is significant about the Act is that it goes beyond formal declarations of intent and establishes concrete mechanisms and procedures for consultation, cooperation and coordination. These mechanisms are truly innovative. We have created a new forum: the NATO – Russia Permanent Joint Council (PJC) which will meet monthly or on other occasions when agreed. The consultations will cover a broad range of political or security related matters. Based on these consultations, the PJC will develop joint initiatives on which NATO and Russia would agree to speak or act in parallel. Once consensus has been reached, it will make joint decisions, if appropriate, and take joint action on a case-by-case basis. Such joint actions may include peacekeeping operations under the authority of the UN Security Council or the responsibility of the OSCE.

The Founding Act also details the topics on which NATO and Russia can consult and perhaps cooperate, including preventing and settling conflicts, peacekeeping, preventing proliferation of weapons of mass destruction, and exchanging information on security and defence policies and forces. Conversion of defence industries, defence related environmental issues, and civil emergency preparedness are other areas set out in this document.

The Act makes clear that NATO does not pose a threat to Russia. Nor will an enlarged NATO. NATO Allies have stated that they have no intention, no plan and no reason to deploy nuclear weapons on the territory of new members, nor any need to change any aspects of NATO's nuclear posture or nuclear policy – and do not foresee any future need to do so. NATO also reiterates its position that in the current and foreseeable security environment, NATO plans to carry out its collective defence and other missions by ensuring the necessary interoperability, integration and capability for reinforcement rather than by additional permanent stationing of substantial combat forces. Accordingly, the Alliance will have to rely on adequate infrastructure to allow for reinforcement if necessary.

There is also a joint commitment to adapt the CFE Treaty in a way that addresses the evolving European security environment. NATO and Russia have subsequently submitted a detailed proposal to the negotiations in Vienna on CFE Treaty adaptation. The central element of our approach consists of a further reduction in the main combat equipment allowed under the CFE Treaty. In other words, one of the first results of our cooperation will be to lower still further the amount of conventional equipment allowed in Europe.

We also foresee permanent Russian diplomatic and military representation at NATO. Senior Russian military liaison officers will be attached to appropriate elements of NATO's military structure, with reciprocal arrangements on the presence of NATO liaison officers in Russia. I am looking forward to see Russia represented at NATO on a standing basis, to make her points and to see with her own eyes what NATO is really about. The real depth of the partnership will emerge once Russian and NATO staffs start to work closely, even daily, together. Old misperceptions could not persist in such a setting. Our successful cooperation in Bosnia is a model on which to build.

A DISTINCT RELATIONSHIP WITH UKRAINE

The emergence of new democratic states is a feature of the new security order. Their ability to survive and flourish as independent states is a key test for all of the institutions and individual nations alike. In this sense, Ukraine occupies a crucial place in Europe. An independent, stable and democratic Ukraine is of strategic importance for the development of Europe as a whole. Thus, NATO has a vested interest in seeing the Ukrainian reform process succeed.

The links between Ukraine and NATO had already become deep and extensive. Under Partnership for Peace, Ukrainian officers are present at NATO's military headquarters in Belgium, and Ukrainian troops regularly meet and exercise with NATO. In Bosnia, they stand shoulder to shoulder in the same multinational operation, bringing peace where not long ago there was war.

At the Madrid Summit, the Alliance and Ukraine signed a document which established a distinct and effective relationship between NATO and Ukraine, to strengthen Ukraine's participation in securing the stability of Europe. Two months earlier, a NATO Information Office had been opened in Kyiv, thus demonstrating that a stable, democratic and independent Ukraine is rejoining the European mainstream.

ENHANCING THE MEDITERRANEAN DIALOGUE

Security in Europe is closely linked with security and stability in the Mediterranean, and the Mediterranean dimension is one of the various security components of the European security architecture. That is why the Alliance started in 1995 an active effort to forge closer ties and to dispel some of the damaging misperceptions and apprehensions that exist on both sides of the Mediterranean shore.

Clearly, the problems of the Mediterranean are unique and we cannot apply our approach towards Europe's East wholesale to that region. We are also quite aware that our Mediterranean dialogue can only complement other international efforts, such as by the EU, OSCE and WEU. Yet our dialogue with non-NATO countries in the Mediterranean underlines that we believe it is possible to create good, strong and friendly relations across the Mediterranean – just as we have done across Europe. The Madrid Summit put NATO's Mediterranean initiative on a new basis. It established a committee on the Mediterranean which has the overall responsibility for the dialogue and allow the political discussions with Mediterranean partners to take place in the format of 16+1. That is, each Mediterranean partner will meet regularly with the Allies in a formal framework. This will give the dialogue greater weight and visibility within the Alliance. The Alliance, after Madrid, will therefore have a Mediterranean dimension and outlook firmly fixed within it.

CLOSER COOPERATION WITH ALL PARTNERS: NEW OPPORTUNITIES

The final challenge – and perhaps the one that lies at the very notion of the term "architecture" – lies in creating the tools for a Euro-Atlantic community to manage and, if possible, prevent crises and conflicts. As Bosnia shows, the burden of crisis management in Europe cannot be assumed by the Allies alone. We need to enable both NATO and non-NATO countries to operate together more effectively. Indeed, the challenges of crisis management in post-Cold War Europe require an unprecedented degree of multinational cooperation – political, military and institutional. Any security architecture will remain just a house of cards if the political mandates for crisis management are not matched with the appropriate military means to implement them.

How, then, can such a broader coalition be formed and how can it be made to operate effectively? How can we go beyond military-technical cooperation towards establishing a true "Sicherheitskultur", ranging from common approaches to crisis management to firmly establishing the primacy of politics over military matters?

The Alliance's answer to the achievement of these goals is the "Partnership for Peace" initiative, NATO's military cooperation programme aimed at developing common approaches to peacekeeping and humanitarian operations with non-NATO countries. Since its launch in January 1994, 27 countries have joined this programme, among them states with a traditionally neutral approach to their security, such as Austria, Finland, Sweden and Switzerland.

From the outset, Partnership for Peace was intended not only to help overcome the remnants of the decade-long division of Europe but also to prevent such divisions occurring again. It seeks to engage countries of the Euro-Atlantic community in a network of cooperative military relations with an emphasis on peacekeeping, search and rescue, as well as humanitarian operations. The cooperation is tailored to each country's interests and contribution, allowing each Partner to determine its degree involvement.

I think it is true to say that the success and momentum of PfP has been even greater than was first hoped. So, as the Allies have gained in experience of close cooperation, they have developed ideas for intensifying PfP. Consequently, at the May 1997 NATO Foreign Ministers Meeting at Sintra, Portugal, the next "enhanced" phase of PfP was launched. This enhanced Partnership expands the scope of PfP exercises and involves Partners in the planning and execution of PfP activities. It also allows for the appointment of Partners to international posts at the Partnership Coordination Cell in Mons and for the involvement of their personnel in various Alliance Headquarters. These measures, we believe, will allow our most active partners to come very close to NATO and enjoy many of the security benefits that in past have been the preserve of the Allies only. Moreover, greater scope for consultations and involvement of Partners in planning and decision-making for peace support operations will inspire more ambitious regional and bilateral programmes of cooperation. This further evolution of PfP makes clear that it is more than a military cooperation programme. It is an investment in the future peaceful evolution of this continent.

Partnership for Peace will be complemented by the new Euro-Atlantic Partnership Council (EAPC), also inaugurated at Sintra. We see this as essentially a new potential forum in which Partners and Allies together exercise oversight and give direction to our cooperation programmes. We expect that through the EAPC new patterns of cooperation, and new possibilities for consultation and joint action, will be developed and brought to fruition.

The new Council is not simply a replacement of its predecessor, the North Atlantic Cooperation Council (NACC). Instead, it will upgrade and intensify the political consultation element of our cooperation. It will also take Partnership for Peace under its wing and oversee development of an enhanced PfP, building on its already remarkable record. With the EAPC the Alliance provides the possibility for Partners to consult with the Alliance more regularly and more substantively; and to involve them – if they so wish – more deeply in the political guidance and conduct of NATO's peacekeeping and peace support operations.

CONCLUSION

The Madrid Summit clearly demonstrated that the relevance and direction of NATO in the new security environment in the Euro-Atlantic area is no longer questioned by anybody. The real test for NATO today lies in its ability to contribute to the successful management of the key political processes that shape Europe: the transatlantic relationship, the European integration process, relations with Russia, Ukraine, and the Mediterranean, and indeed the entire Euro-Atlantic area. The Madrid Summit demonstrated convincingly that NATO has passed this test with ease. Madrid has shown that while NATO does not – and cannot – provide the solution for every problem of European security, it has become an indispensable catalyst in moving the various elements of the architecture towards its completion.

Above all, Madrid demonstrated the continued strength and importance of the transatlantic link. Clearly, the end of the division of Europe has also affected the transatlantic relationship. However, this will not change the fundamental necessity of the transatlantic security partnership.

If our understanding of security thus remains an Atlantic one, it is not because we succumb to notions of Europe's eternal dependency on the United States, but because we made a conscious choice: after 1945, when Western Europe had been given a new chance, it was an Atlantic chance. It has successfully turned that chance into long-range peace, prosperity and stability. The task ahead now is to extend this Atlantic chance to those to from whom it had been withheld for so long. This second act of Europe's reconstruction not only requires European, but also transatlantic solidarity.

Hannes SWOBODA

EUROPÄISCHE AUSSENPOLITIK – JENSEITS VON DIPLOMATIE UND MACHTGELÜSTEN

EUROPA IN EINER „NEUEN" WELT

Im Rahmen der Europäischen Union wird Außenpolitik immer mehr zur – europäischen – Innenpolitik, und dies ist ja auch ein notwendiges Ergebnis des europäischen Einigungsprozesses. In einer immer stärker interdependenten Welt – vielfach mit dem Schlagwort Globalisierung charakterisiert – wird aber auch generell Außenpolitik von einer gestaltenden Kraft zwischen zwei oder mehreren souveränen Staaten zu einem Element der Ordnung und Veränderung einer gemeinsamen Welt. Das klassische Verbot der Nicht Einmischung in die inneren Angelegenheiten wird jedenfalls stark relativiert, wenn es Bereiche betrifft, die auch die eigenen „Angelegenheiten" beeinflussen. Weder die Umweltsituation noch Krieg und Frieden, weder die Menschenrechtssituation noch die wirtschaftlichen und sozialen Verhältnisse in einem Land können die Nachbarstaaten unberührt lassen – und in einer globalen Welt wird man sehr rasch zu einem Nachbar. Es wird die gemeinsame Umwelt verschmutzt oder sauber gehalten, Flüchtlingsströme berühren viele auch weit weg von den Krisenherden liegende Länder, und angesichts weit verbreiteter Armut und Arbeitslosigkeit wäre eine weltweite wirtschaftliche und soziale Aufwärtsbewegung letztendlich für alle von Vorteil.

Es sind jedenfalls diese neuen bzw. oft nur neu erkannten Interdependenzen, die die Welt bestimmen, in denen Europa versuchen muß, eine neue Außenpolitik zu definieren. Es waren führende Sozialdemokraten, die die

Grundlagen einer solchen „undiplomatischen" Außenpolitik schufen: Bruno Kreisky, Willy Brandt und Olof Palme. In jüngster Zeit wurden wesentliche Elemente vor allem von Gro Harlem Brundtland und Franz Vranitzky hinzugefügt. Erstere mit ihrer – eine Zeit lang unmodern gewordenen – Betonung der weltweiten Entwicklungs- und Umweltfragen, Franz Vranitzky mit seinen – auch fast schon als obsolet angesehenen – Hinweisen auf die Notwendigkeit, gemeinsam Arbeitsplätze zu schaffen, als Grundlage jedes, auch von der Bevölkerung getragenen europäischen Einigungsprozesses. Gerade Sozialdemokratinnen und Sozialdemokraten haben klar gemacht, daß Europa nur an Stärke gewinnen kann, wenn es die wirtschaftlichen, sozialen und ökologischen Fragestellungen in Europa selbst, aber auch darüber hinaus, in den Mittelpunkt seiner Politik stellt. Dabei ist den Europa „benachbarten" Regionen besonderes Augenmerk zu schenken. Denken wir nur an die weit seiner Zeit vorausliegenden Aktivitäten Bruno Kreiskys im Nahen Osten, und denken wir ebenso an das rasche, leider nicht genügend unterstützte, aber durchaus sehr erfolgreiche Engagement Franz Vranitzkys in Albanien.
Die zuletzt angeführten Beispiele zeigen aber auch, wie wichtig es ist, rechtzeitig einzugreifen, um Krisen und Kriege zu verhindern bzw. vorzubeugen. Eine sich vorwiegend auf klassische Diplomatie und Machtpolitik stützende Außenpolitik wird hier zunehmend Schiffbruch erleiden. Sie sucht die Wurzeln von Krisen und Kriegen an den falschen Stellen, in innen- und außenpolitischen Machtverhältnissen. Natürlich spielen diese Faktoren auch heute noch eine Rolle, aber die zunehmenden Konflikte, begrenzt auf einzelne Staaten oder in Verbindung mit zwischenstaatlichen Konflikten, das enge Zusammentreffen zwischen Arm und Reich in der Realität bzw. in der Welt der Medien, der „Kampf der Kulturen" bzw. der Religionen etc. – all dies ergibt ein weitaus komplexeres Szenario der heutigen Krisen- und Kriegsentstehung.

VORBEUGEN IST BESSER ALS HEILEN

Es gibt alte anerkannte Weisheiten und Sprichwörter, die dennoch kaum befolgt und umgesetzt werden. Ein solches Sprichwort besagt: Vorbeugen ist besser als Heilen. Aber weder in der Gesundheitspolitik noch in der Sicherheitspolitik ist es bisher zu einer wirksamen Umsetzung dieser Volksweisheit gekommen.

Krisen und Kriege entstehen aber nicht von ungefähr, sie sind nicht plötzliche Eruptionen ohne vorausgehende Ursachen. Nicht immer sind alle Faktoren und Elemente, die zu Krisen führen, klar erkennbar, und nicht alle potentiellen Ursachen führen zu Krisen. Aber genug an kritischen Tendenzen ist erkennbar und genügend Eingriffsmöglichkeiten sind vorhanden, um rechtzeitig das Ausbrechen in „heiße" Krisen und Kriege zu verhindern. Es wäre allzu bequem, sich mangels vollständiger Kenntnis und Erkenntnis resignativ in eine Beobachterrolle zurückzuziehen.
Daß diese Welt heute trotz – wenngleich rudimentärer – globaler Friedensordnung und dem von Selbstinteresse geleiteten Bestreben, große Kriege zwischen Staaten bzw. Gesellschaftssystemen zu verhindern, dennoch viele Krisen und Kriege erlebt, ist augenscheinlich. Kein Zweifel, die zwischenstaatlich bzw. international zu verhandelnden Abkommen über Abrüstung, Rüstungskontrollen und Zusammenarbeit müssen ihre Fortsetzung finden. Sie allein aber können den Frieden nicht garantieren, vor allem auch weil es heute viel mehr innerstaatliche als zwischenstaatliche Konflikte gibt. Eine umfassende und vorbeugende Friedenspolitik muß mehr beinhalten. Meist ist es ein Zusammentreffen vieler Faktoren, die einen Ausbruch von Krisen bewirken. Der Funke, der zum Entzünden führt, ist oft nicht voraussehbar und daher kaum zu kontrollieren, die zugrundeliegenden Elemente, die aber ein Feuer bzw. einen Großbrand erst ermöglichen, sind durchaus erkennbar und beeinflußbar. Einige davon sollen genannt werden:

Natürliche Lebensgrundlagen sowie Umwelt, Ernährung und Gesundheit

In weiten Teilen der Welt führt die Art der Gesellschafts- und Wirtschaftssysteme sowie von Produktion und Handel zu einer Vernichtung und Verringerung der natürlichen Lebensgrundlagen. Dem Boden wird seine Fruchtbarkeit geraubt – Verstädterung, Abholzung, Monokulturen etc. –, immer schlechtere Böden werden kurzfristig zur landwirtschaftlichen Produktion herangezogen – Abholzung der Regenwälder –, Wasser wird knapper und zunehmend verschmutzter etc. Betroffen davon sind vor allem die kleinen und mittleren Bauern, die die Basis für eine nachhaltige Entwicklung schaffen könnten. Mit dem schlechten Wasser und der mangelhaften Ernährung kommen neue und alte Krankheiten. Vor allem dort, wo besser und schlechter ausgestattete Regionen aufeinandertreffen, entstehen Neid, Haß und das Verlangen nach Umverteilung. Im Zusammenhang mit anderen Faktoren wie Minderheiten bzw. ethnischen Differenzen generell führt dies nicht selten zu Krisen und Kriegen.

Verteilung von Ressourcen – national und international

Die Zerstörung von bzw. der Raubbau an Ressourcen wird noch durch die ungleiche Verteilung der Ressourcen verschärft. Dabei ist sowohl die ungleiche Verteilung zwischen einzelnen Ländern als auch die zum Teil extrem ungleiche Verteilung innerhalb einiger Länder zu beachten. Vor allem das Eigentum an Grund und Boden, jedenfalls an solchem guter Qualität, ist äußerst ungerecht verteilt. Je knapper guter Boden wird, desto stärker wird der Verteilungskampf. Auch das Auffinden von Bodenschätzen führt vielfach zur Vertreibung der klein- und mittelständischen Eigentümer und zu widerrechtlicher Aneignung durch die Großen und zusätzlicher Vermögensanhäufung. Eine vernünftige und einigermaßen gerechte Bodenreform ist nach wie vor in vielen Staaten ein dringendes Gebot. Von Südamerika über den Nahen Osten bis zu Bosnien spielt die Verteilung von Grund und Boden eine entscheidende Rolle. Ähnliches kann für den Zugang zu Wasser gesagt werden, ob in seiner Eigenschaft als Trinkwasser, ob für die Bewässerung oder ob als Transportweg.

Wirtschaftliche Eigenständigkeit und Verschuldung

Die Zerstörung der natürlichen Lebensgrundlagen und einer ausgewogenen und nachhaltigen Bewirtschaftung sowie die ungleiche Verteilung der Ressourcen führt vielfach zu geringeren Exporten und zu einer gestiegenen Notwendigkeit von Importen. Um einigermaßen einen minimalen Lebensstandard zu erhalten, sehen sich viele Staaten gezwungen, sich zu verschulden. Ihre Wirtschaft bzw. oft auch das Wirtschaftssystem sind aber vielfach nicht geeignet, zum Abbau der Verschuldung oder auch nur zum Gleichbleiben der Verschuldung beizutragen. Ein Teufelskreis entsteht, der einige Länder in eine immer größere Verarmung treibt. Sorgfältig geschnürte Entschuldungsprogramme, die mit einer Umstellung in Richtung auf nachhaltige Bewirtschaftung gehen, die aber auch ein effizienteres Wirtschafts- und Verwaltungssystem zum Inhalt haben, sind notwendig. Die Entschuldung alleine würde vielfach die Probleme nur zeitlich verschieben, aber keinen Beitrag zu deren Lösung bewirken. Ein Wirtschaftskurs in Richtung stärkerer Selbstversorgung und interregionalen Handels senkt sicher die Bereitschaft zu innerstaatlichen und zwischenstaatlichen Konflikten.

Menschenrechte – Soziale Rechte – Demokratie

Das Recht auf Nahrung, das Recht auf Gesundheit, das Recht auf ein Dach über dem Kopf sind grundlegende Menschenrechte, ohne die ein menschenwürdiges Dasein nicht möglich ist. Aber die Durchsetzung der Rechte und die Sorge der internationalen Gemeinschaft um die Menschenrechte dürfen hier nicht aufhören. Die konkrete Gestaltung der Menschenrechte ist sicherlich historisch und gesellschaftlich unterschiedlich ausgeprägt. Auch in Europa hatten die Menschenrechte nicht immer den gleichen Wert wie heute, nicht einmal in unserem Jahrhundert. Die prinzipielle Anerkennung der Menschenrechte und erst recht ihre praktische Durchsetzung mußte mühsam erkämpft werden. Aber je mehr die Gesellschaftssysteme und Regierungen die Menschenrechte, insbesondere die sozialen Rechte anerkennen, je mehr demokratische Mitwirkungsrechte bestehen, desto friedlicher sind die innerstaatlichen und die zwischenstaatlichen Verhältnisse. Ohne daß man daraus ein Naturgesetz machen könnte: Die empirische Erfahrung unterstützt diese Aussage eindeutig!

Die Rolle der Minderheiten

Minderheiten spielen und spielten oft eine wichtige wirtschaftliche Rolle, vielfach weil sie in bestimmte berufliche Positionen durch Diskriminierung in anderen Bereichen hineingedrängt wurden bzw. noch immer werden. Ob die Juden in Europa, die Inder in Ostafrika, die Chinesen in Südostasien usw. – überall ist diese Situation zu finden. Und überall war und ist diese Situation mit Neid und Mißgunst verbunden und führt immer wieder zur Vertreibung und im Extremfall, wie bei den Juden im Nazideutschland, zur Vernichtung. Nicht viel besser geht es aber Minderheiten, die keine besondere wirtschaftliche Rolle spielen. Von skrupellosen Herrschern werden sie bei Bedarf genauso in eine Sündenbockrolle gedrängt wie die wirtschaftlich starken Minderheiten. Viele Konflikte und Kriege von heute haben ethnische Hintergründe und die ethnische „Säuberung" zum Ziel. Ob in Bosnien oder in der Kaukasusregion, im Fernen oder im Nahen Osten, in Afrika oder in Lateinamerika. Aber fast immer sind mit der ethnischen Auseinandersetzung ein oder mehrere wirtschaftliche Konflikte verbunden. Ethnische Auseinandersetzungen, der Kampf gegen Minderheiten werden oft nur als Vorwand genommen, um das Verlangen nach Grund und Boden, nach Bodenschätzen, nach günstigen Verkehrswegen zu verhüllen. Dennoch – wenn auch der Streit zwischen ethnischen Gruppen und die Auseinandersetzung um Minderheiten kaum die Ursache von Konflikten sind, eine Anerkennung von Minderheitsrechten und die stärkere Verbreitung von Toleranz und Kooperation würden sicher viele heiße Konflikte verhindern.

Effiziente Verwaltungsstrukturen – Kampf gegen die Korruption

Die Zufriedenheit der Bürgerinnen und Bürger, die Motivation zu wirtschaftlichem und ökologischem Handeln, die Umsetzung von Hilfe von außen, die Wirksamkeit von Schuldennachlässen – all dies hängt von effizienten und demokratischen Verwaltungsstrukturen ab. Solche Verwaltungen sehen Nichtregierungsorganisationen nicht als Feinde und Gegner, sondern als – wenngleich manchmal schwierige – Partner an. Immer mehr stellt sich heraus, daß „zivile Gesellschaften" nicht nur aus zentralen und dezentralen politischen Einheiten und Verwaltungseinheiten bestehen, sondern auch aus einer Vielzahl professioneller und freiwilliger Organisationen. Sie haben dabei oft die Aufgabe, zwischen staatlichen – meist weit entfernten und anonymen – Organisationen und den Bürgerinnen und Bürger zu vermitteln.
Besonders gefährdet ist eine ausgewogene wirtschaftliche und soziale Entwicklung aber, wenn die politische Struktur und die Verwaltungsstruktur nicht nur Mängel der Effizienz und Demokratie aufweisen, sondern durch Korruption gekennzeichnet sind. Korruption und Vetternwirtschaft demotivieren viele Menschen, zwingen sie zur Emigration oder Passivität – außer sie entschließen sich, am System aktiv teilzunehmen. Jedenfalls wird dadurch der Aufbau eines modernen Wirtschafts- und Rechtssystems verhindert, auch der Handel und internationale Investoren werden vielfach in dieses System hineingezogen bzw. sind aktive Betreiber solcher

Verhältnisse. Auf die Dauer jedoch können noch so enge Bande der politischen und wirtschaftlichen Korruption nicht stabilisierend wirken. Grundsätzlich ist es höchste Zeit, zu einem neuen und realistischeren Verständnis der Rolle des Staates zu kommen. Nach einer Überbetonung der staatlichen Institutionen in vielen Entwicklungsländern, insbesondere in Befolgung des sogenannten sozialistischen Entwicklungsmodells, kam es zu einer genauso ideologisch bedingten Unterbewertung des Staates, vor allem durch die Weltbank und den Internationalen Währungsfonds. In letzter Zeit scheint sich dies wieder zu relativieren. Ohne staatliches Gewaltmonopol, ohne öffentliche Erziehungs- und Wohlfahrtspolitik entstehen nämlich keine geeigneten Voraussetzungen für private Investitionen. Die primitiv liberale Einstellung und Haltung mancher Finanzinstitutionen hat sich als kontraproduktiv erwiesen. Ein modernes – sozialdemokratisches – Verständnis des Staates, mit der Anerkennung der Notwendigkeit maßvoller und gezielter Interventionen und des Bestrebens zwischen den wirtschaftlichen und sozialen Sphären der Gesellschaft ein vernünftiges Gleichgewicht zu halten, ist die Vorraussetzung für eine nachhaltige Entwicklung – in entwickelten und weniger entwickelten Gesellschaften.

Waffenexporte und Söldnerheere

Auch wieder nicht als Ursache, aber oft als wesentlicher unterstützender Faktor für den Ausbruch von Kriegen ist die hohe und rasche Verfügbarkeit von Waffen und von Söldnern zu sehen. Die generelle Abrüstung nach dem Zusammenbruch der kommunistischen Regime in Osteuropa, der „Frieden" auf dem Balkan sowie die Herstellung der Demokratie in Südafrika und manch andere äußerst positive Veränderungen haben gleichzeitig die Anzahl und die Verfügbarkeit von „überflüssigen" Waffen sowie von Kriegs-, Bürgerkriegs- und Folterexperten erhöht. Die Waffenexporteure und die Söldner sind auf der Suche nach gewinnbringenden Exporten und Beschäftigungen. Notfalls wechseln sie auch die Seite, wie in Angola, wenn dies für das Geschäft gut ist. Von moralischen Skrupeln sind sie nicht sehr beeinflußt. Nur wirksame Kontrollen durch die internationale Gemeinschaft könnten wenigstens einen Teil dieser Kriegsressourcen vom Markt bringen. Eine effektive Politik der Konfliktverhütung und -vorbeugung muß also breit und tief ansetzen. Dabei sind die gesellschaftlichen Tendenzen und Trends in den einzelnen Staaten und Regionen offen und kritisch zu beobachten und zu analysieren. Ebenso schonungslos sind die konfliktunterstützenden Faktoren aus jenen Regionen und Staaten, die selbst Frieden und Sicherheit erfahren, offen zulegen. Kaum eine durchgreifende Verschlechterung der Umweltsituation, an der nicht westliche Konzerne und/oder Regierungen beteiligt sind – aktiv oder durch stillschweigenden Duldung. Kaum ein korruptes Regime, das nicht von dem einen oder anderen Multi unterstützt wird oder mit dem zumindest gute Geschäfte gemacht werden. Kein Kriegsschauplatz, an dem nicht legal oder illegal exportierte Waffen von europäischer oder US-amerikanischer Provenienz zum Einsatz kommen. Und auch wenn Kinderarbeit und extreme Ausbeutung bei uns angeklagt und verurteilt werden, einige finden sich immer, die das bei Ihren Geschäften nicht stört.

Eine effektive Politik der Konfliktverhütung und -vorbeugung setzt also beides voraus: Veränderung in den potentiellen Konfliktzonen und Veränderungen im Verhalten westlicher Staaten und Konzerne, von der Handelspolitik bis zu den geförderten bzw. zu fordernden Rahmenbedingungen für finanzielle Zuwendungen (Entwicklungs- und Aufbauhilfe etc.). Dabei geht es um eine doppelte Verantwortung gegenüber den zu helfenden Völkern und jenen, die die Mittel aufbringen. Es ist nicht nur das gute Recht, sondern auch die Pflicht, geeignete Rahmenbedingungen für eine enge wirtschaftliche und politische Zusammenarbeit und für finanzielle Hilfen zu fordern. Kinderarbeit, grobe Verletzungen der Gleichberechtigung, Unterdrückung von Minderheiten, korrupte und ineffiziente Verwaltungen und politische Strukturen, die Zerstörung der Umwelt, der Einsatz von Söldnerheeren etc. – all dies sind keine geeigneten Voraussetzungen für enge Zusammenarbeit und finanzielle Unterstützungen. Je enger diese Zusammenarbeit gestaltet werden soll und je mehr finanzielle Mittel zum Einsatz kommen sollen, desto mehr müssen strenge Kriterien für die Kooperation zur Anwendung gelangen. Dabei sollte nicht selektiv gegenüber „Freunden“ und „Feinden“ vorgegangen werden.
Das Verhalten vieler westlicher, auch europäischer Staaten gegenüber Mobuto, Suharto und ähnlichen Regimen, die mehr ihre eigenen privaten Interessen als jene ihrer Völker im Auge haben, ist kurzsichtig und konfliktfördernd zugleich! Das Zuschauen und Mittun rächt sich, nicht gleich, aber mittel- bis langfristig. Man kann und soll natürlich nicht immer sofort mit Sanktionen drohen, aber allein eine „konstruktive Enthaltung“, die Verweigerung von Hilfeleistungen – ziviler und militärischer

Natur –, die politische Isolierung und ähnliche Maßnahmen könnten in vielen Fällen für eine Kursänderung sorgen. Vor allem geht es darum, bestimmte Dinge nicht zu tun, nämlich nicht an der Zerstörung der Umwelt mitzutun bzw. daran zu partizipieren, nicht bei der Beschaffung von Waffen und Söldnern in Krisenregionen mitzumachen etc.
Eine solche Politik macht natürlich nur Sinn, wenn diejenigen Staaten und Konzerne, die sich korrekt verhalten, nicht im Regen stehen gelassen werden. Daher ist jedenfalls eine europäische Koordination und Strategiefindung oder letztendlich sogar eine weltweite Abstimmung absolut notwendig. Die nach wie vor vorhandene Zersplitterung in Europa und viele engstirnige nationale Interessen vor allem der ehemaligen Kolonialherren sind dabei genauso störend wie der Versuch der USA, die eigene Führungsrolle möglichst autonom zu definieren und zu vertreten, wobei die Europäer dann durch einseitig verhängte Regelungen und Sanktionen zur Akkordanz gezwungen werden sollten. Ein möglichst gemeinsames Vorgehen Europas und die Bereitschaft der USA zu Kooperation und Koordination sind unverzichtbar.

EUROPÄISCHE AUSSENPOLITIK UND MENSCHENRECHTE

Eine Außenpolitik der EU, die die Vielfältigkeit der Krisen und Kriegsursachen bedenkt, die versucht, zu den Wurzeln vorzustoßen, kann schon aus diesen Gründen Außenpolitik nicht den Außenpolitikern überlassen. Der Kampf gegen Armut und Unterentwicklung, gegen Rassenhaß und Unterdrückung, gegen die Vernichtung der Lebensgrundlagen und die Verschmutzung der Umwelt etc. müßte allumfassende Aufgabe europäischer Politik sein – in der EU selbst, bei unseren unmittelbaren Nachbarn und weltweit. Der Außenpolitik kommt dabei eine gewisse Katalysator- und Vermittlungsfunktion zu. Sie wird deswegen nicht weniger wichtig, im Gegenteil: Die Vermittlung der oben genannten Einsichten nach innen mit dem Ziel der Veränderung der Gesamtpolitik, nicht zuletzt der Wirschafts- und Außenhandelspolitik, ist eine immer stärker werdende Aufgabe, die Außenpolitiker und Diplomaten übernehmen müssen.
In diesem Sinn hat sich Außenpolitik auch in verstärktem Ausmaß an den Sehnsüchten und Interessen der europäischen Bevölkerung zu orientieren. Dabei haben sich drei Grundbedürfnisse in den Vordergrund gehoben: der Wunsch nach Frieden, nach Vollbeschäftigung und nach Schutz

und Bewahrung der Umwelt. Wenn man die oben genannten Zusammenhänge bedenkt und überdies den Begriff der Nachhaltigkeit einführt, wird klar, daß Außen- und Sicherheitspolitik primär nicht gegen jemanden gemacht werden sollte und damit nicht Dominanz und Unterordnung sondern Kooperation und Interessensausgleich im Vordergrund stehen. Auch wenn nach wie vor die Welt in verschiedene Nationen gegliedert ist, viele andere Bestimmungsfaktoren für die Entwicklung der Welt sind stärker geworden, von der Religion und der ethnischen Zugehörigkeit bis zu den wirtschaftlichen, sozialen und ökologischen Faktoren.

Damit relativiert sich, wie schon erwähnt, die Frage der Einmischung bzw. Nichteinmischung. Relevant sind vielmehr andere Fragestellungen: Welches Gewicht ist den einzelnen Faktoren zuzuerkennen, wie sind unsere eigenen Zielsetzungen zu bewerten und zu hierarchisieren? Am Beispiel der immer wichtiger werdenden Fragestellung der Menschenrechte sei dies kurz dargestellt:

Die Mißachtung der Menschenrechte ist für Sozialdemokraten schon aus grundsätzlichen, wenn man will moralischen Gründen unakzeptabel, sie ist aber darüberhinaus immer mehr Ursache und Quelle von Konflikten und Krisen. Damit ist aber auch langfristig die wirtschaftliche und soziale Entwicklung durch die Verletzung der Menschenrechte behindert und begrenzt. Es besteht also aller Grund, die Achtung und Beachtung der Menschenrechte zu einem wichtigen Ziel Europäischer Außenpolitik zu machen. So weit so gut. Wie verfahren wir aber, wenn wir unser Ziel durch Überredung und sanften Druck nicht erreichen? Wie reagieren wir auf Argumentationen, die auf „nationale Eigenheiten" hinweisen, auf „eigenen Wege" der Entwicklung? Was tun wir, wenn die Verknüpfung von Menschenrechtsfragen und ethnischen Fragen zum Zerbrechen von wichtigen Partnerstaaten führen könnten? Ist es gerechtfertigt, China und Burma unterschiedlich zu behandeln? Das sind viele Fragen, die zeigen, daß bei aller Grundsätzlichkeit flexible Antworten zu geben sind, um die oben genannten Ziele: Frieden, Beschäftigung und saubere Umwelt zu erreichen.

Eine europäische Außenpolitik, der es gebührt, anerkannt und verteidigt zu werden, kann nicht auf die Durchsetzung der allgemeinen Menschenrechte verzichten. Sie muß aber davon ausgehen, daß auch in Europa die Anerkennung und in der Folge die Umsetzung der Menschenrechte in die Praxis ein sehr langsamer und lang andauernder Prozeß war und ist. Gerade bei der Menschenrechtskomponente der Außenpolitik sind nicht Überheblichkeit und Selbstgefälligkeit geboten, sondern Überzeugungskraft und Dialogfähigkeit. Nur wenn wir aus der eigenen, oft schmerzvollen Erfahrung unsere Partner überzeugen können, daß eine friedvolle Transformation der weniger entwickelten Gesellschaften in Richtung nachhaltiger wirtschaftlicher, sozialer und ökologischer Entwicklung ohne Achtung der Menschenrecht nicht möglich sein wird, werden wir Erfolg haben. Die Einsicht muß zunehmend bei den betroffenen Ländern und deren politischen Repräsentanten kommen.

Je mehr allerdings diese Länder an einer engen Kooperation mit Europa bzw. der westlichen Welt allgemein interessiert sind, desto mehr kann ein bestimmtes Niveau von Rechtsstaatlichkeit und Demokratie als Vorraussetzung für diese Kooperation abverlangt werden. Das gilt abgestuft für die Kroaten hinsichtlich des Wunsches nach Auszahlung von EU-Mitteln (PHARE-Programm), ebenso wie für die Türkei hinsichtlich des Verlangens nach mehr EU-Mitteln, oder für China für die Aufnahme in die WTO etc. – wobei gerade bei der Türkei und China sicherlich auch strategische Überlegungen hineinspielen. Wenn man eine friedliche Entwicklung in der vorderasiatischen und der süd-ostasiatischen Region zum Ziel hat, ist dies keineswegs verwerflich. Nur müssen wir uns vor Augen halten, daß Vereinbarungen mit und Rücksichtnahme auf nationale Regierungen bzw. nationale politische Eliten nicht gleichzusetzen sind mit der notwendigen Rücksichtnahme auf die legitimen und immer mehr erwachenden Interessen der Bevölkerung.

Gerade Europa müßte in seiner Außenpolitik wachsam und flexibel genug sein, um die klassische zwischenstaatliche und multilaterale Diplomatie durch Rücksichtnahme auf tieferliegende Entwicklungen anzureichern. Geht es uns nämlich nicht um Macht, sondern um die Ausgestaltung einer gemeinsamen Welt, innerhalb der wir in Frieden sowie in wirtschaftlichem und ökologischem „Wohlstand“ leben können, so müssen wir dies zunehmend auch andern Völkern gönnen und nicht nur nationale Regierungen, sondern die Bevölkerung als Partner gewinnen. Gute Beziehungen zu Regierungen sind wertvoll, aber ein sensibles Ohr für die Interessen und Wünsche der Bevölkerung wird immer unverzichtbarer für einen Erfolg unserer Außenpolitik. Wenn beides auf einen Nenner gebracht werden kann, umso besser. Wenn nicht, ist es Aufgabe europäischer Außenpolitik, ohne Aggressivität und Engstirnigkeit einen harten und kritischen Dialog mit den politischen Eliten zu führen, um die grundsätzlichen Menschenrechte weltweit durchzusetzen – im Interesse des Friedens, gerechter Handelsbeziehungen und einer nachhaltigen

Umweltentwicklung. Soweit es geboten erscheint, sind dabei auch wirtschaftliche Mittel einzusetzen. Auf sie kann eine friedensliebende Außenpolitik nicht verzichten.

KANN EUROPA MIT EINER STIMME SPRECHEN?

Im Verfolgen der hier angesprochenen Krisenverhütungs- und Krisenbekämpfungspolitik unterliegt Europa einem großen Handicap, vor allem den USA gegenüber. Die Stimme Europas ist nicht nur schwach, sondern vielfach widersprüchlich und dissonant. Ohne die USA gab und gibt es keine Lösung am Balkan und keine Friedensstrategie im Nahen Osten. Zuletzt haben es die USA auch übernommen, auf Zypern eine Lösung zu erbringen. Dasselbe gilt für die Konflikte in Nordafrika (z. B. Westsahara). Und im Kongo haben die Europäer noch das korrupte Regime von Mobuto gestützt, als die amerikanischen Investoren schon mit dem Rebellenführer Kabila über Schürfrechte etc. verhandelt haben. So übernimmt selbst in Afrika, das lange Zeit die Domäne europäischer Politik und wirtschaftlichen Einflusses gewesen ist, die USA immer mehr die Führungsrolle, wie es im Fernen und Nahen Osten schon seit langem der Fall ist und auch im Kaukasus immer mehr der Fall wird – hier auf Kosten Rußlands. Nun würde es im Widerspruch zum Titel und zur Hauptthese dieses Beitrages stehen, sollte daraus die Forderung abgeleitet werden, Europa muß sich in der Machtbalance mit den USA wieder stärker in den Vordergrund rücken und ein gleichgewichtigeres Machtverhältnis herstellen. Und es geht auch nicht allein darum, mit einer Stimme zu sprechen, denn diese eine Stimme kann schädlicher und gefährlicher sein als das heutige europäische Stimmengewirr.

Dennoch sollten wir das Ziel einer einheitlichen europäischen Außen- und Sicherheitspolitik nicht aus den Augen verlieren, denn die vernünftige, gut begründete Wahrnehmung der eigenen Interessen durch Europa selbst ist allemal besser, als sich ständig auf andere zu verlassen. Dabei ist das „eigene Interesse" sehr wohl so zu verstehen, wie es oben skizziert wurde: nicht als Verfolgung engstirniger, kurzsichtiger, machbetonter Ziele, sondern als Bedachtnahme auf die tieferen Ursachen von Konflikten und Krisen und auf die engen und inzwischen weltweiten Zusammenhänge zwischen ökologischen, ökonomischen, sozialen und politischen Faktoren.

Die Europäische Union muß daher ihre Außenpolitik auf eine permanente Beobachtung und Analyse umfassender weltweiter und regionaler Trends und Entwicklungen stützen. Dazu bedarf es entsprechender Einrichtungen und möglichst vorurteilsfreier Beobachter und Analytiker. Solche sollten in Rat und Kommission angesiedelt werden, ohne Eifersucht und Geheimnistuerei kooperieren und viele Experten, Expertisen und Know-How von außen einbeziehen. Das so gewonnene Wissen muß dann aber auch an die Entscheidungsträger rechtzeitig und mit ausgearbeiteten und bewerteten Handlungsalternativen übermittelt werden. Der Handlungsbedarf besteht dabei nicht nur bei Krisen selbst, sondern vielfach schon vorher. Dies aufzuzeigen wird die wichtigste Aufgabe solcher Stabsstellen sein. Aufgabe der Politik wäre es dann aber auch, tatsächlich zu handeln, was zugegebenermaßen ohne aktuelle Krisen schwer fällt und oft kaum der Öffentlichkeit zu vermitteln ist.

Bei aller Vorbeugung und Verhütung wird das Ausbrechen von Konflikten und Krisen nicht vollständig zu verhindern sein. In diesem Fall ist besonders rasches Handeln gefragt. Das Vorhandensein einer – militärischen – raschen Eingreiftruppe (rapid deployment force) sowie eines – zivilen – Friedenskorps könnte bei der unmittelbaren Durch- und Umsetzung der Friedensstiftung bzw. Friedensschaffung förderlich sein. Dabei sollte aus grundsätzlichen Überlegungen, insbesondere bei out of area-Einsätzen, ein Mandat der UNO dem militärischen Einsatz vorrausgehen. Einer gemeinsamen Außen- und Sicherheitspolitik geht also viel mehr vorraus als bloß abgestimmtes diplomatischen Vorgehen. Vom gemeinsamen Grundverständnis hinsichtlich der Konflikt und Kriegsursachen über die Bereitschaft, effiziente Beobachtungs- und Analyseeinheiten zu schaffen bis zur Einrichtung von raschen und effizienten Entscheidungs- und Handlungsmechanismen sind viele Schritte notwendig. An all diesen Vorhaben können und müßten alle Staaten der EU teilnehmen, ob groß oder klein, ob NATO-Mitglied oder nicht – die europäische Solidarität gebietet dies.

FRIEDENSPOLITIK IN EUROPA

Zum Abschluß dieses Beitrages sollten die Grundsätze der EU-Außenpolitik auf Europa selbst angewandt werden. Anerkennt man die vorgenannten, keineswegs vollständig aufgereihten Konflikt- und Krisenfaktoren, relativieren sich die aktuellen NATO-Erweiterungs-Debatten und bekommt auch die berechtigte Sorge um eine gemeinsame Außen- und Sicherheitspolitik der EU (GASP) eine andere Dimension. Sicher bedarf es auch in Zukunft Verteidigungsbündnisse sowie institutionelle Verknüpfungen zwischen EU, WEU und NATO, ganz entscheidend ist auch eine gute Zusammenarbeit mit Rußland. Zuallererst jedoch muß sich die EU darüber klar werden, welche friedensorientierten außenpolitischen Ziele sie in Europa selbst verfolgen will.

Am unmittelbarsten betroffen ist die EU-Außenpolitik und mit ihr die generelle wirtschaftliche und politische Entwicklung innerhalb der EU von der Frage der Erweiterung der Europäischen Union. Dabei geht es nicht um die Frage – illusionistischer oder realistischer – Beitrittszeitpunkte, um die Diskussion, welche Länder in die erste Erweiterungsetappe eingeschlossen werden sollen etc. Vielmehr steht die grundsätzliche Strategie im Vordergrund. Wenn die Gesamtheit der gesellschaftlichen Entwicklung inklusive dem Gefühl des Ausgeschlossen- bzw. des Eingebundenseins die Krisenanfälligkeit bestimmt, dann ist Anbindung unserer europäischer Nachbarländer an die Europäische Union ein Gebot der Vernunft und der aktiven Konfliktprävention. Trotz der derzeit unakzeptabel hohen Arbeitslosigkeit war und ist die Europäische Union ein sehr erfolgreiches Projekt und hat gerade den Ländern mit Entwicklungsrückständen viel an materieller, politischer und psychologischer Unterstützung gebracht. Es spricht nichts dagegen, daß nicht auch die Erweiterung in Richtung Osten – geschickt vollzogen und vor allem seitens der Erweiterungsländer gut genützt – ein ebensolcher Erfolg wird, letztendlich für alle Teile Europas. Gemäß diesem Konzept müßte die Erweiterung prinzipiell auf alle beitrittswilligen Länder angelegt sein. Dabei wäre es unrealistisch, alle Länder gleich beitrittsfähig anzusehen. Der Beitritt wird sich also in unterschiedlichen Geschwindigkeiten vollziehen (müssen!). Wenn aber vor allem die schwächeren europäischen Staaten krisenanfällig sind, dann ist eine rein auf Beitritt orientierte EU-Strategie fehl am Platz, sie ist zumindest unvollständig. Es muß ein weiter Rahmen einer politischen und wirtschaftlichen Zusammenarbeit geschaffen werden, der den Teilnehmerstaaten ein hohes Maß an Partizipation ermöglicht, ohne daß sie alle Rechte und Pflichten übernehmen dürften bzw. müßten. In inhaltlicher Erweiterung und Anlehnung an den EWR müßte eine Art „Europäischer Wirtschafts- und Politischer Raum (EWPR)“ geschaffen werden, der eine engere europäische Zusammenarbeit ermöglicht als in jeder anderen Organisation (Europarat, OSZE etc.), ohne daß gleichzeitig die innere Entwicklung der EU selbst behindert wird. Ein allzu schneller Beitritt von vielen Ländern würde dies ohne Zweifel tun. Gäbe es umgekehrt nur den Vollbeitritt und sonst gar nichts, bzw. bloß eine unverbindliche Plauderei à la strukturierter Dialog, würde eine aus EU-Sicht notwendige enge Selektion der Länder für die erste Etappe vielfach und vielerorts zu Frustration und Enttäuschung führen. Die Folge wäre: eine Stärkung nationaler und nationalistischer Kräfte zum Nachteil des inneren Friedens in Europa. Ein attraktiver, effektiver und institutionell abgesicherter Rahmen einer gesamteuropäischen wirtschaftlichen und politischen Zusammenarbeit könnte sowohl Raum und Zeit lassen für die innere Stärkung der EU und eine überlegte etappenweise Erweiterung als auch eine aktive Krisenvorbeugungspolitik für ganz Europa darstellen.

Ein effektiver, wirtschaftlicher und politischer Dialograhmen sollte in weiterer Folge auch jenen Ländern offen stehen, die in absehbarer Zeit keine realistischen Chancen auf einen Beitritt haben, denen aber auf lange Sicht ein Beitritt offen gehalten werden sollte. Dabei geht es vor allem um Süd-Osteuropa und die Türkei, eventuell auch um die Ukraine. Ein prinzipiell offenes Tor für die Türkei ist nicht nur auf Grund alter Versprechungen, sondern vor allem aus den folgenden zwei Überlegungen notwendig: Erstens setzt ein erfolgreiches Verhandeln mit Zypern den guten Willen der Türkei voraus, und zweitens befindet sich die Türkei in einer strategisch ungemein wichtigen Position zwischen Europa und Asien. Aber all dies ändert nichts daran, daß aus wirtschaftlichen, innen- und außenpolitischen Gründen die Türkei kein aktueller Beitrittskandidat ist – sie bleibt aber ein potentieller Partner.

Dieser gesamteuropäischen Zusammenarbeit wären jene Elemente zu übertragen, die innerhalb der Europäischen Union für die Mitgliedstaaten verbindlich entwickelt wurden und deren erweiterte Anwendung auch außerhalb der eigentlichen EU keine Nachteile für die EU selbst bzw. den anderen Teilnehmerländer bringen würde. Von den Grundsätzen des gemeinsamen Marktes über die Sozial- und Umweltnormen bis hin zu den Grundsätzen der gemeinsamen Außen- und Sicherheitspolitik sollte eine Übernahme möglich sein. Dadurch würde auch eine entsprechende Vorbereitung der beitrittswilligen, aber noch nicht beitrittsfähigen Länder erfolgen.

Die stufenweise Erweiterung der Union unter Bedachtnahme der Erweiterungsfähigkeit auf beiden Seiten ergibt sich damit nicht nur auf Grund einer bestimmten Mechanik oder Logik der europäischen Einigung, sondern ist angewandte Friedenspolitik in Europa selbst. Von den gleichen Grundüberlegungen muß die europäische Politik jenen südosteuropäischen Staaten gegenüber ausgehen, die auf absehbare Zeit nicht zur EU gehören werden. Die nachhaltige Entwicklung in dieser Region ist eine unbedingte Vorraussetzung für ein friedliches Zusammenleben in der Region selbst und damit auch in unserem ureigenen Interesse. Dabei gibt es sicherlich keinen Automatismus derart, daß mit jeder Stufe der wirtschaftlichen Besserstellung die Spannungen zwischen den ethnischen Gruppen ebenso schrittweise abgebaut werden. Es ist das gute Recht, wenn nicht sogar die Pflicht der EU, mit den Angeboten der wirtschaftlichen Kooperation konkrete friedensstiftenden Maßnahmen zu verbinden. Je konkreter diese – erfüllbaren – Forderungen gestellt werden, desto überprüfbarer sind die Fortschritte, die zu einem friedlichen Zusammenleben notwendigerweise gesetzt werden müssen.

Von den selben Grundsätzen sollte die Kooperation im gesamten Mittelmeerraum getragen sein. Diese Region ist angesichts des Zusammentreffens eines überaus hohen Bevölkerungswachstums mit äußerst mäßigem wirtschaftlichen und sozialen Fortschritt für Europa besonders prekär. Weder die Demokratie nach unserem Muster noch der volle Respekt von Menschenrechten, vor allem der Rechte der Frauen, kann von heute auf morgen verlangt bzw. erreicht werden. Aber ein kritischer Dialog mit sehr gezielten wirtschaftlichen Unterstützungen, die den breiten Bevölkerungsschichten, vor allem auch den Frauen zugutekommen, kann beides erreichen: die Anhebung des allgemeinen Wohlstandsniveaus und die Förderung benachteiligter und unterprivilegierter Gruppen.

Einer vernünftigen EU-Außenpolitik geht es also nicht darum, andere Nationen in unserem Nahbereich „in Schach zu halten“ und deren Interessen möglichst zu mißachten. Im Gegenteil; Je ärmer und je krisengeschüttelter unsere Nachbarn sind, desto gefährlicher ist dies für uns selbst. Das muß eine zukunftsweisende Außenpolitik immer bedenken.

Fritz VERZETNITSCH

DIE ZUKUNFT DER ARBEIT IN EUROPA

Tempo und Ausmaß der Veränderungen von Wirtschaft und Gesellschaft haben eine bizarre Ambivalenz angenommen: Wir sind stolz auf die unglaubliche Vielfalt der erworbenen Fähigkeiten am Ende des 20. Jahrhunderts. Beinahe wöchentlich erfahren wir von neuen Spitzenleistungen.

Ist es nicht eigenartig, daß hingegen menschliche Existenzfragen in den Bereich „technischer Probleme“ abgeschoben werden? Sind wir im Begriff, uns sogar daran zu gewöhnen? Unterwerfen wir uns Denkschemen, in denen menschliche Existenzfragen mit einem „Mechanismus“, basierend auf technischen Restriktionen beantwortet werden? Zu Beginn der industriellen Revolution malte der englische Nationalökonom Thomas Robert Malthus einen Sachzwang, das vermeintlich unveränderliche „eherne Gesetz“, an die Wand: Das Wachstum der Nahrungsmittelproduktion unterliege einer linearen Funktion, die Bevölkerung aber wächst exponentiell. Malthus nahm diese Funktionen als unveränderlich an und zog daraus die Schlußfolgerung, daß, egal welche Anstrengungen man auch immer unternähme, diese letztlich nutzlos seien. Da es nur ein bestimmtes, limitiertes Quantum an Nahrungsmitteln gäbe, könne auch nur eine bestimmte, limitierte Anzahl an Menschen ernährt werden, „überschüssige Menschen“ müßten also zwangsläufig verhungern.

Diese Vorstellung hat das industrielle Zeitalter sehr lange geprägt – und dessen Entfaltungsmöglichkeiten insbesondere zu Beginn eingeschränkt.

Heute wissen wir natürlich, daß die Entwicklung einen ganz anderen Verlauf genommen hat. Das ist aber auf die Weigerung, eine inhumane Gesellschaft – Überfluß und Massenhunger – einfach zur Kenntnis zu nehmen, auf die menschliche Vorstellungskraft, die damaligen Zustände zu überwinden, und auf die Überzeugung der Gestaltbarkeit – und damit der politischen Veränderbarkeit der Dinge – aufgrund eines politischen Willens zurückzuführen. Tatsächlich wurde eine Welt geschaffen, in der der Anspruch besteht, daß sich die Mitglieder dieser Gesellschaft durch Arbeit ihren Lebensunterhalt verdienen können müssen. Und es ist Aufgabe von Gesellschaft und Politik, dafür zu sorgen, daß dies auch in Zukunft gewährleistet ist.

Als Ergebnis jahrzehntelanger politischer Auseinandersetzungen ist der Arbeitsvertrag zum eigentlichen Fundament dieser Gesellschaft geworden. Dieser ermöglicht das physische Überleben unter der Bedingung der Wahlfreiheit der Beschäftigung. Er ermöglicht weiters durch die kollektive Organisation der allgemein gültigen Rahmenbestimmungen der Arbeitsverträge den einzelnen Arbeitnehmern[1] einen gewissen Schutz gegenüber dem mächtigeren Verhandlungspartner (Unternehmer, bzw. deren Verbände), und er ist die Grundlage der politischen Artikulationsmöglichkeit der großen Masse der Bevölkerungen – der Arbeitnehmer. Das aber ist das Fundament der Demokratie!

Wie aber hat sich die Welt, in der wir leben geändert, und was liegt an erkennbaren Veränderungen vor uns? Wodurch sind diese Veränderungen bestimmt? Driften wir tatsächlich in eine Welt, in der zwangsläufig wirtschaftliche, soziale und letztlich politische Prozesse automatisch – quasi anhand von Datensätzen – unverrückbar ablaufen müssen, und wird damit bewußtes soziales, politisches und natürlich auch wirtschaftliches Handeln „unmöglich“?

ÄUSSERE RAHMENBEDINGUNGEN

Durch den Beitritt in die Europäische Union ist Österreich nunmehr unmittelbar in das weltwirtschaftliche Geschehen eingebettet. Wir sind nicht mehr Zaungäste am Rande, sondern wir sind direkt Akteur, bzw. wir sind eigentlich dabei, genau das zu erlernen, was es heißt, aktiver Akteur zu sein. Dieses weltwirtschaftliche Geschehen wird heute von drei hochentwickelten Zentren bestimmt: Von Japan, den USA und von Europa. Der

Motor ihrer wirtschaftlichen Entwicklung liegt einerseits im rasanten technischen Fortschritt und in der gesellschaftlichen Organisation dieser technologischen Entwicklung bzw. in der Fähigkeit, die dabei einmal gewonnene Dynamik beizubehalten und in weiterer Folge noch zu steigern. Diese wirtschaftlichen Zentren sind durch das sogenannte WTO-Abkommen (World Trade Organisation) ökonomisch-rechtlich miteinander verbunden. Die früheren Barrieren des Handels zwischen diesen Zentren (und ihren Satelliten) sind im Grundstoff- und im Industriebereich sowie für das Kapital de facto beseitigt. Und für jene Wirtschaftsbereiche, in denen es derzeit noch Beschränkungen gibt (zum Beispiel für den Sektor Landwirtschaft, aber auch für die Arbeitsmärkte, oder für die Sozialversicherungen), ist international vereinbart, daß es permanente Verhandlungen über deren weitere Öffnung, basierend auf dem Prinzip des freien Marktes, geben wird.

Das heißt, wir haben künftig einen zwischen den großen Blöcken vereinbarten weltwirtschaftlichen Rahmen vor uns, in dem der wirtschaftliche Steuerungsmechanismus der freie Markt der Produktionsfaktoren ist. Aus diesem Mechanismus resultiert weltweit eine ungeheure Verschärfung des Wettbewerbes ebenso wie eine ungeheure Verzerrung der Einkommensverteilungen jeweils sowohl innerhalb als auch zwischen wirtschaftlichen Zentren und ihren Satelliten bzw. jenen Regionen – wie etwa das südliche Afrika – deren Anbindung an das weltwirtschaftliche Geschehen nur sehr schwach ist. Aber: Im Hinblick auf die Stabilität dieses Mechanismus selbst und erst recht im Hinblick auf die zugrundeliegenden Gesellschaften bedarf es innerhalb dieser großen wirtschaftlichen Regionen zusätzlicher steuernder Mechanismen, und zwar sowohl innerhalb der Zentren selbst, als auch in den Peripherien. Mechanismen, die in einem System des freien Spieles der Marktkräfte einen sozialen Ausgleich und damit wirtschaftliche, gesellschaftliche und politische Stabilität dauerhaft herstellen können. Das gilt auch für Österreich als Mitglied der EU, die ihrerseits in die Weltwirtschaft eingebunden bzw. mit dieser verflochten ist. Nur, was erkennen wir als tatsächlich wichtig? Und: Was ist dabei wichtig für die Arbeitnehmerinnen und Arbeitnehmer unmittelbar jetzt als auch mittel- und längerfristig?

Der Rahmen hat sich auch in andere Richtungen dramatisch verschoben. Es gab in Österreich immer nur eine kleine Minderheit, die hier ernsthaft die Etablierung des kommunistischen Systems als gesellschaftspolitische Alternative zum Kapitalismus in seiner Ausprägung der „sozialen Marktwirtschaft“ anstrebte. Jedoch waren die Unternehmer in den westlichen

Industriestaaten bislang gezwungen, diese „theoretische Alternative" zum Kapitalismus hinsichtlich ihres Umganges mit den Arbeitnehmern zu berücksichtigen. Der Zusammenbruch des „potentiellen Alternativsystems" – auch deshalb weil es existierte – zum Kapitalismus hat in mehrfacher Hinsicht den Kapitalismus selbst verändert. Sein Terrain ist nunmehr die ganze Welt, es gibt keine weißen Flecken mehr auf der Landkarte! Es ist fast ironisch, daß der Kapitalismus seine größte Aggressivität heute ausgerechnet in jenen Ländern entfaltet, die vor einer Dekade noch kommunistisch ausgerichtet waren. Beispielsweise sind die Länder Mittel- und Osteuropas bereits an die Prinzipien des freien europäischen Marktes angedockt, ohne daß es aber hinreichend strukturierte Beziehungen oder soziale Dialoge der Arbeitgeber mit den Arbeitnehmern gäbe. Das vollzieht sich vor dem Hintergrund gewaltiger Differenzen bei den sozial- und arbeitsrechtlichen Bestimmungen im Vergleich zur Europäischen Union und noch stärker in den faktischen rechtlichen Durchsetzungsmöglichkeiten derselben. Stehen wir in Europa, in Österreich, vor der Perspektive einer riesigen sozial- und arbeitsrechtsfreien Zone, einem „amerikanischen Hinterhof" an der Haustür Europas, so wie man dies in den 70er und 80er Jahren hinsichtlich der Beziehungen der USA zu Mexiko und den Karibischen Staaten ausdrückte?[2] Es ist aus meiner Sicht eine gefährliche Illusion zu glauben, daß ohne gestaltende Politik die Beziehungen der EU mit den Beitrittskanditaten sich schon so gestalten, daß sie dann auch „sozialverträglich" würden. Mitnichten! Dieser Irrglaube würde die Fundamente auch starker europäischer Demokratien untergraben bzw. zerstören. Vielmehr ist es ein Gebot der Stunde, angesichts der Instabilität, die es rund um Europa gibt, nach gesellschaftspolitischer Stabilität im Inneren der EU zu trachten und mit den Nachbarregionen stabile, sich verdichtende Beziehungen so aufzubauen, daß der ökonomische und gesellschaftliche Neubeginn in diesen Ländern nachhaltig möglich ist.

FAKTOREN, DIE DEN STELLENWERT DER ARBEIT VERSCHIEBEN

Der technologische Fortschritt hält in seiner Rasanz weiter an und er ist bereits mehr geworden als der Treibstoff der wirtschaftlichen und der gesellschaftlichen Entwicklung. Es kommt immer mehr auf die gesellschaftliche Organisation der technologischen Entwicklungen und Weiterentwicklungen an, bzw. auf die Fähigkeit, die dabei einmal gewonnene

Dynamik beizubehalten oder noch zu steigern. Man könnte sagen, daß der Treibstoff gelernt hat, sich selbst zu verbessern. In einer sektoriellen Projektion in die Zukunft – und in damit auch in die Zukunft der Beschäftigung – hängt alles an den „Schlüsseltechnologien": z. B. Biotechnologie, Mikroelektronik sowie die neuen, synthetischen Werkstoffe. Unzweifelhaft bringt jede dieser Schlüsseltechnologien in einem großen Ausmaß Veränderungen auf die Arbeitswelt und auch auf unser tägliches Leben mit sich. Im Zusammenhang mit dem technologischen Fortschritt ist aber auch die Frage der gesellschaftlichen Akzeptanz der künftigen Einsatzmöglichkeiten neuer Technologien unmittelbar angesprochen. Von der betriebswirtschaftlichen Seite her geht es mittel- und langfristig um die Erneuerung bzw. den Ausbau des Kapitalstockes und um langfristige Risiken und um langfristige Renditen. Für die Arbeitnehmer geht es einerseits um die langfristigen Beschäftigungsmöglichkeiten an sich, dann um die Frage der Art der Beschäftigung und weiters um die Frage der Substitution von Arbeit durch Kapital und der künftigen Verteilung der höheren Produktivität. Die Frage der gesellschaftlichen Akzeptanz bestimmt, wie schnell neue Technologien, neue Verfahren, neue Produkte umgesetzt werden können. Das ist wiederum wesentlich für die Gesamtbeschäftigung in einer Region – zum Beispiel in Europa. Wie schnell gesellschaftliche Akzeptanz erreicht werden kann, hängt von einer komplexen Reihe von Faktoren ab. Weil sie langfristig wirken, will ich von diesen Faktoren jedenfalls die Bedeutung einer glaubwürdigen Öffentlichkeitsarbeit und die Notwendigkeit zu Schulung, Aus- und Weiterbildung hervorheben.

Wir laufen hier Gefahr, in eine Falle mit schwerwiegenden Konsequenzen zu geraten. Das Tempo, das Ausmaß und die Gefahrenpotentiale der Veränderungen beunruhigen einerseits eine immer größer werdende Anzahl von Menschen. Der Sprung in ein neues technologisches Zeitalter erfordert aber „vor dem Sprung" entsprechende Information, dem von der einzelbetrieblichen Ebene, durch betriebswirtschaftliche Risiken ausgehende, eine dem Zeiterfordernis entgegenstehende Informationspolitik gegenübersteht. Dieser Zustand gegenläufiger Strategien führt in Europa – auch in Österreich – aber zu einem regelrechten „Einbunkern" der Aktiven im Wissenschafts- und Forschungsbereich sowie in den Betrieben, was den Umgang mit Informationen an die Öffentlichkeit betrifft; und das hat letztlich ebenfalls langfristig negative Auswirkungen auf den Standort Österreich. Denn so wird die gesellschaftliche Akzeptanz nicht verbessert werden sondern im Gegenteil noch geschmälert. Aber die Versuche, die österreichische Forschungspolitik auf erfolgversprechendere Schienen zu stellen[3], sind nicht immer der Weisheit letzter Schluß. Der unlängst in Österreich öffentlich präsentierte Vorschlag, die Forschungs- und Technologiepolitik quasi der Zuständigkeit der Politik zu entziehen, sie mittels „unabhängiger Experten" zu „automatisieren", und gleichzeitig öffentliche Mittel in erheblichem Ausmaße einzusetzen ohne Bedachtnahme, wo – in einem örtlichen Sinne – solcherart geförderte verbesserte Verfahren eingesetzt oder neue Produkte hergestellt werden, wird den zuvor beschriebenen Anforderungen nicht gerecht. Was ist also wichtig im Bezug auf den künftigen Umgang mit Technologie und seiner Nutzung im Sinne der Beschäftigung und der Beschäftigten: Glaubwürdige Aufklärung der Öffentlichkeit, bessere Aus- und Weiterbildung der Arbeitnehmer, kein individueller Wildwuchs, sondern gesellschaftliche Organisation der Technologie unter Beteiligung der Arbeitnehmervertretungen (die dann auch Mitverantwortung zu tragen haben), effiziente Nutzung der bestehenden Einrichtungen muß angesichts der knappen Mittel vor dem teuren (und risikoreichen) Neuaufbau gehen, funktionierende Einrichtungen nicht zerstören.

Die Unternehmensebene und die dort erkennbaren Veränderungen müssen ins Kalkül einbezogen werden. Die Unternehmen sind künftig gezwungen, global zu agieren und sie zeigen dabei die Tendenz, sich vom bisherigen unternehmerischen Organisationswesen zu trennen. Dabei begünstigen technologische Neuerungen diese Entwicklungen. Die Überwälzung des vollen Risikos und Kostendruckes auf die Arbeitnehmer erzeugt einen noch größeren Rationalisierungsdruck auf die Beschäftigten. Man kann aber auch nicht sagen, daß im Falle der Auslagerung von Produktionen oder Dienstleistungen in Dritte-Welt-Staaten die dortigen Bevölkerungen besonders begünstigt würden – das dort feststellbare Ausmaß an Verelendung wächst. Die dort erzielten Gewinne werden mitgenommen und woanders veranlagt oder konsumiert. Das gilt in einem großen Ausmaß auch für die Staaten Mittel- und Osteuropas!

In den westlichen Industriestaaten wiederum werden die Unternehmen – vornehm formuliert – „schlanker" und reagieren, um möglichst flexibel zu sein, mit einer Strategie der Minimierung des Einsatzes von Kapital wie von permanent beschäftigten Arbeitskräften – letzteres vor allem im Dienstleistungsbereich. Dies wird umso mehr verständlich, wenn man allein die bereits bestehenden Möglichkeiten der Telekommunikation heranzieht: eine betriebliche Strategie, die aus Kostengründen einen Teil

der bisher im Betrieb gehaltenen Arbeitskräfte auslagert, wird begünstigt. Heißt das aber, daß mittel- und längerfristig ein großer Teil der heute in angesehenen Dienstleistungsbranchen Beschäftigten künftig zu Hause am Bildschirm und mittels einer Telefonleitung entweder mit dem Rest der Welt in Konkurrenz wird treten müssen, oder sich als Typus des „neuen Selbständigen" nunmehr ausgelagert in einem direkten Abhängigkeitsverhältnis vom früheren Arbeitgeber befindet – und das ohne sozialen Schutz –, oder finden wir mittels lenkender Eingriffe zu einer menschenwürdigeren Form des Daseins im 3. Jahrtausend?
Unternehmerische Zeithorizonte haben sich verschoben. Der vielfach angekreidete patriarchalisch geführte Familienbetrieb – mit einem gewissen Einfluß auf die Lokalpolitik –, der sich aber gesamtstaatlichen Interessen verpflichtet fühlte, ist heute in einer deutlichen Minderheit. Die Zerlegung und der stückweise Verkauf ganzer Unternehmen sind ein richtiggehender Geschäftszweig geworden. Vor allem aber wird weltweit mobiles Kapital nicht mehr in Realanlagen sondern vielmehr in Finanzanlagen investiert. Das tragische an diesen Entwicklungen liegt in den faktischen Vorgaben der Finanzmärkte, die selbst wieder unter einem ungeheuren Verwertungsdruck stehen: Realwirtschaftliche Investitionen müssen ähnliche Renditen wie Wetten – das sind Derivate auf den Finanzmärkten größtenteils – bringen. Unter diesem Druck droht auch gut und mit einem längerfristigen Zeithorizont geführten Betrieben „der Schnitt ins Fleisch": Die mittel- und längerfristige Substanz des Betriebes wird sofort lukriert. Dazu kommt aber, daß die raschen technologischen Sprünge und die immer kürzer werdenden Produktzyklen diesen Prozeß noch verschärfen. Das heißt aber in einer gesamthaften Betrachtung, daß infolge schwerwiegender, dem heutigen Kapitalismus immanenten Systemdefekte auch die Betriebe ohne Gegensteuerung seitens der Wirtschaftspolitik in Zukunft mit einer immer kürzeren Lebensdauer rechnen müssen. Das System frißt seine Betriebe!

IST DER ÖFFENTLICHE SEKTOR EIN GEGENMODELL?

Vor allem die sozialen Netze sind nicht nur eine solidarische Art der Tragung individueller, aber dennoch allgemeiner Risiken wie Krankheit, Unfall, Arbeitslosigkeit sowie einer menschenwürdigen Absicherung im Alter, sondern sie sind auch ein bedeutender Arbeitgeber. Der öffentliche

Sektor wird sich in Zukunft einer Diskussion über Effizienz nicht entziehen können. Effizienz ist jedoch letztlich ein Werturteil, dem sich umgekehrt auch ein dem totalen Individualismus verschriebenes Wertesystem ebenfalls nicht entziehen kann. Wie werten wir eigentlich Effizienz? Kann man behaupten, daß ein System, daß in den OECD-Staaten 35 Millionen, davon allein 18,5 Millionen Arbeitslose in der EU, generiert, effizient ist? Arbeitslosigkeit bedeutet in einem gewaltigen Ausmaß die Verschwendung von Ressourcen, in die vorher über die Schule, Lehre oder Universität investiert wurde, bzw. von Fähigkeiten, die individuell sehr unterschiedlich aber jedenfalls vorhanden sind.

Kehren wir nochmals zurück zum Tempo der Veränderungen, dem wir ausgesetzt sind: Europa, und hier vor allem die Großindustrie in Europa, wähnt sich gegenüber den USA und Japan bezüglich der Möglichkeiten, das Tempo und die Richtung des Fortschrittes bestimmen zu können, im Hintertreffen. Es wird versucht, dies mit Indikatoren wie den Ausgaben für Forschung und Entwicklung in Relation zum Output, oder mit „weichen Indikatoren" wie die „kritische Einstellung" großer Bevölkerungsteile in Europa zu technologischen Entwicklungen im allgemeinen zu belegen. „Die Stimmungslage bei den Unternehmen" als teilweiser Reaktion auf diese Daten, dient dann zur Rechtfertigung dafür, daß bestimmte, in hochentwickelten Gesellschaften notwendige oder teilweise auch „von selbst ablaufende" Entwicklungsprozesse verzögert werden oder/und daher besser überhaupt in konfliktfreie Regionen auszulagern seien. Dazu kommt in letzter Zeit eine unverhüllte Argumentation seitens der Unternehmer, daß die mit der sozialen Organisation in Europa verbundenen Kosten ein wesentlicher Hemmschuh für die europäische Wettbewerbsfähigkeit im globalen Markt wären. Diese gesellschaftspolitisch erstrangige Auseinandersetzung wird überall in Europa mit größter Heftigkeit geführt. In Österreich war sie bislang nur Insidern bekannt. In dieser Form ist sie für die breite Öffentlichkeit von geradezu erschreckender Neuigkeit und wird auch zu Recht zurückgewiesen: Mitten im Sprung in die Zukunft werden überall in Europa die arbeitenden Menschen damit konfrontiert. Dies geschieht in einem geschichtlichen Moment, in dem die Organisation der Zukunft auf die Basis des lebenslangen Lernens gestellt werden soll, in einem geschichtlichen Moment, in dem sich abzeichnet, daß gut geschulte Mitarbeiter der wichtigste Faktor im Betrieb geworden sind. Also genau das, was notwendig ist, damit Europa und darin eingebettet Österreich das Tempo und die Richtung des technischen Fortschrittes tatsächlich bestimmen kann, bedingt soziale Organisation als Grundlage. Und genau das wird von der Unternehmerseite in ganz Europa mit den zuvor angeführten Argumenten in Frage gestellt bzw. soll verworfen werden? Dahinter steht aber in Wahrheit die Frage, wohin führt uns die Entfesselung der Märkte, wenn die sich selbst überlassenen Märkte weder zu einem wirtschaftlichen noch zu einem gesellschaftlichen Optimum führen. Die Gewerkschaften werfen heute mehr denn je diese Frage auf. Diese Frage aber – und erst recht die Antworten darauf – werden von der anderen Schule zynisch mit der Vorstellung des „Zwanges" tituliert. Die Gewerkschaften wiederum werten dies keinesfalls als Zwang, sondern wir sehen Österreich als – in dieser Debatte nicht unmaßgeblichen – Beitrag zum europäischen Modell, das gekennzeichnet ist durch einen auf Solidarität basierenden Schutz auf hohem Niveau, durch die zentrale Rolle der öffentlichen Dienste, die Möglichkeit und durch den Stellenwert von Tarifverhandlungen vielmehr als Trumpf für die europäische Erneuerung. Gewiß, die Welt ändert sich dramatisch: Die Technologien, die Änderungen der Unternehmens- wie der Arbeitsorganisation, die Globalisierung der Märkte, der traditionelle Nord-Süd-Konflikt – nach dem Zusammenbruch des kommunistischen Systems ist dieser in Europa direkt vor der Haustür – und die zunehmend älter werdenden Bevölkerungen in den Wirtschaftszentren, sie stellen Wirtschaft und Gesellschaft vor noch nicht gekannte Herausforderungen.

Ist es aber tatsachlich nur eine Vorstellung des „Zwanges" oder nicht vielmehr Ausdruck demokratischer Wahlmöglichkeit, wenn wir eine demokratische Gesellschaft, basierend auf einer effizienten Wirtschaft und auf einem auf Solidarität basierenden sozialen Netz, wie wir das in Europa kennen, weiterentwickeln und ausbauen wollen, wenn wir die vorgeschlagene Übernahme des US-Modell, einer effizienten Wirtschaft, zwar mit demokratischen Spielregeln, jedoch unter Ausklammerung der Demokratie aus dem Arbeitsleben kritisch hinterfragen – und dankend ablehnen? Eine Gesellschaft ohne solidarisch geknüpftes soziales Netz; ein Netz, lediglich nach den jeweiligen individuellen finanziellen Möglichkeiten aufgebaut, mit allen negativen Konsequenzen für jene, die am unteren Ende der Einkommens- und Vermögensverteilung stehen, ist auf Europa nicht übertragbar. Die Auswüchse dieses Modells sind wissenschaftlich dokumentiert, auch von Amerikanern:[4] 2,5 Prozent der erwerbsfähigen männlichen Bevölkerung in den USA befinden sich im Gefängnis (das entspricht einem guten Teil der langfristig Arbeitslosen in Europa!). Der Staat Kalifornien gibt

mehr Geld für die Bewachung von Gefängnissen bzw. deren Insassen aus, als für öffentliche Ausbildung. Präsident Clintons erklärte in seiner Ansprache zur Lage der Nation, daß das schlechte allgemeine Ausbildungsniveau der Schüler ein zunehmendes Wettbewerbsproblem der US-amerikanischen Wirtschaft darstellt. Jedes dritte Kind lebt in den USA in Armut und ohne jegliche Chance, irgendwann einen geregelten Lebensunterhalt zum Überleben zu verdienen. Trotz individuellem sozialen Netz – jeder sorgt für sich selbst vor! – zeigt sich aus den OECD-Daten, daß die USA die weltweit mit Abstand höchsten Gesundheitsausgaben aufweisen.
Oder sollen wir eine Gesellschaft akzeptieren, die zwar auf einer effizienten Wirtschaft basiert, mit der großen Masse der arbeitenden Bevölkerungen jedoch nur bescheidene bzw. gar keine demokratischen Mitwirkungsmöglichkeiten offeriert, mit dem Ergebnis einer sehr schwachen Teilnahmemöglichkeit am sozialen Fortschritt? Das wäre das südostasiatische Modell.
Damit kein Mißverständnis aufkommt: Auch aus der Sicht der Gewerkschaften ist eine effiziente Wirtschaft als Basis für sozialen Fortschritt notwendig. Was aber eine effiziente Wirtschaft ist, unterliegt stets einem subjektiven Werturteil. Auch wenn man versucht, Effizienz durch technische Kriterien auszudrücken, ist zu hinterfragen, ob Effizienz lediglich eine mikroökonomische Kategorie – also auf der Ebene des Betriebes bzw. des Individuums liegend – ist.
Ist die Frage nach der Effizienz nicht auch auf der makroökonomischen Ebene zu stellen? Zum Beispiel, ob ein dem freien Spiel der Marktkräfte überlassenes Wirtschaftssystem, wie wir es gegenwärtig kennen, das im OECD-Bereich 36,1 Millionen Arbeitslose generiert, effizient ist? Oder ob hier nicht eine ungeheure Verschwendung Platz gegriffen hat? Wie sahen und sehen Spezialisten die Welt?
Im Jahr 1994 wurde von der OECD eine Serie von Studien[5] erstellt, in denen das Rezept zur Bekämpfung der Massenarbeitslosigkeit makroökonomisch auf einer antiinflationären Politik (vor dem Hintergrund der Maastrichter Kriterien zur Vollendung der Wirtschafts- und Währungsunion) und einer verschärften Wettbewerbspolitik beruhte. Mikroökonomisch lautete das Credo: Unternehmerisches Klima verbessern, Flexibilisierung und Deregulierung (Beseitigung der Restriktionen) der Arbeitsmärkte, die Löhne müssen der lokalen Situation wieder angepaßt werden. Dies war in seiner Stoßrichtung auch ein klar gegen die Gewerkschaften bzw. die Arbeitnehmer gerichtetes Programm. In einer verfeinerten Form tauchten

diese Ideen im sogenannten „Sozialen Dialog" auf: im Rahmen des Europäischen Gipfels in Essen wurde versucht, dieses Programm auf europäischer Ebene den Sozialpartnern „umzuhängen".
Es spielte für eine Reihe von Beteiligten bei den zurückliegenden Auseinandersetzungen dabei überhaupt keine Rolle, ob die OECD-Empfehlungen überhaupt irgendwo den prognostizierten Erfolg hatten oder nicht. Und das, obwohl bereits im Jahr 1995 eine Studie der Generaldirektion V der EU-Kommission[6] erstellt wurde, worin ernsthaft die Zweifel ob der möglichen künftigen Erfolge dieser, von der OECD empfohlenen Strategie zum Ausdruck gebracht wurden. Diese Studie erblickte nur sehr mühsam das Licht der Welt, weil deren Substanz, daß die Ergebnisse einer Deregulierungspolitik sehr unsicher seien, und man daher den EU-Mitgliedsländern eine Deregulierungspolitik nicht empfehlen könne, damals ganz einfach nicht in die politische Landschaft paßte! Jetzt, im Juli 1997, ist man sich auch in der OECD hinsichtlich der 1994 empfohlenen Ratschläge nicht mehr so sicher. Bekanntlich sind die Gewerkschaften diesen Empfehlungen nicht gefolgt, weil diese Rezeptur in ihren Grundzügen bereits in den 30er Jahren dieses Jahrhunderts schon einmal ausprobiert wurde!
Damit ist für mich aber auch die Antwort nach der weiteren gesellschaftlichen Organisation in Europa klar: Wir wollen die Weiterentwicklung des europäischen Modells, das der arbeitenden Bevölkerung Demokratie durch gewerkschaftliche Mitwirkung sichert, und die geprägt ist von solidarisch getragenen sozialen Netzen.[7] Hält die europäische Wirtschaft angesichts des globalen Wettbewerbes diesen Anspruch aus? Wenn wir die Berichte der einzelnen europäischen Wirtschaftsforschungsinstitute in den letzten Jahren analysieren, dann zeigt sich überall in Europa das selbe Bild: Die Unternehmen haben historische Ertrags- bzw. Gewinniveaus erreicht. Gleichzeitig hat aber die Öffentlichkeit den Eindruck, und die Arbeitnehmer leben mit der ständigen Angst, daß demnächst eine wichtige Branche, daß „ihr Betrieb" zusammenbricht und die Arbeitnehmer gekündigt werden müßten. Es wird von der Gewerkschaft die Funktion der Gewinne im System des freien Marktes nicht an sich bestritten – wohl aber die Auswüchse im ungezügelten freien Markt. Daher wird die Notwendigkeit nach steuernden Eingriffen infolge der immanenten selbstzerstörerischen Tendenzen des Wirtschaftssystems betont.
Vergessen wir nicht: Die Gewerkschaften und alle im Österreichischen Nationalrat und in den Landtagen vertretenen politischen Parteien sind

eine direkte Reaktion auf Auswüchse eines freien Marktes. Ähnliches können wir überall in Europa beobachten. Was passierte aber mit den Gewinnen? Gemäß ökonomischer Theorie werden sie konsumiert, meist aber reinvestiert. Diese Investitionen stabilisieren bzw. schaffen ab einem gewissen Moment sogar zusätzliche Beschäftigung (Akzeleratorprinzip). Entscheidend ist die Form der Investition: in Realanlagen oder in Finanzanlagen? Die weltweite Liberalisierung der Kapitalmärkte hat zu einer totalen Verzerrung des Investitionsverhaltens geführt: Es wird heute weltweit überwiegend in Finanzanlagen – und dabei in einem immer stärkeren Ausmaß in hochspekulative Derivate (im Volksmund würde man dazu Wetten sagen), und in relativer Betrachtung immer weniger in sogenannte Realanlagen (Fabriken, Maschinen etc.) investiert. „Lohnmoderation", wie sie in Europa im Anschluß an die OECD-Job-Study ventiliert wurde, bedeutet, daß die Verteilung der Produktivitätsgewinne zugunsten der Unternehmer und zu Lasten der Arbeitnehmer geändert wird.

Es bedeutet weiters, daß damit das künftige Potential der Binnennachfrage nicht ausgeschöpft wird, und es bedeutet vor allem noch lange nicht, daß diese Extragewinne der Unternehmen aus dieser Umverteilung in Realanlagen z. B. in Österreich, oder in Europa oder sonstwo investiert werden. Sondern es ist sehr wahrscheinlich, daß dieser Extraprofit ebenfalls in spekulative Finanzanlagen investiert wird, die nachstehende Größenordnung soll einen Hinweis geben helfen:

Im April 1995 betrug der tägliche Umsatz auf den Devisenmärkten der Welt 1,2 Billionen US-Dollar. Im Vergleich erreichte das auf ein Jahr bezogene BIP der USA rund 6 Billionen US-Dollar. Es hat sich ein Kasinokapitalismus entwickelt, der sich mittlerweile nicht nur von den realen ökonomischen Verhältnissen losgelöst hat, sondern der auch dazu geführt hat, daß in den traditionellen Bereichen der Wirtschaft, der Industrie, des Gewerbes bzw. in den herkömmlichen Dienstleistungsbereichen von den Kapitaleigentümern dieser Betriebe die Renditen immer mehr als zu gering angesehen werden. Wenn aber die Renditen dieser Betriebe als Vorgaben an das Management deutlich hinaufgesetzt werden, dann müssen bestimmte Voraussetzungen vorliegen, ansonsten wird die dauerhaft notwendige Substanz der Betriebe selbst aufgezehrt. Liegen solche Voraussetzungen in Europa vor?

Im Zusammenhang mit der Umsetzung des Waigel-Stabilitätspaktes zur Vollendung der Wirtschafts- und Währungsunion, darf als Teilnahmebedingung das Budgetnettodefizit der jeweiligen EU-Mitgliedstaaten nicht

größer als 3 Prozent sein. In Dublin wurde beim Regierungsgipfel im Dezember 1996 weiters beschlossen, daß dieser Stabilitätspakt nach Inkrafttreten der Währungsunion verschärft wird: Angestrebt wird ein ausgeglichenes Budget bzw. sogar ein öffentlicher Haushaltsüberschuß.
Damit ist bei allen EU-Mitgliedsländern[8] – simultan! – eine massive Rücknahme der Gesamtnachfrage verbunden – wobei man hofft, durch überproportional hohes Exportwachstum eine Kompensation zu erreichen. Mittel- und längerfristig ist mit der simultanen Vorgabe an alle öffentlichen Haushalte in den EU-Ländern eine Verstärkung der Konjunkturzyklen verbunden. Im Falle einer Rezession sind damit in Wahrheit die sogenannten „automatischen Stabilisatoren" ausgeschaltet, vor dem Hintergrund in solchen Situationen aufkeimender schwerwiegender Verteilungskonflikte aber zumindest stark eingeschränkt. Das heißt aber wiederum, daß Rezessionen in Zukunft viel stärker, als wir es heute kennen, unmittelbar auf die Arbeitnehmer abgeladen werden.
Angesichts der Perspektive simultaner, rückläufiger Ausgaben seitens des Staates gehen für die Bildung positiver Erwartungshaltungen auf der Unternehmerseite eher mäßige, in Wirklichkeit aber negative Signale aus: Die Märkte wachsen nicht, sie werden schrumpfen – wo können Kosten gespart werden?
Das Management wird in dieser ohnehin prekären Situation seitens der Kapitaleigentümer zusätzlich mit der Vorgabe konfrontiert, ähnlich hohe Renditen wie bei Finanzspekulationen zu erzielen. Überall in Europa wird auch aus diesem Grund gleichzeitig Personal freigesetzt! Aber kein Unternehmer ist imstande, die Frage der notwendigen Höhe von Gewinnen zu beantworten! Auf der makroökonomischen bzw. makropolitischen Ebene wurde ein in seiner Rigidität wirtschaftlich unsinniger Stabilitätspakt, der die Verteilungskämpfe noch verschärfen wird, vereinbart.
Der Angriffspunkt für den Schnitt in die europäischen Budgets, zur Erfüllung des Stabilitätspaktes, sind die sozialen Netze. Abgesehen davon, daß dies einen direkten Angriff auf die sozialen Errungenschaften der europäischen Bevölkerungen darstellt, bedeutet auch das Beschäftigungsverlust und in der Zusammenschau mit dem Außerkraftsetzen der automatischen Stabilisatoren zusätzlichen Rückgang in der Binnennachfrage.
Die Ausgaben im Bereich der Sozialen Sicherheit ermöglichen einerseits Beschäftigung – dies wird öffentlich mit einem negativen Grundton unter „überwuchernde Bürokratie" diskutiert – und sie bedeuten eine stabile Nachfrage, vor allem in schwierigen wirtschaftlichen Zeiten im Vergleich

zu einer Situation ohne diese Ausgaben. Diese Rückschnitte der Gesamtnachfrage betreffen im übrigen auch die Unternehmer, und zwar ebenfalls negativ: Sie schmälern auch deren wirtschaftliche Möglichkeiten.
Die Lohnnebenkosten, als von der Unternehmerseite vielfach beschworenes Hindernis der wirtschaftlichen Entfaltungsmöglichkeiten in Österreich, sind die andere Seite der Medaille. Die Lohnnebenkosten, wohlgemerkt als Teil der Arbeitskosten und nicht, wie vielfach geglaubt wird, als additiver Teil derselben, sind der Träger zur Finanzierung der sozialen Netze im Arbeitnehmerbereich. Als Ausgaben sind sie größtenteils inlandswirksam. Zum Vergleich: Bei den Selbständigen und bei den Landwirten gibt es die Lohnnebenkosten zur Finanzierung ihrer sozialen Sicherheit nicht, sondern deren soziale Sicherheit wird größtenteils direkt über das Bundesbudget finanziert.[9] Wenn die Höhe der Lohnnebenkosten beklagt wird, dann werden im Grunde die Arbeitskosten als zu teuer eingestuft. Wie kann man das vernünftig messen?
Die Arbeitskosten sind an der Produktivität zu messen, und sie müssen zur Vergleichbarkeit in einer einheitlichen Währung ausgedrückt werden. Hier zeigt es sich aber, daß in den letzten 10 Jahren die Produktivität der österreichischen Industrie in Europa nur von der irischen und der finnischen Industrie übertroffen wurde. Während in Schilling gemessen die Lohnstückkosten in Österreich rückläufig waren, hat die Aufwertung des Österreichischen Schillings im Verhältnis zu den Währungen der wichtigsten Handelspartner zu einer Verschlechterung der österreichischen Wettbewerbsposition geführt. Ist eine ständig aufwertende Währung Ausdruck einer Wirtschaft, die vor dem Zusammenbruch steht? Wohl eher nicht.

WAS IST NÖTIG, UM DIE BESCHÄFTIGUNG ZU STEIGERN?

Wir müssen wiederum mit dem großen Rahmen beginnen. Wir müssen dabei feststellen, daß wir seit dem EU-Beitritt in den klassischen außenwirtschaftlichen Angelegenheiten nur mehr in Ausnahmefällen autonom agieren können. Wir sind auch hier ein Teil der EU und müssen dort versuchen, unsere Vorstellungen ein- bzw. durchzubringen.
Nachdem Österreich im zweiten Halbjahr 1998 vertragsgemäß den EU-Ratsvorsitz übernehmen wird und dabei in außenpolitischen Angelegenheiten im Rahmen der Troika insgesamt eineinhalb Jahre eine besondere

Verantwortung zu übernehmen hat, sind vor dem Hintergrund der internationalen diplomatischen Sensibilitäten auch besondere innerösterreichische Anforderungen verbunden.

Traditionelle Aussenwirtschaft

Mittel- bis längerfristig wird ein ungezügelter, weltweit liberalisierter Kapitalmarkt eine immer stärkere Gefahr für die Stabilität der Weltwirtschaft. Es wird daher an der Einführung von Lenkungsinstrumenten kein Weg vorbeigehen. Als ein stabilisierendes Instrument wird von der Gewerkschaftsseite seit einiger Zeit die sogenannte „Tobin-Steuer" ins Spiel gebracht – reine Spekulationstransaktionen sollen besteuert und damit in Relation zu Realinvestitionen benachteiligt werden.

Eine wesentliche Frage wird sein, ob eine akkordierte Vorgangsweise möglich ist, um eine Außenhandelspolitik, wie sie derzeit von der EU verfochten wird, zu korrigieren und damit dem weltweiten sozialen Wettlauf nach unten entgegenzuwirken. Die EU muß durch ihre Handelspolitik soziales Dumping, das aus den weltweiten Verletzungen grundlegender Arbeitnehmerrechte profitiert, verhindern.[10] Die Frage eines verträglichen Tempos weiterer Marktöffnungen im Rahmen der WTO, die in Zukunft immer sensiblere Bereiche betreffen wird (vor allem der Arbeitsmärkte und der Sozialversicherungen), ist eine ungeklärte. Frankreich hat innerhalb der europäischen Meinungsbildung des öfteren signalisiert, daß es vorerst eine Stabilisierung der Verhältnisse wünscht. Diese Debatte wird aber spätestens in einem halben Jahr, unter britischem EU-Ratsvorsitz wieder zu führen sein. Man muß bis zum heutigen Tage aber feststellen, daß die EU von ihrer beschäftigungspolitischen Kompetenz in verzerrender Art und Weise Gebrauch gemacht hat: Innereuropäisch wurde davon kein Gebrauch gemacht, wohl aber außenwirtschaftlich (im Rahmen des WTO/GATT-Abkommens), indem Verhandlungen zur weltweiten Öffnung der Arbeitsmärkte zugestimmt wurde. Diese Asymmetrie ist an sich schon bizarr, im Hinblick auf die absolut verzerrten Preisgefüge wird diese Vorgangsweise unverständlich!

Es muß im Beschäftigungsbereich direkt eine Koordination herbeigeführt werden, weil es ansonsten über die Mittel der Politik nicht möglich sein wird, die Beschäftigungssituation in Europa zu verbessern. Eine unkoordinierte weitere Öffnung der europäischen Arbeitsmärkte konterkariert sämtliche innereuropäischen bzw. die auf den jeweiligen nationalen Ebenen vorgenommenen Anstrengungen zur Erhöhung der Beschäftigung und zur Senkung der Arbeitslosigkeit!

Europäische Ebene

Die Vollendung der Wirtschafts- und Währungsunion wird in Europa zu einem stabileren wirtschaftspolitischen Rahmen führen. 800.000 Menschen arbeiten in Österreich derzeit im exportorientierten Bereich, von dort kommen 40 Prozent des österreichischen BIP. Währungsschwankungen werden in diesen Sektoren angesichts der hohen Exportintensität von den Beschäftigten schmerzhaft verspürt: keine Lohnerhöhungen, Androhung von Lohnkürzungen, Kurzarbeit oder Entlassungen. Wichtig für Österreich ist daher die Teilnahme an der Währungsunion, aber: unter Bedingungen. Italien als zweitwichtigster Exportpartner Österreichs und die skandinavischen Länder (als wichtigste Konkurrenten in Italien) müssen ebenfalls von Anfang an an der Währungsunion teilnehmen. Negativ betroffenen Arbeitnehmergruppen muß eine soziale Abfederung zuteil werden. Rundungsdifferenzen aus der Umrechnung von Schilling auf Euro – bei den Löhnen nach unten, bei den Preisen nach oben – sind zu unterbinden. Ein Steuerungsmechanismus der Europäischen Wirtschaft – „freier Kapitalismus plus einer vor allem zu Beginn der Währungsunion restriktiv agierenden Europäischen Zentralbank[11] die vorgesehene, künftig stark eingeschränkte Rolle des Staates angesichts der restriktiven Vorgaben aus dem Stabilitätspakt" ist den Gewerkschaften zu wenig. Die Harmonisierung der Steuerpolitik in Europa ist eine weitere wichtige Herausforderung, weil ansonsten unter dem Druck, ein möglichst attraktiver Wirtschaftsstandort zu sein, eine sukzessive Steuerspirale nach unten droht. Das würde zentrale, im Interesse der Arbeitnehmer gelegene Funktionen des Staates (z. B. Ausbildung, Gesundheit) in Frage stellen. Eine der vor uns liegenden Tücken bei der Bewältigung dieser Aufgabenstellung ist dabei die Forderung der Unternehmerseite nach Entsteuerung. Von den Arbeitnehmern wird verlangt, daß der Produktionsfaktor „Arbeit", der derzeit die Hauptlast der gesamten Steuern trägt, in Zukunft steuerlich entlastet werden soll und anstatt dessen andere Quellen zur Besteuerung herangezogen werden sollen. Dabei darf es jedoch nicht zu Qualitätsabstrichen in der Leistungsfähigkeit der sozialen Netze kommen. Das erste Ziel des Maastrichter Vertrages lautet: „Sicherung eines ausgewogenen und dauerhaften wirtschaftlichen und sozialen Fortschritts.“[12] Dieses Ziel würde mit den Instrumenten des freien Marktes und der angeführten Konzeption der Europäischen Zentralbank sowie dem zahnlos gemachten Staat nicht erreicht werden können, zumindest nicht für die Arbeitnehmer in Europa. Es würde außerdem in Wirklichkeit bedeuten, daß „Automatismen“ in Zukunft die Politik ersetzen bzw. verdrängen, ohne jedwede Rücksichtnahme darauf, ob die so gewonnenen Ergebnisse sinnvoll sind oder nicht. Und sie würde voll auf dem Rücken der Arbeitnehmer ausgetragen werden – und das, unter dem Gesichtspunkt der 1993 vom Europäischen Rat versprochenen Halbierung der Arbeitslosigkeit in Europa bis zum Jahr 2000.

Die Gewerkschaften verlangen die Etablierung einer Zuständigkeit für Wirtschaftspolitik der Europäischen Union, wobei diese die Beschäftigungssituation primär zu berücksichtigen hat. Diese Politik muß angesichts der besorgniserregenden Beschäftigungssituation[13] expansiv ausrichten: Wirtschaftswachstum, das möglichst beschäftigungsintensiv ist. Dazu ist der glaubhaft übermittelte Wille der europäischen Spitzenebenen, eine derartige Politik durchzuführen, notwendig.

Die bestehende Massenarbeitslosigkeit in Europa ist ein Produkt der Politik, ihre Beseitigung ist daher ebenfalls – und zwar prioritäre – Angelegenheit der Politik! Das heißt nicht, daß verschiedene europäische Politiker sich in Zukunft der Kompetenzen der Europäischen Zentralbank bemächtigen können sollen. Aber im Rahmen einer Koordinierung der europäischen Wirtschaftspolitik, an der die wesentlichen wirtschaftspolitischen Akteure teilhaben sollen – auch die Sozialpartner, die über den Weg der Lohn- und Gehaltsverhandlungen die Hälfte des europäischen Bruttoinlandsproduktes bewegen – soll die Europäische Zentralbank teilnehmen und ihre Pläne mit allen anderen Partnern abstimmen müssen. Diese Zielsetzung wurde auf dem Amsterdamer Regierungsgipfel im Juni 1997 vorläufig deshalb erreicht, weil es von der energischen neugewählten französischen Regierung gegenüber den zwei konservativen sowie den weiteren zwölf sozialdemokratischen, mitgestaltenden oder hauptverantwortlichen Regierungen abgetrotzt wurde: der ECO-FIN-Rat im Herbst hat dazu Vorstellungen vorzulegen.

Ebenso ist der in Amsterdam vereinbarte Sondergipfel „Beschäftigung“, der in Luxemburg im Dezember 1997 stattfinden wird, auf den Einsatz Frankreichs zurückzuführen – wiederum bei ansonsten vornehmer Zurückhaltung

der europäischen Sozialdemokraten im Moment der tatsächlichen Entscheidung darüber, wie das wichtigste europäische Problem, die Massenarbeitslosigkeit, gelöst werden soll. Die Zielsetzung, „Beschäftigung" im EU-Vertrag zu stärken, wurde der Papierform gemäß am Amsterdamer Gipfel erreicht. Dabei sollten die Kommentatoren auch mitbedenken, daß „Beschäftigung" beim Startschuß der Regierungskonferenz nicht einmal Gegenstand der Tagesordnung dieser Konferenz war.
Angenommen wurde auch der von den Gewerkschaften vorgeschlagene Überwachungsmechanismus der Beschäftigungsmaßnahmen in den einzelnen EU-Staaten. Er sieht einen jährlichen Bericht der EU-Mitgliedsstaaten an die Kommission vor, diese evaluiert die unternommenen Maßnahmen, und gibt die Empfehlung an die EU-Mitgliedsländer, Programme mit höherer Beschäftigungswirkung vorzuziehen (siehe Fußnote 11). Interessanterweise weisen eine Reihe von europäischen Regierungschefs den seinerzeitigen von Europäischen Rat beschlossenen Vorschlag der Umsetzung der transeuropäischen Netze[14] heute mit der Argumentation „Nettozahler" zurück.
Einfach ausgedrückt, ist damit wohl gemeint, daß es für EU-Nettozahler wirtschaftlich schädlich sei, daß „sie" die Reduktion der Arbeitslosigkeit im „Süden" – damit sind die Nettoempfänger gemeint – finanzieren. Eine derartige Argumentation hat aber auch Schwächen: Die sozialdemokratischen Regierungschefs und der Christdemokrat Kohl haben als Vertreter der Nettozahler offenbar kein Problem, wenn 50 Prozent des gesamten EU-Budgets für die Landwirtschaft ausgegeben wird. Diese Mittel „fließen" zu einem sehr großen Teil in den „Süden" – nur: In Zukunft nicht an die „Kategorie: Arbeitslose", sondern weiterhin an die „Kategorie: Landeigentümer".
Ich bestreite gar nicht, daß damit in einem gewissen Ausmaß auch Beschäftigung stabilisiert wird, die Frage ist aber, ob der Beschäftigungsmultiplikator der Mittel, wie sie derzeit zur Stützung von Agrareinkommen verwendet werden, ausreichend groß ist. Könnte es aber nicht auch so sein, daß die deutsche, die österreichische Industrie, jene Frankreichs, der Niederlande und Schwedens zusammen mit den Klein- und Mittelbetrieben in jenen Ländern überproportional viele Aufträge dabei an Land ziehen würden? In Amsterdam ist es tatsächlich aber gelungen, für die unmittelbare Zukunft andere wichtige Mechanismen herzustellen: Vor uns liegt auf der EU-Ebene wie auf den jeweiligen nationalen Ebenen insofern Neuland, als der Prozeß zur Finalisierung der Wirtschafts- und Wäh-

rungsunion (in dem vertraglich die Beschäftigung nur eine marginale Bedeutung hat) von mehreren Prozessen auf der EU-Ebene begleitet sein soll: Europäischer Beschäftigungsgipfel im Dezember 1997, Vorschläge des ECO-FIN-Rates über die Möglichkeiten zur wirtschaftspolitischen Koordinierung sowie über den Wechselkursmechanismus. Gerade die Beschäftigung über diese Schienen der zentrale Punkt sein. Ähnliche Mechanismen sind nicht nur seit Jahren von den Gewerkschaften so verlangt worden und werden nun am Vorabend der Währungsunion tatsächlich zu implantieren versucht.

Wichtig ist die politische Absicht der europäischen Regierungsspitzen, Stabilitätspakt und Beschäftigung nicht mehr als Gegensätze zu begreifen, sondern als gleichwertig. Wichtig ist weiters, daß Beschäftigungspolitik sowohl auf der europäischen Ebene als auch auf der nationalen Ebene möglich ist, und, daß diese politischen Säulen die Beschäftigungspolitik ermöglichen bzw. zulassen sollen und letztlich auch in einer bestimmten Interaktion zueinander stehen. Es ist nicht so, daß die wirtschaftliche Zukunft Österreichs bzw. der europäischen Union nicht bewältigbar wäre und, daß damit steigende Arbeitslosigkeit ohnehin schon vorprogrammiert ist. Sie ist bewältigbar und sie ist so bewältigbar, daß dabei die Arbeitnehmerinnen und Arbeitnehmer an den Fortschritten in gebührendem Ausmaß partizipieren können.

1 Anmerkung: Nachfolgend sind, sofern nicht anders vermerkt, jeweils Arbeitnehmerinnen und Arbeitnehmer gemeint.

2 Der ÖGB verlangt daher von der Österreichischen Bundesregierung im Hinblick auf die EU-Beitrittsverhandlungen der mittel- und osteuropäischen Staaten, daß
- sie auf europäischer Ebene Druck entfaltet, damit bei den Vorbereitungen zu und an den Beitrittsverhandlungen selbst die Arbeitnehmervertretungen jener Länder umfassend miteinbezogen werden;
- es Zielsetzung sein muß, daß jene Länder EU-Niveau im Arbeits- und Sozialrecht sowie bei den sozialen Beziehungen erreichen und nicht umgekehrt, die EU infolge Ihrer Untätigkeit mit ihren wesentlich besseren Bestimmungen sich dem niedrigeren Niveau der Beitrittskanditaten annähert;
- es im Bereich der Arbeitskräftemobilität wie beim Beitritt Spaniens und Portugals ausreichend lange Übergangsfristen geben muß;
- es öffentliche Mittel für Österreich für strukturelle Maßnahmen beim Beitritt dieser Länder geben muß, um sogenannte externe Schocks abfedern zu können.

3 Hochleitner/Schmidt: „Bericht an die Bundesregierung zur Reform der österreichischen Technologiepolitik", 1997.

4 Siehe Richard P. Freeman (Vortrag am 30. 9. 1996 im Bundeskanzleramt): „Es gibt nicht notwendigerweise einen Zusammenhang ‚mehr Jobs und höhere (Real-)Löhne', sondern welche Jobs es gibt ist in einem sehr großem Ausmaß gesellschaftlich bedingt."
Er verweist dabei sowohl auf die große Zahl geschaffener „mcJobs" aber vor allem auf die dramatische Entwicklung der Einkommensverteilung in den USA zwischen 1979 und 1993: Danach haben bei den Frauen nur die obersten zwei Dezile über die gesamte Periode real leichte (knapp 3%) Einkommenszuwächse erzielen können – alle anderen haben real verloren. Bei den Männern hat überhaupt nur das oberste Dezil seine Position halten können, alle anderen haben verloren.
„Der Niedergang der Gewerkschaften in den USA hat gewissermaßen die Tür für den freien Arbeitsmarkt geöffnet."

5 The OECD Job Study: Facts, Analysis, Strategies
The OECD Job Study: Evidence, Explanations
The OECD Job Study: Taxation, Employment and Unemployment
The OECD Job Study: Implementing the Strategy

6 „Deregulierung und Beschäftigung", Ausschuß für den Sozialen Dialog, 1.2.1995 V/90/96-DE, Orig. EN

7 Vgl. Benjamin Ward: „Die idealen Welten der Ökonomen":
Er stellt einen eindeutigen – positiven – Zusammenhang „demokratischer Zustand der Gesellschaft – Position ‚ihrer' Wirtschaft im internationalen Maßstab" dar.

8 Ausnahme Luxemburg

9 Wobei die Verteilung der Steuerlasten eindeutig die Arbeitnehmer trifft.

10 In diesem Zusammenhang sei dem Österreichischen Parlament für seine unmißverständliche und positive Haltung bei der Forderung nach Etablierung von Sozialklauseln im Rahmen der WTO in den letzten Jahren gedankt.

11 Dahinter steht die Befürchtung, daß die Europäische Zentralbank mit dem Start der Wirtschafts- und Währungsunion eine „Glaubwürdigkeitsrezession" auslösen wird: Um die „Erwartungen" der internationalen Finanzmärkte in den Euro zu erfüllen, wird die Europäische Zentralbank hohe Zinssätze festsetzen. Das könnte die ohnehin stagnierende Konjunktur in der EU abwürgen, weil Investitionen in Realanlagen ausbleiben und stattdessen in den neuen europäischen Finanzmarkt getätigt werden.

12 Artikel B des Maastrichter Vertrages

13 Ich habe um die vom EU-Rat 1993 beschlossene Zielsetzung der Halbierung der Arbeitslosigkeit angeregt, dabei ebenso verfahrensmäßig vorzugehen, wie die EU dies beim Waigel-Stabilitätspakt tut. Das heißt, es muß ein Beschäftigungskriterium bei der Entscheidung über die Wirtschafts- und Währungsunion angewendet werden.

14 Transeuropäische Netze (TEN): Eisenbahn, Telekommunikation, Energienetze modernisieren und große Umweltschutzinvestitionen, als künftiges Rückgrat einer leistungsfähigeren europäischen Wirtschaft

Milos ZEMAN

DIE ZUKUNFT DER TSCHECHISCHEN SOZIALDEMOKRATISCHEN PARTEI

VERGANGENHEIT

Die heutige Tschechische Sozialdemokratische Partei ist eine direkte Nachfolgerin der Tschechoslowakischen Sozialdemokratischen Partei, die nach der Gründung des autonomen tschechoslowakischen Staates im Jahre 1918 eine der bedeutenden Regierungsparteien war und sich aktiv insbesonders an der Durchsetzung der Grundlagen der modernen Sozialpolitik beteiligte. Diese Tätigkeit stellte sie mit der deutschen Okkupation und dem vorangegangenen Münchner Abkommen ein. Im zweiten Weltkrieg gaben zahlreiche Sozialdemokraten ihr Leben im Kampf gegen die nazistischen Okkupanten hin; die Sozialdemokratische Partei war eine wesentliche Komponente der hiesigen Widerstandsbewegung. Nach Ende des zweiten Weltkrieges nahm diese Partei ihre Tätigkeit wieder auf, jedoch lediglich für die Dauer von drei Jahren, nämlich bis die Tschechoslowakische Sozialdemokratische Partei – nach dem kommunistischen Putsch im Februar 1948 – gewaltsam und im Widerspruch zu ihren Statuten an die Kommunistische Partei angeschlossen wurde. Die führenden Vertreter gingen damals ins Exil; die Tschechoslowakische Sozialdemokratische Partei im Exil war in den 40 Jahren der kommunistischen Diktatur in der Tschechoslowakei Mitglied der Sozialistischen Internationale. Nach dem November 1989, als die Kommunistische Partei ihre Machtstellung aufgab, wurde die Sozialdemokratische Partei wieder auf dem heimatlichen Boden eingeführt. Sie setzte ihre Tätigkeit anfangs relativ wenig erfolgreich fort, als sie bei den ersten freien Wahlen 1990 nicht die für den Einzug ins Parlament notwendige Stimmenanzahl erreichte. Nach und

nach entwickelte sich ihre Tätigkeit jedoch weiter und sprach eine wachsende Zahl von Anhängern an.
Nach den Wahlen im Jahr 1992 zog die CSSD bereits ins Parlament ein, obwohl sie aufgrund der 6,5 % an erreichten Stimmen die Rolle einer Oppositionspartei einnahm, einer Partei also, die die damals überwiegend konservative Politik der ODS kritisierte. 1993 änderte die Sozialdemokratische Partei ihre Orientierung hin zu einer rasanteren und konsequenteren Opposition, und die Resultate ließen nicht auf sich warten. 1996 war die Sozialdemokratische Partei bei den Wahlen mit 26 % der Stimmen bereits zweitstärkste Kraft, während die regierende konservative ODS 29 % der Stimme erhielt. Die Vervielfachung des Wahlerfolgs in so kurzer Zeit zeigte, daß die gewählte Strategie richtig war und fortgesetzt werden muß.
Die Tschechische Sozialdemokratische Partei, die sich als Vollmitglied der Sozialistischen Internationale und Beobachter bei der Sozialdemokratischen Partei Europas als Mitglied der weltweiten und europäischen Familie der sozialdemokratischen Parteien sieht, muß sich freilich sowohl aufgrund dieser Resultate, als auch aufgrund der derzeitigen Situation in der Tschechischen Republik die Frage nach der eigenen Zukunft stellen.

AUSWEGE

Als älteste tschechische politische Partei setzt die Tschechische Sozialdemokratische Partei eine Tradition fort, die nicht auf die Transformation einer ursprünglich kommunistischen Partei zurückgeht. Die Kommunistische Partei von Böhmen und Mähren existiert neben den Sozialdemokraten als Partei, die sich bislang nicht von den Überresten des Erbes des kommunistischen Regimes getrennt hat; ihr Einfluß bewegt sich gegenwärtig um die 10 % an Wählerunterstützung. Auch dadurch unterscheidet sich die Lage der CSSD von der Situation, die in einigen anderen Ländern Mittel- und Osteuropas eingetreten ist. Grundlage ihres Programmes sind weiterhin die Werte Freiheit, Gerechtigkeit und Solidarität. Diese traditionellen Grundwerte müssen jedoch um neue Werte ergänzt werden.
Wir gehen davon aus, daß im 21. Jahrhundert nur solche Gesellschaftssysteme erfolgreich sein werden, die die Aufgabe meistern, sich von einer Gesellschaft überwiegend industriellen Typs zu einer postindustriellen bzw. informativen Gesellschaft zu wandeln; einer Gesellschaft, die auf Bildung, der maximalen Kultivierung und Nutzung des menschlichen Potentials und in diesem Sinne auch auf sozialen Investitionen aufbaut.

Die kenntnisorientierte Gesellschaft ist eine Vision, die als Grundlage für die langfristige Ausrichtung der Tschechischen Sozialdemokratischen Partei dient. Wir legen daher einen wesentlich größeren Wert auf Investitionen im Sozialbereich, und hier vor allem in die Bildung, als die konservativen Parteien. Gleichzeitig müssen wir uns darüber im Klaren sein, daß die Transformation der tschechischen Gesellschaft – psychologisch durchaus nachvollziehbar – im Sinne des Pendeleffekts vonstatten geht, daß die natürliche Reaktion auf das kommunistische System, welches die Ideen der Sozialdemokratie in Mißkredit gebracht, jedoch zeitweise ihre Phraseologie verwendet hatte, die Tendenz zur radikal konservativen Haltung des Thatcher-Stils war.

Diese Haltung drückte die regierende konservative Partei in der Tschechischen Republik durch ihre Ablehnung einer sozial und ökologisch orientierten Marktwirtschaft aus, sowie durch ihr Propagieren des sog. Marktes ohne Attribute. Auch trat ein gewisser juristischer und moralischer Nihilismus zutage, der sich z. B. in der Behauptung manifestierte, „weißes" Geld sei von Schwarzgeld nicht unterscheidbar. Infolgedessen und dank dem ungenügenden Rechtsschutz der wirtschaftlichen Transformation wuchs die Wirtschaftskriminalität in der Tschechischen Republik deutlich an; auch die Parameter der Wirtschaftsentwicklung verschlechterten sich.

Gerade unter diesen Bedingungen errang die Tschechische Sozialdemokratische Partei mit ihrem Programm wachsenden Zuspruch und die Sympathien immer neuer Wähler. Sie war und ist keine eng regionale Partei, deren Wähler sich in nur einem bestimmten Landesteil konzentrieren; sie war auch keine eng auf Berufsgruppen ausgerichtete Partei, obwohl es immer die Arbeitnehmer waren, die die Kernwählerschaft stellten – sie war ursprünglich eine Partei, mit der eher ältere und weniger gebildete Bevölkerungsgruppen sympathisierten. Dieser Trend hat sich nun völlig umgekehrt: Mit der Sozialdemokratischen Partei sympathisiert ein wachsender Anteil an jungen und universitär gebildeten Menschen, und auch Unternehmer und Manager beginnen sich klar zu ihr zu bekennen. Im Juni 1997, da ich diesen Artikel verfasse, hat die Sozialdemokratische Partei bei der neuesten Untersuchung der Wählergunst bereits erstmals die magische 30-Prozent-Grenze überschritten und – ebenfalls erstmals – die bislang regierende ODS um rund 10 % hinter sich gelassen, da diese laut der angegebenen Studie nur knapp 21 % Wählerzustimmung für sich beanspruchen konnte. Das Vertrauen in die Regierung sank im gleichen Zeitraum auf nie dagewesene 22 %. Dies wurde vor allem durch die sich ankündigende Wirtschaftskrise hervorgerufen, infolge derer die Bürger der Tschechischen Republik die Sozialdemokratische Partei als einzige glaubwürdige Alternative zu sehen beginnen, die sie aus der von der konservativen Politik verursachten Krise herausführen kann.

Es ist erfreulich, daß in dieser Situation nicht auch gleichzeitig die Wahlgewinne der extremen Linken oder Rechten anwachsen. Dies beweist, daß der Erfolg der oppositionellen Sozialdemokratischen Partei nicht nur auf den Mißerfolgen der konservativen Politik der Regierungspartei gründet, sondern gleichermaßen auf der Attraktivität des eigenen Programmes.

ZUKUNFT

Erst dann, wenn wir zu den Wurzeln zurückgehen und realistisch auch die Auswege aus der derzeitigen Situation beurteilen, können wir von einer Zukunft sprechen; nicht nur von der Zukunft einer politischen Partei eines relativ kleinen Landes, sondern auch der Zukunft des sozialdemokratischen Gedankens allgemein. Dabei müssen wir uns die Frage stellen, wie die CSSD zur Zukunft der weltweiten und europäischen Sozialdemokratie beitragen kann. Wir wissen, daß wir in erster Linie selbst viel lernen müssen, da es nach 40 Jahren des kommunistischen Regimes und der gewaltsamen Unterbrechung der demokratischen Traditionen nur sehr mühsam möglich war, die grundlegenden politischen und wirtschaftlichen Strukturen zu erneuern; noch mühevoller und langwieriger war und ist es, die Psychologie eines ganzen Volkes zu verändern, das während des kommunistischen Regimes in eine Situation geraten war, in der es nicht in vollem Maße Schöpfer der eigenen Geschichte sein konnte. Dennoch meine ich, daß eine gewisse Möglichkeit für einen Beitrag aus den Reihen der tschechischen Sozialdemokraten besteht.

Diese Möglichkeit beruht paradoxerweise eben auf unserer Erfahrung mit dem totalitären Regime, dessen Neuauflagen – wenn auch in besser verschleierter Form – ein jedwedes europäisches Land heimsuchen können. Man könnte sagen, daß wir bis zu einem gewissen Grad einen Immunschutz erworben haben in bezug auf Konzepte, die sozialdemokratisches Gedankengut entweder mißbraucht, oder, im Gegenteil, verleugnet haben. Gerade jetzt, da sich die Bewunderung für die konservativen Konzepte vom Markt ohne Attribute nach und nach offenbar auch in der Tschechischen Republik erschöpft und die reelle Chance besteht, daß die

Sozialdemokratische Partei aus den nächsten Wahlen als Regierungspartei hervorgeht, müssen wir darüber nachdenken, wie diese Position – die gewiß schwieriger ist als die der Oppositionspartei – so auszufüllen ist, daß trotz der beschwerlichen Wirtschaftslage der sozialdemokratische Gedanke nicht diskreditiert wird.

Macht ist für uns natürlich kein Ziel, sondern lediglich ein Mittel für die Umsetzung unseres Programmes. Und als einen der Schwerpunkte dieses Programms, und gleichzeitig als zukunftsorientierte Aufforderung, müssen wir neben den bereits erwähnten Ideen der sozialen Investitionen und der sozial gerechten und gedeihenden Gesellschaft den Wert der Partizipation stellen, d. h. den Wert der Teilnahme.

Wir sollten uns darum bemühen, daß die Bürger sich möglichst umfassend und dauerhaft am öffentlichen Leben beteiligen können, und daß diese Beteiligung auch den Wirtschaftssektor nicht ausschließt. Wir unterstützen daher die Pluralität der Eigentumsformen, respektieren voll die Bedeutung des privaten Unternehmertums, legen aber andererseits auch Wert auf gemeinschaftliches Eigentum, auf die Entwicklung des Genossenschaftswesens entsprechend den verwurzelten Traditionen der Sozialdemokratie, sowie auf moderne Formen der Miteigentümerschaft seitens der Angestellten und Manager. Wir sind der Überzeugung, daß eben dadurch, daß die Mitarbeiter selbst in die Beteiligung an politischen und wirtschaftlichen Aktivitäten miteinbezogen werden, ihre kreative Teilnahme wachsen, die Qualität dieser Aktivitäten steigen und auch die Motivation sich steigern wird, was für eine ursprünglich passive Gesellschaft von ganz besonderer Bedeutung ist. Wir sind uns dabei bewußt, daß wir dieses Programm nur in enger Anbindung an das politische Gesamtkonzept der weltweiten und europäischen Sozialdemokratie umsetzen können. Daher treten wir auch für einen Beitritt der Tschechischen Republik in die Europäische Union ein, die wir bei weitem nicht als bloße Freihandelszone auffassen, sondern vielmehr als multikulturelle Gemeinschaft mit eigener Sicherheits-, Sozial-, Umwelt- und natürlich auch Wirtschaftspolitik.

Wir sind überzeugt, daß wir diese Ziele in Zusammenarbeit mit den sozialdemokratischen Schwesterparteien erreichen und uns einem Status quo annähern werden, der heute z. B. die SPÖ auszeichnet, die bereits seit Jahren erfolgreich die Geschicke ihres Landes lenkt.

Übersetzung aus dem Tschechischen von Helena Krivan

Yasser ARAFAT

„OHNE EINEN UNABHÄNGIGEN PALÄSTINENSISCHEN STAAT WIRD ES KEINEN FRIEDEN IM NAHEN OSTEN GEBEN!"

Yasser Arafat erläutert im Gespräch mit Fritz Edlinger die politischen Ziele der PLO und charakterisiert auch den zukünftigen palästinensischen Staat.

Frage: Sehr geehrter Herr Präsident, es war für Sie persönlich und für die palästinensische Bewegung ein langer Weg von ihrer Wahl zum Vorsitzenden der PLO im Jahr 1969 hin zur Friedenskonferenz in Madrid 1991 und schließlich zu den Geheimverhandlungen in Oslo, die im September 1993 mit der Unterzeichnung der „Grundsatzerklärung" abgeschlossen worden sind. Und die Voraussetzung dieser Grundsatzerklärung, nämlich die gegenseitige Anerkennung zwischen Israel und der PLO, markiert in inhaltlicher Hinsicht ebenfalls einen sehr sehr weiten Weg, nämlich von der völligen Ablehnung des Staates Israel hin zu einer Koexistenz. Wie kommentieren Sie persönlich diesen weiten Weg?

Arafat: Es ist normal für ein Volk, das wie das palästinensische Volk seine Heimat und seine Identität durch gewaltsame Vertreibung verloren hat, und trotz zahlloser Resolutionen der Vereinten Nationen keinen Fortschritt in der Durchsetzung seiner nationalen Rechte sah, daß es im Kampf die einzige Möglichkeit zur Durchsetzung seiner Rechte erblickte. Und so eröffnete eben das palästinensische Volk angesichts der Tatsache, daß uns niemand wirklich half, 1965 den militärischen Kampf um seine verlorene Heimat. Es war nicht leicht, aber – wie Sie wissen – wir haben letztlich gesiegt und die Palästinensische Revolution wurde eine der erfolgreichsten Revolutionen in diesem Jahrhundert.

„Die Palästinenser waren bereits 1973 zu einer Verhandlungslösung bereit."

Ich möchte in diesem Zusammenhang aber betonen, daß wir bereits 1973 nach dem Oktober-Krieg erklärt haben, daß wir bereit sind, an einer internationalen Friedenskonferenz teilzunehmen. Das ist auch von Gromyko und Kissinger akzeptiert worden. Sie haben damals der Teilnahme des palästinensischen Volkes durch seine Vertreter zugestimmt, aber die Israelis haben abgelehnt. Ich sage das, um zu unterstreichen, daß wir bereits vor Jahrzehnten bereit zu einem Kompromiß und zu einer Lösung mit den Israelis waren. Nach dem Golfkrieg startete Präsident Bush dann seine Initiative zu einer umfassenden Konferenz, an der die Palästinenser zunächst in einer gemeinsamen palästinensisch-jordanischen Delegation teilnahmen. Danach kam das Oslo-Agreement, welches unter der Patronanz von Präsident Clinton in Anwesenheit des russischen Außenministers und zahlreicher anderer internationaler Persönlichkeiten auf dem Rasen vor dem Weißen Haus unterzeichnet worden ist.

Frage: Hatten die Palästinenser auf diesem langen Weg nicht ihre Konzepte, ihre konkreten Forderungen weitgehend und radikal zu ändern? Die Konzepte der 50er Jahre unterschieden sich doch fundamental von der Autonomie, wie sie in Oslo 1 und 2 vereinbart worden ist.

Arafat: Nach dem Golfkrieg gab es gravierende Veränderungen in der gesamten Arabischen Welt.

Frage: Also die schwache Position der Araber im allgemeinen und der Palästinenser im besonderen nach dem Golfkrieg veranlaßte die PLO, dem Madrid-Friedensprozeß zuzustimmen

Arafat: Nicht die Schwäche, sondern die grundlegenden Änderungen, die sich nach dem Golfkrieg ereignet haben.

Frage: Welche Veränderungen genau?

Arafat: Generell, auf vielen Gebieten. Dieser Krieg war kein Picknick, es war ein umfassender internationaler Krieg.
Und noch ein Faktor änderte grundlegend die internationalen Rahmenbedingungen: die Auflösung, der Fall der Sowjetunion und der Sozialistischen Länder. Dies müssen wir ebenfalls berücksichtigen.

Frage: Hat auch die innenpolitische Entwicklung in Israel die Bereitschaft der PLO, an Friedensverhandlungen teilzunehmen, beeinflußt?

Arafat: Ja, nach dem Wahlsieg der Israel Labour Party waren wir bereit, nach Oslo zu gehen.
Ich möchte aber nochmals unterstreichen: Die PLO hat ihren Friedenswillen, ihre Bereitschaft zu einer Verhandlungslösung mit den Israelis bereits vor über 20 Jahren bekundet. Leider ist dies von israelischer Seite bis Anfang der Neunziger Jahre immer wieder zurückgewiesen worden.

Frage: In der „Declaration of Principles" wurde zunächst eine zeitlich beschränkte palästinensische Autonomie vereinbart. Der endgültige Status der palästinensischen Gebiete und auch des Zusammenlebens der Palästinenser und Israelis sollte erst innerhalb mehrjähriger Verhandlungen genau festgelegt werden. Was erwarten Sie sich als Präsident der Palästinensischen Autonomieverwaltung vom endgültigen Status?

Arafat: Also Oslo 2 war klar. Es ist dort eindeutig festgelegt, daß wir nach einer Frist von drei Jahren eine eindeutige Entscheidung haben müssen, und für uns bedeutet das die Schaffung eines eigenen Staates.

Frage: Mit welcher Hauptstadt?

Arafat: Jerusalem! Jerusalem ist einer der Hauptpunkte der Verhandlungen über den endgültigen Status.

„Unser Ziel ist klar: ein unabhängiger Staat mit der Hauptstadt Jerusalem"

Und wir werden ja von der ganzen Welt unterstützt. Ich verweise auf die jüngste europäische Initiative im Weltsicherheitsrat (zur Verurteilung der israelischen Siedlungspolitik in Ost-Jerusalem im März 1997. Anm. d. Interviewers) und die beiden Abstimmungen in der UN-Generalversammlung zu unseren Gunsten, zuletzt bei der Sitzung im Juli mit einem Mehrheitsverhältnis 130 : 2. Diese beiden Sitzungen der Generalversammlung wurden unter das Motto „United for Peace“ gestellt, und die gewählte Vorgangsweise, nämlich eine Sitzung der Generalversammlung über mehrere Wochen zum gleichen Thema tagen zu lassen, stellte eine äußerst seltene Vorgangsweise der UN dar. Damit wurde auch die fast einstimmige Unterstützung der internationalen Staatengemeinschaft mit den palästinensischen Anliegen eindrucksvoll unter Beweis gestellt.

Frage: Trotz allem ist die Situation derzeit so schwierig wie schon lange nicht. Es existieren kaum direkte Kontakte mit der israelischen Regierung unter Benjamin Netanyahu, der gesamte Friedensprozeß ist sozusagen eingefroren. Was erwarten Sie sich von der näheren Zukunft, welche Schritte sind notwendig, um ihrem Ziel der Schaffung eines eigenständigen palästinensischen Staates näherzukommen?

Arafat: Letztendlich werden die Palästinenser ihre Ziele erreichen! Ohne dem wird es keinen Frieden im Nahen Osten geben! Die palästinensische Frage ist das zentrale Problem des gesamten Nah-Ost-Problems. Wenn die Palästinenser nicht ihren eigenen Staat erhalten, wird es keinen Frieden in der gesamten Region geben!

Frage: Das ist offensichtlich und auch international weitgehend anerkannt. Aber das Problem besteht ja nun darin, daß die neue israelische Regierung dies nicht so sieht und völlig andere Ansichten hat!

Arafat: Aber das Oslo-Agreement ist nicht ein bilaterales Übereinkommen zwischen Israelis und Palästinensern sondern ein internationales! Sie wissen ja, Oslo 2 ist unter der Aufsicht von Präsident Clinton von den Co-Sponsoren USA und Rußland sowie auch von der Europäischen Union, Norwegen, Ägypten und Jordanien in Anwesenheit Japans unterzeichnet worden. Es ist also keine bloße bilaterale, es ist eine internationale Vereinbarung!

Frage: Ja, aber ohne Sanktionsmöglichkeiten!

Arafat: Wer hat Ihnen das gesagt? Die letzte Resolution der UN-Generalversammlung war hier klar und eindeutig. Glauben Sie mir, die Vereinbarungen werden erfüllt werden, kein Zweifel. Wenn nicht heute, dann morgen, wenn nicht morgen, dann übermorgen. Es ist ein Prozeß, der vielleicht noch etwas Zeit braucht.

„Wir rechnen mit der politischen Unterstützung der Sponsoren des Friedensprozesses!"

Frage: Erst vor wenigen Tagen erklärte Premierminister Netanyahu, daß der israelisch-palästinensische Friedensprozeß ein bilateraler Prozeß sei.

Arafat: Das ist falsch! Er hat zur Kenntnis zu nehmen, was Israel unterzeichnet hat. Es scheint, daß er den bisherigen Weg verlassen will. Beim Hebron-Protokoll zum Beispiel haben ganz klar und offen die Ägypter, die Jordanier, die USA und auch die Europäer interveniert. Es war kein bilaterales Übereinkommen. Und das Oslo-Agreement schon gar nicht! Wir rechnen auch weiterhin mit der politischen Unterstützung der Sponsoren des Friedensprozesses.

Frage: Nun es scheint aber, daß diese israelische Regierung ...

Arafat: ... die Regierung Netanyahu repräsentiert nicht den Willen der Mehrheit des israelischen Volkes! 69 % der Israelis unterstützen den Friedensprozeß! In der Knesseth haben 87 Abgeordnete für das Hebron-Übereinkommen gestimmt.

Frage: Das heißt aber möglicherweise, Sie haben auf die nächsten Knesseth Wahlen zu warten, um einen anderen Partner in Israel zu bekommen. Oder Sie haben an die internationalen Sponsoren zu appellieren, ihren Druck auf Israel zu verstärken.

Arafat: Ich werde Ihnen nicht sagen, was wir tun werden! „Wait and see!" Zu Ihrer Information: Geduld hat seine Grenzen. Unsere Leute beginnen mich aber bereits zu fragen, warum wir die einzigen sind, die für den Frieden zu zahlen haben. Verzweiflung führt zu verzweifelten Taten. Aber wir vertrauen unserem Volk voll und ganz. Und unser Volk weiß, wie es sich zu verhalten hat.

Frage: Wie ist die Situation in den Autonomen Gebieten derzeit? Kürzlich gab es bereits mehrfache Prognosen, wonach eine neue Intifada entstehen könnte.

Arafat: Alles ist möglich!

Frage: Das heißt?

Arafat: Alles ist möglich! Ich werde keine Details bekanntgeben.

Frage: In letzter Zeit kritisierten des öfteren palästinensische Politiker und Journalisten die Politik der Palästinensischen Autonomieverwaltung. Es war von Mißachtung der Menschenrechte und Korruption die Rede.

Arafat: Wir sind stolz auf unsere Demokratie. Die Wahlen zum Legislativ-Rat und zum Präsidenten haben unter voller internationaler Kontrolle stattgefunden, und es hat keine Kritik daran gegeben. Natürlich geschehen hie und da Fehler. Aber dies ist wohl in den meisten Staaten der Welt nicht anders.

Frage: Wie sehen Sie die Haltung des gesamten palästinensischen Volkes, auch jener die außerhalb Palästinas leben? Unterstützen diese Ihre Politik?

Arafat: Kein Zweifel! Erinnern Sie sich, daß die letzte Sitzung des Palästinensischen Nationalrates in Gaza stattfand und daran Delegierte von überall teilnahmen, von Chile über die Vereinigten Staaten und von Amerika, Skandinavien bis hin zu Vertretern unseres Volkes aus den verschiedenen Arabischen Staaten. Und die Beschlüsse waren eindeutig, nämlich eine klare Unterstützung unserer Friedenspolitik.

Frage: Und der nationale Dialog mit Vertretern der Opposition?

Arafat: Dieser wird geführt.

Frage: Was erwarten Sie sich persönlich vom zukünftigen politischen System eines palästinensischen Staates? Zum Beispiel wird sich doch die Frage nach der Zukunft der PLO, die in politischer Hinsicht doch eine ziemlich inhomogene Bewegung ist, stellen.

„Ich erwarte mir ein System mit großer politischer Vielfalt in Palästina!"

Arafat: Es bestehen bereits verschiedene politische Parteien in Palästina! Aber in Zukunft erwarte ich mir noch eine größere Vielfalt an politischen

Bewegungen und Parteien. Der Dialog, über den wir bereits gesprochen haben, soll die Grundlagen für dieses zukünftige politische System Palästinas schaffen.

Frage: Ihre eigene politische Gruppierung, die Fatah, ist seit kurzem Mitglied der Sozialistischen Internationale. Können Sie erläutern, warum Sie sich um diese Mitgliedschaft beworben haben und was Sie mit den übrigen Mitglieder der SI verbindet?

Arafat: Unsere Beziehungen mit der Europäischen Sozialdemokratie reichen viele, viele Jahre zurück. Wir waren bereits viele Jahre Gast bei SI-Treffen und wir sind stolz darauf. Die ersten europäischen Politiker, welche uns unterstützt haben, waren Sozialdemokraten. Bruno Kreisky, Willy Brandt, Felipe González, Olof Palme, François Mitterand, Mario Soares, um nur einige wichtige Namen zu nennen. Wir fühlen uns den Ideen des demokratischen Sozialismus verpflichtet und werden auch dafür kämpfen, daß diese im zukünftigen palästinensischen Staat beachtet und in die Tat umgesetzt werden.

Frage: In der europäischen Sozialdemokratie hat in den letzten Jahren eine neue Generation von Politikern die Verantwortung übernommen. Was erwarten Sie von diesen?

Arafat: Die Unterstützung für die Palästinenser fortzusetzen und uns zu helfen, unsere Ziele zu erreichen!

Das Gespräch führte Fritz Edlinger am 15.7.1997 in Wien.

Shimon PERES

VISION OF A NEW MIDDLE EAST

We cannot build our future on the ruins of an old order. We are part of a process of perpetual change, which compels us to replace outdated concepts with an approach tailored to new realities. Such major events as the collapse of the Soviet Union, the end of apartheid in South Africa, and the Israel-PLO agreement have all occurred without the intervention of armies or superpower. These classical instruments of history have become irrelevant. Today a nation cannot gain wealth through military might. An army cannot effectively defend its territory because the range of missiles exceeds the size of the country. The significance of "strategic depth" has been reduced. Science has no borders, technology has no frontiers, information penetrates iron curtains. The classical defense strategy was based on three factors: time, space, and superiority. All three have lost their value. If a missile can traverse the distance between the United States and Russia in six minutes, what is time? If a missile can fly over mountains, rivers, deserts, and fortifications, what is space? And if a single bomb can destroy a city, what is superiority? All the classical strategies need to be changed and new solutions found. To achieve peace, we must first acknowledge the futility of war. The Arabs cannot defeat Israel on the battlefield. Israel cannot dictate the conditions of peace.

CONFRONTING FUNDAMENTALISM

We no longer confront enemies; we confront problems. Yesterday's enemies could be targeted with guns. Today an army is no match against militant fundamentalism. Instead, we must confront the root causes of this spreading tide.

The prolonged Arab-Israeli conflict has led to the misery and poverty of millions of Muslims who, in frustration, have rejected the modern state and immersed themselves in a mystical fundamentalism. This development now threatens the stability of our region and jeopardizes global interests. There are a billion Muslims – one sixth of the earth's population. If they become impoverished and bitter, embrace fundamentalism, and acquire nuclear weapons, they can destabilize the world. This unsettled population is now undergoing an inner struggle that has more to do with protesting poverty and basic freedoms than with religious matters. In Anna Karenina, Tolstoy says that all happy families are happily alike, but every unhappy family is unhappy in a different way. So it is with fundamentalism: it gives voices to the diversify rejected. Israel must be viewed in the Muslim world as part of the solution, not the problem, if we are to overcome the most pernicious threat to peace: the spread of Khomeinism.

THE PRICE OF DOMINATING OTHERS

Not only has war become purposeless, but the desire to govern and control another nation is no longer feasible. To govern today is to pay for the poor, to control the desert, to be a policeman fighting a lost cause. When an Israeli soldier with an automatic weapon cannot defeat a Palestinian youth holding a stone, the soldier no longer has a purpose.

Israelis and Palestinians must learn to see each other as people, to understand each other's desires, doubts, hopes, and fears. Breaking the psychological barrier is the precondition for success in our quest for peace. The problem of Jewish settlements is one of relations, not borders. If relations between the two communities improve, it would not be an intrusion for 600 or 700 Jews to live in proximity to 120,000 Arabs (as is the situation in Hebron). To achieve this we must develop strategies of information, delivering images of hope for peace and prosperity to counter those of hate and fear.

A REGIONAL COMMUNITY OF NATIONS

Regional organization is the key to peace and security. It will promote democratization, economic development, national growth, and individual prosperity. Our ultimate goal is the creation of a regional community of nations with a common market and elected centralized bodies modeled on the European arrangement.

Improved relations will slow down the arms race. The nations of the Middle East have poured hundreds of billions of dollars into armaments. Had there been peace, much of that money would have raised the living standards of the Arabs. No single nation in our part of the world will stop buying arms unless disarmament is regional. And foreigners will not invest here unless the entire region becomes stable.

Political victories that are not accompanied by economic development in the new Middle East require disarmament, which would save 30 billion dollars annually: water resources management, in order to stop desertification (water does not respect frontiers, rivers do not follow borders, and rain does not go through customs); biotechnology, to increase food production systems; expanded tourism; more foreign investment; and the creation of a regional bank.

The Middle East regional security system will be structured around two types of mutual obligations: nation to nation (bilateral) and nation to region (multilateral). The bilateral approach is necessary to extinguish the fires of the old conflicts, but it alone will not bring about a durable peace. The entire region must achieve a greater level of individual freedom as well as higher education and living standards.

The structure best suited to the limitation and possibilities of the area is a Jordanian – Palestinian – Israeli "Benelux" arrangement for economic affairs. A separate Palestinian state would be received with unease, either poverty or covertly, among Jordanians and would face fierce opposition from Israelis. Further, there would be widespread doubt as to weather a separate Palestinian state could actually survive and develop.

THE MORAL DIMENSION

For us, Israel is not just a territorial homeland: it is a permanent moral commitment. The Jewish people have never sought to dominate another

people. Because of the dynamics of conquest, a nation that forces itself on another loses the will to abstain from oppression.
Great empires that once dominated the Jewish people have disappeared from history: yet we survive. What force has sustained us? We have placed morality above physical might. God fashioned us as a small figure with an abundant spirit. The key to Israel's permanence remains the moral judgment of its leaders, for that is the highest degree of wisdom. I am optimistic that Israel and its neighbors will achieve true peace in my lifetime. When my book "The New Middle East" was published in 1993, only 6 percent of the Israeli public supported my ideas; now the number has grown to 61 percent. Nobody, not even I, believed the peace process would move ahead as it has. We have lost the elections but the likud has lost its ideology. No longer can they claim the wholeness of the land. The land is peopled, and a solution must follow demography, not only territory. The present government in Israel made promises that they cannot meet. Peace is not just singing a song, it has a price that two sides have to carry. The price may be high, but the price of war is always higher than that. The present government has postponed the peace process. But no government or party can stop the march of history. And history is moving from an age of violence to an age of creativity. We can gain by discovering new potentials more than by controlling old lands. The future belongs to education in schools rather than to training in military camps. Science and technology are the real source of wealth and strength.

All over the world – including in the Middle East – governments are coming and going, and hope must prevail.

DIE AUTOREN

Yasser ARAFAT: Vorsitzender der PLO, Präsident der Palästinensischen Autonomiebehörde

Tony BLAIR: Vorsitzender der Labour Party, Premierminister des Vereinigten Königreichs Großbritannien und Nordirland

Philippe BUSQUIN: Vorsitzender der Sozialistischen Partei Belgiens (PS)

Ingvar CARLSSON: Ehemaliger Vorsitzender der Schwedischen Sozialdemokratischen Partei (SAP) und Ministerpräsident Schwedens; Co-Vorsitzender der „Commission on Global Governance“ der UN

Willy CLAES: Vorstandsmitglied der Sozialistischen Partei Belgiens (SP); ehemaliger Generalsekretär der NATO

Massimo D'ALEMA: Vorsitzender der Demokratischen Partei der Linken (PDS) Italiens

Jacques DELORS: Ehrenvorsitzender der Sozialdemokratischen Partei Europas (SPE); ehemaliger Präsident der Europäischen Kommission

Ben FAYOT: Stellvertretender Vorsitzender der Fraktion der SPE im Europäischen Parlament; ehemaliger Vorsitzender der Luxemburgischen Sozialistischen Arbeiterpartei (LSAP)

Heinz FISCHER: Stellvertretender Vorsitzender der SPÖ, Vizepräsident der SPE; Präsident des österreichischen Nationalrates

Felipe GONZÁLEZ MÁRQUEZ: Vorsitzender der „Commission for Global Progress“ der Sozialistischen Internationale; ehemaliger Generalsekretär der Spanischen Sozialistischen Arbeiterpartei (PSOE) und Premierminister Spaniens

Pauline GREEN: Vorsitzende der Fraktion der Sozialdemokratischen Partei Europas im Europäischen Parlament

António GUTERRES: Generalsekretär der Sozialistischen Partei (PS) und Premierminister Portugals

Klaus HÄNSCH: Stellvertretender Vorsitzender der Fraktion der SPE im Europäischen Parlament; ehemaliger Präsident des Europäischen Parlaments

Lena HJELM-WALLÉN: Vorstandsmitglied der Schwedischen Sozialdemokratischen Partei (SAP), Vize-Präsidentin der SPE; Außenministerin von Schweden

Peter JANKOWITSCH: Botschafter Österreichs bei der OECD; ehemaliger Außenminister Österreichs und bis 1996 Vorsitzender des Menschenrechtskomitees der Sozialistischen Internationale

Lionel JOSPIN: Erster Sekretär der Sozialistischen Partei Frankreichs (PS), Premierminister von Frankreich

Viktor KLIMA: Vorsitzender der Sozialdemokratischen Partei Österreichs (SPÖ) und Bundeskanzler von Österreich

Wim KOK: Vorsitzender der niederländischen Arbeiterpartei (PvdA), Premierminister der Niederlande

Milan KUCAN: Staatspräsident der Republik Slowenien

Oskar LAFONTAINE: Vorsitzender der Sozialdemokratischen Partei Deutschlands (SPD), Ministerpräsident des Saarlandes

Vassos LYSSARIDES: Vorsitzender der Sozialistischen Partei Zyperns (EDEK)

Pierre MAUROY: Präsident der Sozialistischen Internationale; ehemaliger Premierminister von Frankreich

Achille OCCHETTO: Mitglied des Europäischen Parlaments, Vizepräsident der SPE; ehemaliger Vorsitzender der Demokratischen Partei der Linken (PDS) Italiens

Józef OLEKSY: Vorsitzender der Sozialdemokratie der Republik Polen (SdRP), ehemaliger Premierminister von Polen

Shimon PERES: Mitglied des israelischen Parlaments; ehemaliger Vorsitzender der Israel Labour Party und Premierminister von Israel

Michel ROCARD: Mitglied des Europäischen Parlaments; ehemaliger Erster Sekretär der Sozialistischen Partei und Premierminister Frankreichs

Iwan RYBKIN: Vorsitzender der Sozialistischen Partei Rußlands; Sekretär des Nationalen Sicherheitsrates der Russischen Föderation

Rudolf SCHARPING: Vorsitzender der Sozialdemokratischen Partei Europas (SPE), Fraktionsvorsitzender der SPD im Deutschen Bundestag

Kostas SIMITIS: Vorsitzender der Panhellenischen Sozialistischen Bewegung (PASOK), Premierminister von Griechenland

Javier SOLANA: Generalsekretär der NATO

Hannes SWOBODA: Mitglied des Europäischen Parlaments, Außenpolitischer Koordinator der Fraktion der SPE im Europäischen Parlament

Fritz VERZETNITSCH: Präsident des Österreichischen Gewerkschaftsbundes (ÖGB), Präsident des Europäischen Gewerkschaftsbundes (ETUC)

Milos ZEMAN: Vorsitzender der Tschechischen Sozialdemokratischen Partei (CSSD), Präsident des tschechischen Parlaments

EUROPEAN FORUM FOR DEMOCRACY AND SOLIDARITY,
the link between Western Social Democrats and our new partners in Central and Eastern Europe

The Forum was started in 1993, intended as a meeting-place between social democratic thinking parties and individuals all over Europe. Since then we have developed a network of almost 50 political parties in Central and Eastern Europe, some of them now members in the Socialist International and the Party of European Socialists. Our women's working group has created a network of more than 100 women's organizations.

Our working groups on transition economy, environment and housing have produced important work in those areas.

We issue a Newsletter/Calendar four times a year and the series "Country Updates", which now covers all of Central and Eastern Europe.

Our Steering Committee is presided by Heinz Fischer, SPÖ Austria. The other parties in this body are: SD Denmark, SDP Finland, PS France, SPD Germany, Pasok Greece, PDS Italy, PvdA Netherlands, DNA Norway, PSOE Spain, SAP Sweden, Labour Party UK.

More information will be available on Internet.

Address:
European Forum for Democracy and Solidarity
c/o Group of the Party of European Socialists
European Parliament Montoyer 11,03. 79–113 rue Belliard.
1047 Brussels, Belgium.
Tel. (322) 284 30 69, 284 35 85
Fax (322) 284 90 57

SOZIALISTISCHE BIBLIOTHEK

Eine derart umfassende Darstellung (und Selbstdarstellung) der österreichischen Sozialdemokratie hat es seit Jahrzehnten nicht gegeben: in zwanzig Bänden wird die „Sozialistische Bibliothek" Geschichte, Politik, gesellschaftspolitische Wirkung und nicht zuletzt die Programmatik der Sozialdemokratie darstellen.

*

Abteilung I: DIE GESCHICHTE DER ÖSTERREICHISCHEN SOZIALDEMOKRATIE

W. MADERTHANER (Hg.), Sozialdemokratie und Habsburgerstaat
A. RABINBACH, Vom Roten Wien zum Bürgerkrieg
M. MARSCHALEK, Untergrund und Exil
W. MADERTHANER (Hg.), Auf dem Weg zur Macht
H. FISCHER, Die Kreisky-Jahre

*

Abteilung II: DIE THEORIE DER ÖSTERREICHISCHEN SOZIALDEMOKRATIE

B. KEPPLINGER (Hg.), Der Aufstieg zur Massenpartei
A. PFABIGAN (Hg.), Vision und Wirklichkeit
Zwei pragmatische Jahrzehnte, 1945–1966
E. FRÖSCHL, Politik über den Tag hinaus
A. K. KONECNY, Modelle für die Zukunft

Löcker Verlag

SOZIALISTISCHE BIBLIOTHEK

Abteilung III: DIE SOZIALISTISCHE BEWEGUNG

W. MADERTHANER / W. C. MÜLLER: Organisation der österreichischen Sozialdemokratie
I. KARLSSON, Die Sozialistische Frauenbewegung
H. FISCHER (Hg.), Die Zukunft der europäischen Sozialdemokratie
H. TROCH (Hg.), Wissen ist Macht! Zur Geschichte sozialdemokratischer Bildungsarbeit
H. KONRAD / F. J. LACKINGER (Hg.), Alle Räder stehen still, wenn Dein starker Arm es will

*

Abteilung IV: SOZIALDEMOKRATISCHE PERSPEKTIVEN

H. GLATZ (Hg.), Die ökologische Herausforderung
E. NOWOTNY, Sozialdemokratische Wirtschaftspolitik
E. TALOS, Der geforderte Wohlfahrtsstaat
Perspektiven von Wissenschaft und Technik
Sozialdemokratische Beiträge zur Zukunft der Aufklärung

Löcker Verlag